Auf dem rechten Auge blind

DIETER SCHENK

Auf dem rechten Auge blind

Die braunen Wurzeln des BKA

Kiepenheuer & Witsch

Bildnachweis:
Bundeskriminalamt (S. 191); Privatarchiv Schwan (S. 192); Bundesarchiv Koblenz (S. 193, oben); Privatarchiv Schenk (S. 193, unten rechts); Süddeutscher Verlag Bilderdienst (S. 194); Bildarchiv Preußischer Kulturbesitz (S. 195, 197, 198); Ullstein Bilderdienst (S. 196)

1. Auflage 2001

Umschlaggestaltung: Philipp Starke, Hamburg
Umschlagfoto: dpa
Gesetzt aus der Stempel Garamond (Berthold)
Satz: Kalle Giese, Overath
Druck und Bindearbeiten: Spiegel Buch GmbH, Ulm
ISBN 3-462-03034-5

Gewidmet der Sintiza Melanie Spitta
im Rückblick auf eine zwanzigjährige
Freundschaft

Anlässlich der Verleihung des Otto-Pankok-Preises 1999 in Würdigung des Lebenswerkes der Publizistin, Bürgerrechtlerin und Filmemacherin sagte Günter Grass in der Laudatio: »Als eine der ersten Sinti-Frauen hat Melanie Spitta in hervorragender Weise zur Aufklärung der Geschichte ihres Volkes als Teil verdrängter deutscher Vergangenheit beigetragen. Mit Mut, Unbestechlichkeit und schonungsloser Offenheit erzählt sie vor allem mit filmischen Mitteln von den nationalsozialistischen Verbrechen an den Sinti und Roma und von der mangelnden Bereitschaft, diese Tatsache anzuerkennen und den überlebenden Opfern durch Akzeptanz und finanzielle Unterstützung ein Zeichen des Verstehens und der Scham zu geben.«

INHALT

VORWORT

von Michel Friedman

Im Herbst 2000 lud mich das Bundeskriminalamt ein, auf seiner Tagung »Rechtsextremismus, Antisemitismus und Fremdenfeindlichkeit« einen »Festvortrag« zu halten. Ich nahm das Angebot an, denn schon allein die Tatsache, dass dieses Schwerpunktthema gewählt wurde, signalisierte doch, dass man nicht mehr auf dem rechten Auge »blind« sein wollte – auch wenn ich den Begriff »*Terrorismus*« in der Tagungsüberschrift vermisste.

Ich begann meine Rede mit den Sätzen: »Ich bin nicht bereit, Antisemitismus als einen Bestandteil von Gesellschaft und Menschen anzunehmen. Ich bin nicht bereit, Rassismus als einen Bestandteil von Gesellschaft und Menschen hinzunehmen. Und ich bin nicht bereit, Fremdenfeindlichkeit als etwas von Menschen und Gesellschaft Gegebenes anzuerkennen. Diese Grundvoraussetzung lässt mich natürlich fragen, warum erst jetzt, im Jahre 2000, nachdem in den letzten zehn Jahren uns doch durchschnittlich über 10.000 Straftaten in diesem Rahmen bekannt wurden und erschüttert haben müssten – warum also erst jetzt ein Maßnahmenkatalog (gegen rechte Gewalt) erstellt und seit wenigen Wochen und Monaten besprochen wird.«
Ich fragte: »Wann begann die Verfolgung von Menschen? Und wann beginnt sie heute? Diese Frage war vor Hitler, während Hitler und nach Hitler die zentrale Frage ... Begann die Ermordung von Menschen in den Konzentrationslagern, als sie vergast wurden? Oder als Lokomotivführer oder Beamte nach einem Fahrplan immer wieder Menschen in die KZ transportierten und nicht merken wollten, dass sie nie welche wieder herausbrachten? Oder begann die Ermordung von Menschen 1942 auf der Wannsee-Konferenz, als politische Beamte die Endlösung beschlossen? Oder am 8. November 1938, als Synagogen vor aller Augen brannten und so viele sich entschieden, plötzlich augenkrank zu sein. Oder begann sie, als 1933 Adolf Hitler – man muss es in Erinnerung bringen – demokratisch und frei an die Macht kam? Wann begann die Ermordung von Menschen? Beginnt sie heute, wenn in Brandenburg oder anderswo Menschen tot-

geschlagen oder angezündet werden? Oder beginnt heute die Ermordung von Menschen, wenn dies menschenfeindliche und menschenhassende rechtsextreme Parteien verharmlosen? Oder beginnt die Ermordung von Menschen, wenn in der Schule, im Betrieb, im Verein, in der eigenen Familie rassistische Bemerkungen gemacht werden und wieder Menschen Ohren- und Augenleiden haben? Und an wie viel Gewalt haben wir uns mittlerweile gewöhnt? Und ist das, was wir als Gewalt feststellen, nur eine Gewalt, die auf der Straße stattfindet? Oder gibt es nicht mittlerweile eine Salonfähigkeit, eine Enthemmung, eine Veränderung des Koordinatensystems nicht nur mehr im Bierzelt, sondern beim Champagnerempfang?«

Bezogen auf den nunmehr vorliegenden Maßnahmenkatalog formulierte ich meine Unzufriedenheit gegenüber den anwesenden Vertretern der Polizei und Justiz: »Ich klage an, dass in den letzten Jahren zu wenig geschehen ist. Ich klage an, dass dieses Thema nicht ernst genommen worden ist. Ich klage an, dass Politik, Polizei und Justiz in vielen Bereichen Entwicklungen trotz der jetzt anlaufenden und auch zu lobenden Maßnahmen nicht rechtzeitig in Handlungen umgesetzt haben. Und ich klage im Sinne der Zukunft ein, dass all das, was wir hier ankündigen, auch glaubwürdig und effektiv umgesetzt wird, nämlich Personal und Material zur Verfügung gestellt werden, um diese wunderbaren Programme mehr als nur Programm sein zu lassen. Denn: Es kann nicht sein, dass die Polizei vor Ort hilflos erscheint im Umgang mit rechter Gewalt. Und es kann auch nicht sein, dass wir über Jahre hinweg noch immer von so genannten ausländerbefreiten Zonen in unserem demokratischen Rechtsstaat hören und diese ausländerbefreiten Zonen nicht befreit werden, und zwar von den Nazis. ... Es kann nicht sein, dass Ermittlungen so lange dauern, wie sie dauern, und viele im Sand verlaufen. Es kann auch nicht sein, dass wir von angetrunkenen Jugendlichen oder von Jugendsünden sprechen. Es sind Kriminelle. Und es kann keine Toleranz gegenüber dieser Intoleranz geben.«

In meiner Rede erwähnte ich auch, dass der Antisemitismus keine deutsche Erfindung ist: »Aber Auschwitz war eine deutsche Erfindung, und seitdem ist Antisemitismus in Deutschland eben nicht das Gleiche wie anderswo auf dieser Welt. Und es stimmt, dass wir in anderen demokratischen westlichen Ländern auch Rassismus und Antisemitismus haben. Aber per capita und vergleichbar gibt es kein

Land in Europa, in dem so viel Gewalt stattgefunden hat wie in unserem Land.... Ich glaube zutiefst daran, dass kein Antisemitismus und Rassismus in einer Gesellschaft existieren müssen. ... Ich erwarte, dass wir alle, die wir beteiligt sind, uns engagieren: nicht für Juden, nicht für Ausländer, nicht für Minderheiten, nicht für gefährdete Gruppen, sondern um unser selbst willen. Weil es keine zivilisierte Zukunft in einer Gesellschaft geben kann, wenn Gruppen mit Angst und Bedrohung leben müssen.

Jeder, der hier sitzt – und jeder andere in unserem Land – weiß genau, was zu tun wäre und dass jetzt der Moment ist, zu intervenieren. Pseudohilflosigkeit ist geheuchelt. Wären wir hilflos, dann hätten wir ein ganz anderes Problem als den Rechtsextremismus. Dann hätten wir in der Tat ein Demokratieproblem, ein Selbstbewusstseinsproblem einer aktiven Bürgerschaft. Also werden wir jetzt das tun, was wir in den letzten Tagen hörten und was Inhalt der Programme ist. Es bedeutet einen ersten Schritt, die Gewalt einzudämmen. Es bedeutet aber parallel, endlich auch mit Jugendlichen wieder eine offensive Auseinandersetzung zu führen, und zwar nicht nur mit denen, die bereits auf der Straße mit Springerstiefeln unterwegs sind, sondern mit den Millionen Jugendlichen, die noch nicht orientiert sind und die wir den Rattenfängern nicht überlassen dürfen.«

Ich schloss mit den Worten: »Ob wir in einer Gesellschaft leben, in der Fremdsein nicht nur möglich, nicht nur gestattet, nicht nur erlaubt, sondern gewollt sein wird, in der jeder fremd sein kann, nicht nur der Ausländer, sondern jeder Einzelne abweichen kann, in der es kein neues Diktat von Mehrheitskultur gibt, in der man Menschen hoffentlich nicht mehr zwingt, sich zu assimilieren und anzupassen, in der man letztlich dem Wort Freiheit wirklich Leben gibt, nämlich individuelles Leben zu ermöglichen – ob wir eine solche Gesellschaft entwickeln, hängt ausschließlich von uns ab. Wenn wir es schaffen, dann sind solche Konferenzen obsolet. Wenn wir es nicht schaffen, wird es keine Konferenzen mehr in Deutschland geben.«

Diese Rede wäre erst recht gehalten worden, wäre mir zu diesem Zeit bekannt gewesen, was Dieter Schenk in seinem Buch mit unzähligen Beispielen belegt: Dass nämlich ehemalige Polizeiführer des BKA früher an schwersten Nazi-Verbrechen beteiligt waren – und dass sich die Wiesbadener Behörde bis heute davon nicht offiziell und eindeutig distanziert und dafür entschuldigt hat. Aufklärung beginnt immer vor der eigenen Tür, gerade bei der Polizei gilt dieser Grundsatz. Sie ist unser Freund und Helfer und hat als wichtigstes Kapital das Vertrauen der Opfer in ihr Engagement. Ich würde mir wünschen, dass das Bundeskriminalamt die Vorwürfe dieses Buches schonungslos aufklärt. Ich kann nicht verstehen, warum die Akten, die sich im Besitz des Bundeskriminalamtes befinden, dem Autor nicht zur Verfügung gestellt wurden. Wer wird hier warum geschützt? Der Rechtsextremismus ist eine gesellschaftliche Erscheinung in allen Schichten, Altersstufen und Bildungsniveaus, er schleicht sich in alle Berufsgruppen ein. Dieses muss aufgedeckt und bearbeitet werden, auch und gerade bei der Polizei. Viel Zeit ist dafür nicht mehr.

Dr. Michel Friedman ist stellvertretender Vorsitzender des Zentralrats der Juden in Deutschland

VORBEMERKUNGEN

In meinem Tatsachenroman »BKA – Die Reise nach Beirut« (1990) beleuchten Momentaufnahmen aus den achtziger Jahren das Wirken des Bundeskriminalamtes im In- und Ausland. Mit der Biografie des BKA-Präsidenten Dr. Horst Herold in »Der Chef« (1998) werden die Zeit der Terrorismusbekämpfung der siebziger Jahre und die Persönlichkeit eines überragenden BKA-Präsidenten lebendig, während mit dem vorliegenden Sachbuch der Aufbau der Wiesbadener Behörde in den fünfziger und sechziger Jahren und die NS-Vergangenheit des Führungspersonals beschrieben werden. Damit kommt gleichzeitig die BKA-Trilogie zu ihrem Abschluss.

Die Entwicklung des Bundeskriminalamtes, das in diesem Jahr sein 50-jähriges Bestehen feiert, ist untrennbar mit Paul Dickopf verbunden, der sich selbst gerne als »Architekt des BKA« bezeichnen ließ. Wie niemand sonst hat er das Amt geprägt, allerdings unter tatkräftiger Mithilfe seines Freundes und Vertreters, Rolf Holle, der vor allem die Fäden im Hintergrund zog. In Konkurrenz zu beiden befand sich Dr. Bernhard Niggemeyer, der das Kriminalistische Institut des BKA aufbaute und leitete. Das Triumvirat stand den knapp 50 Beamten des Leitenden Dienstes vor – und nur dieser Personengruppe gilt das Forschungsinteresse –, die so gut wie alle ihre beruflichen Wurzeln in der Sicherheitspolizei Himmlers und Heydrichs hatten, in diesem Sinne geprägt waren und ihre Berufserfahrungen auf das Bundeskriminalamt übertrugen. So nimmt es nicht wunder, dass es sich beim Aufbau des BKA um einen organisatorischen Abklatsch des Reichskriminalpolizeiamtes handelte, dessen Mittel und Methoden übernommen wurden, indem man einschlägige Richtlinien der NS-Terminologie entkleidete, andererseits die Grundzüge der Verfassung der Bundesrepublik beachtete.

So in etwa lautete auch meine Ausgangsthese, die der bekannten Tatsache Rechnung trug, dass die öffentliche Verwaltung insgesamt, aber nicht nur sie, in der Nachkriegszeit von Menschen aufgebaut wurde, die bereits im Dritten Reich in gleichen oder ähnlichen Funktionen tätig waren.

Überrascht und zugleich bestürzt hat mich im Verlauf meiner Recherchen, dass fast die Hälfte der BKA-Vorgesetzten der fünfziger und sechziger Jahre auf schlimmste Weise unmittelbar in die Verbrechen der Nationalsozialisten verstrickt war; diese Männer hätten niemals in den Beruf zurückkehren dürfen. Somit deckt dieses Buch eine moralische und politische Katastrophe für das Bundeskriminalamt und die westdeutsche Demokratie auf: NS-Verbrecher – Schreibtischtäter wie Massenmörder, die als Mitglieder der Einsatzgruppen in Polen, der Geheimen Feldpolizei in Weißrussland oder der Polizeibataillone in der UdSSR am Völkermord und der »Endlösung der Judenfrage« beteiligt waren – fühlten sich berufen, nach dem Krieg in einer Bundesinstitution tätig zu sein, die die Verfolgung von Verbrechern zur Aufgabe hat. Dies war möglich, nicht etwa weil die Täter ihre Vergangenheit besonders geschickt verschleiern konnten, sondern weil jeder jeden deckte.

Nicht ohne persönliche Betroffenheit las ich unter anderem die Akten über Karl Heller. Er war in den sechziger Jahren als Kriminalrat Leiter der Abteilung Kriminalpolizei in der Hessischen Polizeischule und 1963 mein Lehrgangsleiter im Kriminalkommissar-Lehrgang. Ich verehrte ihn als fachlich versierten, honorigen, gebildeten Mann und bewunderte ihn dafür, dass er große Teile von Goethes »Faust« auswendig kannte. Aber er war auch ein Mann der Gestapo, der 1943 in Warschau 140 bis 160 Menschen als »Spione« dem sicheren Tod überantwortete, weil sie versucht hatten, dem unmenschlichen Unterdrückungsapparat in Notwehr Widerstand entgegenzusetzen. 1944 stellte der von Himmler persönlich für seine »Erfolge« schriftlich Belobigte Kräfte seiner Einheit zur Exekution von zehn Menschen am Lyoner Flugplatz ab und erteilte Befehl, bei Herannahen der Amerikaner einen Häftling im Gestapo-Keller zu erschießen. Ich bin nicht nur von Karl Heller maßlos enttäuscht, sondern auch wütend darüber, wie ich als junger, begeisterungsfähiger Berufsanfänger getäuscht wurde. Und ich vermute, dass es manchem Leser dieses Buches ähnlich ergehen wird, der im Bundeskriminalamt als Kriminalbeamter, Wissenschaftler oder Journalist an den internationalen Herbsttagungen teilnahm, die von dem beliebten Bernhard Niggemeyer geleitet wurden. Zeitlebens begegnete er Verdächtigungen wegen seiner Tätigkeit bei der Geheimen Feldpolizei empört und nicht ohne Arroganz. Nunmehr stempeln ihn seine eigenen Tätigkeitsberichte zum Lügner.

Paul Dickopf war eine zwielichtige Persönlichkeit, eine Spielernatur und ein raffinierter Schwindler. Das vorliegende Buch widerlegt seine Legende des »Widerstandskämpfers« – auf die mehrere Bundesinnenminister hereinfielen –, der 1943 in die Schweiz ging und dort angeblich gegen die Nationalsozialisten arbeitete. Die trickreiche Art, wie er im Nachkriegsdeutschland seine Pläne als Geheimdienstagent in die Entscheidungsgremien der Alliierten einspeiste und schließlich ein BKA des von ihm gewollten Zuschnitts durchsetzte, grenzt öfter an Hochstapelei, war aber letztlich von Erfolg gekrönt. Das größte Verhängnis für das junge Bundeskriminalamt bestand darin, dass man dem ehemaligen Doppelagenten Dickopf die Entscheidung in Personalsachen überließ, sodass er das BKA zu einer Versorgungsanstalt für alte Nazis und Verbrecher machte. Er konnte diese Rolle aber nur spielen, weil er als CIA-Agent die Rückendeckung der amerikanischen Besatzungsmacht besaß und die Schlüsselpositionen in der Ministerialbürokratie des Bundesinnenministeriums zugleich von NS-Gesinnungsgenossen durchsetzt waren.

Man würde die Geschichte des Bundeskriminalamtes unzulässig verkürzen, beschränkte man sich auf die schillernde Biografie Dickopfs. Denn eine Reihe unterschiedlichster Persönlichkeiten hat einzelne Sachgebiete des Bundeskriminalamtes geprägt; ihre Tätigkeit erscheint in einem ganz anderen Licht, wenn man die Rolle durchleuchtet, die sie zwischen 1933 und 1945 spielten. So entsteht plötzlich ein fataler Zusammenhang zwischen damals und heute, zwischen dem Referenten, der im Reichssicherheitshauptamt Zigeuner in Konzentrationslager einwies, und dem Referatsleiter, der sich 1954 erneut in der Bekämpfung der »Landfahrerplage« engagierte. Oder zwischen dem Kriminalrat, der Mordaktionen der Einsatzkommandos in Russland befehligte, und dem Kriminalrat in der Sicherungsgruppe, für den der Feind noch immer im Osten zu suchen war. Und wenn einige den Chefsessel im Reichskriminalpolizeiamt in ungebrochener Kontinuität mit dem gleichen Chefsessel im BKA tauschten, kann es einem ob dieser Dreistigkeit die Sprache verschlagen.

Das alles hatte Folgen: Duckmäusertum und Wagenburgverhalten, autoritärer Führungsstil und rechtslastige Arbeitsprogramme, Cliquenbildung und Postenschacher, Bewahrung des Herrschaftswissens und kleinkarierter Bürokratismus. Und immer wieder Lug und Trug, um die eigene Vergangenheit zu verbergen. Überflüssig zu erwähnen, dass »furchtbare Juristen« (Ingo Müller) eine Bestrafung verhinderten. Wer glaubt, dass mit dem Ausscheiden der

Generation so genannter Alt-Kriminalisten, der Spuk ein Ende hatte, irrt. Das wachsame Auge des BKA blickte stets nach links und hatte Rechtsextremismus und Rechtsterrorismus nie im Fadenkreuz. Die Langzeitwirkung ist bis heute zu spüren und kommt insbesondere in der Halbherzigkeit zum Ausdruck, mit der Rechtsradikalismus, Antisemitismus und Fremdenfeindlichkeit bekämpft werden.

Als hoffnungsvoller Nachwuchs kam Dr. Herbert Schäfer 1962 zum Wiesbadener Amt, um im Kriminalistischen Institut zu arbeiten. Als der Jurist zum Untersuchungsführer in einem Disziplinarverfahren bestellt wurde, forderte er bei der Staatsanwaltschaft die Anklageschrift des Einsatzgruppen-Prozesses an, in dem die Straftaten mobiler Einheiten der Sicherheitspolizei und des SD verfolgt wurden, die in Osteuropa angebliche politische Gegner und »rassisch Unerwünschte« systematisch ermordet hatten. Das an Schäfer adressierte Päckchen wurde im BKA geöffnet und landete nicht auf seinem, sondern auf Dickopfs Schreibtisch. Schäfer wurde vor den Präsidenten zitiert und ohne eine Begründung zurechtgewiesen: »Ich wünsche nicht, dass solche Akten in das Haus geschickt werden!« In einer Abteilungsleiterbesprechung bemerkte der für seine Rachsucht bekannte Dickopf: »Der kriegt bei mir keinen Fuß mehr auf den Boden.« So war es dann auch – Schäfer ließ sich nach Bremen versetzen und übernahm die Leitung des Landeskriminalamtes. Dem Leitenden Kriminaldirektor a. D. Herbert Schäfer habe ich vor allem zu verdanken, dass er mich motivierte, dieses Buch zu schreiben. Denn er machte mir die Dimension des Kreises um Dickopf – »Charlottenburger« genannt – und das Dunkelfeld deutlich, in dem die nationalsozialistische Vergangenheit dieser Leute noch immer, von einigen Gerüchten abgesehen, ruhte. Nebenbei hat mich Herbert Schäfer auf seine humorige Art aus manchem Arbeitstief, das sich beim Aktenstudium über das Grauen der NS-Zeit unweigerlich einstellt, herausgeholt.

Paul Dickopf selbst trug wesentlich zur Entschlüsselung seiner Persönlichkeit bei. Denn seine pedantische Sammelwut führte zu einem umfangreichen Nachlass, der seit etwa 25 Jahren bis zum 1. Januar 2000 vom Bundeskriminalamt im Bundesarchiv Koblenz mit einem Sperrvermerk versehen war. Bei der Arbeit an der Herold-Biografie verweigerte mir 1996 das BKA den Rückgriff auf das Material mit der Begründung, dass dies »nicht im Sinn des verstorbenen Paul Dickopf« sei. Wohl wahr, aber vielleicht wäre es schon damals im wohlverstandenen Interesse des Bundeskriminalamtes und unserer demokratischen Kultur gewesen. Stattdessen zeigt sich in der Art, wie das Amt »nacheilenden Gehorsam« praktizierte, eine schmerzhafte Kontinuität bis zum Ende des Jahrtausends.

Mitte der siebziger Jahre wurde der Dickopf-Nachlass im dienstlichen Auftrag durch den Leitenden Kriminaldirektor im BKA, Helmut Prante, ausgewertet, der in einem umfangreichen Bericht eine zeitliche Chronologie erstellte. Prante hat das Material – wie es wohl seine Aufgabe war – eher dokumentarisch und nicht analytisch behandelt, aber trotzdem auf Widersprüche und Ungereimtheiten hingewiesen. Für meine Arbeit war der gewissenhafte und gründliche Prante-Bericht eine zuverlässige Quelle, um gezielt auf Daten und Fakten zuzugreifen.

Ich wurde bei meinem Forschungsprojekt durch viele Archive unterstützt und erfuhr vielfache Anregungen und Ermutigung in Polen durch Frau Wissocka vom Warschauer Archiv der Hauptkommission zur Verfolgung von NS-Verbrechen. Ich schulde ferner meinem Freund Prof. Dr. Witold Kulesza Dank, der sich als Hochschulprofessor und als stellvertretender Generalstaatsanwalt der Republik Polen Strafverfolgung, Forschung und Lehre auf dem Gebiet der Verbrechen des Nationalsozialismus und des Stalinismus zur Aufgabe gemacht und mich großzügig unterstützt hat.

Herr Dr. D. Bourgois ebnete mir im Schweizerischen Bundesarchiv Bern die Wege, sodass ich außer offen zugänglichen Dossiers über Paul Dickopf für zwei noch gesperrte Akten eine Sondererlaubnis der Schweizer Bundesanwaltschaft erhielt.

Mein Dank für vorzügliche Zusammenarbeit gilt Herrn Bauer und Herrn Pickro vom Bundesarchiv Koblenz; Herrn Zarwel vom Bundesarchiv Berlin; Herrn Dr. Borgert und Herrn Schröder von der Bundesarchiv-Außenstelle Ludwigsburg; Herrn Schneiderreit vom Bundesarchiv-Zwischenarchiv Dahlwitz-Hoppegarten; Frau Schade von der Gauck-Behörde; Frau Heske und Herrn Remmers von der Wehrmachtsauskunftsstelle; Frau Welzing vom Landesarchiv Berlin; Herrn Dr. Müller-Boysen vom Landesarchiv Schleswig-Holstein und Herrn Dr. D. Degreif vom Landesarchiv Wiesbaden sowie Frau Voß von der Forschungsstelle für Zeitgeschichte in Hamburg.

Auf dem Gebiete der Nachrichtendienste konnte ich auf den kundigen Rat des Leiters des Forschungsinstituts für Friedenspolitik Erich Schmidt-Eenboom zurückgreifen, der mir auf großzügige Weise sein umfangreiches Archiv zur Verfügung stellte.

Wie es inzwischen schon zur persönlichen Tradition geworden ist, haben Dr. Heinrich Nuhn als Historiker und Prof. Dr. Hans See als Politikwissenschaftler und Wirtschaftskriminologe das Manuskript mitgelesen – eine Art Supervision unter Freunden, die dem Autor notwendige Sicherheit vermittelt.

Ralph Giordano, dessen letztes Buch »Die Traditionslüge – Vom Kriegerkult der Bundeswehr« manche Parallelen zu meinem Thema aufzeigt, bin ich verbunden für Unterstützung und guten Rat, den richtigen Verlag ausgewählt zu haben. Womit ich last not least meinem Lektor, Lutz Dursthoff, herzlich danke für seine Solidarität, das Thema betreffend, und dass er während der Entstehungsphasen des Buches mein Projekt klug und professionell durch alle Klippen steuerte.

Gerne würde ich auch dem Bundeskriminalamt Dank sagen, sein Geschichtsbewusstsein loben und meine Genugtuung ausdrücken, dass das Amt bereitwillig alle Akten öffnete, um zu erkennen zu geben, dass es sich von den ehemaligen Nazi-Tätern in seinem Hause ein für allemal distanziert. Doch leider muss ich mir solche Worte versagen. Obwohl Bundesinnenminister Otto Schily die Akteneinsicht genehmigte, verschleppte die Wiesbadener Behörde über ein Jahr die Realisierung, weil dem angeblich Datenschutzgründe und »schutzwürdige Belange der Mitarbeiter« – auch der ehemaligen – entgegenstünden. Dies veranlasste mich zu dem im Anschluss an diese Vorbemerkungen abgedruckten Brief vom 4. Mai 2001.

Zwei Tage vor Abgabe meines Manuskriptes, am 29. Mai 2001, rief mich der Leiter des Stabes im Auftrag des BKA-Präsidenten an, um mir mitzuteilen, dass mir Dr. Kersten »nicht restriktiv gegenüberstehe«. Vielmehr seien er und Vize-Präsident Falk der Auffassung, dass man die Gründungsgeschichte des Amtes aufarbeiten solle, »wie das andere Großunternehmen auch tun«. Es gäbe also keine Gründe, mich nicht zu unterstützen. Andererseits seien »rechtliche Regelungen« zu beachten, nach denen der Präsident Pflichten hätte, die er nicht verletzen dürfe, man wolle aber den »Ermessensspielraum zu meinen Gunsten so weit ausdehnen, wie es möglich sei.« Um ein pragmatisches Vorgehen zu besprechen, biete mir Dr. Kersten ein Gespräch an, das wegen Urlaubs und einer Dienstreise frühestens am 18. Juni 2001 stattfinden könne (und für den 21. Juni 2001 vereinbart wurde).

Der feststehende Erscheinungstermin des Buches ließ keinen Planungsspielraum mehr zu. Es steht damit fest, dass ich zumindest für die Erstauflage trotz eines Vorlaufes von über einem Jahr kein Blatt Papier aus dem Bundeskriminalamt zur Auswertung erhielt. Ich glaube nicht, dass hierdurch das Gesamtergebnis der Recherche beeinträchtigt wird, wohl aber wurde die Möglichkeit eingeschränkt, wissenschaftlich so präzise wie möglich zu arbeiten, vollständig zu dokumentieren und erhobene Fakten ein weiteres Mal zu überprüfen, besonders in Personalakten. Im Einzelfall ist nicht auszuschließen, dass deswegen auch Korrekturen erforderlich werden. Ich möchte die ehrlichen Absichten des Präsidenten, die für mich eine »neue Offenheit« bedeuten, nicht in Zweifel ziehen. Ich halte es aber für einen politischen Fehler, nicht früher entschieden zu haben, weil der fatale Eindruck entstand, dass das Amt seine NS-Vergangenheit unter den Teppich kehren wollte. Und selbst wenn das nicht stimmen sollte, bleibt eine fragwürdige Loyalität gegenüber früheren Mitarbeitern – eine andere Variante der »Mauer des Schweigens«.

Am 22. März 2001 fand im Wiesbadener Kurhaus mit musikalischer Umrahmung durch ein BGS-Musikkorps (Militärmarsch Nr. 1 von Franz Schubert) ein Festakt »50 Jahre Bundeskriminalamt« statt. Keiner der Redner – von Bundesinnenminister Otto Schily über BKA-Präsident Dr. Ulrich Kersten bis Interpol-Präsident Ronald K. Noble – verlor ein Wort über die Schatten der Vergangenheit des Bundeskriminalamtes.

Dieter Schenk
31. Mai 2001

Herrn
Präsidenten des Bundeskriminalamtes
Dr. Klaus Ulrich Kersten – persönlich –
Postfach 1820
65173 Wiesbaden

nachrichtlich
Herrn Bundesinnenminister
Otto Schily – persönlich –

4. Mai 2001

Forschungsprojekt
über die Gründungsgeschichte
des Bundeskriminalamtes

Sehr geehrter Herr Präsident Dr. Kersten,

wie Ihnen bekannt sein dürfte, beantragte ich am 9. März 2000 bei Herrn Bundesinnenminister Schily Akteneinsicht im Bundeskriminalamt, um General-, Grundsatz- und Personalakten auszuwerten. Am 7. April 2000 erteilte der Minister die Genehmigung. Am 11. Juli 2000 fand eine Vorbesprechung in Ihrem Hause statt. Am 18. August 2000 wurde mir mitgeteilt, dass eine Prüfung noch längere Zeit in Anspruch nehmen wird. Ich habe – wie Sie wissen – diesen Hintergrund in einem Artikel der ›Frankfurter Rundschau‹ am 22.3.2001 bekannt gemacht und bitte dafür um Verständnis, weil ich keinen anderen Weg sah, nach fast einem Jahr in dieser Angelegenheit einen Fortschritt zu erzielen. Heute, am 4. Mai 2001, rief mich Frau P., Sachbearbeiterin LS 2, an und stellte die Frage, ob ich wegen der abge-

laufenen Zeit noch auf eine Akteneinsicht Wert lege. Ich bejahte dies und machte darauf aufmerksam, dass Ende Mai d. J. die Arbeit an dem Manuskript abgeschlossen sein muss, weil das Buch im Herbst im Verlag Kiepenheuer & Witsch erscheinen soll. Die Termine wird Ihnen mein Verlag gerne bestätigen.
Frau P. erklärte weiter, dass für diesen Fall eine Anordnung des Rechtsreferates (ZV 15) vorliege, alle personenbezogenen Daten unkenntlich zu machen, bevor ich Akteneinsicht erhalte.
Würde dies geschehen, wäre der Informationsgehalt der Akten für mich erheblich reduziert, weil sich Zusammenhänge von Sachverhalten und Entscheidungen in vielen Fällen nicht mehr erschließen und sich damit nicht nachvollziehen lassen, wenn die Entscheidungsträger unbekannt bleiben. Ganz abgesehen davon würde bewusst verhindert, die Verantwortung für zeitgeschichtliche Vorgänge bestimmten Personen konkret zuzuordnen. Mit anderen Worten: Es handelt sich um eine Behinderung historischer Forschung, die im öffentlichen Interesse eigentlich gefördert werden müsste.
Frau P. gab als Grund an, dass die Personen noch nicht länger als 30 Jahre tot seien, einige sogar noch lebten. Nach meiner Kenntnis lebt einzig noch Herr Rolf Holle, und er ist als langjähriger Vertreter des BKA-Präsidenten eine Person der Zeitgeschichte.
Die Akteneinsicht regelt sich nach dem Bundesarchivgesetz, das nach § 5 Absatz 5 die Kürzung der Schutzfristen ermöglicht, wenn es sich um ein wissenschaftliches Forschungsvorhaben handelt. Für <u>Personen der Zeitgeschichte</u> und <u>Amtsträger in Ausübung ihres Amtes</u> können Schutzfristen außerdem verkürzt werden, wenn die schutzwürdigen Belange des Betroffenen

angemessen berücksichtigt werden (was ich in jedem Einzelfall sorgfältig beachte). Da ich in diesem Projekt mit einem Dutzend Bundes- und Landesarchiven zusammenarbeite (einschließlich Archiven in der Schweiz und in Polen), kann ich Ihnen versichern, dass in keinem Fall die Schutzfristen nicht verkürzt, geschweige denn gar Akten geschwärzt wurden. Es wäre sicher hilfreich, wenn Sie sich das zum Beispiel vom Bundesarchiv Koblenz oder vom Bundesarchiv Berlin oder von der Außenstelle des Bundesarchivs Ludwigsburg (ehemalige Zentrale Stelle der Landesjustizverwaltungen) bestätigen ließen.

Ich darf Sie darauf aufmerksam machen, dass die gesetzlich eingeräumte Verkürzung der Schutzfristen auch für Akten des Bundeskriminalamtes gilt, die noch nicht an ein Bundesarchiv abgegeben sind, soweit ›die Unterlagen älter als 30 Jahre sind‹ (§ 5 Abs. 8 BArchG). Daraus leitet sich ein weitgehender Rechtsanspruch auf ungehinderte Akteneinsicht für Akten bis zum Jahre 1970 ab, zumal Anonymisierungen nicht vorgesehen sind bei Personen der Zeitgeschichte und Amtsträgern in Ausübung ihres Amtes (§ 5 Abs. 5 BArchG).

In dem Zusammenhang bitte ich Sie zu berücksichtigen, dass für die Materie des Forschungsprojektes die Einsichtnahme auch in Personalakten unumgänglich notwendig ist, soweit es sich um Personen der Zeitgeschichte und um Amtsträger in Ausübung ihres Amtes handelt. Selbstverständlich sind für mich nur Personen von Relevanz, die diesen Status besitzen. Auch hier darf ich Ihnen versichern, dass ich die Privatsphäre schütze. Dieses Vertrauen genieße ich im Übrigen bei Bundes- und Landesarchiven, die mir zum Beispiel Personalakten oder Entnazifizierungsakten in Fotokopie überlassen.

Die von Ihrem Rechtsreferat vertretene Auffas-

sung, dass es sich ausschließlich bei dem ehemaligen BKA-Präsidenten Dickopf um eine Person der Zeitgeschichte handelt, ist juristisch wohl kaum haltbar. Im Übrigen ist eine nicht geringe Anzahl dieser Beamten schon alleine deshalb zu Personen der Zeitgeschichte geworden, weil sie in schwerste NS-Verbrechen unmittelbar verstrickt sind. In keinem Fall wird man bestreiten können, dass es sich um Amtsträger in Ausübung ihres Amtes handelt.
Ich wäre Ihnen daher dankbar, sehr geehrter Herr Präsident Dr. Kersten, eine zeitnahe Entscheidung zu treffen, und bitte Sie um einen widerspruchsfähigen Bescheid.

Mit freundlichen Grüßen
Dieter Schenk

PROLOG

Ewiggestrig

Männer wie Kurt Zillmann versuchten nach der Pensionierung in den sechziger Jahren ihr Berufsleben in der Polizei so darzustellen, dass sie einst lediglich Mordfälle aufgeklärt hatten. Sie erzählten ihren Kindern und Enkelkindern Kriminalanekdötchen, schrieben Geschichten wie »Der Nachbar weint immer als Mörder« oder »Die verschwundenen Krankenschwestern«[1] und fanden gelegentlich auch einen Verleger. Sich selbst und ihren Mitmenschen suggerierten sie, dass sie »Volk und Vaterland gedient«, »nichts als ihre Pflicht getan« und nur die »normale Kriminalität bekämpft« hätten. Dass Zillmann vor 1945 SS-Hauptsturmführer war, verschwieg er wie so manch anderes. Doch lassen wir ihn zunächst selbst zu Wort kommen:

»Ich bin Pommer, geboren 1906 in Kolberg an der Ostsee. Herangewachsen bin ich vom 3. Lebensjahr an bis zu meinem Abitur an einem humanistischen Gymnasium in der reizvollen Kleinstadt Neustettin. (...) Ich gehöre also zu den Jahrgängen, die zu Hause und in der Schule noch ›Der Kaiser ist ein lieber Mann, er wohnet in Berlin ...‹ gesungen haben. Wir sahen mit kindlicher Begeisterung 1914 das Bataillon unserer Garnisonstadt ins Feld ziehen und bewunderten die Primaner, die sich freiwillig meldeten, denen wir zuvor oft andächtig gelauscht hatten, wenn sie bei Klampfen- und Mandolinenbegleitung die alten Volkslieder sangen. Wir lernten in der Schule die Heldengedichte aus 1914/18 (...), erlebten aber auch die Schrecknisse des Ersten Weltkrieges und ausgehungert das für unser Vaterland unrühmliche Ende dieses Weltenbrandes.

Die damalige Jugend suchte anschließend die Gemeinschaft. So auch ich in einem Jugendbund, der sich unter anderem das Bekenntnis zur Heimat und die Pflege der Kameradschaft aufs Panier geschrieben hatte. Wir wanderten, sangen und musizierten. Zupfinstrumente waren unsere Begleiter, Hermann Löns, Josef Freiherr von Eichendorff und andere Romantiker unsere Ideale.

Auch die politischen Wirren der zwanziger Jahre konnten uns nicht unserer Welt entrücken. Ich erwähne die Beeinflussung durch diesen Jugendbund, weil er in uns die ›weiche Stelle‹ geweckt und erhalten hat, die zum Beispiel auch für den Kriminalisten im Kontakt mit dem Gegenüber eine wichtige Komponente ist. Ich sage es stellvertretend für Unzählige, etwa Gleichaltrige und Gleichgesinnte, um aufzuzeigen, dass wir uns damals trotz Leid, trotz Hunger und Tränen aus dem Ersten Weltkrieg hinübergeträumt haben in eine Welt der jugendlichen Schwärmerei und Begeisterung für die ewigen Werte unseres Volkes.

Noch während meines juristischen Studiums bewarb ich mich (...) um Einstellung als Kriminalkommissar-Anwärter. (...) Das Polizeipräsidium Magdeburg stellte mich 1931 auf Weisung des Innenministers nach erfolgter psycho-technischer Eignungsprüfung ein. Ich war sehr glücklich.

Mein erster Chef in Magdeburg war Preußens Altmeister der Kriminalistik, Kriminaldirektor Holters, einer der führenden Fachleute der damaligen Zeit. Er war ein hervorragender Erkennungsdienstspezialist und Könner für den ›ersten Angriff bei Kapitalverbrechen‹. (...) Holters war ein ausgezeichneter Lehrmeister, der seinen Anwärtern systematisches Denken und Handeln für die kriminalistische Arbeit aufzwang.

Mein zweiter ›Lehrmeister‹ in Magdeburg war nach Versetzung von Holters nach Stettin Regierungskriminalrat Willi Gay, der eine Spitzenstellung im preußischen Ministerium des Innern 1933 wegen der politischen Ummodelung verlassen musste. Gay war der Vater der Organisations- und Meldeerlasse für die preußische Polizei aus den Jahren 1925-1927, von Bedeutung insbesondere für die Kriminalpolizei. Die Erlasse haben im Kern für die Erfassung von gewerbs- und gewohnheitsmäßigen Tätern und Taten (...) bis heute Geltung behalten und sind sinnvoll in die vergleichende Tätigkeit der EDV eingearbeitet worden. (...) Der Techniker Holters und der Taktiker Gay gaben mir die kriminalistische Wissensbasis und blieben mir berufliche Leitbilder für eine glückliche Laufbahn. (...)

Am 13. September 1934 begann am Polizeiinstitut Berlin-Charlottenburg mein Kriminalkommissar-Anwärter-Lehrgang. An diesem Institut residierte im wahrsten Sinne des Wortes als Leiter Oberregierungs-Kriminalrat Felix Linnemann. Er hatte einen Lehrkörper hinter sich, dem bedeutende Kapazitäten angehörten, unter ihnen Dr. Zirpins,[2] Dr. Mommsen, Dr. Küßner, Dr. Ziese, Dr. Böhmer, Dr. Bartmann[3] unter anderem Den heute noch lebenden ›Alt-Charlottenburgern‹ unter den Kriminalisten sind ihre Namen bestimmt unvergessen geblieben. Das Institut garantierte eine besonders gute Ausbildung. (...) Ich bestand mit ›sehr gut‹.

Als Kriminalkommissar auf Probe wurde ich zur Landeskriminalpolizeistelle Köln einberufen. (...) Der Abschied von meinen Lehrgangskameraden war weder traurig noch dramatisch gewesen. Wir wussten, dass wir als neue Angehörige der Führungscrew der späteren Reichskriminalpolizei Deutschland nicht unerreicht getrennt sein würden. Wir fühlten uns jederzeit als Mitglieder einer beruflichen ›Familie‹ und sind wegen dieses Zusammenhalts aller Kriminalisten von der allgemeinen Polizei oft beneidet worden.

Trotz der unseligen Auflösung der Reichskriminalpolizei nach 1945 und trotz der Übertragung der Polizeihoheit auf die Länder hielten wir Glücklichen, am Leben Gebliebenen, weiterhin den geradezu konventionellen Kontakt miteinander. Aus meinem Lehrgang wurden Grasner Direktor des Landeskriminalamtes Nordrhein-Westfalen, Eigenbrodt Kriminaldirektor in Braunschweig, Kiehne Kriminaldirektor in Köln[4] usw.; ihre Namen sind in der Fachwelt bestens bekannt. (...)

Im November 1936 wurde ich trotz anfänglichen Sträubens überraschend von heute auf morgen als Lehrer für Kriminalistik und Kriminologie an das Polizeiinstitut Berlin-Charlottenburg versetzt. (...) Durch meine Lehrtätigkeit lernte ich Hunderte von Kriminalkommissar-Anwärtern des Großdeutschen Reiches kennen, denn das Institut war das einzige Lehr- und Prüfungsinstitut der Kriminalpolizei Deutschlands für den gehobenen und höheren Dienst. Ein wenig stolz war ich Jahre danach denn doch, dass zu den von mir ›belehrten‹ und geprüften Anwärtern Persönlichkeiten wie der spätere Präsident des Bundeskriminalamtes, Paul Dickopf, der Vizepräsident des BKA Rolf Holle und viele leitende Kriminalisten des Bundes und der Länder gehörten. Ein Wiedersehen nach dem Zweiten Weltkrieg war ohne Ausnahme freudig und freundlich, ein Beweis für mich, dass ich mich in dem menschlichen Zueinander als Lehrer zum Schüler richtig verhalten hatte, obwohl Letzteren in der Wissensforderung nichts geschenkt wurde. Eine solche Bestätigung ist ein Lohn mit seelischer Tiefenwirkung.

1938 wurde das Institut in ›Führerschule der Sicherheitspolizei‹ umbenannt. Linnemann ging, und ein ehemaliger Polizeioffizier kam.[5] Er führte weisungsgebunden sehr zum Leidwesen des Lehrkörpers den ›soldatischen Schwung‹ ein. Die Anwärter wurden für die Zeit des Lehrganges SS-ähnlich uniformiert mit dem Ärmelstreifen ›Führerschule der Sicherheitspolizei‹. Ende 1938 war das Uniformtragen auch für die Lehrer durch Erlass verbindlich. Himmlers Absicht, SS und Polizei zu vereinen, wurde damals zunächst äußerlich begonnen. Während des Zweiten Weltkriegs trugen dann gemäß Erlass die Kriminalbeamten im Einsatz, die leitenden Beamten des Reichskriminalpolizeiamtes, der Kriminalpolizeileitstellen und Kriminalpolizeistellen die SS-ähnliche Uniform. Das veranlasste Nichtkenner, besonders nach 1945, diese Uniformträger als SS-Angehörige zu identifizieren und zu behandeln. Dabei waren sie grundsätzlich keine Mitglieder. Es ist müßig, über diese klaren Tatbestände zu reden. Böse Zungen unterstellen den Betroffenen noch heute die Zugehörigkeit zur SS, bewusst oder unbewusst. Man könnte diese Tendenz als irren Quatsch abtun, wenn nicht die Böswilligkeit den betroffenen Kriminalisten manchmal erheblichen beruflichen Schaden zugefügt hätte.

Im März 1941 wurde ich Kriminalrat. Des Lehrens ›müde‹, auch wegen des neuen Zeitgeistes an der Schule, meldete ich mich Anfang 1942 zur Versetzung in die Praxis. Da jeder leitende Kriminalbeamte nach

Heydrichs Weisung einmal im ›Einsatz‹, möglichst im Osteinsatz, gewesen sein sollte, nahm ich die Versetzung nach Luxemburg als Kripoleiter ohne Bedenken an. Die Arbeit dort galt auch als Tätigkeit im ›Einsatz‹.

Die deutschen und luxemburgischen Kriminalbeamten verstanden sich gut. Es gab arbeitsmäßig überhaupt keine Schwierigkeiten. Leider musste ich im September 1944 dieses wunderschöne Land und seine liebenswerten Bewohner mit meiner Familie wegen Feindannäherung verlassen. Inzwischen hatte ich für den Regierungsbezirk Trier eine Kriminalpolizeistelle eingerichtet und ab Februar 1944 die Leitung der Kriminalpolizeistelle Koblenz übernommen. Mit dem Einmarsch der Amerikaner im März 1945 in Koblenz, den folgenden Absatzbewegungen der Kriminalpolizeien und der endgültigen Auflösung der Dienststellen und Einheiten am 8.5.1945 war meine kriminalpolizeiliche Tätigkeit vorerst beendet.«[6]

Die Ausführungen Zillmanns, die jede Distanz zum Dritten Reich und zu seiner eigenen Biografie vermissen lassen, sprechen für sich. Es fiel ihm nicht einmal auf, dass er gelegentlich noch immer das NS-Vokabular benutzte; im Manuskript zeichnete er sogar die SS-Runen mit der Hand ein, weil solche Schrifttypen auf seiner Nachkriegsschreibmaschine fehlten.

Von Bedeutung ist vor allem, was Zillmann verschwieg. So zum Beispiel seine Verantwortung als Kriminalrat und enger Mitarbeiter von Gauleiter Gustav Simon (Gau Koblenz-Trier) bei der Vertreibung und Ermordung der Juden aus Luxemburg. Simon, von Hitler in Luxemburg zum Chef der Zivilverwaltung bestellt, war bei der Durchführung antijüdischer Maßnahmen sogar dem Reich voraus. Nach Erkenntnissen der Zentralen Stelle der Landesjustizverwaltungen zur Aufklärung von NS-Verbrechen war Zillmann bereits 1940 als SS-Hauptsturmführer nach Luxemburg versetzt worden und nicht, wie er behauptete, im Jahre 1942.[7] Luxemburg war am 10. Mai 1940 von deutschen Truppen besetzt worden. Gegen die versuchte Germanisierung durch den Gauleiter bildeten sich Widerstandsgruppen und Streiks, die blutig bekämpft wurden.[8] Im Oktober 1941 kamen 512 Luxemburger Juden in das Lodzer Ghetto, von wo aus ein Großteil im Mai 1942 zum Vernichtungslager Kulmhof weitertransportiert und ermordet wurde. Zwischen 1942 und 1944 wurden weitere 310 Luxemburger Juden nach Theresienstadt eingeliefert.[9] Als Luxemburg am 10. September 1944 befreit wurde, waren über 8000 Luxemburger dem nationalsozialistischen Terror zum Opfer gefallen.[10]

Verschwiegen hat Zillmann ferner, dass er mit Beginn des so genannten Polenfeldzuges der »Einsatzgruppe z.b.V (von Woyrsch)« angehörte. Mit Fernschreiben vom 3. September 1939 setzte der Reichsführer SS und Chef der deutschen Polizei Himmler den SS-Obergruppenführer Udo von Woyrsch als Sonderbefehlshaber einer polizeilichen Spezialeinheit ein, die als Auftrag »die radikale Niederwerfung des aufflammenden Polenaufstandes in neu besetzten Teilen Oberschlesiens mit allen zur Verfügung stehenden Mitteln« hatte. Ziel der Einheit war, im ostoberschlesischen Industrierevier, dem »Kerngebiet der polnischen Insurgentenverbände«, wie es ein Einsatzgruppenbericht nannte, Furcht und Schrecken zu verbreiten. Hierfür war Woyrsch der richtige Mann, der sich bereits bei der Niederschlagung des »Röhmputsches« im Jahre 1934 durch bedenkenlos brutales Handeln hervorgetan hatte.[11] Ein Teilkommando dieser Einsatzgruppe stand unter der Leitung des SS-Brigadeführers Otto Hellwig, dem Kommandeur der Führerschule der Sicherheitspolizei in Berlin-Charlottenburg. Kurt Zillmann, als Angehöriger des Lehrkörpers ein enger Mitarbeiter des Kommandeurs, fungierte als sein Adjutant, hatte also eine einflussreiche Position und unter anderem die Aufgabe, Befehle seines Chefs umzusetzen.[12] Das »Teilkommando Hellwig« hatte im September 1939 einen Marschweg über Kattowitz nach Krakau, Tarnow und Przemysl zurückgelegt und zeichnete sich durch besondere Grausamkeiten aus. Allein in Przemysl wurden zum genannten Zeitraum 600 bis 800 polnische Juden erschossen. Eine polnische Zeugin berichtete in ihrer richterlichen Vernehmung vom 13. Mai 1977:

»Die Deutschen hatten eine Liste mit Namen von Einwohnern von Limanowa bei sich, an erster Stelle dieser Liste stand mein Mann Jan Semik. Die weiteren Namen waren von Juden, reichen Handwerkern und Geschäftsleuten von Limanowa. Mein Mann verstand die deutsche Sprache und hörte, wie die Deutschen unter sich sagten, dass es zur Erschießung gehe. Das sagte er mir, als ihn die Deutschen herausführten zur Pfarrei. Ich ging hinter ihnen her. Mir gelang es, in ein Zimmer des Pfarrhauses im Parterre zu kommen, und in diesem Zimmer sah ich hinter einem Tisch Deutsche sitzen sowie auf dem Fußboden liegende, geschlagene, blutende Männer. Zwischen diesen erkannte ich meinen Mann. Er hatte ein blutendes Gesicht, ein Auge und Zähne ausgeschlagen. (...) Der Wächter, welcher bei der Tür zu diesem Zimmer stand, stieß mich aus dem Zimmer und schlug mir mit der Hand ins Gesicht. Das sechs Monate alte Kind, welches ich in den Händen hielt, warf er an die Kirchenmauer. Ich stürzte, fiel auf den Weg (...) und verlor das Bewusstsein. Als ich nach einer gewissen Zeit das Bewusstsein erlangte, bemerkte ich ein vor dem Pfarrhaus stehendes Lastauto und Deutsche mit Maschinengewehren, welche meinen Mann und zehn Juden zum Auto führten. (...) Als mein Bruder gegen 17 Uhr in mein Haus kam, sagte er mir, dass die Deutschen meinen Mann und zehn Juden ermordet haben und dass die Leichen im Steinbruch in Mordarka liegen. Am nächsten Tag war eine neue Gruppe Deutscher im Pfarrhaus stationiert. Die anderen waren abgefahren, sie kamen aus Richtung Krakau und waren die Gruppe, die unmittelbar hinter der Front mit dem Auftrag der ›Gebietssäuberung‹ vorrückte. (...) Ich erhielt die Erlaubnis zur Mitnahme und Beerdigung der Leiche meines Mannes.«[13]

Die Grausamkeiten der »Einsatzgruppe von Woyrsch« lösten Unruhe in der 14. Armee aus und führten zu heftigen Konflikten mit der Heeresführung, die einerseits die illegalen Übergriffe und das Erschießen ohne gerichtliche Verfahren nicht dulden wollte und kriegsgerichtliche Konsequenzen forderte, andererseits sich nicht eindeutig dagegen stellte, denn »eine weitgehende Unterstützung der Einsatzkommandos bei ihren grenz- und staatspolizeilichen Aufgaben liegt im Interesse der Truppe«.[14]

Zillmann hatte nach Kriegsende seine biografischen Daten der Jahre 1939 bis 1944 verfälscht, sodass er als Lehrer am Charlottenburger Institut und Kripochef von Luxemburg nicht ohne weiteres in den Verdacht der Beteiligung an NS-Verbrechen geriet. Das erleichterte seine Wiedereinstellung in die Kriminalpolizei.

Folgen wir seinen schriftlichen Aufzeichnungen über seine Nachkriegskarriere:

»Drei Jahre war ich Bauhilfsarbeiter, weil das Deutsche Reich, unser Dienstherr, nicht mehr bestand und uns niemand wegen ›politischer Anrüchigkeit‹ haben wollte. Die Länder, denen die Polizeihoheit übertragen wurde, waren nicht Rechtsnachfolger des Deutschen Reiches. Es kam zu dem für uns tragischen Novum, dass wir ›Altkriminalisten‹, die wir das Unrecht bekämpft hatten, grundsätzlich als ›Belastete‹ galten. Es bestand die oft rigorose Tendenz, über das Entnazifizierungsverfahren oder auf andere Weise doch irgendwie eine ›Schuld‹ nachzuweisen.

Im Juni 1948 hatte ich das große Glück, in Schleswig-Holstein (...), wenn auch nur als ›Kriminalinspektor‹, wieder eingestellt zu werden.

Aber ich war wieder dabei, in meinem Beruf, dem ich mich von ganzem Herzen verschrieben hatte. Ich übernahm die Kriminalpolizeistelle Bad Oldesloe. (...) Ab 1953 leitete ich die durch Neuorganisation gegründete Bezirks-Kriminalpolizeistelle Lübeck als Regierungs-Kriminalrat. Im Mai 1959 wurde mir die Leitung des Landeskriminalpolizeiamtes in Kiel übertragen. Damit war ich zugleich in Personalunion Referent bei der Polizeiabteilung im Innenministerium. Ich wurde Oberregierungs-Kriminalrat und Regierungs-Kriminaldirektor. Während der 7 1/2-jährigen Tätigkeit als Leiter der gesamten Kriminalpolizei eines Landes war ich mir – auch ein wenig stolz – der Ehre bewusst und einem gütigen Geschick sehr dankbar. Am 30.9.1966 ging ich nach Erreichen der Altersgrenze in den Ruhestand. (...) Ich habe drei Systemen gedient und das große Glück gehabt, mit den bedeutendsten Kriminalisten bestimmter Jahrzehnte auf das engste verbunden gewesen zu sein. Wenn man mich fragte, ob ich mich heute wieder für den Beruf eines Kriminalisten entscheiden würde, könnte ich nur uneingeschränkt antworten: ›Ja, sofort.‹«[15]

1965 erkundigte sich das Kieler Justizministerium bei der Zentralen Stelle der Landesjustizverwaltungen in Ludwigsburg nach der NS-Vergangenheit Zillmanns. Im gleichen Jahr beschäftigte sich ein Parlamentarischer Untersuchungsausschuss des Schleswig-Holsteinischen Landtages mit ihm und anderen belasteten Beamten. Zu Konsequenzen führte das keineswegs.[16] Ernst zu nehmende staatsanwaltschaftliche Ermittlungen wurden gegen Zillmann nicht geführt, obwohl bereits in den sechziger Jahren an seiner Rolle im »Teilkommando Hellwig« kein Zweifel bestand – was den Tatverdacht, an Massenmorden beteiligt gewesen zu sein, begründete. Die Stellung als Leiter des Kieler Landeskriminalamtes bot ihm offensichtlich ausreichenden Schutz vor Strafverfolgung, zumal auch der schleswig-holsteinische Generalstaatsanwalt Dr. Eduard Nehm – wie viele seiner damaligen Berufskollegen – eine NS-Vergangenheit aufwies. Nehm war der NSDAP und dem NS-Rechtswahrerbund schon am 1. Mai 1933 beigetreten und als Obertruppführer Mitglied der NSKK gewesen.[17] Zillmann prahlte damit, dass er rechtzeitig durch das Landeskriminalamt Kiel bzw. »polizeilicherseits« von bevorstehenden Ermittlungen gegen ihn informiert wurde. Im Falle des Verfahrens gegen Udo von Woyrsch dauerte es nach Zillmanns Bekunden 4 1/2 Jahre, bis man schließlich an ihn herantrat.[18] Diese Vorgehensweise hatte Methode und nannte sich damals »biologische Verjährung«, nämlich so lange abzuwarten, bis im fortgeschrittenen Alter Verhandlungsunfähigkeit eintrat oder zumindest vorgetäuscht werden konnte. Ins Kalkül zog man ferner, dass Beschuldigte oder Belastungszeugen in der Zwischenzeit verstarben.

Im Jahre 1981 wurde Zillmann durch einen Beamten des Bayerischen Landeskriminalamtes als Zeuge befragt, eine schriftliche Vernehmung lehnte der »Zeuge« offensichtlich ab. Der Kriminaloberkommissar hielt in einem Vermerk fest, dass Zillmann bis zum 22. September 1939 Adjutant des Kommandoführers Hellwig gewesen sei und sich stets in dessen Nähe aufgehalten haben will. Er sei weder bei Erschießungen anwesend gewesen, noch habe er von solchen gehört. Die Orte Limanowa und Mordarka seien ihm unbekannt.[19] Zillmann übergab dem Beamten eine schriftliche Aufzählung von »Entlastungspunkten«, die in einer Mischung aus Arroganz und Dreistigkeit seinen Standpunkt darlegten:

»1. Während meiner kurzen Zugehörigkeit zum Einsatzkommando z.b.V. Hellwig 1939 in Polen (etwa 18 Tage) habe ich weder Erschießungen erlebt, noch kann ich Tatsachen darüber bekunden.

2. Wenn ich mich damals im Sinne der heute geltenden Gesetze strafbar gemacht hätte, würde ich mich 1947 nicht um Wiedereinstellung bei der Kriminalpolizei beworben haben. Es wäre ein Leichtes gewesen, unterzutauchen.

3. Während meiner kriminalpolizeilichen Tätigkeit in Schleswig-Holstein vom 1. 6. 1948 bis zum 30. 9. 1966 war ich unter anderem 7 1/2 Jahre Leiter des Kriminalamtes in Kiel und Referent im Innenministerium.

a) Mich besuchte mehrmals Herr Wiesenthal, Leiter der jüdischen Sonderkommission Wien.

b) Ich war bei Tagungen der Sonderdienststellen der Länder, an denen unter anderem auch der damalige Chef der Ludwigsburger Ermittlungsbehörde, der Altparteigenosse der NSDAP und SA-Mann X, teilnahm.

(Am Rande bemerke ich, dass ich erst am 1. 6. 1940 Mitglied der NSDAP geworden bin ...)

c) Ich hielt in aller Öffentlichkeit bei einer Tagung der leitenden Kriminal-Beamten, Staatsanwälte und Richter beim BKA Wiesbaden ein umfassendes Referat.

d) Wegen meiner Lehrtätigkeit von 1936 bis 1942 in Berlin-Charlottenburg (Schulung der Krim.Komm.Anwärter des Reiches) war ich noch nach dem II. Weltkrieg bundesweit bekannt.

Zu meinen Schülern zählten unter anderem der ehemalige Präsident des BKA Dickopf, der Abt.Präsident Rolf Holle unter anderem – einige hundert KK.- Anwärter.

Hätte ich in Polen strafbare Handlungen begangen, würde es sich sehr schnell herumgesprochen haben.

e) Vor Jahren bin ich bereits in der Art einer an sich nicht mehr zulässigen ›Entnazifizierung‹ von einem Richter und einem Staatsanwalt darüber vernommen worden, was unser EK. eigentlich in Polen gemacht hatte.

Weil ich die Vernehmung wegen absoluter Schuldlosigkeit nicht ernst genommen habe, vergaß ich wenig später bereits die Dienststelle, der die Herren angehört hatten.

f) Seit mehr als 4 1/2 Jahren bin ich durch das LKA Kiel darüber informiert gewesen, dass in einer Sache gegen Udo von Woyrsch – den Namen hörte ich damals meines Wissens zum ersten Mal – Interesse daran bestehe, ob ich noch lebe und in Raisdorf wohne.

Völlig überrascht war ich am 31. 12. 80 trotzdem durch ein Schreiben der StA Hamburg, dass ich in einer Sache gegen Udo von Woyrsch wegen Massenerschießungen seiner Einsatzgruppe z.b.V. als Zeuge in Betracht käme.

Über die Information von 1976 hatte ich bis dahin nicht weiter nachgedacht.

g) In der vorliegenden Sache weiß ich polizeilicherseits seit Juli 1980, dass das BLKA München sich für die StA Würzburg dafür interessiere, ob ich noch lebe und in Raisdorf wohne.

Zu den bisherigen Ausführungen darf ich abschließend bemerken: Wenn ich auch nur das geringste Schuldbewusstsein gehabt hätte oder hätte, müsste ich schon ein absoluter Dummkopf sein oder gewesen sein, mich so zu prostituieren.

Was meine Zeit in Polen angeht, so gab es zum Beispiel noch in Krakau jüdische Geschäfte, in denen man Pelze kaufen konnte unter anderem In Przemysl sah ich eine Arbeitskolonne von Männern, die mit dem Stern gekennzeichnet waren. Anscheinend sollten sie von Kriegshandlungen verursachten Schutt beseitigen.

Da wir während des Einsatzes nichts Strafbares gegenüber der Bevölkerung begangen hatten, also keine Hass- oder Rachehandlungen befürchten mussten, habe ich mich ohne Argwohn oder Scheu zum Beispiel bei einem einheimischen Friseur in Przemysl rasieren lassen – und das mit einem Rasiermesser.

Mir scheint, dass ich nicht unerwähnt lassen sollte:

1. Strafrechtliche Untersuchungsverfahren, die sich auf ein Gesetz mit rückwirkender Kraft stützen (Aufhebung der Verjährung), sind rechtswidrig.

2. Die verfassungsrechtliche Verneinung der Rechtswidrigkeit, weil es sich um ein formelles Recht im Gegensatz zum ›Lex van der Lubbe‹-Gesetz, einem materiellen Recht, handelt, sind meiner Meinung nach eine

politische Manipulation des Rechtsgedankens. Eine spätere Generation wird auch darüber richten.

3. Zeugenaussagen nach mehr als 40 Jahren als Beweistatsachen gegen Beschuldigte zu werten, ist kriminologisch unsinnig, rechtlich unverantwortlich und menschlich verwerflich.

4. Kriminalbeamte, Vertreter der Anklagebehörde und Richter, die für die Aufklärung von behaupteten strafbaren Sachverhalten verantwortlich sind, sind überfordert. Sie können bei bestem Willen nicht objektiv sein, weil sie sich wegen ihrer Jugend auch nicht annähernd in den Zeitgeist des damaligen totalitären Staates hineindenken können.

5. Es sei mir abschließend gestattet, auch manchen Widersinn zu erwähnen: Meine Frau wurde 1946 einen Monat von französischen Besatzungsangehörigen ins Gefängnis in Cochem eingeliefert, weil ich Kripoleiter in Luxemburg gewesen war.

Luxemburger ermittelten mich über das Rote Kreuz als Bauhilfsarbeiter und schickten Care-Pakete wegen meines vorbildlichen Verhaltens in Luxemburg.

Im so genannten Braunbuch der DDR betitelt ›SS-Mörder und Gestapo-Verbrecher‹ stehen die Namen vieler ehemals leitender Polizei- und Kriminalbeamter, darunter auch ich. Da man mir nichts vorwerfen kann, erwähnt man von mir nur meinen beruflichen Werdegang bis zur Neuzeit.

Niemand unserer staatlichen oder politischen Institutionen unternimmt etwas dagegen: Ich war weder bei der Stapo, noch Angehöriger der SS, noch ein Mörder.«[20]

Der Ex-SS-Hauptsturmführer Zillmann, der sich in den siebziger Jahren auch darüber erregte, dass man die SS-Vergangenheit des entführten Arbeitgeberpräsidenten Hans Martin Schleyer publik machte und darüber »tiefe Scham« empfand,[21] schrieb in seiner schriftlichen Rechtfertigung einen Schlüsselsatz: »Weil ich die Vernehmung wegen absoluter Schuldlosigkeit nicht ernst genommen habe, vergaß ich wenig später bereits die Dienststelle, der die Herren angehört hatten.« Zillmann, der absolut schuldlos sein wollte und sofort wieder vergaß, entspricht signifikant dem Typus, den Alexander und Margarete Mitscherlich in »Die Unfähigkeit zu trauern«[22] beschreiben. Die beiden Psychoanalytiker fragen sich, was eigentlich ein Kollektiv tun soll, das schutzlos der Einsicht preisgegeben ist, dass in seinem Namen sechs Millionen Menschen aus aggressiven Gründen getötet wurden. Es bliebe nur der Weg in die Verleugnung oder in die Depression. »Die wichtigste kollektive geübte Abwehrhaltung ist der Rückzug aus all den Vorgängen, die mit der Begeisterung am Dritten Reich, mit der Idealisierung des ›Führers‹ und seiner Lehre und natürlich mit direkt kriminellen Akten zu tun haben. Unter Anwendung dieser seelischen Abwehrtaktik wird die Erinnerung an die zwölf Jahre nationalsozialistischer Herrschaft fahl und schemenhaft. Wo die jüngste Geschichte uns in ihrer ungeschminkten Brutalität wieder in Erinnerung gebracht wird – etwa weil ein Prozess gegen einen Naziverbrecher stattfindet –, da wird die Vermeidung fortgesetzt und werden die Berichte in den Zeitungen überschlagen. Wenn trotzdem diese Vergangenheit wieder aufleuchtet, wird sie keinesfalls als Teil der eigenen Geschichte, der eigenen Identität erkannt. Es ist anzunehmen, dass die derart ›nicht Betroffenen‹ auch dann so denken, wenn sie alleine mit sich selbst sind. Infolgedessen entsteht nicht jener fühlbare Leidensdruck, der den neurotischen Patienten in die analytische Behandlung und damit zur Durcharbeitung des Verdrängten bringt. Die Vergangenheit soll, ohne dass Anlass zur Reue wäre, auf sich beruhen.«[23] Und an anderer Stelle heißt es: »Die Gefühle reichen nur noch zur Besetzung der eigenen Person, kaum zu Mitgefühlen irgendwelcher Art aus. Wenn irgendwo überhaupt ein bedauernswertes Objekt auftaucht, dann ist es meist niemand anderes als man selbst.«[24]

Kurt Zillmann steht als Beispiel für viele Polizisten dieser Generation, die vielfach einer deutsch-nationalen Gedankenwelt verhaftet waren und der Bundesrepublik gegenüber eher distanziert eingestellt blieben, selbst wenn sie die demokratischen Spielregeln des neuen Staates anerkannten. Von der Öffentlichkeit fühlten sie sich missverstanden und ungerecht behandelt. Das Phänomen der Verleugnung eigener Verantwortung und Schuld in der NS-Zeit durchzieht wie ein roter Faden dieses Buchs. Paul Dickopf zum Beispiel, der als »Charlottenburger« bis in das Amt des BKA-Präsidenten aufstieg, war ein Meister dieser Verdrängung.

I AUFBAU DES BUNDESKRIMINALAMTES

Das BKA-Gesetz

Am 1. September 1948 trat der Parlamentarische Rat unter dem Vorsitz des späteren Bundeskanzlers Konrad Adenauer in Bonn zusammen, um als Verfassungsgebende Versammlung der drei westlichen Besatzungszonen eine demokratische Verfassung für die künftige Bundesrepublik Deutschland auszuarbeiten. In einem Aide-mémoire vom 22. November 1948 erinnerten die drei alliierten Militärgouverneure daran, dass im Rahmen der Verfassung die Polizei auf jene schmalen Bereiche zu begrenzen sei, die während der Besatzungszeit ausdrücklich genehmigt worden waren. Angesichts der sich verschärfenden Spannungen zwischen Ost und West, die im Februar 1949 nach acht Monaten der Blockade Berlins in einer Gegenblockade gipfelten, entschlossen sich die Westmächte, der künftigen Bundesrepublik zentrale Behörden der inneren Sicherheit zuzubilligen. Inzwischen zeichnete sich in den Beratungen des Parlamentarischen Rates eine Mehrheit gegen die Errichtung von Bundespolizeibehörden ab. Dies veranlasste die Militärgouverneure, mit einem Schreiben vom 14. April 1949 an den Parlamentarischen Rat selbst die Grundsätze für den Behördenaufbau der Polizei und des Verfassungsschutzes vorzugeben: Die Polizei hatte Ländersache zu sein. Der Bund sollte Zentralstellen errichten; Weisungsgewalt über Länderpolizeien sollten sie nicht haben. Der Verfassungsschutz sollte keine Polizeibefugnisse ausüben dürfen.[25] Ohne dieses Dokument, das als »Polizeibrief« in die Geschichte eingegangen ist, wären das Bundeskriminalamt, der Bundesgrenzschutz und das Bundesamt für Verfassungsschutz kaum entstanden.[26]

Daraufhin wurde in Art. 73 Nr. 10 des Grundgesetzes aufgenommen, dass durch Bundesgesetz »die Zusammenarbeit des Bundes und der Länder in der Kriminalpolizei und in Angelegenheiten des Verfassungsschutzes, die Einrichtung eines Bundeskriminalpolizeiamtes sowie die internationale Verbrechensbekämpfung« geregelt werden können (Bundesgesetzgebungskompetenz). Weiterhin bestimmt Art. 87 Absatz 1 Satz 2 GG: »Durch Bundesgesetz können Bundesgrenzschutzbehörden, Zentralstellen für das polizeiliche Auskunfts- und Nachrichtenwesen, zur Sammlung von Unterlagen für Zwecke des Verfassungsschutzes und für die Kriminalpolizei eingerichtet werden« (Errichtungskompetenz).

Beide Grundgesetzartikel waren unzureichend aufeinander abgestimmt, ließen Lücken offen und überschnitten sich zum Teil; das Bundeskriminalamt erschien in Art. 73, fehlte aber in Art. 87, wo es als Bundesbehörde hätte genannt werden müssen.[27]

Zwischen Ende November 1949 und dem 10. Januar 1950 entstanden im Bundesinnenministerium (BMI) drei Entwürfe eines BKA-Gesetzes, von denen zwei auf Dr. Hagemann, den Referenten im BMI für den Aufbau des Bundeskriminalamtes, und einer auf Innenminister Heinemann zurückgingen. Indem sie Hagemann berieten, nahmen Paul Dickopf und Rolf Holle Einfluss auf die einzelnen Fassungen, obwohl beide zu dieser Zeit nicht dem Bonner Ministerium angehörten. Sie fungierten beim Aufbau des BKA als einflussreiche Berater und bereiteten gleichzeitig ihre eigene Karriere vor. Bis zum 25. April schlossen sich weitere Entwürfe an; die siebte Ausfertigung passierte dann das Kabinett und wurde den Bundesländern zur Stellungnahme zugeleitet. Berlin, Hamburg und Schleswig-Holstein stimmten zu, alle anderen Länder machten insbesondere wegen der Exekutivrechte des BKA Bedenken geltend.[28]

Der öffentliche Streit um Inhalte des BKA-Gesetzes begann mit einem Schlagabtausch in der polizeilichen Fachliteratur. Willy Gay von der Kripo Köln, später Herausgeber der Zeitschrift »Kriminalistik«, sprach sich unter dem Titel »Handeln, nicht abwarten« in Heft 3 des Fachblattes »Die Polizei« vom 5. Februar 1950 gegen die Errichtung eines Bundeskriminalamtes aus.[29] Rolf Holle konterte mit dem Artikel »Sind gemeinschaftliche kriminalpolizeiliche Ländereinrichtungen wirklich die erstrebenswerte Lösung?«.[30] Paul Dickopf schloss sich am 7. März 1950 mit einer elfseitigen Ausarbeitung an,[31] und Dr. Wehner mahnte im »Spiegel« vom 6. April 1950 die »Föderasten«, sie würden mit ihrem Standpunkt für gemeinschaftliche Ländereinrichtungen die Kriminalpolizei auf den Stand von 1908 zurückwerfen.[32] Die hartnäckigsten Gegner saßen in Bayern, deren Standpunkt im Bundesinnenministerium bereits am 11. Oktober 1949 in einem Vermerk festgehalten wurde.[33] Deren Kernaussagen lauteten: Es wird kaum zu verhindern sein, dass der Bund ein Bundeskriminalpolizeiamt einrichtet. Es wird besonders darauf geachtet werden müssen, dass dem BKA keine oder möglichst geringe Exekutivbefugnisse übertragen werden. Die Entsendung von Bundeskriminalpolizeibeamten in die Länder zur Vornahme von Amtshandlungen aus eigenem Recht ist absolut unerwünscht. Schon aus Sparsamkeitsgründen ist die Behörde möglichst klein zu halten. Die bestehenden Ländereinrichtungen sind teilweise so leistungsfähig, dass sie ohne weiteres die Aufgaben für das ganze Bundesgebiet übernehmen können. Man sollte diese Zentralen bei den Ländern belassen.

Staatssekretär von Lex, ein Bayer und von Dickopf als »Ultraföderalist« bezeichnet, beauftragte Anfang April 1950 seinen Landsmann, Regierungsdirektor Dr. Böhme (Bayrisches Staatsministerium des Innern), mit einem Gutachten zu Organigramm, Stellenplan und Haushaltsplan, wie sie von Dickopf und Holle verfasst worden waren. Am 15. April 1950 übersandte Dr. Böhme seine Expertise und führte im Anschreiben unter anderem aus: »Falls es überraschenderweise ohne gründliche Vorprüfung zu einem Bundeskriminalpolizeigesetz kommt, darf ich größte Vorsicht in der Personalbesetzung empfehlen. Von mehreren Seiten teilte man mir mit, dass die früheren Kräfte des Reichskriminalpolizeiamtes, die keineswegs etwa alle erstklassig waren, hoffen, sofort wieder im Bundeskriminalpolizeiamt Unterschlupf zu finden.«[34] Böhme kritisierte in seiner Stellungnahme Dickopfs Organigramm, das ins Uferlose gehe und dem der überholte, überzentralistische Plan des früheren RKPA zugrunde liege. Er habe den Eindruck gewonnen, »dass von vorneherein alle Vorkehrungen getroffen wurden, um die Aufgaben der deutschen Kriminalpolizei von oben her autoritativ zu lenken«. Böhme schildert, dass er das RKPA nur bis zum Jahre 1940 habe verfolgen können und mit Bedauern wahrgenommen habe, dass sich das RKPA vom »gerechten Recht« entfernt habe durch fortgesetzte Übertrumpfung und Außergefechtsetzung der gesamten Strafrechtspflege durch geheime Polizeimaßnahmen. Böhme merkt an, dass in der Planung zwar 319 Beamte vorgesehen seien, er befürchte aber, dass im nächsten Jahr wahrscheinlich das Doppelte gefordert werden müsse.[35]

Dr. Hagemann übersandte am 11. Mai 1950 seinem Staatssekretär von Lex eine Gegendarstellung, die nicht ohne Mitwirken von Dickopf formuliert sein dürfte. Sie gipfelt in der Aussage:

»Dr. Böhme kennt die Arbeit des RKPA aus eigener Erfahrung nicht. Das gesamte Ausland hat Deutschland um das RKPA beneidet und Aufbau und Organisation mehrfach kopiert. Im RKPA tätig zu sein galt in der deutschen Kriminalpolizei als bedingungslos anerkannte Auszeichnung; es fanden sich dort nur die besten Kräfte, und zwar aus allen deutschen Ländern. Dass diese durch die besonderen Verhältnisse in Berlin nunmehr schwer benachteiligten Beamten sich um Wiedereinstellung in den Dienst bemühen, und zwar vorzugsweise beim BKA, weil sie von den Ländern als Nicht-Einheimische abgelehnt werden, ist ihnen nicht zu verdenken und berechtigt niemanden, generell vor ihnen zu warnen und davon zu sprechen, dass sie ›hoffen, sofort wieder im BKA Unterschlupf zu finden‹.«[36]

Das Hagemann-Papier veranlasste wiederum Dr. Böhme zu einer Replik (Auszug):

»Es ist richtig, dass ich ebenso wie übrigens auch Dr. Hagemann nicht im Reichskriminalpolizeiamt tätig war. Glücklicherweise! Dafür lernte ich aber die Auswirkungen dieses Amtes bis zum Jahre 1940, wo ich abgesetzt wurde, genau kennen, um mir ein Urteil bilden zu können. Die fachlichen Leistungen traten immer mehr in den Hintergrund gegenüber der von diesem Amt betriebenen fortgesetzten Übertrumpfung und Außergefechtsetzung der gesamten Strafrechtspflege durch geheime diktatorische Polizeimaßnahmen. Die ›begeisterten Besucher‹ dieses Amtes, von denen Dr. Hagemann berichtet, kamen fast durchweg aus den Ländern der Achse oder ihrer Satelliten. Sie waren im gleichen Maße wie vom Reichskriminalpolizeiamt auch von den Einrichtungen der Gestapo und der KZ-Lager ›tief beeindruckt‹. Wenn sich nun ›diese nunmehr schwer benachteiligten Beamten des ehemaligen RKPA um Wiedereinstellung vorzugsweise beim BKA‹ bemühen, so muss man gewiss von Fall zu Fall entscheiden.«[37]

Auch Rolf Holle glaubte sich einmischen zu müssen und bezog mit seinem Schreiben an Dr. Hagemann vom 28. August 1950 Stellung:

»Böhme stellt die Behauptung auf, der Aufbau der kriminalpolizeilichen Zusammenarbeit unter Mitwirkung des BKA sei nichts anderes als die 1937 geschaffene Reichskriminalpolizei. Er nimmt dies zum Anlass, die fachliche Arbeit des ehemaligen RKPA und überhaupt die gesamte reichskriminalpolizeiliche Organisation mehr oder weniger abzuqualifizieren, obwohl er in Chemnitz und später in München selbst Leiter von Kriminalpolizeistellen bzw. Kriminalpolizeileitstellen, also in führender Position dieser Reichskriminalpolizei, gewesen ist. Obwohl er schon 1920 stellvertretender Leiter des sächsischen Landeskriminalamtes in Dresden war, zur Zeit der Schaffung der Reichskriminalpolizei zu den führenden und verdienten leitenden Kriminalisten gehörte, ist nichts darüber bekannt, dass er damals versucht habe, diese Entwicklung aufzuhalten.« (...)[38]

Die Auseinandersetzung der Zeitzeugen bietet zwar wichtige Einblicke in grundsätzliche Positionen – auf den Fortgang des Gesetzgebungsverfahrens hatten sie jedoch keinen Einfluss. Der Entwurf der Regierung wurde dem Bundesrat zugeleitet, der einige die Exekutivtätigkeit betreffende Änderungen empfahl, die teilweise von der Bundesregierung in ihrer Sitzung am 7. Juli 1950 angenommen wurden.[39] Am 1. August wurde der Gesetzesentwurf dem Bundestag zugeleitet, am 12. September fand die erste Lesung statt; der Bundestag nahm das Gesetz am 26. Oktober an und stimmte nach Anrufung des Vermittlungsausschusses durch den Bundesrat am 14. Dezember endgültig zu.[40]

Hinsichtlich der Exekutivrechte wurde ein Minimalkonsens erreicht. Nach § 4 konnte das BKA strafbare Handlungen selbst verfolgen, wenn eine zuständige Landesbehörde darum ersuchte oder es der Bundesminister des Innern aus schwerwiegenden Gründen anordnete. Nur im letzteren Fall wurde dem BKA die Befugnis eingeräumt, den zuständigen Landeskriminalämtern Weisungen für die Zusammenarbeit zu erteilen.

Das BKA-Gesetz wurde am 8. März 1951 verkündet und hob das Reichskriminalpolizeigesetz vom 21. Juli 1922 auf, das unter anderem ein Weisungsrecht gegenüber Polizeibehörden sowie eine Ermittlungs- und Richtlinienkompetenz (in der Weimarer Republik) regelte, aber nie in Kraft getreten war. Das Gesetz wurde damals zwar verkündet, scheiterte aber im Reichsrat am Einspruch Bayerns.[41]

Die von Dickopf geschaffene administrative Organisationsstruktur war mehrere Nummern größer, als es die legislativen Bestimmungen vorsahen. Helmut Prante stellte 1979 fest, dass alle wesentlichen Elemente im Ansatz vorhanden waren und sich die »explosionsartige Ausweitung« der Arbeit des BKA wie auch die Datenverarbeitung in das Dickopf'sche Organisationsmodell reibungslos einpassten.[42] Der positive Unterton dieser Bewertung kann nicht geteilt werden. Dickopf ist nicht kluge Weitsicht zu bescheinigen, sondern Großmannssucht. Seine Neigung zur Gigantomanie hat dazu geführt, dass das BKA auf inzwischen 4700 Mitarbeiter angewachsen ist und erhebliche Führungsprobleme nicht zuletzt durch diese Überdimensionierung entstanden. Interessant ist in diesem Zusammenhang auch, wie die Arbeitskapazitäten verteilt wurden (siehe Epilog).

Konzepte des Bundesinnenministeriums

In den Amtsstuben des Bundesinnenministeriums arbeitete in diesen Monaten des Jahres 1951 neben Dickopf, der am 16. Mai 1950 eingestellt worden war, eine weitere Person mit, der eine Beraterrolle zugedacht wurde: Es handelte sich um den Schweden Dr. Harry Södermann. Im Oktober 1950 war Gustav Heinemann als Innenminister zurückgetreten, sein Nachfolger Dr. Robert Lehr (CDU)[43] kaufte den 50-jährigen Stockholmer als Polizei-Entwicklungshelfer ein und schloss mit ihm einem Beratervertrag für die Zeit vom 1. März bis 31. August 1951 mit einem monatlichen Honorar von 2000 DM plus 1000 DM für Reisekosten (einschließlich Unkosten für Ehefrau, zwei Kinder und »Kinderfräulein«) ab. Das war in dieser Zeit viel Geld, und das Zustandekommen der Kooperation schien undurchsichtig.

Das BMI beschrieb die Vita des Harry Södermann wie folgt:

»Von Hause aus Naturwissenschaftler, hat in Deutschland zwei Jahre Chemie studiert, reiste vier Jahre im Inneren Asiens und ging schließlich zu Prof. Locard in Lyon, wo er in dessen amtlichen und halbamtlichen Kriminallaboratorien arbeitete, um sich zum Kriminaltechniker auszubilden. Promovierte in Lyon mit einer Arbeit über Schusswaffenuntersuchung. Verfasser eines für die Kriminalpolizei bestimmten Handbuches ›Modern Criminal Investigation‹ (1930). Nach Rückkehr in Schweden arbeitete Södermann im ›Staatlichen Kriminaltechnischen Institut‹, dessen Leiter er heute noch ist. Södermann wurde Vertreter Schwedens in der ›Internationalen Kriminalpolizeilichen Kommission‹ (IKPK) und Berichterstatter für Geldfälschungen. Heute ist er einer der Generalrapporteure der IKPK. Während des Krieges Mithilfe bei der Ausbildung norwegischer Widerstandskämpfer.«[44]

Södermann sollte als persönlicher Berater des Ministers beim Aufbau des Bundeskriminalamtes und des Bundesamtes für Verfassungsschutz mitwirken und die Verbindung zur IKPK herstellen. Auf einer Besprechung der Leiter der Landeskriminalämter am 6. März

1951 in Bonn wurde er von Minister Lehr persönlich eingeführt, was Erstaunen und Befremden hervorrief.[45]

Dr. Bernd Wehner stellte Södermann in einem »Spiegel«-Artikel vom 14. März 1951 als einen Mann vor, der während der deutschen Besetzung Norwegens gute Kontakte zur Sicherheitspolizei und dem SD pflegte und gleichzeitig Widerstandskämpfer unterstützte, die in Schweden ausgebildet wurden. Doch habe Södermann außerdem die Gunst von Heydrich besessen, der ihm gestattete, das Kriminaltechnische Institut (KTI) im Reichskriminalpolizeiamt (RKPA) gründlich zu studieren. Noch heute pflege Södermann freundschaftlichen Verkehr mit früheren Angehörigen der Adjutantur Heydrichs. Was Södermann im KTI und auch sonst im RKPA kennen lernte, habe er – laut Wehner – auf sein Stockholmer Institut übertragen. »Das soll er uns jetzt wohl wieder nach Bonn zurück exportieren«, meckern seine Lehrmeister, die heute kaltgestellten früheren Oberbeamten.[46] Und dann sang auch Wehner in seinem Artikel das Hohelied vom »einzigartigen Kriminaltechnischen Institut«. Er zitiert den früheren Leiter des Erkennungsdienstes im RKPA: »Die Einmaligkeit dieser Einrichtungen zeigte allein das Gästebuch der Reichserkennungsdienst-Zentralen, in denen sich die Polizeichefs aller Länder der Welt eingetragen hätten – vom Chef der Polizeischule in Kairo angefangen bis zum Prinzen aus Siam, vom Detektiv aus Chicago bis zum Chef der spanischen Polizei.«

Die Zeitschrift »Der Fortschritt« wunderte sich am 1. Juni 1951: »Kein Wort über die fachlichen Fähigkeiten des Herrn Södermann, man fragt sich aber, haben wir in der Bundesrepublik keine Kriminalisten mehr, die in der Lage sind, diese Aufgabe zu übernehmen?«[47]

Södermann und der Hilfsreferent im BMI, Paul Dickopf, verstanden sich prächtig. In verschiedenen Memoranden übermittelte Södermann dem Innenminister seine Vorschläge. So ebnete er den Weg, dass Deutschland an der 20. Generalversammlung der Internationalen Kriminalpolizeilichen Kommission im Juni 1951 in Lissabon als Beobachter teilnehmen konnte, wozu Geheimrat Hagemann delegiert wurde. Außerdem sorgte der Berater dafür, dass Deutschland ab 1952 wieder Vollmitglied der IKPK wurde. Schon alleine diese Initiative rechtfertigte aus damaliger Sicht den kostspieligen Deutschland-Einsatz von »Revolver-Harry«, der diesen Spitznamen seines Rufes als angeblich guter Pistolenschütze wegen führte. Berührungsängste mit ehemaligen Nationalsozialisten kannte der Berater nicht, ob aus Gesinnung, Bewunderung oder weil für ihn Sachprobleme die oberste Priorität genossen, ist schwer zu entscheiden.

Södermann setzte sich für den Aufbau einer Bundesbereitschaftspolizei und einer Grenzschutzpolizei ein. Er unterstützte den im Aufbau befindlichen Bundesverfassungsschutz mit Ratschlägen für technische Einrichtungen, wie Apparaturen zum Öffnen und Schließen von Briefen, zur Fertigung von Ausweispapieren und Pässen sowie das Sichtbarmachen von Geheimschriften. Er befürwortete, dass für Polizeizwecke in West-Deutschland wieder Gewehre und Pistolen hergestellt werden dürfen, und schlug eine zentrale Kartei über Inhaber von Fremdenpässen vor.

Paul Dickopf erledigte die französische Korrespondenz für den Schweden und genoss dessen volle Sympathie. Schon nach vier Wochen der Zusammenarbeit berichtete Södermann an Innenminister Lehr: »Herr Paul Dickopf ist das Mädchen für alles bei der Planung des Bundeskriminalamtes. Er ist derjenige, der alle Pläne über Aufbau, Organisation, Stellenverteilung, Haushalt usw. entworfen hat – übrigens lange ehe er in das Bundesministerium des Inneren berufen wurde –, der hier an allen Besprechungen teilnimmt, das alte und neue Personal überprüft und einen im Ganzen gesehen außerordentlich verantwortungsvollen und schwierigen Posten hat. Es scheint mir unwürdig, dass der Bund seine Kapazität ungefähr wie die eines Chauffeurs einschätzt, und schlage deshalb vor, ihn ab sofort – wenn auch zunächst kommissarisch – zum Regierungsrat zu ernennen.«[48]

Unter Federführung von Dickopf beschäftigte sich das Bundesinnenministerium mit einer Reihe von Fachfragen, wie die Neufassung von Laufbahnrichtlinien, wobei man sich am alten Brauch der NS-Beförderungsrichtlinien orientierte.[49] Ferner ging es um die Neufassung der Grundeinteilung der Straftaten als Basis eines Meldedienstes oder die erste Herausgabe eines Bundeskriminalblattes und des Deutschen Fahndungsbuches. Fernschreibverkehr, Polizeifunk und der Interpol-Verkehr waren zu reorganisieren und Vorbereitungen zur Neugründung der »Deutschen Kriminalpolizeilichen Kommission« (DKK) zu treffen.[50] Parallel dazu nahm Dr. Hagemann auf den Aufbau des Bundesamtes für Verfassungsschutz (BfV) Einfluss.[51] Der erste Präsident des BfV (seit November 1951) war Dr. Otto John.[52]

Die »Deutsche Kriminalpolizeiliche Kommission«, für die bereits ein Statut und eine Geschäftsordnung ausgearbeitet worden waren, kam schließlich nicht zum Tragen. Vielmehr entwickelten sich in dieser Zeit zwei andere Gremien, der Arbeitskreis II Öffentliche Sicherheit (AK II), der sich aus den Polizeiabteilungsleitern des Bundes- und der Länder-Innenministerien zusammensetzte, und die Arbeitsgemeinschaft der Leiter der Landeskriminalämter mit dem BKA (AG Kripo).[53] Der AK II befasste sich mit Themen wie der Abwehr kommunistischer Infiltration, der Behandlung von Fahndungsersuchen aus der Sowjetzone oder der künftigen Gestaltung des Fußballtotos und beschloss das Errichten einer Kartei beim Bundesinnenministerium, in die Beamte aufgenommen werden sollten, die für den Polizeidienst ungeeignet oder untragbar erschienen. Bremen meldete vier Kriminalkommissare und einen Kriminalrat; weitere Mitteilungen gingen nicht ein.[54]

Die AG Kripo wurde mit dem BKA-Gesetz vertraut gemacht, Dickopf erläuterte ihr die Organisation des BKA. Rolf Holle stellte die neuen Vordrucke vor (die den alten NS-Formularen in vieler Hinsicht aufs Haar glichen) und referierte über eine Neugestaltung der Kriminalstatistik. Auch bei dem Tagungsordnungspunkt »Besondere Fahndungskosten und Bewegungsgelder« griff man auf alte Regelungen zurück, nämlich diejenigen, die der Reichsführer SS und Chef der Deutschen Polizei am 30. Oktober 1937 eingeführt hatte.

Manche der behandelten Themen muten aus heutiger Sicht kurios an. So verhandelten die LKA-Chefs mit Dickopf und Holle als Bundesvertreter im Gobelin-Zimmer des Bremer Rathauses den Tagungsordnungspunkt: »Soll man astrologische Horoskope vom polizeilichen Standpunkt dulden oder verbieten?« Oder: »Könnte das Grüßen der Bundesflagge die Aufgabenerfüllung der Polizei im Straßenverkehr gefährden?« In anderen Bereichen wurden grundlegende Weichenstellungen vorgenommen, die sich bis heute auswirken, wie der Aufbau des Bundeskriminalamtes, des Verfassungsschutzes, des Bundesgrenzschutzes oder der Bereitschaftspolizei.[55]

Hagemann, Dickopf und Holle wehrten sich dagegen, alle Mitarbeiter des Kriminalamtes der Britischen Zone (KPABrZ) geschlossen in das BKA zu übernehmen, und trafen eine Auswahl von 78 Beamten und Angestellten, denn man wollte sich nicht »mit unfähigen Beamten voll saugen, die das BKA nie wieder loswerden wird«.[56] Hagemann musste sich jedoch von den Haushalts- und Beamtenrechtsexperten eines Besseren belehren lassen,[57] denn nach Art. 130 GG unterstand das KPABrZ inzwischen der Bundesregierung und musste komplett in das neue BKA integriert werden, was durch Verordnung vom 31. Oktober 1951 rechtswirksam geschah.[58]

Seit November 1949 suchte Dickopf nach einem Sitz des Bundeskriminalamtes und favorisierte lange Zeit Koblenz, die Bezirksstadt seiner Heimat. Im Gespräch waren weiter die Städte Mainz, Düsseldorf, Hamburg, Hannover und Kassel. Auch Frankfurt wurde in die engere Wahl gezogen, was der Magistrat »nach eingehender Erörterung« ablehnte, ohne die Gründe zu offenbaren.[59] Die Stadt Wiesbaden dagegen nahm das BKA mit offenen Armen auf, stellte ein Grundstück mit der früheren Flurbezeichnung »Auf dem Galgenberg« in bester Lage an den Ausläufern des Taunus zur Verfügung und blieb bis heute ein zuvorkommender Gastgeber für Mitarbeiter und Besucher des BKA.

Seit Februar 1951 hatte Paul Dickopf den Auftrag, in Wiesbaden den Neubau eines Bürogebäudes und einer Wohnsiedlung mit 150 Wohneinheiten sowie den Ankauf des Gebäudes Händelstr. 19 und dessen Umbau zu organisieren, genannt »Sonderabteilung Bau«. Dickopf wurde in dieser Zeitphase als jemand beschrieben, der mit dem Zollstock in der Hand sich um jede Kleinigkeit kümmerte, immer Zigaretten parat hatte, um Bauarbeiter zu »bestechen«, und den Standort eines jeden zu pflanzenden Baumes festlegte. Er fungierte als örtlicher Bauleiter und war in dieser Rolle sehr erfolgreich. Es zeigte sich allerdings auch seine Unfähigkeit zu delegieren, was sich in der Folgezeit als problematisch erweisen sollte.

Die personelle Fluktuation entsprach der hektischen Zeit: Max Hagemann wurde am 17. Juli 1951 mit der Wahrnehmung der Geschäfte des Leiters des BKA beauftragt und ging Anfang Januar 1952 nach Hamburg, wo das KPABrZ nunmehr die Bezeichnung »Außenstelle des Bundeskriminalamtes« führte.[60] Der Frankfurter Vize-Polizeipräsident Dr. Hanns Jess[61] trat die Nachfolge Hagemanns im Bundesinnenministerium an und übernahm Ende März 1952 nach der Pensionierung Hagemanns die Leitung des BKA. Ernst Voß, einst Chef des KPABrZ, bezeichnete sich als BKA-Vizepräsident, aber auch Dickopf nahm für sich in Anspruch, Vertreter des BKA-Präsidenten zu sein; diese Situation blieb in der Schwebe, bis auch Voß im Juli 1953 in den Ruhestand trat.

Paul Dickopf wurde am 2. November 1951 zum Regierungskriminalrat befördert. Er übernahm am 1. Januar 1952 die Leitung der Sicherungsgruppe in Bonn, musste sich aber gleichzeitig um die Baumaßnahmen in Wiesbaden kümmern und wechselte, in einem Jahr zweimal befördert, im November 1952 als Regierungskriminaloberrat zur Abteilung Ausland. Sein Nachfolger als Hilfsreferent im Bundesinnenministerium wurde der von Dickopf verachtete Dr. Bernhard Niggemeyer.[62]

Auch Rolf Holle erntete die Früchte, die der Kriminaloberinspektor seit Jahren gesät hatte, mit der Beförderung zum Regierungskriminalrat am 1. September 1951 und zwei Jahre später als Abteilungsleiter Inland zum Kriminaloberrat.[63]

Noch war das Bundeskriminalamt dezentral untergebracht; es hatte im Mai 1952 drei Standorte: die Sicherungsgruppe in Bonn, eine Abteilung Kriminaltechnik in Wiesbaden und das ehemalige KPABrZ in Hamburg, das sich jetzt Bundeskriminalamt Hamburg nannte. Der Personalbestand belief sich, wie Staatssekretär Ritter von Lex verkündete, auf 284 Beamte, Angestellte und Arbeiter plus 31 Mann Sicherungsgruppe.[64]

Die Abteilung Technik wurde im Mai 1952 von Hamburg nach Wiesbaden verlegt, im April 1953 folgte der Rest des alten KPABrZ und am 2. Oktober 1953 konnte das Bundeskriminalamt in Wiesbaden endgültig eingeweiht werden.[65] Paul Dickopf, der für die Feier einen Lageplan der Tische mit der Platzverteilung persönlich entworfen hatte, reagierte beleidigt, weil ihn Bundesinnenminister Lehr in seiner Festansprache nicht namentlich erwähnte, ihm schon gar nicht dankte, obzwar er die Hauptarbeit geleistet hatte, den Standort Wiesbaden zu errichten und sich eigentlich als der »Architekt des BKA« verstand.

Alte Nazis in neuen Stellen

Paul Werner (Jahrgang 1900) war als Stellvertreter Arthur Nebes der Vize-Chef des Reichskriminalpolizeiamtes und stand als SS-Standartenführer und Oberst der Polizei der Gruppe V A vor.[66] Seine einflussreiche Position lässt sich bereits aus dem Geschäftsverteilungsplan der Gruppe A von 1941 ablesen, unter anderem zählten zu seinem Tätigkeitsgebiet: Asozialengesetzgebung, Jugendschutzgesetzgebung, Zigeunergesetz, Mitwirken bei grundsätzlichen Angelegenheiten aller Arbeitsgebiete des Amtes V, Kontrolle und Besichtigung der Reichskriminalpolizei, Internationale Zusammenarbeit, Kriminalforschung, Vorbeugungshaft, Asoziale, Prostituierte, Reichszentrale zur Bekämpfung des Zigeunerunwesens, Erfassung und rassebiologische Einordnung der Zigeuner und Zigeunermischlinge, Reichszentrale zur Bekämpfung der Jugendkriminalität.[67]

Durch immer neue Verschärfungen der kriminalpräventiven Maßnahmen verschleppte die Kripo – über die Werner die Fachaufsicht ausübte – allein bis Ende 1943 70-80 000 Menschen in die Konzentrationslager, wo ein großer Teil der Opfer ermordet wurde.[68] In den Jahren nach Kriegsende hätte eigentlich kein Zweifel daran bestehen können, welchen Anteil Werner, der an einer Schaltstelle dieser Verbrechen wirkte, an diesem Massenmord hatte. Aus überlieferten Dokumenten und Publikationen Werners ergab sich Belastungsmaterial in großen Mengen. Die Konzepte der Jugendschutzlager stammten von Paul Werner; im Lager Moringen zum Beispiel überlebten 89 Jugendliche die »Erziehungsmaßnahmen« nicht. Werner förderte den Aufbau des Kriminalbiologischen Instituts unter Leitung von Robert Ritter (siehe Kapitel VII) und wirkte bei der Erarbeitung des »Gesetzes über die Behandlung Gemeinschaftsfremder« mit. In seinem Namen wurden in seiner Gruppe abertausende Vorbeugungshaftbefehle erlassen. Statt einer defensiven polizeilichen Gefahrenabwehr ging es Werner und seinen Tatgenossen um eine offensiv geschaffene Volksgemeinschaft der »gut gearteten« Deutschen durch Ausmerzung der »schlecht gearteten« Deutschen.[69]

Paul Werner glaubte, sich im Oktober 1949 »auf Anregung vieler Beamten der Kriminalpolizei« in die Neuorganisation der Polizei einmischen zu sollen, »weil ich an maßgeblicher Stelle im Reichskriminalpolizeiamt am Auf- und Ausbau der Reichskriminalpolizei mitgearbeitet habe«.[70] Also schickte er dem Bundesinnenministerium eine Denkschrift, denn nach seinem Verständnis und nach seiner praktischen Erfahrung »brachte der Zusammenbruch des Jahres 1945 naturgemäß für die Verbrechensbekämpfung einen schweren Rückschlag«. Werner sprach sich gegen eine Dezentralisierung und für eine Exekutivgewalt des Bundeskriminalamtes aus. Er machte sich – ohne selbst direkt eine Anstellung zu begehren – in völliger Beziehungslosigkeit zur Welt der Opfer zum Sprecher der ehemaligen Kollegen und schrieb:

»Die Zerschlagung des aufgeblähten Polizeiapparates des nationalsozialistischen Staates und die Untaten, die der Geheimen Staatspolizei zur Last gelegt werden, haben sich für die unbelastete Kriminalpolizei höchst nachteilig ausgewirkt; aber nicht nur für die Kriminalpolizei, sondern ebenso für die Verbrechensbekämpfung. Dass man viele bewährte Kräfte der Kriminalpolizei des nationalsozialistischen Staates zunächst ausschaltete, ist gewiss zu verstehen. Aber ich glaube sagen zu dürfen, dass es nun an der Zeit wäre, die wirklich bewährten Kräfte wieder zur Verbrechensbekämpfung heranzuziehen, sofern sie die Gewähr bieten, am Wiederaufbau eines demokratischen Staates mitzuwirken. Ich bin überzeugt, dass die Mehrzahl dazu in jeder Beziehung bereit wäre. Die augenblickliche Lage vieler dieser Männer ist unzweifelhaft unverdient und unbillig. Ich will hier nicht von Schuld und Sühne sprechen, von Entschuldigung gewisser Tatsachen, von der organisatorischen Verflechtung der Kriminalpolizei mit der übrigen Polizei, namentlich der Geheimen Staatspolizei und der SS im Sinne der so genannten Rangangleichung usw., wofür alles die Kriminalpolizei sicher nichts kann; sie war ja im nationalsozialistischen Staat nie voll anerkannt und wurde bis zuletzt mit Misstrauen verfolgt. Das alles ist vor alliierten Stellen und vor deutschen Gerichts-, Verwaltungs- und Entnazifizierungsbehörden bereits erörtert worden. Gesühnt haben diese Männer alle, die meist jahrelang hinter Draht und Gittern waren, die oft Hab und Gut, auf jeden Fall bisher ihre Stellung und ihre verdienten und verfassungsmäßig garantierten Beamtenrechte verloren haben. Soweit sie überhaupt unter die Entnazifizierungsbestimmungen fielen, wurden sie durchweg als Mitläufer in die Gruppe IV eingestuft oder nach Gruppe V entlastet. Gleichwohl fand sich für sie vielfach kein Weg zum alten lieb gewonnenen Beruf zurück.«

Werner appellierte abschließend an das Ministerium, diese Fachkräfte nicht brachliegen zu lassen.

Dr. Hagemann hielt in einem Vermerk fest, dass ihm der Einsender persönlich bekannt sei. Werner sei überzeugter Nationalsozialist gewesen und habe die Ziele der NSDAP verfolgt. Er (Hagemann) habe nicht erlebt oder gehört, dass Werner Verbrechen gegen die Menschlichkeit begangen habe, er halte ihn für einen Schwärmer. Hagemann meinte verharmlosend, die Partei habe Werner nicht für Ernst genommen, weil sie ihn nicht zu Unrecht für einen fanatischen

Idealisten eingeschätzt habe, aber auch als ein Gegengewicht zu Nebe, dem man niemals ganz getraut habe. Eine Wiederverwendung Werners lehnte Hagemann genau so ab, wie er ihm ein Jahr zuvor eine Entlastungserklärung (»Persilschein«) verweigert hatte.[71]

Karriere machte Werner in Baden-Württemberg, inzwischen als »Mitläufer« entnazifiziert und zu einer Geldstrafe von 300 RM verurteilt, die man ihm im Berufungsverfahren erließ. 1952 schrieb er einem ehemaligen Kollegen: »Man beginnt sich meiner zu erinnern; viele Männer der Kripo würden mich als Leiter des Bundeskriminalamtes gerne sehen. Das ist zu spät! Ich mag nicht mehr!«[72] Stattdessen wurde er als Regierungsrat in das Innenministerium Baden-Württembergs eingestellt.

Dann aber wollte Werner doch noch Chef des BKA werden. Da die Pensionierung von BKA-Präsident Jess bevorstand, schrieb der Stuttgarter Innenminister Ullrich (CDU) im Januar 1955 seinem Kollegen, dem Bundesinnenminister Schröder, dass Regierungsdirektor Werner ein sehr tüchtiger Beamter sei, der sich seit seiner Wiedereinstellung in jeder Hinsicht bewährt habe, weshalb er ihn als Leiter des BKA vorschlage. »Politische Bedenken gegen die Verwendung des Regierungsdirektors Werner dürften nicht bestehen. Sein Verhalten in den Jahren 1933-1945 war durchaus einwandfrei.« Auch im »Spiegel«, Jahrgänge 1949 und 1951, sei er politisch gut beurteilt worden.[73]

Max Hagemann wurde erneut befragt, wie er diesen Personalvorschlag beurteile. Er äußerte sich unter »strengster Diskretion« überwiegend negativ: Werner sei nur knapp durchschnittlich begabt, seiner Stellung im RKPA nicht gewachsen gewesen, »offen bis zur Schwatzhaftigkeit, begeisterter und überzeugter Nationalsozialist, bei dem das Gefühl den Verstand überwog, zweifellos als anständiger Charakter missbraucht, für den Polizeidienst untragbar«.[74] Ministerialdirigent von Perbandt verfügte abschließend: »W. kommt hiernach nicht in Betracht.«

Vor seiner Wiedereinstellung in die Kripo Köln schrieb Dr. Bernd Wehner als Polizeiexperte im »Spiegel« Artikel, in denen er die Reichskriminalpolizei in einem bedenkenlos günstigen Licht darstellte. So in der Serie »Das Spiel ist aus – Arthur Nebe. Glanz und Elend der deutschen Kriminalpolizei«.[75] In seinem Artikel vom 14. März 1951 schrieb Wehner, dass zehn Kriminaldirektoren, 36 Kriminalräte und eine große Anzahl von Kriminalkommissaren der

Reichskripo auf ihre Anstellung warten (»Kaltgestellt, zwangspensioniert oder auf Wartegeld gesetzt«). Die meisten seien wegen ihrer Einstufung in die Entnazifizierungsgruppe 5 politisch unbelastet und deshalb rehabilitiert, trotzdem gingen sie stempeln oder sammelten Pilze, anstatt sinnvolle Polizeiarbeit zu leisten. Wehner führt zehn Namen der »Elite der alten Sherlock Holmes aus dem RKPA« auf; die Liste wird von Paul Werner und Dr. Zirpins angeführt.

Es offenbarte sich hier erneut das übliche Argumentationsmuster, das Ergebnis der Entnazifizierung als Reinwaschung von jeglicher Schuld zu werten, obwohl es in der Regel auf unzuverlässige Weise zustande gekommen war (siehe Kapitel V, Die Entnazifizierung) und rein gar nichts darüber aussagte, an welchen NS-Verbrechen der »Alt-Kriminalist« mitgewirkt hatte, denn schlecht und recht geprüft wurden in den Entnazifizierungsverfahren lediglich die Funktionen in der NSDAP und ihren Gliederungen. Bis man sich auf breiter Basis der Aufklärung der nationalsozialistischen Gräueltaten durch staatsanwaltschaftliche Ermittlungsverfahren näherte, sollten noch etwa zehn Jahre vergehen.

Der Wehner-Artikel machte in der Ministerialbürokratie Furore, weil Innenminister Lehr um Prüfung bat, ob die eine oder andere der genannten Personen für eine Wiedereinstellung in Frage komme.[76] Dr. Hagemann nahm Stellung und lehnte erneut Paul Werner (»begeisterter und überzeugter Nazi«) und Zirpins (»höchst undurchsichtig«) als untragbar ab, gleichfalls den ehemaligen Personalchef des RKPA, Kriminaldirektor Georg Schraepel[77] (»ehrgeiziger Opportunist, überzeugter Nazi«). Den Oberregierungs- und Kriminalrat Braschwitz hingegen hielt er für »einen der befähigsten Beamten der Berliner Kriminalpolizei«, der »wegen seiner engen Beziehungen zu Nebe und seiner Erfolge bei Aufdeckung von Attentatsversuchen gegen Hitler (Bürgerbräu-Keller in München) schwer angegriffen und besonders von Bayern aus befeindet« werde. Bezüglich der weiteren Personen machte Hagemann gleichfalls Bedenken geltend und klammerte die Kriminalrätin Wieking (siehe Kapitel X) aus der Diskussion aus, weil im Bundeskriminalamt ohnehin keine Weibliche Kriminalpolizei vorgesehen sei.

Max Hagemann beendete seine Bewertung mit einer allgemeinen Erklärung, die dem damaligen Zeitgeist entspricht, aber auch Hagemann charakterisiert, obwohl er nicht als Anhänger des Nationalsozialismus galt:

»Es ist erklärlich, dass beim Reichskriminalpolizeiamt Berlin die fachlich besten Kriminalbeamten zusammengezogen wurden. Diese Leute mussten augenfällige Erfolge bringen, mit denen Heydrich bei Himmler und Hitler renommieren konnte. Ergab schon dies eine zumindest äußerliche Bindung an das Regime, so bewirkten die dafür erteilten reichlichen Belobigungen und Beförderungen noch viel mehr, wenigstens in ihrer Wirkung nach außen. Uniformen, Rangangleichungen, Geldbelohnungen usw. wurden akzeptiert; man blieb dabei und machte weiter mit. Nicht allen ist dabei innerlich wohl gewesen, aber sie zeigten es nicht, teils aus Furcht, in Ungnade zu fallen, teils weil es für sie eine Umkehr nicht mehr gab. Nach außen traten natürlich immer nur das Mitmachen und die dafür reichlich zuteil gewordenen Vorteile in Erscheinung. Das erregte viel Neid, und manche Pro-Nazi-Tat oder Äußerung, die vielleicht gar nicht so ernst gemeint war, wurde bemerkt, kolportiert und im Gedächtnis behalten. Daraus erklärt es sich, dass gegen eine größere Zahl dieser Männer, die durch ihr Zusammenspiel mit Himmler, Heydrich und Kaltenbrunner im weiteren Sinne Mitläufer und Nutznießer der ihnen zumindest eine Zeit lang günstigen Konstellation gewesen sind, jederzeit zahllose Angriffe erhoben werden können, zum Teil kleinlicher Art, die aber, weil nun einmal in solchen Dingen generalisiert wird, schwer, ja meist überhaupt nicht in tatsächlicher Hinsicht zu widerlegen sind. Bei ihrer etwaigen Einberufung zum Bundeskriminalamt muss nach meiner Überzeugung mit zahlreichen solchen Angriffen gerechnet werden, wenn auch an wirklich gewichtigem Material nach eingehender, aber zeitraubender Prüfung vermutlich nicht viel übrig bleiben wird. Der erste Eindruck aber, der auf nicht abzustreitenden Tatsachen beruht, bleibt und wirkt abträglich.«

Nach dieser verharmlosenden Aussage schwenkte Dr. Hagemann auf die Linie des Ministeriums ein, am liebsten einen Schlussstrich unter die Vergangenheit zu ziehen und mittelfristig eine Lösung zu finden: »Ich möchte daher vorschlagen, zur Zeit nicht einmal Lobbes und Braschwitz einzuberufen, sondern noch zu warten. Wenn das Bundeskriminalamt fortlaufend arbeitet, wird sich die Übernahme solcher vorwiegend dem Gefühl nach als Nazi verrufener Leute geräuschlos ermöglichen lassen.«[78]

Genau so wurde verfahren, die Zeit war noch nicht ganz reif, die Elite stand vor der Tür, die bereits einen Spaltbreit offen stand und in den Jahren 1952/53 endgültig geöffnet wurde (siehe Kapitel VI, Chefwechsel). Offene Türen – um im Bild zu bleiben – waren im Innenministerium ohnehin vorhanden, denn wer als Beamter aus den Führungsetagen der alten Reichsministerien kam und bis

Mitte 1951 noch stellungslos war, drängte seitdem bevorzugt nach Bonn. Dort hatte der Anteil ehemaliger Parteigenossen unter den Abteilungsleitern der Ministerialbürokratie schon im Sommer 1950, als sich Innenminister Heinemann um einen Kabinettsbeschluss bemühte, der solche Ernennungen ausschließen sollte, mehr als ein Viertel erreicht. Der Bundeskanzler stand jedoch auf dem Standpunkt, dass man so lange nach dem Zusammenbruch des NS-Regimes mit der Unterscheidung zwischen politisch Entlasteten und Unbelasteten aufhören sollte.[79] 1953 waren rund 60 Prozent der Abteilungsleiter ehemals NSDAP-Mitglieder und im Innenministerium 42 Prozent der Planstellen mit »131ern« besetzt (Beamte, die nach Art. 131 G wieder eingestellt wurden, siehe Kapitel X, Wiederaufbau ohne Vergangenheitsbewältigung). Bezogen darauf, dass im Auswärtigen Amt in nahezu allen leitenden Positionen alte Nazis saßen, erklärte Adenauer 1952, man brauche eben Leute, »die von der Geschichte von früher her etwas verstehen«.[80]

Die Frage ist, ob die NS-belasteten Polizeifachleute für den Wiederaufbau unentbehrlich waren. Denkt man sie weg, hätte dies eine Retardierung der Entwicklung bedeutet, sie wäre mit älteren Polizisten aus dem dritten und vierten Glied weniger perfekt verlaufen und nicht mit deutscher Gründlichkeit. Vermehrt hätte man solche Beamten als Multiplikatoren und Ausbilder einsetzen können, die als Gegner des Nationalsozialismus entlassen worden waren. Derartige Kräfte hingegen wurden von Leuten wie Dickopf bekämpft, zum Beispiel weil sie Mitglieder der SPD waren und »dem Kommunismus nahe standen«. Mit der Begründung, dass ohnehin bereits so viele Bewerbungen vorliegen, verzichtete das BMI ausdrücklich auf eine Ausschreibung freier Stellen des Bundeskriminalamtes.[81] Sicher wäre es mühsamer gewesen, berufsfremdes Personal zu gewinnen und auszubilden. Aber die durchaus unterschiedlichen Entwicklungen in den Bundesländern deuten an, dass dies den Erfolg längerfristig nicht in Frage gestellt hätte. In Hessen zum Beispiel war es unter Ministerpräsident Zinn, der selbst ein Verfolgter des NS-Regimes war, für belastete Beamte viel schwieriger, Fuß zu fassen, als in Bayern, Baden-Württemberg oder Schleswig-Holstein.

Den Bundesinnenminister erreichte Ende Januar 1951 ein Brief, den er über seinen persönlichen Referenten der Polizeiabteilung zur

Stellungnahme übersenden ließ: »Ich erhalte heute wiederum eine dringliche Warnung, dass das Bundeskriminalpolizeiamt mit untragbaren Leuten besetzt würde. Es soll sich bei den bislang berufenen bzw. in Aussicht genommenen Mitgliedern dieser Behörde im Wesentlichen um alte SS-Leute und Mitglieder des früheren Reichssicherheitshauptamtes handeln. Den SS-Rang sollen diese Leute nicht nur zwangsweise als Polizeibeamte bekommen haben, sondern sie sollen der SS ideologisch nahe stehen. Auf der anderen Seite sollen zuverlässige Kriminalbeamte, die nicht in der Partei waren, mehrfach Ablehnung erhalten haben.«[82]

Dr. Hagemann verwies in seiner Stellungnahme darauf, dass »nur« 43 Beamte des KPABrZ der NSDAP angehörten, das seien 23,6 Prozent des Personalbestandes, und alle seien durch den Polizeiausschuss für Entnazifizierung in Hamburg und die britische Aufsichtsstelle überprüft worden. Unklar blieb allerdings, ob in allen Fällen auch die Bestände des Berlin Document Centers durchleuchtet worden waren. Hagemann verwies außerdem darauf, dass bisher über das Personal des KPABrZ hinaus keine Einstellungen erfolgten und auch niemandem eine Zusage gemacht worden sei.[83]

Trotz aller Querelen galt es, nach Schaffung des Bundeskriminalamtes Personal einzustellen, um die Differenz zwischen dem Soll im Personalhaushalt und den besetzten Planstellen durch Übernahme des KPABrZ auszugleichen. Paul Dickopf schrieb in einem Tätigkeitsbericht bereits im August 1950: »Die Zahl der Bewerber für eine Verwendung im BKA beträgt zur Zeit ca. 5300; dem gegenüber stehen 54 neu zu besetzende Beamtenstellen.«[84] Der Bewerberkreis erweiterte sich bis Februar 1951 auf 6600 Personen (bis Mai 1951 ca. 8000 Personen).[85] Es hatte sich also ein großer Teil des ehemaligen Berufsstandes der Kripo, Gestapo und des SD beworben. Paul Dickopf genoss alle Vollmachten, die Personalauswahl zu treffen. Im April 1952 ermächtigte ihn sogar Präsident Jess, die Einberufungen in die Sicherungsgruppe selbständig vorzunehmen und entsprechende Verträge abzuschließen.[86] Dickopf gestaltete auch in den Folgejahren die Personalpolitik des Amtes, zumal das Bundesinnenministerium dem Präsidenten des BKA die Personalhoheit für Ernennungen und Entlassungen übertrug (12. April 1953). Dies wurde erst 1959 revidiert: Ab A 11 (Kriminalhauptkommissar) erklärte sich das BMI für zuständig, ab A 13 (Kriminalrat) das Bundespräsidialamt.[87] Aus der

Vielzahl der Bewerber traf Dickopf im Juli 1950 eine Auswahl derjenigen, die er für geeignet ansah, in das BKA übernommen zu werden. Seine mehrfach geänderte Liste enthielt 128 Namen, von Ackermann bis Zumschlag.[88]

Die Bewerber hatten nach Dickopfs Liste im NS-System die folgenden Funktionen ausgeübt bzw. Mitgliedschaften inne (mit Mehrfachnennungen):

Kriminalkommissare	20
Kriminalräte	38
Kriminaldirektoren	9
Angehörige NSDAP 1932-1934	37
Angehörige NSDAP ab 1937	48
Angehörige SS ab 1933	4
Angehörige SS ab 1937	24
Angehörige SA	9
Angehörige RKPA	8
Angehörige Gestapo	12
Angeh. Reichssicherheitsdienst	1
Keine Angaben/nicht betroffen	37

Die Liste ist lückenhaft und teils handschriftlich geführt oder ergänzt worden. Angaben über von der NS-Zeit nicht betroffene Bewerber und fehlende Informationen bezogen sich in erster Linie auf weibliche oder technische Angestellte, Fahrer und Arbeiter. Es hat nicht den Anschein, dass die Daten bereits von Dickopf überprüft waren, folglich beruhten sie nur auf (teils geschönten) Auskünften der Bewerber.

Da das Bundeskriminalamt dem Autor die Auswertung von amtseigenen Akten bisher nicht ermöglichte, ist nur fragmentarisch nachvollziehbar, welche Personen aus dieser Liste tatsächlich übernommen wurden. Auf ihr steht unter anderen der ehemalige Kriminalkommissar Heinz Felfe (Jahrgang 1918), der bereits zu dieser Zeit vom KGB angeworben worden war. Felfe blieb dem Bundeskriminalamt erspart und ging zum Bundesnachrichtendienst, wo er 1961 als Spion enttarnt und 1963 zu 14 Jahren Zuchthaus verurteilt wurde.[89]

Den »lieben Kameraden Dickopf« erreichten in dieser Zeit Dutzende von Briefen. Bernhard Niggemeyer erkundigte sich nach dem »Stand der Dinge« und ob er noch »gut im Rennen liege«. Seinem alten Freund Albert Völlinger stellte Dickopf eine Stelle in Aussicht, »Seppel Ochs und Karl Heller sind bereits im Anrollen«. Dickopf bat seinen Charlottenburger Lehrgangskollegen Dr. Josef Ochs, nach Bonn zu kommen, seine Chancen stünden gut, außerdem könnten sie »alte Zeiten Revue passieren lassen«. Karl Heller fragte Dickopf, ob er nicht etwas »für einen alten Leidensgenossen« tun könne, der durch den Krieg aus der Bahn geworfen sei und der seit einem Jahr in Frankfurt seinen Lebensunterhalt durch Obst- und Gemüsehandel verdiene, was ihm »zum Hals raushänge«. Dickopf vermittelte Heller nach Hessen, wir werden ihn, der unter vielfachem Mordverdacht stand, im Kapitel VII genauer kennen lernen. Zwei weitere Lehrgangskollegen von Dickopf meldeten sich: Rudolf Thomsen aus Kiel (»Ich glaube, wir hätten uns manch Interessantes zu erzählen ...«), den Dickopf besuchte, und Waldemar Kolter, der stellungslos in Nordhessen lebte. Bewerbungen von Angehörigen der Gestapo leitete Dickopf an den Verfassungsschutz weiter, da es sich um »bewährte Abwehrmänner« handele.[90]

Ein besonderes Verhältnis verband Dickopf mit seinem Charlottenburger Lehrgangskollegen Kurt Griese, der seinerzeit als Kriminalkommissar in Mannheim Dickopfs Doppelspiel in der Schweiz (siehe Kapitel III) unterstützt und den V-Mann François Genoud mit Wohnung, Ausweispapieren und Passierscheinen versorgt hatte. Dickopf ließ seinem Freund ausrichten, dass er Bewerbungsunterlagen schicken soll, er würde versuchen, »daran zu drehen«. Griese antwortete: »Nun ist die Lage so, dass ich dich doch bitte: Dreh!«

Dickopf lieferte in diesem Fall den seltenen Beweis, wie das Erstellen von »Persilscheinen« gehandhabt wurde, indem er schrieb: »Sei so freundlich, einen Entwurf für ein solches Biest mitzusenden, den ich hier abschreiben lassen kann. Nimm es mir bitte nicht übel, wenn ich mich nicht selbst daran mache, ein Zeugnis zusammenzubauen, aber erstens weißt du besser, auf was es ankommt, und zweitens hast du wahrscheinlich mehr Zeit als ich.«[91] Zurückdatiert auf den 4. Juni 1948 wurde eine solche Eidesstattliche Erklärung tatsächlich von Dickopf unterschrieben, was er – wohl auf ähnliche Weise – auch für Rudolf Thomsen und Rolf Holle erledigte.[92]

Kurt Griese (Jahrgang 1910) war bereits vor seinem Eintritt in die Polizei in Frankfurt a. M. im Jahre 1933 förderndes Mitglied der SS, Amtswalter der Reichsarbeitsfront und Mitglied der Nationalsozialistischen Volkswohlfahrt. Am 1. Juni 1937 wurde er Angehöriger der Kriminalpolizei, trat einen Monat vorher in die NSDAP ein und gehörte 1937 einem SS-Sturm in Kiel an, wo er als Kommissar-Anwärter Dienst versah.[93]

Nach dem Kriminalkommissar-Lehrgang an der Führerschule der Sicherheitspolizei wurde er im Juli 1939 zur Kriminalpolizei Mannheim versetzt, wo er bis Ende 1942 blieb. Er wurde dann zum Einsatzkommando 3 in der Einsatzgruppe A nach Litauen kommandiert und war im November 1944 als SS-Hauptsturmführer Verbindungsoffizier des Befehlshabers der Sicherheitspolizei Ostland zum 18. Armeeoberkommando (AOK) im Raum der Heeresgruppe Nord (Kurland). Danach fungierte er als Verbindungsoffizier zum Höheren SS- und Polizeiführer.

Nach den Unterlagen des Berlin Document Center wurde er im November 1944 zum RSHA – Amt V – (Reichskriminalpolizeiamt) versetzt. Diese Daten sind widersprüchlich, er selbst bestritt in einer Vernehmung im Jahre 1964, dem RKPA angehört zu haben. Seinen freiwilligen Eintritt in die SS verschwieg er, stattdessen berief er sich auf den so genannten Angleichungsdienstgrad.[94]

An welchen Verbrechen Griese als Angehöriger des Einsatzkommandos 3 bzw. als Verbindungsoffizier beteiligt gewesen war, wurde nicht untersucht; staatsanwaltschaftliche Ermittlungen fanden gegen ihn nicht statt.[95] Während Grieses Einsatzzeit wurden insbesondere Partisanen bekämpft, Ghettos aufgelöst und Juden in Vernichtungs- und Arbeitslager deportiert. Kurz bevor sich die Nationalsozialisten im Sommer 1944 aus Litauen zurückzogen, transportierten sie rund 10 000 Juden aus Kowno und Schaulen in deutsche Konzentrationslager. Insgesamt wurden zwischen 140 000 und 143 000 litauische Juden ermordet.[96]

Vom 6. August 1947 bis zum 10. April 1948 befand sich Kurt Griese in einem Internierungslager.[97] Bereits 1954 füllte Griese, der wie ein wendiger Willy-Birgel-Typ mit charmantem Auftreten und Selbstbewusstsein daherkam, die Stelle eines Referatsleiters in der Verwaltungsabteilung des BKA aus.

Dickopf beauftragte Griese, den ehemaligen Jura-Studenten ohne Abschluss, mit einer Expertise, wonach der in der NS-Zeit absolvierte Kommissar-Lehrgang laufbahnmäßig zur Beförderung in alle Dienstgrade des Höheren Dienstes bis zum BKA-Präsidenten ausreicht. Die Chuzpe der beiden Urheber war bemerkenswert, denn für diesen Coup werden Tausende »Alt-Kriminalisten« beiden auf ewige Zeiten dankbar gewesen sein. Nach dem rechtsfehlerhaften Gutachten, das sich auf Nazibestimmungen berief, Nazi-Lehrinhalte der SS-Führerschule in Charlottenburg anerkannte und trotzdem vom Bundesinnenministerium akzeptiert wurde, hatte jeder der Nazi-Kriminalisten als ehemaliger Kommissar »den Marschallstab im Tornister«. Der Beförderungsboom im Bundeskriminalamt, vornehmlich im Höheren Dienst, wurde von den Länderpolizeien mit Neid und Misstrauen beobachtet. Die Länderkollegen schickten ihre Anwärter für den Höheren Dienst zum Rats-Lehrgang an das Polizei-Institut Hiltrup, während man im Bundeskriminalamt ohne zusätzliche Examina in die höhere Laufbahn gelangte. Kriminalrats-Anwärter des BKA, die ihre Polizeikarriere nach dem Krieg begannen, wurden bis Mitte der siebziger Jahre im BKA und nicht in Hiltrup auf einem Niveau ausgebildet, das zu hämischen Kommentaren Anlass gab, zumal einzelne in den Bundesländern leistungsmäßig gescheiterte Kollegen im BKA mühelos aufstiegen.

Kurt Griese und Josef Ochs waren und blieben neben Rolf Holle die engsten Freunde Dickopfs. SS-Hauptsturmführer Griese erreichte den hohen Rang eines Regierungskriminaldirektors und ging 1970 in den regulären Ruhestand.

II FÜHRERNACHWUCHS DER NS-SICHERHEITSPOLIZEI

Der Zwielichtige

Die Geschichte des Bundeskriminalamtes ist, wie wir bereits gesehen haben, eng mit dem Werdegang von Paul Dickopf verknüpft. Seine Prägungen, Verletzungen, Erfolge und Enttäuschungen sollten sich auf das Bundeskriminalamt gravierend auswirken. Um zu begreifen, dass dieser Mann mit seiner schillernden Biografie einen unheilvollen Einfluss ausübte, und um zu verstehen, wie ihm das als Einzelperson gelingen konnte, ist es deshalb unerlässlich, Abschnitte seines Lebens Revue passieren zu lassen.

Die Vorfahren Paul Dickopfs lebten in der Region des Westerwaldes und waren Bauern, Händler und Gastwirte. Dickopfs »kleine Ahnentafel«, die er im Jahre 1939 anlässlich seiner SS-Bewerbung aufstellte, geht bis auf das Jahr 1804 zurück, wurde vom Rasse- und Siedlungshauptamt der SS »mit den Urkunden verglichen« und anerkannt. Die so genannte Sippenakte schließt mit dem Ergebnis, dass Dickopfs Abstammung »bis zu den Großeltern einwandfrei« und er als SS-Führer von der »Erbgesundheit her geeignet« sei.[98]

Paul Dickopf, der seinen Vornamen mitunter auch als Paulinus angab, wurde am 9. Juni 1910 in Müschenbach/Westerwald geboren. Der Vater war Volkschullehrer, die Mutter wie alle Frauen der vorangegangenen Generationen ohne Beruf. In Wiesbaden-Biebrich besuchte er die Riehlschule, die damals als Reformrealgymnasium bezeichnet wurde. Die Reifeprüfung bestand er Ostern 1928 nach eigenen Angaben mit »gut«;[99] Schulakten aus dieser Zeit sind nicht mehr vorhanden.[100] Trotz des angeblich guten Abiturs blieb ihm die Forstlaufbahn wegen des Numerus clausus versagt. In den Folgejahren studierte er, teils als Gasthörer, Verwaltungsrecht in Frankfurt a. M. und Wien und arbeitete als Werkstudent auf der Hütte »Gute Hoffnung« in Oberhausen. Im Sommer 1932 schrieb er sich für ein Jura-Studium in Frankfurt a. M. ein, das er ohne Abschluss bis zum sechsten Semester betrieb.[101]

In einem seiner Lebensläufe vermerkte Paul Dickopf im Jahre 1939: »Vor der Machtübernahme war ich politisch in keiner Weise tätig. Am 13.5.1933 wurde ich Angehöriger des Nationalsozialistischen Deutschen Studentenbundes, Hochschulgruppe Frankfurt a. M., dem ich bis zum Eintritt in die Polizei angehörte. In dieser Zeit nahm ich an verschiedenen Schulungslagern und Lehrgängen des NSDStB teil.«[102]

Im November 1934 meldete sich Dickopf freiwillig zum einjährigen Militärdienst, den er bei einem Infanterie-Regiment in Amberg absolvierte. Dort wurde er im Oktober 1935 als Gefreiter und Reserveoffizier-Anwärter entlassen und bewarb sich Anfang 1936 um Einstellung in die Kriminalpolizei.[103] Mitte 1936 leistete er in Amberg eine Militärübung ab und wurde nach sechs Wochen zum Unteroffizier befördert. Um sich auf den Polizeiberuf vorzubereiten, nahm er, wie er im Curriculum vitae beschrieb, an Vorlesungen über Gerichtsmedizin teil und wurde sechs Wochen lang in die Tätigkeit eines Amtsgerichts in Wiesbaden eingewiesen. Anfang 1937 bestand er die Eignungsprüfung und wurde am 1. Juni 1937 als Kriminalkommissar-Anwärter bei der Kriminalpolizei-Leitstelle Frankfurt a. M. eingestellt.[104] In den NSDAP-Personalunterlagen wurde er in der Rubrik »erlernter Beruf« als Student geführt.[105] Seit Ende der Schulzeit hatte der 27-Jährige erstmals festen Boden unter den Füßen und eine berufliche Perspektive.

Gemessen daran, was man sich alles im NS-Regime zuschulden kommen lassen konnte, war Dickopfs Mitgliedschaft im NS-Studentenbund eine relativ harmlose Sache. Er war dort vom 13. Mai 1933 bis Juni 1937 als Mitglied registriert.[106] Nach dem Krieg verkürzte er in verschiedenen Lebensläufen den Zeitraum immer mehr bis zu einer Mitgliedschaft in den letzten drei Semestern von 1936 bis Juni 1937,[107] um sich in allen Bereichen eine möglichst weiße Weste zu verschaffen – es sollte bei weitem nicht seine einzige Täuschungshandlung bleiben.

Für den Kommissar-Anwärter folgte nun zwischen Juni 1937 und April 1938 der Vorbereitungsdienst, wie er obligatorisch dem Laufbahnlehrgang vorausging. Im Lebenslauf vom 15. Januar 1939 beschrieb Dickopf, dass er in Frankfurt a. M. bei der Kriminalpolizei, Schutzpolizei, Verwaltungspolizei und für drei Monate bei dem SD.RFSS (Sicherheitsdienst) im SS-Oberabschnitt Fulda-Werra in die Arbeitsweisen dieser Behörden eingewiesen wurde.[108]

Da sich Dickopf zum Kriegsende eine neue Identität als konsequenter Widersacher der Nationalsozialisten zulegte, stellte er die

Jahre von 1928 bis 1937 in sieben Lebensläufen und Fragebögen in den Jahren 1945 und 1949 in einem wahrheitswidrigen Licht dar, wobei er um große Worte nie verlegen war.[109] Es sei »eine Abscheu vor jeder Form von Straßenpolitik« gewesen, die ihn »lange vor der Usurpation der Macht durch Hitler zu einem erklärten Gegner der nazistischen Ideen« machte, denn er habe wie wenige vorausgesehen, was unter Hitler kommen musste. Deshalb habe er frühzeitig, »durch Erziehung und Weltanschauung gelenkt«, begonnen, sich »für den Bestand der überlieferten Rechts- und Kulturformen einzusetzen«. Ohne sich einer bestimmten Partei oder Gruppe anzuschließen, will er seine Freizeit »der Propagierung der bürgerlich-demokratischen Ideen, wie sie besonders von Zentrum und Deutscher Staatspartei vertreten wurden«, gewidmet haben. Nach dem Sieg der »Bewegung« fühlte er sich jedoch in die Defensive gedrängt und zog sich, wie er glauben machen wollte, auf Aktivitäten in der katholischen Jugendbewegung in Wiesbaden-Biebrich zurück, bis auch diese aufgelöst wurde. Um angeblich der für das Studium notwendigen Mitgliedschaft in SA oder NSDAP zu entgehen, leistete er das freiwillige Jahr bei der Reichswehr, zumal er auf die politische Klugheit der Wehrmachtsführung gesetzt haben will, die allerdings dem Nazisystem erlegen sei. Der Traumberuf eines Oberförsters blieb ihm verschlossen, weil nach seiner Behauptung die Bewerber aus deutsch-nationalen Kreisen bevorzugt wurden.

Dickopf baute sich als NS-Gegner auf, indem er in akribischen Details seine Legende konstruierte, denn genau das hatte er als ehemaliger Führer von V-Leuten und Doppelagenten beim militärischen Nachrichtendienst (Amt Ausland/Abwehr) gelernt. Eine Legende ist aber nur glaubwürdig, wenn sie nicht dick aufträgt und wenn sie innere Widersprüche vermeidet. Denn wieso fiel er zum Beispiel nicht unter die 60 Prozent der für untauglich erklärten Beamten der Kripo Frankfurt a. M., wenn er für die Machthaber ein so unsicherer Kandidat gewesen war? Und wieso wurde er trotz allem positiv beurteilt? Bei Dickopf liest sich das so:

»Durch Zufall hatte ich an der Universität Frankfurt a. M. die Bekanntschaft des damaligen Kriminalrats Nussbaum gemacht, der mir nach über ihn eingeholten Erkundigungen als Hitlergegner geschildert wurde. Ich setzte mich deshalb nunmehr erneut mit ihm in Verbindung und besprach die Möglichkeit, die höhere Kriminallaufbahn einzuschlagen. Nussbaum bemühte sich, mir den Weg zu ebnen. (...) Trotzdem wäre meine Bewerbung um den Eintritt in den kriminalpolizeilichen Dienst nicht angenommen worden, wenn sich nicht der Gerichtschemiker Prof. Popp und einige Kriminalbeamte für mich eingesetzt hätten. Es gelang weiter, die vom Polizeipräsidium Wiesbaden über meine Person gegebenen Auskünfte günstig zu gestalten, sodass die wichtigsten Hindernisse aus dem Weg geräumt schienen, als Hitler im Juni 1936 das Amt des Chefs der Polizei mit dem des Reichsführers SS vereinigte. Diese unerwartete Wendung bewirkte, dass ich erst nach fast einjähriger Wartezeit zur Eignungsprüfung einberufen wurde. Die Kommission setzte den Beginn meiner Ausbildung auf Anfang Juni 1937 fest. (...) Mit dieser Entscheidung war ein wichtiger Schritt vorwärts getan, und ich hatte das erste Ziel erreicht, das darin bestand, mir den Rücken für meine weitere Arbeit gegen Hitler freizumachen. (...)«[110]

An anderer Stelle schrieb Dickopf: »Vor die Wahl gestellt, nur durch den Eintritt in die Partei den Abschluss der Studien zu sichern oder aber mit Hilfe einer Stellung in der Kriminalpolizei einen – wenn auch kleinen – Teil des staatlichen Machtapparates zu erobern, entschied ich mich für das Letztere.«[111] Große Worte eines Mannes, der seine Bedeutung überschätzte.

Der Ausbildungsplan für den Kommissar-Anwärter sah zunächst ein Durchlaufen der verschiedenen Kommissariate und eine kurzfristige Unterweisung in den übrigen Polizeidienststellen (Schutz- und Verwaltungspolizei) vor, wurde aber Ende 1937 dahingehend erweitert, dass die Anwärter auch einen insgesamt dreimonatigen Dienst bei Geheimer Staatspolizei (Gestapo) und im Sicherheitsdienst (SD) abzuleisten hatten. Dickopf berichtete darüber:

»So wurde ich im Sommer 1938 für einen Monat zur Stapostelle Frankfurt a. M. überwiesen, zu einem Zeitpunkt, in dem gerade große Sammelaktionen gegen Zuhälter und Arbeitsscheue gestartet wurden. Auf diese Weise sah ich den Unterschied zwischen kriminalistischer und staatspolizeilicher Arbeit am praktischen Beispiel. (...) Ich hatte Gelegenheit, Organisation und Arbeitsmethoden der Geheimen Staatspolizei zu studieren, und erreichte es endlich noch, einen der Transporte nach dem damals neu errichteten Konzentrationslager in Buchenwald zu begleiten. Obwohl es sich bei den zur Verschickung Vorgesehenen ausnahmslos um Kriminelle handelte, wird mir doch der Eindruck im Gedächtnis bleiben, den die Behandlung der Gefangenen durch die Wachmannschaften auf mich machte. Die Polizeimaschine Himmlers arbeitete bereits auf vollen Touren – die Justiz verlor zusehends an Bedeutung.

Wenn es mir – begünstigt durch glückliche Umstände – gelungen war, während der Praktikantenzeit bei der Geheimen Staatspolizei unbequemen Fragen auszuweichen und zwingende Entscheidungen zu vermeiden, so änderte sich das mit meiner Überweisung zum Sicherheitsdienst. Die neue Tätigkeit begann beim SD-Oberabschnitt Fulda-Werra (später SD-Leitstelle Frankfurt a. M.) dergestalt, dass ich eine volle Woche damit verbrachte, im Vorzimmer des Leiters Lebensläufe, Ausbildungsberichte usw. abzufassen. Erst nach Erledigung dieser Vorarbeiten hielt es der Stabsführer für angebracht, mich zu empfangen und einer persönlichen Prüfung zu unterziehen. Es war sowohl die Tatsache, dass ich nicht Mitglied der NSDAP war, als auch meine Zugehörigkeit zur katholischen Kirche, die ihn mich als ungeeignetes Mitglied der Sicherheitspolizei ansehen ließ. Als er einsah, dass mir mit ideologischen Gründen nicht beizukommen war, schilderte er mir meine beruflichen Aussichten als wenig aussichtsreich, solange ich auf dem Standpunkt beharre, ein Nichtparteigenosse könne ein ebenso guter Kriminalist sein wie ein Mitglied der NSDAP und der SS.«

Dickopf will dann mit zwei diametral entgegengesetzten Beurteilungen zum Kriminalkommissar (KK)-Lehrgang nach Berlin gefahren sein: Die negative Beurteilung des SD und eine positive der Kripo, die seine selbständige Arbeit, seinen Einsatzwillen und seine sportlichen Leistungen lobte.[112]

Auf Dickopfs Positivkonto bleibt zu verbuchen, dass er tatsächlich nicht der NSDAP beitrat und nicht aus der katholischen Kirche austrat. Man kann ihm vielleicht sogar abnehmen, dass er kein überzeugter Anhänger der NS-Ideologie gewesen ist, denn er war individualistisch veranlagt, konnte sich nur schwer unterordnen und hatte einen Hang zur Hochstapelei. Andererseits wollte er die Möglichkeiten des »Führerstaates« nutzen, denn er war ein Mensch, dem es um Machtausübung ging, wie sein beruflicher Lebensweg beweist. Bedenken muss man, dass sich seine Religionszugehörigkeit tatsächlich dem beruflichen Fortkommen nicht ernsthaft in den Weg stellte. Hätte dies konkret gedroht, bleibt fraglich, wie er sich endgültig entschieden hätte, denn seine Karriere bedeutete ihm viel. An einem Scheideweg war er angekommen, als der Eintritt in die SS während des Kommissar-Lehrganges zur Bedingung für die Teilnahme an der Abschlussprüfung und die Beförderung gemacht wurde. Dickopf beugte sich entgegen anders lautenden Aussagen in seinen Lebensläufen (siehe nächstes Kapitel). Der Beitritt zur SS hatte für ihn allerdings gravierendere Folgen, als ein Beitritt zur NSDAP gehabt hätte, nämlich den SS-Dienstgrad zu führen, die SD-Uniform zu tragen, dem Orden verpflichtet zu sein und mit dem Negativimage von SS und SD zu leben. Vor allem wurde er damit zum »Führer im Sicherheitsdienst« gekürt, obwohl er den SD angeblich mit Verachtung strafte.

Die Charlottenburger

Ursprünglich war das Polizeiinstitut Charlottenburg eine Ausbildungs- und Forschungsstätte der preußischen Polizei neben der Höheren Polizeischule in Eiche. Am 22. August 1933 erklärte das preußische Innenministerium das Institut zur zentralen Lehrstätte der Kriminalpolizei. Schon bald aber fanden dort auch Kriminalkommissar-Lehrgänge und Fortbildungsveranstaltungen für die Gestapo statt.[113] Die meisten Teilnehmer waren altgediente Parteigenossen oder SA-Männer, die nach der Machtübernahme als Hilfspolizisten der politischen Polizei fungierten. Sie fühlten und benahmen sich wie Privilegierte, wurden aber von den Kripoleuten nicht als vollwertiger Kriminalistennachwuchs anerkannt. Die gegenseitigen Vorbehalte zwischen Kripo und Gestapo konnten auch in der Folge nicht gänzlich ausgeräumt werden, obwohl bei späteren Lehrgängen immer weniger gravierende Unterschiede auftraten.[114] Viele Angehörige der Kriminalpolizei wechselten zur Gestapo, unter anderem weil dort bessere Beförderungschancen bestanden.

Am 17. Juni 1936 wurden durch Erlass des Reichsinnenministers Frick alle Polizeikräfte des Reichs zusammengeführt und der Reichsführer SS, Heinrich Himmler, zum »Chef der Deutschen Polizei im Reichsministerium des Innern« ernannt.[115] Die »Verreichlichung« der Polizei wurde in Polizeikreisen überwiegend begrüßt und galt bei älteren Spartenvertretern im Nachkriegsdeutschland noch immer als Musterbeispiel effizienter Polizeiorganisation. Himmler gliederte die Polizei in das Hauptamt Ordnungspolizei unter Kurt Daluege (Schutzpolizei, Polizeibataillone, Gendarmerie, Technische Nothilfe, Feuerschutz- und Gemeindepolizei) und das Hauptamt Sicherheitspolizei unter Reinhard Heydrich (Kriminalpolizei, Gestapo und SD).[116]

Als Konsequenz dieser Zentralisierung erfolgte 1937 die Umbenennung des Charlottenburger Polizeiinstituts in »Führerschule der Sicherheitspolizei«.[117] Sie unterstand Heydrich unmittelbar. Die Führerschule befehligte nun ein Kommandeur, dem ein Adjutant zugeordnet war. Ein Stabsführer und die Lehrkräfte ergänzten das Personal. Dies entsprach den Führungsstrukturen im SD und bedeutete eine Abkehr von der ehemals preußischen Polizeiorganisation, wie auch der Lehrplan auf die Verschmelzung von SS- und Polizeiführung ausgerichtet wurde.[118]

Der 13. Kriminalkommissar-Anwärterlehrgang (KKA), an dem Paul Dickopf teilnahm, begann am 12. Oktober 1938 und endete am 1. Juli 1939; im März 1939 fand eine Zwischenprüfung statt.

Der Lehrgang hatte eine Stärke von 36 Beamten. Von ihnen waren 15 Juristen, darunter acht Beamte, die sich als cand. jur. bezeichneten, also wie Dickopf keinen Studienabschluss besaßen, und sieben Gerichtsreferendare. Insgesamt 14 Männer wiesen ein abgeschlossenes Hochschulstudium auf, vier waren promoviert und zwei diplomiert. Der älteste Teilnehmer entstammte dem Geburtsjahrgang 1898, der jüngste dem Jahrgang 1914. Überrepräsentiert waren die Jahrgänge 1909 (sechs), 1910 (acht) und 1911 (acht). 23 Beamte waren ledig. Mit elf KK-Anwärtern bildete die Heimatbehörde Berlin den Schwerpunkt.[119]

Der Querschnitt der Lehrgangsteilnehmer entsprach der Personalpolitik, wie sie vom »Architekten« des Reichssicherheitshauptamtes, Dr. Werner Best, betrieben wurde. Er machte bei der Besetzung von Führungsposten vorzugsweise die juristische Universitäts- und Referendarausbildung, möglichst auch die Promotion, zur Voraussetzung und schuf einen akademischen Nachwuchs, der erfüllt war von beruflichem Ehrgeiz und Aufstiegswillen mit einer Affinität zu den Elite- und Ordensvorstellungen der SS.[120]

Sieben Angehörige des 13. KKA werden nach dem Krieg Karriere im Bundeskriminalamt machen: Paul Dickopf (BKA-Präsident), Heinrich Erlen (Regierungskriminalrat), Gerhard Freitag (Regierungskriminaloberrat), Kurt Griese (Regierungskriminaldirektor), Dr. Otto Gunia (Regierungskriminalrat), Rolf Holle (Abteilungspräsident) und Rudolf Thomsen (Regierungskriminalrat). Sie bildeten den Stamm der »Charlottenburger«, wie sie später im BKA genannt wurden. Weitere kamen aus vorangegangenen oder Folgelehrgängen

(1937 bis 1944) hinzu, sodass die »Charlottenburger« im BKA insgesamt eine Stärke von 24 Beamten bildeten.[121] Diese Seilschaft mit Dickopf als Vaterfigur bestimmte in den fünfziger und sechziger Jahren wesentlich die Personalpolitik und die fachliche Zielrichtung. Sie galten als verschworene Gemeinschaft, die mit Intrigen, Vetternwirtschaft und autoritärem Führungsstil einen negativen Einfluss ausübten.

Der Lehrplan des KK-Anwärterlehrganges umfasste die vier Hauptgebiete: Nationalpolitische Schulung, Führerschulung, Kriminalwissenschaft und Praxis sowie Rechtskunde. Unter diese Gebiete fielen unter anderem nationalsozialistische Weltanschauung, deutsche Staatskunde und Lebenskunde.

Kriminalkommissar Kurt Zillmann (siehe Prolog), dem auch die Aufgabe des stellvertretenden Lehrgangsleiters oblag, unterrichtete unter anderem Lerntechniken, Berufseignung sowie Einrichtungen, Arbeitsweise und Hilfsmittel der Sicherheitspolizei. Kommandeur und Obersturmbannführer Hellwig war für die polizeitaktische Ausbildung zuständig.[122]

Im Fach Kriminologie war die Kriminalbiologie zum Schwerpunkt erklärt worden, die für die Rassenpolitik die theoretische Grundlage lieferte. Die Kriminologen Metzger, Exner und Sauer genossen noch in den fünfziger Jahren hohes Ansehen[123] (siehe Kapitel VI, Alter Wein ...).

Über den Schulleiter Hellwig äußerte sich Dickopf 1949 abfällig: »Es ist als glücklicher Umstand zu betrachten, dass dieser Mann, der nicht die geringste Ahnung von dem hatte, was die Kriminalpolizei betraf, sein ganzes Interesse auf Uniformen, gesellschaftliche Veranstaltungen und den Besuch von Nachtlokalen konzentrierte, sodass alles andere für ihn nur eine untergeordnete Rolle spielte.«[124] Dickopf bemerkte ferner, dass im Laufe der Zeit einige Lehrer, die offen gegen den SD eingestellt waren, ausgewechselt wurden, wodurch das wissenschaftliche Niveau stark gesunken sei.[125]

Unter den Lehrgangsteilnehmern wurden Arbeitsgemeinschaften gebildet. Paul Dickopf schloss sich der AG über die Kriminalpolizei und Rolf Holle einer solchen über die Geheime Staatspolizei an. In Kriminologie wählte Dickopf das Thema »Glücksspiel« als Vortragsthema, was nicht von ungefähr kam, denn er war selbst ein Spielertyp. Rolf Holle interessierte sich für das Thema »Verständigungsmittel der Verbrecher«.[126]

Außerdem hielt Dickopf einen Vortrag zum Thema »Der Reichsnährstand«. Das Manuskript bewahrte er auf, möglicherweise übersah er die Passagen, die einen eindeutig antisemitischen Inhalt hatten. Dickopf war ein Mensch, der bis zu seinem Tode akribisch fast jeden Notizzettel sammelte, aber dennoch sorgfältig das vernichtete, was nicht in seine Legende vom »Widerstandskämpfer« passte. Hier und da machte er allerdings Fehler, was bei mehr als 60 Bänden seines Nachlasses nicht verwundert.

Im Vortrag über den Reichsnährstand bejaht Dickopf den »nationalsozialistischen Eigentumsbegriff«, kritisiert »Viehschiebungen unter jüdischer Leitung«, spricht von »jüdischen Bodenspekulationen« und »jüdisch marxistischen Parteien, deren Ziele durch eine künstlich erhaltene Abhängigkeit Deutschlands vom Ausland verwirklicht werden sollten«. Er huldigt den neuen Machthabern und schwört auf »eine Gruppe von Männern, die diese drohende Entwicklung abbremsten, Gegenmaßnahmen einleiteten und im Parteiprogramm der NSDAP die Ausschaltung der Bodenspekulation und eine planmäßige Besiedlung des deutschen Raumes forderten«. Diese Männer seien in der Lage gewesen, das nationalsozialistische Ideengut in die Kreise der Landbevölkerung zu tragen, und Adolf Hitlers Programm vom 6. März 1930 sei die Richtlinie für den agrarpolitischen Apparat geworden. »Der Weg bis zum Heute war allerdings lang und arbeitsreich.«[127]

So unwichtig uns heute das Thema erscheint, so wichtig ist dieses Dokument. Beweist es doch, dass sich Paul Dickopf durchaus anpasste, in Ideologie, Sprachgebrauch und Führerverehrung. Das Manuskript straft seine spätere Behauptung Lügen, er sei vom SD verfolgt worden und habe offen gegen das Regime opponiert. Er nimmt für sich sogar in Anspruch, so weitsichtig gewesen zu sein, während des Lehrganges Auszüge aus den Akten der Schule angefertigt zu haben, um Material über Ausbildungsstand, Intelligenz, Charakter und politische Einstellung der leitenden Beamten der deutschen Kriminalpolizei zu sammeln, »weil für die endgültige Ausmerzung des Nazitums und für den notwendigen Wiederaufbau ein zuverlässiges und nicht vorbelastetes Polizeikorps die Voraussetzung ist«.[128] Die Unterlagen habe er im Keller seines Wohnhauses in Hattert/Westerwald versteckt,[129] wo sie aber 1945 beim Einmarsch der Amerikaner beschlagnahmt worden und seitdem verschollen seien.[130] Auch habe er ständig Personen, »die nach Charakter und früherer politischer Einstellung eine Warnung verdienten«, über das geplante Einschreiten der Stapo unterrichtet. Informationen hierüber gab ihm angeblich ein Frankfurter Fahndungsbeamter der Kripo, den er aber namentlich nicht nannte und der 1942 bei einer Hotelkontrolle erschossen worden sei.[131] Geschickterweise sorgte Dickopf dafür, dass seine Behauptungen nur schwer nachprüfbar waren. Auch hätte er mit Sicherheit solche Personen, denen er tatsächlich half, im Entnazifizierungsverfahren, gegenüber dem US-Geheimdienst und dem Bundesinnenministerium benannt und sich, wie Ende der vierziger Jahre üblich, von ihnen »Persilscheine« beschafft.

Wegen Insubordination will Dickopf zweimal vor dem versammelten Lehrgang bestraft worden sein, da er offene Kritik an der Uniformierung der Kriminalpolizei und an der Verquickung von Polizei und SS geübt habe. Der ihm gewogene Lehrer Dr. Ziese habe dafür gesorgt, dass die Bestrafung wieder aus den Akten entfernt worden sei.[132]

Von Paul Dickopf und Tausenden seiner ehemaligen Berufskollegen wurde in der Nachkriegszeit behauptet, dass die Übernahme zur SS ohne Zutun erfolgte und der SS-Dienstgrad automatisch an den Polizei-Dienstgrad angeglichen wurde. Richtig ist, dass bei Folgebeförderungen ein Automatismus eintrat, aber zunächst einmal musste ein Aufnahmeantrag in die SS gestellt werden. Die Freiwilligkeit dieses Antrages wird durch den Druck relativiert, der auf Nichtmitglieder ausgeübt wurde. So schilderte Dickopf, dass im April 1939 SS-Brigadeführer Dr. Werner Best, der dritte Mann nach Himmler und Heydrich im Reichssicherheitshauptamt, in der Führerschule Vorträge hielt, die »der Auftakt für die En-bloc-Übernahme der Kriminalpolizeibeamten« gewesen seien.[133] Doch hatte Dickopf, wie die Akten ausweisen, zu diesem Zeitpunkt längst eine Bewerbung vorgelegt. Nach einem »Merkblatt über die Laufbahn des leitenden Dienstes in der Sicherheitspolizei und im Sicherheitsdienst des RFSS«[134] war eine Bewerbung an das Reichssicherheitshauptamt zu richten. Die unter Ziff. II/1. Buchstaben a-f dieser Vorschrift beizufügenden Unterlagen hatte Dickopf bereits im Januar 1939 vorgelegt, sie sind Bestandteil seiner Akte im Berlin Document Center:[135]

a) Eigenhändig geschriebener Lebenslauf v. 15.1.1939

b) Die zum Nachweis der arischen Abstammung erforderlichen Urkunden. Hierzu füllte er außerdem am 15.1.1939 den »R.u.S.-Fragebogen« aus.

c) Er legte drei Lichtbilder vor (zwei Porträts u. eine Ganzaufnahme).
d) Die geforderte Vorlage von Schul- und Dienstzeugnissen ist in der Akte nicht nachgewiesen, dürfte aber erfolgt sein.
e) In einem Personal-Bericht des »SS-*Bewerbers* Dickopf« wird ihm unter anderem bescheinigt:
Rassisches Gesamtbild: gut
Charaktereigenschaft: offen und ehrlich
Weltanschauung und eigenes Wissen: gut
Fähigkeit des Vortrags: gut
Einstellung zur nationalsozialistischen Weltanschauung: positiv
Gesamtbeurteilung: Dickopf ist nach Charaktereigenschaften, Haltung, Auftreten und Wissen ein durchaus geeigneter Führer
Eignung: Geeignet für andere Dienststellung: SS-Untersturm-Führer
f) Vorschlagsprotokoll des Führerkorps der Führerschule mit einer schriftlichen Bürgschaftsübernahme »für die Eignung des SS-*Bewerbers* Dickopf«, unterzeichnet von 15 SS-Angehörigen, darunter Kurt Zillmann und Kommandeur Otto Hellwig. Das Protokoll endet mit dem Satz: »Zum Schluss werden alle Teilnehmer zur Verschwiegenheit verpflichtet.«

Damit waren alle Formvorschriften des Aufnahmeantrags erfüllt. Dickopf wurde aufgrund dessen am 1. Juli 1939 zum SS-Untersturmführer mit der Dienststellung eines »Führers im SD« befördert und erhielt die SS-Nr. 337259.[136] Seine Personalakte wurde im SD-Hauptamt geführt.

Wenn also Dickopf und seinesgleichen nach dem Krieg behaupteten, sie hätten nichts zu ihrer Aufnahme in die SS beigetragen und einfach zu ihrem Polizei-Dienstgrad einen zweiten der SS verliehen erhalten, so entspricht das – wie gezeigt – nicht der Wahrheit. Daran ändert auch die eidesstattliche Erklärung nichts, die der Ex-Kommandeur Otto Hellwig für den späteren BKA-Kriminaloberrat Dr. Ochs abgab, als Hellwig und Ochs im Januar 1948 in Neuengamme in Internierungshaft einsaßen. Danach sei die Dienstgradangleichung nicht auf Antrag des Lehrgangsteilnehmers, sondern befehlsgemäß ohne Befragung automatisch durchgeführt worden. Das Schriftstück wurde unzählige Male kopiert und zitiert und befand sich auch im Besitz von Paul Dickopf.[137]

Mit seiner Bewerbung, die eine Unterwerfung unter die SS bedeutete, hatte Dickopf seine Zuverlässigkeit im Sinne der Machthaber unter Beweis gestellt. Da wog der Schönheitsfehler nicht mehr so schwer, dass er dem katholischen Glauben nicht abschwor. Mag sein, dass er wirklich in das Reichssicherheitshauptamt geladen wurde, wo ihm der Personalsachbearbeiter erklärt haben soll: »Ein kirchentreuer Kriminalkommissar und SD-Führer ist ein Unding.«[138] Auch der oben erwähnte Dr. Ochs blieb in der katholischen Kirche, ohne gravierende Nachteile zu erleiden. Er wurde einmal von der Beförderung ausgenommen und vorübergehend strafversetzt. Auf eigenen Antrag ließ er sich vom Reichskriminalpolizeiamt zur Kriminalpolizei-Leitstelle Düsseldorf versetzen, wo er in verantwortlicher Position bis Kriegsende als Inspektionsleiter tätig war. Wie am Beispiel Ochs bewiesen werden kann, wurde niemand an Leib und Leben geschädigt, der nicht aus der Kirche austrat, und schon gar nicht wurden seine Angehörigen bedroht. Wir sollten dieses Beispiel im Gedächtnis behalten, denn Dickopf baute seine Legende weiter auf der Verfolgung durch den SD auf.

Der KK-Lehrgang endete für Paul Dickopf mit der Beförderung zum Kriminalkommissar. Wie er schriftlich festhielt, hatte er als Zweitbester mit der Note »gut« bestanden.[139] Als Versetzungswunsch gab er München, Würzburg oder Innsbruck an, tatsächlich kam er nach Karlsruhe.[140]

In Dickopfs Nachlass befanden sich bei den Lehrgangsunterlagen 35 Beurteilungsbögen seiner Lehrgangskollegen, es fehlte lediglich sein eigener.[141] Interessant ist, dass die Beurteilungen offenkundig nach dem Krieg geschrieben wurden von jemandem, der die Personen gut kennen musste, aber nicht über die genauen Personalien verfügte. So waren zum Beispiel Familiennamen falsch geschrieben, Vornamen falsch oder nur das ungefähre Geburtsjahr angegeben worden. Daraus könnte man schließen, dass Dickopf nicht der Verfasser sein kann, weil er eine detaillierte Lehrgangsliste besaß.[142] Genauso gut ist möglich, dass Dickopf damit lediglich von sich ablenken wollte, also eine falsche Fährte legte.

Die Bögen haben die übliche Gliederung, enden aber, was ungewöhnlich ist, mit einer »politischen Beurteilung«.

Fasst man das Ergebnis dieser politischen Bewertungen zusammen, so muss der 13. KKA-Lehrgang eine Zelle von Regimegegnern gewesen sein. Nur acht Teilnehmer werden als gläubige Nationalsozialisten beschrieben, 20 als entschiedene Gegner und überzeugte Anti-Nazis und acht als indifferent. Es ist fast unmöglich einzuschätzen, welchem Zweck diese Beurteilungen dienten und wann genau sie verfasst wurden. Vermuten könnte man allenfalls, dass Dickopf

Vorarbeiten leistete für die Personalgewinnung, als das Bundeskriminalamt aufgebaut wurde. Dazu stünde nicht im Widerspruch, die Kripo generell so darzustellen, als habe sie im Gegensatz zu Gestapo und SD eine überwiegend kritische Haltung gegenüber dem Nationalsozialismus gezeigt.

Wie »Charlottenburger« über »Charlottenburger« urteilten, lässt sich am Beispiel von Rolf Holle, der Dickopfs Vertreter im BKA werden sollte, zeigen (Holles Vorname ist Rolf, nicht Heinz; sein Geburtsdatum der 21.1.1914):

»Name (Vorname): HOLLE (Heinz)
Personalien: geb. ca. 1914 – Deutscher (Sachse)
Ca. 178 groß, Haare hellblond, schlank, Gesicht rund
Keine besonderen Kennzeichen
Beschäftigung vor Eintritt in die Polizei:
Rechtswissenschaftliches Studium (nicht abgeschlossen).
Kurze kaufmännische Tätigkeit
Polizeiliche Ausbildung:
Ausbildung als Kriminalkommissar-Anwärter bei Kripo Halle ab Mitte 1937, dann Kommando Lehrgang Berlin
Berufliche Beurteilung:
Gute kriminalistische und rechtswissenschaftliche Kenntnisse
Guter Durchschnitt. Reges Berufsinteresse
Verwendung nach Abschluss der Ausbildungszeit:
Nach gutem Examen zur Kripo Halle zurück. Spätere Verwendung unbekannt
Politische Beurteilung:
Mitglied der NSDAP seit 1936 oder 1937, wahrscheinlich wegen Bewerbung um Stellung im Staatsdienst. Jung und ohne politische Erfahrung, trotzdem objektiv und keineswegs von der Richtigkeit der Partei-Thesen überzeugt. Liebte politische Diskussionen. War Protestant – aus Mangel an innerer Beziehung zur Kirche frühzeitig ausgetreten. Nicht anti-christlich.
Mitgliedschaft in Gliederungen der NSDAP unbekannt. Mit Ernennung zum Kriminalkommissar Übernahme als SS-UnterSturmführer im SD«

Den anderen »Charlottenburgern« im künftigen BKA wurde durchweg bescheinigt, dass sie gegen den Nationalsozialismus eingestellt waren. Darüber hinaus wurden folgende Eigenschaften attestiert:

»Heinrich Erlen: Wenig Berufsinteresse, vermied öffentliche politische Diskussionen;
Gerhard Freitag: Jung und unerfahren, aber sehr gerader Charakter und guter Kamerad;
Kurt Griese: Verfocht seine Ideen in aller Öffentlichkeit. Liebte klare Auseinandersetzungen. Antimilitarist;
Otto Gunia: Skeptiker. Wich politischen Diskussionen nicht aus. Hasste einseitige Urteile. Sehr guter Kamerad.
Rudolf Thomsen: Ging in seinen Kritiken am System sehr weit und vertrat seinen Standpunkt sehr energisch. Guter Kamerad.«

Wir werden in den folgenden Kapiteln Gelegenheit haben, die »Charlottenburger« an diesen Beurteilungskriterien zu messen, besonders dort, wo sie – wie Erlen, Freitag, Griese und Thomsen – in Massenmorde verstrickt waren.

Kommissar »Bübchen«

Schalten wir uns in eine Zeugen-Vernehmung ein, die im Januar 1966 stattfand und in welcher der oben genannte Gerhard Freitag eine Rolle spielt:

»Mein erster Eindruck bei der Ankunft auf dem Gelände war, dass ich Pistolenschüsse hörte. Beim Näherkommen sah ich dann mehr als 200 bis 300 Leute dicht gedrängt auf einem Haufen stehen. Es stellte sich dann heraus, dass es sich dabei um die Opfer handelte, die später in die Grube getrieben wurden. Es handelte sich um Männer, Frauen und Kinder jeden Alters. Über dieser Menschenansammlung lag ein Raunen, nicht sehr laut, Jammern, Weinen und Wehklagen. Ob die Grube für die Opfer einsehbar war, weiß ich nicht mehr, sie war jedenfalls nicht weit entfernt. In stetigem Fluss wurden die Opfer dort hingeführt. Ich habe noch in Erinnerung, dass sich die Opfer vor der Erschießung zu entkleiden hatten. Ich habe auch noch vor Augen, dass sie an einer Stelle auf einem Pult oder Tisch Schmuckstücke ablegen mussten.

Über die Maße der Grube kann ich keine verlässlichen Angaben machen, ich weiß nur noch, dass sie sehr groß war, größer als alle Gruben, die ich zuvor gesehen hatte. Diese Grube war schon bis etwa 1 m unter dem Rand mit Leichen gefüllt. Die Opfer mussten nun über die Leichen gehen und wurden dann vom Rand der Grube aus erschossen. Insoweit fehlt mir aber bezüglich der Einzelheiten fast völlig die Erinnerung. Ich kann zum Beispiel nicht sagen, ob die Opfer erschossen wurden, wenn sie noch standen, oder ob sie sich vorher hinlegen mussten. Nein, ich bin falsch verstanden worden. Ich weiß noch, dass die Opfer noch standen, wenn sie eine bestimmte Stelle erreicht hatten, und dass dann der jeweilige Schuss zu hören war, worauf das Opfer niederfiel. Ich sage das deshalb, weil ich noch ein älteres Ehepaar vor Augen habe, das eingehakt in die Grube ging und dann erschossen wurde, während es noch stand. Ob es ein Ehepaar war, weiß ich natürlich nicht. Es waren jedenfalls Mann und Frau. An dieser Grube ›arbeiteten‹ nach meiner Erinnerung allenfalls zwei Schützen. Wenn ich mich richtig entsinne, schossen sie im Liegen. Ich habe jedenfalls einen mit Sicherheit am Rande der Grube liegen und schießen gesehen. Möglicherweise gab der zweite die Nachschüsse. Den zweiten habe ich jedenfalls nicht mehr so deutlich vor Augen. Mit mir wurde erörtert, dass bei der von mir geschilderten Technik des Erschießungsvorganges nicht genau platzierte Kugeln auf das Exekutionsgelände hätten abirren können. Ich muss dazu sagen, dass das nach den damaligen Erzählungen auch passiert sein soll. Man erzählte sich allgemein, dass ein Angehöriger der an der Exekution beteiligten Dienststellen durch eine verirrte Kugel verletzt wurde.

Einer der Schützen trug mit Sicherheit eine Polizeiuniform; es handelte sich um einen unteren Dienstgrad.

Der von mir erwähnte Vorfall hinsichtlich der Verletzung eines unserer Leute soll sich aber einige Tage, auf jeden Fall aber vor der von mir geschilderten Exekution abgespielt haben. Daraus konnte ich schließen, dass mehrere derartige Exekutionen stattgefunden haben mussten.«

Die Vernehmung erfolgte in einem Verfahren gegen den Beschuldigten Maywald unter anderem wegen Massenmordes an Juden in Riga und an weiteren Tatorten in Lettland, das von der Staatsanwaltschaft Hamburg geführt wurde. Der Zeuge, ein Polizeimeister, fuhr in seiner Aussage fort:

»Ich habe schon in meiner Vernehmung vom 27.1.1966 gesagt, dass die Bilder, die ich dort sah, die grauenvollsten waren, die ich überhaupt jemals sehen musste. Ich kann den Grund nicht benennen, warum mich die Exekution im Winter mehr beeindruckte als die drei, denen ich im Sommer 1941 beiwohnte. Damals war ich ja das erste Mal aus Neugier hinausgefahren, weil ich so etwas noch nie gesehen hatte. Als ich dann hörte, dass die Notwendigkeit zur Teilnahme an solchen Aktionen auf alle Angehörigen des Einsatzkommandos 2 zukommen sollte, fuhr ich ein zweites Mal hinaus, um Möglichkeiten und Wege zu erkunden, wie man sich ggf. drücken könnte. Ich hatte nämlich noch nie im Leben auf Menschen geschossen und wollte das auch auf jeden Fall umgehen. Das dritte Mal musste ich dann, wie ich es schon geschildert habe, auf Befehl hinaus. Ich wäre ganz bestimmt nicht hinausgefahren, wenn es nicht ein so scharfer, ausdrücklicher Befehl gewesen wäre; wenn ich eine Möglichkeit gehabt hätte, diesen Befehl zu umgehen, dann hätte ich es getan. Ich habe bei meinen vorhergehenden Vernehmungen angegeben, dass ich geschossen habe. Heute, nach reiflicher Überlegung, kommen mir Zweifel, ob ich damals überhaupt abgedrückt habe.«

Der vernehmende Staatsanwalt ging nun zu einer detaillierten Befragung des Zeugen über und ließ Fragen und Antworten protokollieren. Leider waren Vernehmungen dieser Qualität in den damaligen Verfahren gegen NS-Täter eher die Ausnahme – und selbst sie führten nicht immer zu einem Strafurteil –, denn in vielen Fällen wollte man die Wahrheit nicht so genau ergründen und hatte von vornehereín eine Verfahrenseinstellung im Auge.

»Frage: War Ihnen bei Entgegennahme des Befehls schon bekannt, dass Sie selbst sich an der Exekution aktiv beteiligen sollten?
Antwort: Das ergab sich aus dem ganzen Zusammenhang. Es war ja bekannt, dass sich die bisherigen Teilnehmer an den Aktionen beschwert hatten, sie müssten die ganze Schmutzarbeit alleine machen, und dass darauf der Leiter einer übergeordneten Dienststelle die Anordnung erließ, sämtliche Führer des Einsatzkommandos müssten sich mindestens einmal aktiv an einer Exekution beteiligen. So habe ich es jedenfalls in Erinnerung.
Frage: Es ist schon mit Ihnen erörtert worden, dass an diesem Tage mehr als 10 000 Juden erschossen wurden und dass es auf der Hand liegt, dass die gesamte Aktion nur nach eingehender Vorplanung reibungslos abgewickelt werden konnte. Was ist Ihnen über vorhergehende Dienstbesprechungen bekannt geworden?
Antwort: (...) An eine diesen Tag betreffende Dienstbesprechung kann ich mich nicht erinnern. (...) Ich bin fest überzeugt, wenn es mir nicht gelang, mich der Aktion zu entziehen, so ist es keinem anderen Führer gelungen, auch nicht Nakaten, das ist jedenfalls meine persönliche Ansicht.
Freitag habe ich schon erwähnt. Ich sagte schon, dass er bei den Dienstbesprechungen anwesend war, bei denen über die bisherigen Erschießungszahlen Vortrag gehalten wurde. Freitag bekleidete nach meiner Ansicht eine Art Adjutantenstellung bei Batz, der nach meiner Erinnerung und Vorstellung wohl die gesamte Verantwortung für die vom Einsatzkommando 2 gegen die Juden durchgeführten Maßnahmen trug. Von Freitag

weiß ich noch, dass er einen sehr jugendlichen Eindruck machte, er wurde allgemein ›Bübchen‹ genannt. Ich habe ihn nicht so genannt, weiß aber noch, dass Besekow kaum anders von ihm sprach.
Frage: In welchem Rahmen fanden die von Ihnen erwähnten Dienstbesprechungen statt?
Antwort: Die von mir erwähnten dienstlichen Zusammenkünfte fanden unter Leitung des Obersturmbannführers Batz in seinem Zimmer statt. Bei den wenigen Besprechungen, bei denen ich anwesend war, hatten sich die Führer des Einsatzkommandos 2 versammelt. (...) Anlässlich dieser Besprechungen, die, wie ich schon gesagt hatte, die Diensteinteilungen im Wesentlichen betrafen, kam zwei- oder dreimal auch die Rede auf die Zahl der bisher erschossenen Juden. Ich nehme an, dass bei einer dieser Besprechungen auch der Befehl erteilt wurde, dass wir Führer einmal an der Exekution teilnehmen müssten. Bei einer Dienstbesprechung zuvor war diese Möglichkeit auch schon erörtert worden. Ich habe noch in Erinnerung, dass es zunächst hieß, die Leute hätten sich beschwert, und nun sollten die Führer auch einmal mitschießen. Die Möglichkeit eines solchen von oben auf uns zukommenden Befehls wurde uns jedenfalls vorher schon angekündigt.

Wenn ich mir die damaligen Verhältnisse vor Augen halte, so halte ich es für unmöglich, dass sich einer der Führer von den vorher bekannt gegebenen Dienstbesprechungen fernhalten konnte. Unter diesem Gesichtspunkt möchte ich es als sicher annehmen, dass auch Freitag und Kirste bei der Besprechung dabei waren, bei denen die Erschießungszahlen genannt wurden.
Frage: Wer saß im Vorzimmer des Kommandoführers Batz?
Antwort: Das weiß ich nicht, da fehlt mir jede Erinnerung. Ich möchte annehmen, dass Freitag dort gesessen haben kann.
Frage: Wissen Sie, ob Freitag mit Ihnen oder einem anderen Angehörigen Ihres Kommandos einmal zu einer Exekution gefahren ist?
Antwort: Ich möchte nicht annehmen, dass Freitag jemals mit mir hinausgefahren ist. Ob er mit anderen Angehörigen meines Kommandos fuhr, kann ich nicht sagen. Ich erwähnte aber weiter oben schon, dass ich es für ausgeschlossen halte, dass Freitag sich der angeordneten Beteiligung der Führer entziehen konnte, wenn er sich während dieser Zeit in Riga aufhielt.«[143]

* * *

Als die Teilnehmer des 13. Kommissar-Lehrgangs Anfang Juli 1939 zu ihren Heimatbehörden entlassen wurden, fuhren Paul Dickopf nach Frankfurt a. M. und Rolf Holle sowie Gerhard Freitag nach Halle.

Zu diesem Zeitpunkt hatte Hitler längst die Kriegsvorbereitung durch die Wehrmacht angeordnet (»Fall Weiß«)[144] und plante das Reichssicherheitshauptamt (RSHA) unter dem Decknamen »Unternehmen Tannenberg« die Aufstellung von zunächst fünf Einsatzgruppen, die den Auftrag hatten, »im besetzten Gebiet alle reichs- und deutschfeindlichen Elemente rückwärts der fechtenden Truppe zu bekämpfen«.[145] Die erste Besprechung über die Aufstellung von Einsatzgruppen, wie sie sich bereits bei der Annexion des Sudetenlandes und beim Einmarsch in die Tschechei bewährt hatten, fand am 5. Juli 1939 im Hauptamt Sicherheitspolizei in Berlin statt. Mit den Vorbereitungen war Dr. Werner Best beauftragt.[146] In den folgenden Wochen wurden Organisations-, Personal- und Aufstellungspläne erarbeitet, Sonderfahndungslisten erstellt und am 31. Juli 1939 »Richtlinien für den auswärtigen Einsatz der Sicherheitspolizei und des SD« erlassen, die unter anderem Festnahmen, Durchsuchungen und Beschlagnahme von Gebäuden regelten, aber auch die Anweisung enthielten, dass Misshandlung oder Tötung festgenommener Personen strengstens untersagt seien.[147] Über die Details des geplanten Einsatzes beim bevorstehenden Überfall auf Polen wurden die Kommandeure in einer Besprechung am 18. August 1939 von Himmler, Heydrich, Best und dem Gestapochef Müller unterrichtet. Dass bereits hier ein genereller Befehl zur Liquidierung der polnischen Intelligenz erteilt worden wäre, ist nicht gesichert. Die ersten Exekutionen fanden am 5. und 7. September 1939 aufgrund direkter Weisungen Hitlers an Himmler statt, dies war der Auftakt des Völkermordes.[148] Im November 1939 wurden die »Aktionen« der Einsatzgruppen in Polen beendet und ihre Angehörigen in die ständigen Dienststellen von Sicherheitspolizei und SD versetzt.[149] Sie hatten, gemeinsam mit dem SS-»Selbstschutz«, mehr als 60 000 Menschen der polnischen Intelligenz ermordet.[150]

Gerhard Freitag (Jahrgang 1913) war bereits 1930 als 17-Jähriger in die SA eingetreten, der er bis Ende 1934 angehörte. Im Nationalsozialistischen Fliegerkorps (NSFK) war er als Mitglied von 1935 bis 1937 registriert. Am 1. April 1937 trat er in die SS ein[151] und am 29. November 1937 in die NSDAP.[152] Anders als Dickopf hatte er sich schon früh mit dem Nationalsozialismus arrangiert und war in dessen Organisationen aktiv. In seinem für das BKA geschriebenen Lebenslauf vom 26. November 1956 verschwieg er allerdings seine Zugehörigkeit zur SS und zur SA. Als er dazu 1965 in einem Disziplinarverfahren vernommen wurde, gab er an, nur ein Bewerber für die SS gewesen zu sein, denn er habe »keine Beiträge bezahlt und kein Mitgliedsbuch besessen«. Die SA zu erwähnen, habe er »vergessen«. Ferner sagte er aus: »Ich kann mir nicht erklären, wieso ich meine Verwendung beim Einsatzkommando 2 in Riga nicht angeführt habe. Absichtlich habe ich sie nicht verschwiegen.«[153] Zum Zeitpunkt seiner Vernehmung im Jahre 1965 hatte Freitag noch den Dienstgrad eines Kriminalhauptkommissars. Das Disziplinarverfahren wurde trotz einer vorübergehenden Suspendierung vom Dienst offensichtlich nicht mit einer Bestrafung abgeschlossen und schon gar nicht damit, einen Kriegsverbrecher aus dem Öffentlichen Dienst zu entfernen; vielmehr ging Freitag nach Erreichen der Altersgrenze 1973 als Regierungskriminaloberrat in Pension.[154]

Was die Zeit zwischen Juli 1939 und September 1941 angeht, sind wir auf Freitags Angaben in seiner Vernehmung vom 27. März 1962 angewiesen. Dort erklärte er recht schwammig, er sei bei Kriegsbeginn Kriminalkommissar in Magdeburg gewesen, und fuhr fort: »Mit anderen wurde ich zum sogen. Leitenden Dienst herausgezogen und studierte zunächst in Berlin.«[155] Zweifel sind angebracht, aber der vernehmende Landgerichtsrat wollte es nicht so genau wissen, machte keinerlei Vorhalte und versäumte es, die offensichtlichen Schutzbehauptungen des Zeugen Freitag zu hinterfragen, der eigentlich als Beschuldigter hätte gehört werden müssen. Freitag gab weiter an, dass er dann überraschend nach Pretzsch berufen und dort einem Einsatzkommando zugeteilt worden sei.

Spätestens ab Mai 1941 war das Stammpersonal der Einsatzgruppen für den so genannten Russlandfeldzug in der Grenzpolizeischule Pretzsch zusammengezogen worden. Die einberufenen Beamten der Geheimen Staatspolizei und der Kriminalpolizei, Angehörige des SD und Hilfspersonal an Dolmetschern, Kraftfahrern, Funkern und Fernschreibern kamen aus allen Teilen Deutschlands. Für das »Unternehmen Barbarossa« waren vier Einsatzgruppen gebildet worden. Diese erstatteten dem Reichssicherheitshauptamt laufend Berichte über ihre »Erfolge«, die zu »Ereignismeldungen« zusammengefasst wurden. Danach betrug bis einschließlich April 1942 die Zahl der Mordopfer bei der Einsatzgruppe A rund 250 000, bei der Einsatzgruppe B rund 70 000, bei der Einsatzgruppe C rund 150 000 und bei der Einsatzgruppe D rund 90 000, insgesamt somit mehr als eine halbe Million Menschen.[156] Die Einsatzgruppe A (Kommandeur bis März 1942 SS-Standartenführer Dr. Stahlecker) mit den Sonderkommandos 1a und 1b sowie den Einsatzkommandos 2 und 3 war der »Heeresgruppe Nord« zugeordnet und geografisch für das Baltikum zuständig.[157] Die Gruppe hatte eine Gesamtstärke von etwa 900 Mann; Gerhard Freitag wurde dem Einsatzkommando 2 zugeteilt.[158] In Pretzsch erfolgte die planmäßige Einweisung der Kräfte zur Durchführung ihres Auftrages, der mit dem Angriff am 22. Juni 1941 beginnen sollte.[159]

SS-Standartenführer Otto Ohlendorf, Kommandeur der Einsatzgruppe D, sagte im Nürnberger Kriegsverbrecher-Prozess über die Aufgaben der Einsatzgruppen aus: »Sie waren verantwortlich für alle politischen Sicherheitsaufgaben innerhalb des Operationsgebietes des Heeresverbandes, denen sie zugeteilt waren, und der rückwärtigen Heeresgebiete, sofern die Letzteren nicht der Zivilverwaltung unterstanden. Ferner hatten sie die Aufgabe, die eroberten Gebiete von Juden, kommunistischen Funktionären und Agenten zu reinigen. Die letztgenannte Aufgabe sollte durch die Tötung aller erfassten, rassisch und politisch unerwünschten Elemente gelöst werden, die als die Sicherheit gefährdend bezeichnet waren. Es ist mir bekannt, dass die Einsatzgruppen zum Teil in der Bandenerkundung, der Bandenbekämpfung und im militärischen Einsatz eingesetzt waren. (...) Befehle in Bezug auf Bereinigung von unerwünschten Elementen gingen an die Einsatzkommandos unmittelbar und kamen vom Reichsführer SS selbst oder über Weitergabe durch Heydrich. Die Oberbefehlshaber waren durch Hitler angewiesen, die Durchführung dieser Befehle zu unterstützen. Durch den so genannten Kommissarbefehl hatten die Heeresverbände politische Kommissare und sonst wie bezeichnete unerwünschte Elemente selbst auszusondern und den Einsatzkommandos zwecks Tötung zu übergeben. Die Aussonderung dieser Elemente aus den Kriegsgefangenenlagern war durch Ausführungsbestimmungen des OKH an die Heeresverbände entsprechend ergänzt.«[160]

Reinhard Heydrich belehrte die Führer der Einsatzgruppen, »mit rücksichtsloser Schärfe« vorzugehen, womit die rücksichtslose Ausmerzung nicht nur der »erfassten« Gegner gemeint war, sondern faktisch auch der potenziellen Gegner;[161] folglich reichte ein Verdacht und oft eine nicht überprüfte Denunziation aus. Vor allem fielen Juden, unabhängig von Geschlecht und Alter, unter die Zielgruppe. Heydrich in einer schriftlichen Instruktion vom 2. Juli 1941:

»4) Exekutionen
Zu exekutieren sind alle Funktionäre der Komintern (wie überhaupt die kommunistischen Berufspolitiker schlechthin), die höheren, mittleren und unteren Funktionäre der Partei, des Zentralkomitees, der Gau- und Gebietskommissare, Volkskommissare, Juden in Partei- und Staatsstellungen, sonstige radikale Elemente (Saboteure, Propagandeure, Heckenschützen, Attentäter, Hetzer usw.).«

Der Befehl wurde auf alle jüdische Bewohner der Sowjetunion ausgeweitet.[162]

Die Dokumentenlage lässt keinen Rückschluss zu, mit welcher politischen und moralischen Einstellung Gerhard Freitag seinen Auftrag übernahm. Fest steht, dass er einer Mörderbande angehörte und seine Rolle als Adjutant des Führers im Einsatzkommando 2 nicht unbedeutend war. Das Einsatzkommando 2 war ungefähr 40 Mann stark und bildete später den Personalstamm des Kommandeurs der Sicherheitspolizei (KdS) in Lettland.[163] In seiner Vernehmung vom 27. März 1962 gab Freitag an: »Schon im September 1941, also nach etwa zweimonatigem Aufenthalt in Riga, wurden wir vom leitenden Dienst wieder zum Weiterstudium herausgezogen. Ich bin auch später nicht nach Riga zurückgekommen.«[164] Diese Schutzbehauptung muss man als unglaubwürdig bezeichnen, weil es in dieser Einsatzphase mit Beginn des Überfalls auf Russland undenkbar erscheint, dass man Führungspersonal aus Brennpunkten abzieht, um sie zum Studieren zu schicken. Allerdings wurde weder von Freitag ein Nachweis für seine Behauptung verlangt, noch wurden seine Aussagen seinerzeit im staatsanwaltschaftlichen Ermittlungsverfahren nachgeprüft. Dadurch entsteht eine Zeitlücke bis Mai 1943, als Freitag erneut im Einsatzkommando 10a in der Süd-Ukraine eingesetzt wurde. Fehlerhafte Ermittlungstätigkeit und dilettantische Vernehmungsführung zeugen recht deutlich vom fehlenden Aufklärungswillen der Justiz in den sechziger Jahren. Dass Freitag nach eigenen Angaben im November 1942 als Kriminalkommissar nach Wilhelmshaven versetzt wurde,[165] kann genauso richtig wie falsch sein.

Die Einsatzgruppe A war von Pretzsch aus am 23. Juni 1941 in den Bereitstellungsraum Danzig transportiert worden und erreichte Anfang Juli 1941 Riga. Die örtliche Hilfspolizei (Litauer und Letten) begann, zusammen mit den verschiedenen Einheiten der Einsatzgruppe, mit der Ermordung von Juden, besonders in Wilna, Kowno und Riga, aber auch in vielen anderen Städten und Dörfern.[166] So sollen alleine Ende August 1941 im Wald bei Madona 6000 Juden und 3000 Letten erschossen worden sein, woran Angehörige des Einsatzkommandos 2, der Feld- und Ortskommandanturen und der Gebietskommissariate mitwirkten.[167] Die Schreckensbilanz in Lettland weist bis zum 15. Oktober 1941 insgesamt 30 025 exekutierte Juden aus, wobei die in den ersten Tagen durch die lettischen Nationalisten getöteten Personen nicht in diese Opferzahlen mit einbezogen sind.[168] Insgesamt waren 13 Fallgruppen Gegenstand der staatsanwaltschaftlichen Ermittlungen.[169]

Kriminalkommissar Freitag sagte im März 1962 aus, seine Tätigkeit im Einsatzkommando 2 habe darin bestanden, bei dem Kommandeur Rudolf Batz im Vorzimmer zu sitzen:

»Ich hatte eigentlich so gut wie nichts zu tun. Mir war das gegenüber anderen Kameraden geradezu peinlich. Auch Batz hatte schließlich den Eindruck, dass ich nicht ausgelastet war. Ich hatte im Übrigen kein gutes Verhältnis zu ihm. Er gab mir schließlich nebenbei noch den Auftrag, einen Erkennungsdienst aufzubauen. (...) Von Exekutionen, insbesondere von Juden, ist mir nichts bekannt geworden, jedenfalls nichts Bestimmtes. (...) Über die Tätigkeit des Batz, insbesondere im Hinblick auf etwaige Exekutionen, vermag ich nichts zu sagen. Ich war über die Ziele des Einsatzkommandos, insbesondere über die Judenfrage, nicht informiert. Heute nehme ich an, dass Leute wie Batz als Kommandoführer sicher mehr wussten.«[170]

Übte also »Kommissar Bübchen«, der zum leitenden Dienst der Sicherheitspolizei zählte, die Funktion einer unwissenden Vorzimmerdame aus? Natürlich nicht: Er hatte als Adjutant die Befehle des Kommandeurs vorzubereiten, schriftlich zu formulieren und umzusetzen. Zu seinen Pflichten gehörte, tägliche Lageberichte zu konzipieren, Statistiken zu führen (auch über ermordete Juden) und Nachrichtenaustausch mit dem Reichssicherheitshauptamt zu pflegen. Er hatte regelmäßige Dienstversammlungen vorzubereiten, die Tagesordnungspunkte festzulegen und das Material dafür zu sammeln. Er war die rechte Hand des Kommandeurs, hatte sich über eine Optimierung des operativen Einsatzes Gedanken zu machen und Vorschläge im personellen Bereich einzureichen. Alles in allem verkörpert der Adjutant die Ziele seines Chefs und trägt in diesem Sinne am »Erfolg« eine Mitverantwortung.

Das beurteilten die Staatsanwaltschaften in Dortmund und Hamburg anders: Sie stellten die Ermittlungen gegen Freitag ein, ohne Rücksicht darauf, dass er in seiner Funktion »Täterwillen« gehabt haben, also vorsätzlich am Völkermord beteiligt gewesen sein musste, weil es seiner Funktion immanent war. Die Staatsanwaltschaften entschieden sich dennoch für eine Verfahrenseinstellung, was sogar ihrer eigenen schriftlich formulierten Feststellung entgegenstand: »Es sind demnach genügend Anhaltspunkte für den Verdacht gegeben, dass alle Angehörigen der Einsatzgruppe A, die sich im Juli/August 1941 in Riga aufhielten, in strafrechtlich relevanter Weise an den geschilderten Erschießungsaktionen beteiligt waren.«[171]

Vielleicht war Gerhard Freitag ein fanatischer Kämpfer für die Sache des Nationalsozialismus und hatte sich freiwillig gemeldet, vielleicht aber hatte er ganz einfach Pech, ab Mai 1943 erneut in einem Einsatzkommando im so genannten Osteinsatz das Töten fortzusetzen oder fortsetzen zu müssen. Nun gehörte er der Einsatzgruppe D unter SS-Standartenführer Ohlendorf an, die mit der 11. Armee in der Süd-Ukraine, auf der Insel Krim und im Kaukasus operierte. Freitag war Mitglied des Sonderkommandos 10a. Bevor er zu der Einheit stieß, hatte (bis Ende März 1942) die Einsatzgruppe D 91 678 Menschen erschossen. Im Mai 1943 war die Einsatzgruppe D bereits auf dem Rückmarsch und unter anderem in den Pripjetsümpfen mit Partisanenbekämpfung befasst.[172]

Auch zu diesem Kriegsabschnitt wurde Freitag vernommen. Ohne dass sich ein Staatsanwalt darüber Gedanken zu machen schien, war immer gerade da »nichts los«, wo Freitag eingesetzt wurde, bzw. hatte er »keine Funktion«:

»Meine Abordnung zum EK 10a in Mosyr erfolgte Anfang Mai 1943. Ich kam ganz alleine dorthin. Das EK hatte zu meiner Zeit nichts Rechtes zu tun. Ich hatte dort keine Funktion. Etwa im August/September 1943 sind wir zusammen mit einer SS-Kavallerie-Division ca. zwei Wochen im Bandeneinsatz gewesen. Das war ein rein militärischer Einsatz. Danach wurde das Kommando aufgelöst. Ich sollte nach Kiew kommen zum dortigen Befehlshaber der Sicherheitspolizei (BdS). Dieser hatte sich aber inzwischen abgesetzt. Ich traf ihn nach ca. 14 Tagen in Rowno. Beim BdS in Rowno blieb ich bis Anfang Januar. Auch hier hatte ich keine rechte Funktion. Anfang Januar 1944 kam ich zum BdS nach Belgrad. Bei diesem sollte ich ein Außenkommando in Montenegro übernehmen. (...) Weil ich Differenzen mit einem in Cetinje stationierten General hatte, kam ich nach wenigen Tagen wieder zurück zum BdS nach Belgrad. In Belgrad war ich anschließend ca. acht Wochen. Während dieser Zeit hatte ich keinen Aufgabenbereich. Danach übernahm ich eine Außendienststelle des BdS Belgrad in Lekovac in Serbien, wo ich ca. zwei Monate blieb. Unsere Hauptaufgabe dort war Partisanenbekämpfung und Nachrichtendienst. Zu meiner Zeit ist kein einziger Partisan von uns gefangen genommen worden. Im Spätherbst 1944 kam ich über Belgrad, Wien zurück nach Wilhelmshaven. Anfang Dezember 1944 wurde ich zum BdS Oslo versetzt. Dort habe ich in der Abteilung IV gearbeitet (Gestapo, Anm. d. Verf.). Im Wesentlichen hatte ich nur Auswertetätigkeit. Bei Kriegsende geriet ich in norwegische Gefangenschaft. Um die Jahreswende 1946/47 wurde ich den Engländern übergeben und kam nach Neuengamme. Ich war dann bis zu meiner Entlassung im November 1948 in verschiedenen Lagern, zuletzt in Darmstadt.«[173]

Es würde die Neutralität des Chronisten verletzen, Genugtuung darüber zu äußern, dass Freitag wenigstens dreieinhalb Jahre Internierung »verbüßte«.

Das Bundesinnenministerium und die Amtsleitung des BKA hatten Kenntnis von Freitags Funktionen und Aktivitäten in NS-Todesschwadronen. Abschließend stellt sich die Frage, wie es möglich war, dass er mit Wissen und Willen seiner höchsten Vorgesetzten in allen Ehren hochrangig befördert und nach Erreichen der Altersgrenze in den Ruhestand entlassen wurde.

Von der Kripo zur militärischen Abwehr

Paul Dickopf kehrte Anfang Juli 1939 zunächst zur KP-Leitstelle Frankfurt a. M. zurück, wo man ihn bis Ende des Monats im Betrugskommissariat beschäftigte, bis seine Versetzungsverfügung eintraf. Ab August bis Ende September übernahm er bei der Kripo Karlsruhe den Erkennungsdienst für das Land Baden »und bei Kriegsausbruch auch die Personalverwaltung für diesen Bereich«.[174]

Darunter kann man sich eigentlich nichts vorstellen, weil es bei jeder KP-Stelle eine Verwaltungsabteilung gab, die alle personellen Angelegenheiten regelte. Parallel dazu betrieb allerdings die SS eine eigene Personalbewirtschaftung, und es war üblich – wie andere Beispiele zeigen –, junge Kriminalkommissare damit zu beauftragen. Dickopf will sogar ein Vorschlagsrecht besessen haben, welche Beamten zu den Einsatzkommandos in Polen abgestellt werden sollten, und solche Kandidaten ausgewählt haben, die »freiwillige Parteimitglieder oder SD-Angehörige« waren, bis der SD seine Pläne durchkreuzte und »erneut auf mich aufmerksam wurde«. Außerdem oblag es Dickopf, nach Kriegsausbruch wichtiges Aktenmaterial in eine Ausweichstelle im Schwarzwald auszulagern.[175] Im Lebenslauf vom 23. November 1949, der der Einstellung in das Bundesinnenministerium diente, ergänzte Dickopf seine Kompetenzen in Karlsruhe dahingehend, dass er außerdem für die kriminalpolizeiliche Oberaufsicht über die Spielbank Baden-Baden, für die fachliche Steuerung der örtlichen Kriminalpolizei und die Zusammenarbeit mit Finanzbehörden zuständig war.[176] Das scheint für einen Tätigkeitszeitraum von zwei Monaten reichlich überfrachtet dargestellt zu sein; jedenfalls ist es wenig glaubhaft.

Den Leiter der Karlsruher Kripo, Regierungsrat Greiner, bezeichnete er als vorzeitig beförderten Günstling und alten Nazi, der Ende August 1939 zur Geheimen Feldpolizei versetzt wurde und seine beiden »Lieblingsbeamten«, die Kommissare Hergt und Dr. Niggemeyer, dorthin mitnahm.[177] Hier wird erstmals bekannt, wie lange sich Dickopf und Niggemeyer kennen, den er bereits in diesem Zusammenhang in einem abträglichen Sinne erwähnt. Im BKA wurde Dickopf nachgesagt, dass er, der »abgebrochene Student«, Probleme mit Akademikern hatte. Die persönlichen Spannungen zwischen ihm und Niggemeyer werden sich noch über 30 Jahre fortsetzen, doch zunächst verloren sich Dickopf und Niggemeyer bis zum Kriegsende aus den Augen.

Dickopfs Tätigkeit bei der Kriminalpolizei endete in den ersten Oktobertagen des Jahres 1939, als er zur Abwehrstelle (Ast) des Stellvertretenden Generalkommandos des V. Armeekorps in Stuttgart kommandiert wurde.

Wenn sich Dickopf später damit brüstete, den Erkennungsdienst des Landes Baden »aufgebaut und an die Bedürfnisse einer Reichskriminalpolizei angepasst zu haben«, sollte man einschränkend bedenken, wie viel er in zwei Monaten tatsächlich erledigt haben konnte – in einer Zeit, die ihn außerdem durch den Kriegsausbruch anderweitig beschäftigte und ihm zusätzliche Aufgaben bescherte. Während Dickopfs BKA-Zeit wollte das aber niemand nachprüfen oder thematisieren, sodass er den Nimbus des »altgedienten Kripomannes« ungehindert verbreiten konnte. Im Grunde konnte Dickopf nur eine Ausbildungszeit bei der Kriminalpolizei nachweisen und zwei Monate Erkennungsdienst. Er verfügte über theoretisches Wissen, nicht aber über Erfahrung im Kriminaldienst. Da war es einigermaßen absurd, wenn er sich im Bundeskriminalamt als Vorbild darstellte und bei ihm nur Anerkennung fand, wer den »Stallgeruch des Kriminalisten« aufweisen konnte und schon einmal »mit dem Leichenlöffel gearbeitet« (Spezialgerät zur Fingerabdrucknahme an Leichen) hatte – ein beliebter Ausspruch Dickopfs.[178] Tatsächlich war Paul Dickopf nicht ein Mann der Kripo, sondern ein Mann der Abwehr.

Das »Amt Ausland/Abwehr« (AAA) unter Admiral Wilhelm Canaris war Teil des Oberkommandos der Wehrmacht (OKW) und entwickelte sich zeitweise zum wichtigsten militärischen Nachrichtendienst des Dritten Reiches.

Das Verhältnis der militärischen Abwehr zu den konkurrierenden Geheimdiensten (Ämter III und IV des SD und Amt IV der Gestapo) zeichnete sich durch enge Kooperation wie auch heftige Rivalitäten aus. Die der Abwehr unterstellte Geheime Feldpolizei beteiligte sich aktiv an der Ermordung von Juden in der Sowjetunion. Als sich im Laufe der Zeit Misserfolge der Abwehr häuften, verfügte Hitler am 12. Februar 1944 die Fusion mit dem Reichssicherheitshauptamt als »Amt Militär« (unter SS-Brigadeführer Walter Schellenberg). Nach dem Attentat vom 20. Juli 1944 wurden mehrere Widerständler aus den Reihen der ehemaligen Abwehr verhaftet und hingerichtet, unter anderem Canaris und sein Abteilungsleiter Hans Oster.[179] Die Abwehr unterhielt im In- und Ausland Dienststellen. Für den Posten in Stuttgart war ursprünglich KK Hergt aus Karlsruhe vorgesehen, der aber zur Geheimen Feldpolizei ging, sodass Dickopf die Stelle besetzen musste.

Dickopf wurde der Untergruppe I (Spionage) zugeteilt und übernahm als erste Aufgabe, neu gewonnene V-Leute zu überprüfen. Mitte November 1939 reiste er nach Luxemburg, um einen als nicht zuverlässig angesehenen V-Mann zu überwachen, der sich dort mit einem Agenten traf. Ähnliche Aufträge sollten folgen, wobei Dickopf nicht zu erwähnen unterließ, dass seine Arbeit »den Erwartungen des Abteilungsleiters entsprach«.[180] Er schleuste dann zwei Agenten über Österreich nach Ungarn, die dort internierte polnische Armeeangehörige unterwandern sollten. 1940 wurde Dickopf im Kurierdienst eingesetzt, er observierte außerdem V-Leute in Mailand, Genua und Florenz, ferner in der Schweiz und in Frankreich.

Ab Mitte 1940 wechselte er zur Abteilung III F (Gegenspionage gegen fremde Nachrichtendienste im In- und Ausland). Gegenspionage sollte sein Hauptaufgabengebiet für die nächsten Jahre werden, was auch seinen Ambitionen durchaus zu entsprechen schien, lehnte er doch einen Lehrauftrag für Kriminalistik und Kriminologie an der Charlottenburger SS-Führerschule ab, obwohl er (der angebliche Nazi-Gegner) »dem Ruf«, wie er es bezeichnete, in Friedenszeiten gerne nachgekommen wäre.[181]

Dickopf will die Technik und den Nachrichtendienst der Stuttgarter Abwehrstelle reorganisiert haben, was eine enge Zusammenarbeit mit den neuen Zentralen in Brüssel und Paris erforderlich machte, wohin ihn Dienstreisen führten. Er hatte nach seiner Darstellung alle Hände voll zu tun mit Maßnahmen der Gegenspionage, die durch die Masse der Zwangsarbeiter (die er als »Fremdarbeiter« bezeichnete) in Deutschland und in den besetzten Gebieten Auftrieb erhielt. Immer mal wieder musste er Kurier-Reisen durchführen oder den Truppenschutz durch Personal verstärken und auch Untersuchungen gegen Wehrmachtsangehörige führen. Er schien in seinem Metier völlig aufzugehen, auch wenn seine Berichte über diese Zeitphase aufgebauscht wirken, weil er den US-Geheimdienst OSS (Office of Strategic Services) mit seiner Kompetenz und Erfahrung beeindrucken wollte.[182]

Dickopf identifizierte sich mit seinem Auftrag, offenbar auch mit der Eroberungs- und Machtpolitik des Regimes, ohne Rücksicht auf massive Verletzung von Grund- und Menschenrechten. Jedenfalls beklagte sich Dickopf nicht über den Nationalsozialismus, sondern ließ sich am 1. September 1941 das Kriegsverdienstkreuz 2. Klasse mit Schwertern verleihen.[183] Später aber bastelte er weiter an seiner Legende und am Feindbild SD. Im Juli 1941 heiratete Paul Dickopf die Tochter Margot eines Hamburger technischen Direktors, »da in dieser Zeit eine gewisse Lockerung der Heiratsbestimmungen für Polizeibeamte eintrat. Die für ›SS-Angehörige‹ immer noch vorgeschriebene besondere Eheerlaubnis holte ich nicht ein«, schrieb er, »da sie mir ohne Kirchenaustritt nicht gewährt worden wäre.«

Außerdem sei die einzige Schwester seiner Frau mit einem Juden verheiratet gewesen.[184] Was allerdings Dickopf nicht erwähnte: Seine Frau war Mitglied in der NSDAP.[185] In Dickopfs Unterlagen beim Berlin Document Center (BDC) erfolgte auf der Stammkarte der Eintrag der Eheschließung mit Datum und Namen der Ehefrau.[186] Die Akte gibt keinen Aufschluss darüber, wie es zur offiziellen Kenntnis der Heirat gekommen war und ob Dickopf daraus Schwierigkeiten erwuchsen. Wie so häufig war in Dickopfs Legendenmuster nichts bewiesen und alles möglich: »Dienstlich spitzte sich die Lage für mich immer mehr zu. (...) Ich hatte Anfang 1942 ein gutes Dutzend Untersuchungsverfahren gegen eigene Agenten zu leiten, die auf die eine oder andere Weise das in sie gesetzte Vertrauen missbrauchten; es war eine langwierige Arbeit, die sich bis Mitte des Jahres hinzog. Im Mai begann der SD, wie ich von einem Beamten der Kriminalpolizeistelle Karlsruhe erfuhr, eine Untersuchung gegen mich; das Verfahren erstreckte sich auf meine dienstliche Tätigkeit von der Ausbildung bis zur militärischen Einberufung, meine politische und religiöse Einstellung und frühere Betätigung, ebenso wie auf die belastende Tatsache der Verheiratung mit einer ›jüdisch versippten‹ Frau. Offiziell wurde mir nichts bekannt gegeben, sodass ich täglich mit einem Abschluss der Untersuchung und plötzlichen Zugriff rechnen musste.«[187]

Zu erwähnen, dass er 1940/41 gar nicht in Stuttgart, sondern in der Abwehraußenstelle Straßburg tätig war, passte offensichtlich nicht in Dickopfs Selbstdarstellung.[188]

III DER DOPPELAGENT

Die »Flucht«

Ungefähr zu der Zeit, als Dickopf angeblich mit einem Einschreiten des SD rechnete, gab es eine entscheidende Wende in seinem dienstlichen Einsatz. Nach seiner Schilderung erhielt er etwa im Juni 1942 die Aufforderung, die Canaris-Zentrale in Berlin aufzusuchen und sich bei dem Abteilungsleiter III F des Amtes Ausland/Abwehr in Berlin zu melden. Empfangen wurde er von der hochkarätigen Führungsspitze der Gegenspionage, nämlich dem Chef der Abteilung III, Oberst Egbert von Bentivegni, ferner von Oberst Joachim Rohleder (III F) und Rittmeister von Pescatore (III F 2). Man eröffnete Dickopf, dass er für einen selbständigen Abwehrposten in der Schweiz vorgesehen sei und mit dieser Aufgabe spätestens am 1. Oktober 1942 beginnen solle, seine Ausbildung erfolge in Paris.[189]

Man habe ihn deshalb ausgewählt, schrieb Dickopf, »weil ich einer der wenigen Abwehrangehörigen sei, die in der Schweiz nicht Gefahr liefen, erkannt zu werden. Da jeder Widerstand als Befehlsverweigerung aufgefasst worden wäre, fügte ich mich scheinbar, setzte aber alle mir zur Verfügung stehenden Mittel in Bewegung, um der Kommandierung zu entgehen. Es war vorgesehen, mich unter dem Namen Peter Dorr in die Reichsbahnzentrale für den deutschen Fremdenverkehr in Zürich einzubauen, von wo ich – unabhängig von der Kriegsorganisation (KO) Schweiz (Meisner) – gegen die verschiedenen fremden Nachrichtendienste hätte arbeiten sollen.«[190]

Lässt man die Ausschmückungen weg, so geschah nach Dickopfs Schilderung in den nächsten Monaten Folgendes: Er reiste Anfang August 1942 nach Abschluss seiner laufenden Arbeiten bei der Abwehrstelle Stuttgart nach Paris, um sich bei der dortigen Verkehrszentrale zur Einarbeitung zu melden. Da der Büroleiter abwesend war, nutzte er die Zeit, um Pläne zu schmieden, wie er sich absetzen könnte. Nach drei Wochen kehrte er nach Stuttgart zurück, um persönliche Angelegenheiten zu ordnen. Seinem Mitarbeiter Hauptmann Waaser erklärt er, dass er den Büroleiter der Pariser Verkehrszentrale nicht habe sprechen können, aber stattdessen einer interessanten ND-Sache in Paris auf die Spur gekommen sei. Dies habe man ihm abgenommen und den Freibrief erteilt, in Paris an der Sache dranzubleiben. Bis Dezember lebte Dickopf in Paris, gab dann sein Zimmer auf und zog zu Bekannten nach Brüssel. Mitte Dezember schrieb er der Stuttgarter Dienststelle, er sei mit der ND-Sache stark beschäftigt, es gäbe aber vorläufig nichts Näheres zu berichten und er halte sich in Südfrankreich auf. »Auf diese Weise motivierte ich mein Nichterscheinen in Paris und zum anderen die lange Abwesenheit.« Er sei sich aber darüber im Klaren gewesen, dass diese Begründung nicht stichhaltig war. Weihnachten 1942 besuchte er seine Verwandten in Deutschland, indem er illegal die Grenze in Luxemburg überschritt. Anfang 1943 kehrte er nach Brüssel zurück. Dann erfolgt ein Zeitsprung bis zum Frühjahr, ohne dass klar ist, was inzwischen geschah. Jetzt habe er seinen Freund François Genoud nach Stuttgart geschickt, um die Lage zu sondieren. Genoud, der bei der Stuttgarter Abwehr als deren V-Mann ein und aus ging, erfuhr, dass man über Dickopfs Ausbleiben beunruhigt sei und glaube, er würde sich in Südfrankreich aufhalten. SD und Stapo würden sich nicht mit seinem Verschwinden beschäftigen. Als Anfang Juni Hauptmann Waaser in Brüssel auftauchte und nach Dickopf forschte, entschloss sich dieser, nunmehr »schnell abzureisen«. Am 17. Juli 1943 betrat Dickopf zur Nachtzeit über die grüne Grenze Schweizer Boden.

Beim näheren Hinsehen stellt sich die Geschichte als schlecht gemachte »Legende hinter der Legende« heraus. Der wichtigste Punkt neben vielen anderen Ungereimtheiten ist, dass Dickopf von höchster Stelle in Berlin im Oberkommando der Wehrmacht den Befehl erhielt, in der Schweiz konspirativ zu arbeiten, um gegnerische Nachrichtendienste auszuforschen. Ein solcher Auftrag war nicht ungewöhnlich, gab es zum Beispiel im Amt Abwehr auch die »Division Brandenburg« mit der Aufgabe, Sabotage- und Kommandounternehmen hinter den feindlichen Linien durchzuführen, oder die Abteilung II (Sabotage und Zersetzung) mit geheimen Operationen. Weder Dickopf noch seine Vorgesetzten in Stuttgart hätten sich erlauben können, den Berliner Befehl selbständig abzuändern. Dazu wäre nur die Abteilung III des Amtes Ausland/Abwehr in der Lage gewesen; und nichts spricht dafür, dass der vorgeschobene und völlig substanzlose neue »ND-Fall« die Berliner Pläne änderte. Dieser Tatsache sind alle weiteren Überlegungen unterzuordnen, denn die Abteilung III F, die Dickopfs Einsatz in Berlin führte, hätte ganz schnell Alarm geschlagen und energisch reagiert, wenn ihr Mann »aus dem Ruder gelaufen« wäre.

Die echte Legende war einfach und deshalb intelligenter und wird so abgelaufen sein, wie es Dickopf – möglichst nahe an der Wahrheit bleibend – schilderte: Er hatte den Scheinauftrag, sich bei der Verkehrszentrale einzuarbeiten, und setzte sich von Paris nach Brüssel ab, um in der Schweiz als Mann der deutschen Abwehr, der schon eine Weile in der Illegalität lebte und jetzt die Fronten wechselte, glaubwürdig zu erscheinen. Und es liegt nahe, dass sein Freund Genoud, über den noch zu berichten sein wird, Dickopfs Spionageergebnisse an das Amt Ausland/Abwehr übermittelte, während Dickopf versuchte, den Schweizer und danach den amerikanischen Nachrichtendienst zu infiltrieren.

In seiner »Lebensschilderung« vom 15. Februar 1945 für den US-Geheimdienst OSS und in den weiteren Lebensläufen musste Dickopf die Fluchtlegende abändern, um sich als Mann des echten Widerstandes zu legitimieren. Seine Geschichte ist aber nicht glaubhaft: Er hätte den Auftrag in Berlin aus persönlichen Gründen ablehnen können, ohne erhebliche Nachteile in Kauf nehmen zu müssen; schon gar nicht befand er sich in einer Art Befehlsnotstand. Die Gegnerschaft des SD, der bis zum Frühjahr 1943 noch immer nichts unternommen hatte, erwies sich endgültig als Schimäre. Dass Dickopf mit seinem Auftrag in Paris nicht weitergekommen sein will, nur weil der Büroleiter der Verkehrszentrale vorübergehend abwesend war, können ihm seine Vorgesetzten in Stuttgart niemals geglaubt haben, die ihn auch nicht monatelang auf einen ND-Fall ansetzten, den sie selbst nicht kannten.

Tatsächlich ist Dickopf im Deutschen Fahndungsbuch seit dem 16. April 1943 ununterbrochen bis zum Kriegsende ohne Angabe des Grundes zur Festnahme für die Staatliche Kriminalpolizei (also nicht für den SD und nicht für die Gestapo) ausgeschrieben worden.[191] Das war natürlich zur Absicherung der Legende und zu seinem Schutz notwendig. Auf seiner BDC-Stammkarte befindet sich der Eintrag mit Bleistift »Gegen D. besteht z.Z. Haftbefehl« (ohne Datum) und mit Tinte »Vermisst, H-Sammelumlauf v. 28.10.44«.[192]

Mit Schreiben vom 23. Oktober 1944 berichtete der SD in der Kriminalpolizeistelle Karlsruhe an das SS-Personalhauptamt über Dickopf: »Gegen den Obengenannten, der als vermisst gemeldet ist, besteht z.Zt. Haftbefehl.«[193] Vermisste wurden keineswegs mit Haftbefehl ausgeschrieben. Andererseits war es in realen Fällen üblich, nicht nur den Haftbefehl zu vermerken, sondern auch den

Grund anzuführen, zum Beispiel »Haftbefehl wegen Landesverrats«. Aus der Akte ergeben sich keinerlei Hinweise auf Fahndungsaktivitäten der Sicherheitspolizei.

Verrat in der Schweiz

In der Geschichte des Paul Dickopf dreht sich vieles um den Schweizer François Genoud mit Wohnsitz Lausanne, eine schillernde Persönlichkeit. Im Amt V Stuttgart war Anfang 1941 ein Hinweis der Berliner Zentrale eingegangen, dass ein Schweizer, der sich in Freiburg/Breisgau aufhielt, »wegen seiner früheren Zugehörigkeit zur ›Nationalen Front‹ auf Bereitwilligkeit zur Mitarbeit zu prüfen sei«. Dickopf übernahm den Auftrag und baute Genoud als seinen V-Mann auf. Genoud sollte über die Stimmung in alliierten Kreisen in der Schweiz berichten und Erkundigungen über »einige besonders in Erscheinung getretene Mitarbeiter verschiedener feindlicher Nachrichtendienste« einziehen. Dickopf machte Genoud mit seinem Stuttgarter Chef Dr. Brintzinger und »vertrauenswürdigen Kollegen« (Hauptmann Waaser) bekannt und beschaffte ihm die Visa für seine Reisen zwischen Deutschland und der Schweiz wie auch Passierscheine nach dem besetzten Belgien. In Mannheim besorgte er eine Aufenthaltserlaubnis und eine Wohnung und vertraute ihn seinem dort Dienst verrichtenden Lehrgangs-»Kameraden« Kurt Griese an, falls Genoud in Schwierigkeiten gerate. Dickopf betreute also Genoud nach den Regeln der Geheimdienste. Genoud nahm einen weiteren Wohnsitz in Brüssel, wo Dickopf ihn im Spätherbst 1941 besuchte und über die Grenze im Schweizer Jura schleuste, die Genoud bei La Cure illegal überschritt. Soweit die glaubhafte Darstellung Dickopfs in seinen »Lebensschilderungen«.[194]

Daran anknüpfend, liest sich Dickopfs Nachkriegslegende so: Er entwickelte den Plan, sich mit Genoud einen Freund zu schaffen, »der mir im Falle einer eines Tages notwendig werdenden Flucht bei der Asylbeschaffung behilflich sein könnte«. Dem Amt Ausland/Abwehr blieb nicht verborgen, dass Genoud auch Spionageaufträge vom Schweizer Nachrichtendienst erfüllte. Genoud gab daraufhin seinem V-Mann-Führer Dickopf gegenüber zu, Stimmungsbilder abgegeben und über Bombenschäden berichtet zu haben. Dickopf nahm ihm das nicht übel und deckte ihn mit einer Lüge gegenüber seinen Vorgesetzten. Ja, er will ihm sogar zu verstehen gegeben haben, dass er gegen seine Tätigkeit für den Schweizer ND nichts einzuwenden habe, vielmehr wolle er diese Tätigkeit nach Möglichkeit tatkräftig unterstützen. »Ich hatte ihm inzwischen offen erklärt, dass ich wegen meiner Stellung zum SD wahrscheinlich eines Tages gezwungen sein werde, Deutschland zu verlassen.« In den Monaten Oktober, November und Dezember 1942 trafen sich beide in Paris, wobei ihn Dickopf jeweils über die grüne Grenze im Schweizer Jura schleuste.[195]

An dieser Stelle ist zweierlei anzumerken: Erstens die Doppelbödigkeit der Argumente Dickopfs, der nach eigener Darstellung mit aller Konsequenz Untersuchungen gegen Agenten durchführte, »die sich nicht als vertrauenswürdig erwiesen«, was er als wichtige eigene Aktivität auflistete. Und zweitens, dass hier zwei Doppelagenten am Werk waren, die jeweils zwei Herren dienten und sich offenbar bestens ergänzten.

Für die »echte« Legende war Genoud ein Glücksfall. Denn er bot die Möglichkeit, Dickopf in der Schweiz zielgenau zu platzieren, nämlich als übergelaufenen deutschen Abwehr-Mann, für den Genoud die Garantie übernahm. Genau so ist es auch geschehen. Genoud half Dickopf beim Untertauchen in Paris, beim Aufenthalt in Brüssel, verschaffte ihm in Lausanne Unterkunft in seinem Appartement und stellte den Kontakt zum Schweizer Nachrichtendienst her. Genoud bestätigte seinen Schweizer Auftraggebern, wie Dickopf schrieb, dass ihm Dickopf wichtiges Material für den Schweizer ND geliefert habe und sogar durch das Schleusen über die Grenze dazu beitrug, dass das Material sein Ziel sicher erreichte.

Unter einem Decknamen erhielt Dickopf einen Schweizer Flüchtlingspass und die Erlaubnis, sich in Lausanne aufzuhalten. Irgendwann kamen den Schweizern Zweifel, was am 8. August 1944 zur Inhaftierung von Dickopf, Genoud, dessen Ehefrau und Dickopfs erstem Vermieter, Muhidin Daouk, führte. Dazu später mehr. Mitte November 1944 setzte die Schweizer Bundesanwaltschaft Dickopf und seine Helfer auf freien Fuß. Dickopf fühlte sich rehabilitiert, musste aber als Internierter in einem Hotel bei Bern einen Zwangsaufenthalt nehmen.[196]

Unter dem Datum vom 20. November 1944 schrieb er auf insgesamt 105 Seiten den Bericht Nr. I/44 über »Die deutschen Nachrichtendienste (Organisation und Aufgabenkreis)« und den Bericht II/44 vom 22.11.1944 »Die deutschen Nachrichtendienste (Arbeitsweise und Arbeitsergebnisse)«.[197] Ende Januar 1945 setzte er sich mit dem US-Geheimdienst OSS, dem Vorläufer der CIA, in Bern in Verbindung.[198]

Die Legende des »Widerstandskämpfers« Dickopf ist brüchig, und wer Zweifel in die eine oder andere Richtung hegt, muss mehr über Genoud wissen: Er war einerseits Patriot und arbeitete für den Schweizer Nachrichtendienst. Dies ist aktenkundig, denn in Dickopfs Schweizer Flüchtlingsakte ist amtlich festgehalten: »Dickopf ist am 17.7.1943 illegal mit dem Agenten des NS (Nationaler Sicherheitsdienst, Anm. d. Verf.), Genoud, in die Schweiz gekommen.«[199]

Andererseits – rechtsradikale Gesinnung und die Funktion eines Schweizer Geheimdienstagenten schlossen sich nicht gegenseitig aus – war Genoud ein glühender Verehrer des Nationalsozialismus. Er gilt als Mitbegründer der schweizerischen »Frontistenbewegung«, einer helvetischen Variante des Faschismus, und trat im »Braunhemd« auf. Auch das ist aktenkundig, denn in einem Bericht des Schweizer Militärischen Nachrichtendienstes vom 28. August 1944 heißt es: »Genoud ist seit längerer Zeit als Rechtsextremist bei der Sûreté de Police in Lausanne und bei der Bundesanwaltschaft – Polizeidienst – bekannt. Er war 1941 im Fahndungsblatt der Bundespolizei zur Überwachung ausgeschrieben.«[200]

In der Vernehmung vom 23. August 1944 wurde Dickopf durch den Untersuchungsführer vorgehalten: »Es musste Ihnen bekannt sein, dass Genoud in der Schweiz für einen Nazi gehalten wurde, ja dass man sogar vermutete, er sei ein Gestapo-Spitzel.«[201]

Genouds Lausanner Wohnung sollen Hakenkreuzfahnen und ein lebensgroßes Porträt des »Führers« geschmückt haben. Er war Rechtsanwalt und Bankier, außerdem bezeichnete er sich als »Agent Littéraire«. Nach dem Krieg soll er vielen ehemaligen Nazi-Größen beim Aufbau einer neuen Existenz in Spanien, Südamerika oder im Nahen Osten geholfen haben; auch rühmte er sich gerne seiner hochkarätigen SS-Freunde in Südamerika.[202] Der Schweizer handelte mit Urheberrechten und Devotionalien von Bormann und Goebbels. Der britische Autor David Irving, ein Hitler-Apologet und Holocaust-Verleugner, erwähnte im Vorwort seines Buches »Hitler und seine Feldherren« (1965), dass ihm Genoud wichtige

Dokumente Bormanns zugänglich machte. Bis zu seinem Tod in den neunziger Jahren beschäftigten sich die Medien mit Genoud, der mehrfach verhaftet, aber nie bestraft wurde, und listeten seine zwielichtigen Aktivitäten auf.[203]

Paul Dickopf war seinem Freund auf alle Zeiten dankbar und blieb ihm verbunden. So sind Adresse und/oder Telefonnummer Genouds in Dickopfs privaten Notizbüchern der Jahre 1948, 1949, 1950, 1952 und 1962 eingetragen[204] (die dienstlichen Jahreskalender standen dem Autor nicht zur Verfügung). Briefe zwischen beiden in den Jahren von 1951 bis 1962 weisen aus, dass ihn Genoud im Mai 1952 in Hattert/Westerwald besuchen wollte, aber nur Ehefrau und Schwiegereltern antraf. 1952 lud Genoud seinen Freund nach Lausanne ein, Dickopfs Ehefrau fuhr voraus und sollte »die Erkenntnisse mitbringen«.[205] Es ist offenkundig, dass Dickopf für Genoud Aufträge erledigte, und es liegt nahe, dass er hierbei seine Amtsstellung missbrauchte. So ging es in einem Fall um das Buch »Hitlers Tischgespräche« von Henry Picker und die Frage an Dickopf, woher der Verlag die Materialien hatte, an denen später Genoud Urheberrechte reklamierte. Details wurden allerdings in den Briefen nie berührt, hingegen wiederholt sich die Floskel, man habe sich »viel zu sagen, aber unter vier Augen«. Genoud schickte 1953 seinen Anwalt Roger Voegeli zu Dickopf in das Bundeskriminalamt und beklagte 1962, dass er Dickopf im Amt anrufen wollte, aber nicht erreichte, »auch unser Freund Griese war abwesend«. In diesem Brief kündigt Genoud eine Reise nach Algier an und fragt, ob er einen guten Freund, den Interpolchef von Algerien, zu einem informellen Besuch nach Wiesbaden mitbringen dürfe. Dickopf schien immer zu Diensten bereit zu sein, denn, so Genoud, »es obliegt mir zu danken für alles, was du für mich in der Vergangenheit getan hast«.[206] Genoud hatte mit seinem Wissen über Dickopfs Vergangenheit den BKA-Mann in der Hand, regelte aber seine Interessen mit Geschick und Raffinesse auf einer freundschaftlichen Ebene. »Genoud hat es verstanden, seine Bewunderung für Nationalsozialismus und Faschismus zu einem lukrativen Geschäft zu machen.«[207]

Am 8. August 1944, Dickopf wohnte im Lausanner Appartement des Ehepaares Genoud, wurde der Westerwälder festgenommen und in das Bezirksgefängnis Bern eingeliefert. Auf welche Weise er Verdacht erregte, ist in dem Geheim-Dossier nicht aufgeführt, wie man auch peinlich vermied, Genoud als Mitarbeiter des Nachrichtendienstes zu decouvrieren. Gleichfalls gingen Genoud, dessen Ehefrau und der Libanese Muhidin Daouk vorübergehend in Haft. Daouk hatte Dickopf unmittelbar nach dessen Eintreffen in der Schweiz Unterkunft gewährt und Dickopf dem Libanesen 5000 Schweizer Franken geliehen, wie Unterlagen offenbarten, die bei der Durchsuchung gefunden wurden. Die Untersuchungen gegen »Dickopf und Konsorten« wurden von der »Groupe du Lac« des Sicherheitsdienstes beim Armeeoberkommando geführt und hatten den Verdacht zum Gegenstand, dass Dickopf auf Schweizer Boden Spionage betrieben hatte, vor allem gegen die Schweiz.

Dem Schweizer Dienst war um die Zeit der Einschleusung Dickopfs von einem deutschen V-Mann der Hinweis gegeben worden, dass sich ein »Dikhoff« in Lausanne aufhalte, der in Wirklichkeit Chef der SS des Sektors Lyon sei. Hiervon hätten nur hohe NS-Funktionäre Kenntnis. Man stellte fest, dass das »Signalement« mit Paul Dickopf übereinstimmte. Bei seiner Festnahme wurden diverse echte und falsche Ausweise auf die Aliasnamen Peter Diekmann, André Jung, André Donaldsen, Hans Hardegg gefunden, gleichfalls Dickopfs Kriminaldienstmarke, sein Dienstausweis der Kripo Karlsruhe, SS-Führerausweis, Reisepässe und ein verfälschter Ausweis des Wehrkreiskommandos V.

Die kriminaltechnische Untersuchung des Ausweises auf den Namen Hans Hardegg ergab, dass das Dokument unter dem Dienstgrad Kriminalkommissar und mit dem Ausstellungsdatum 29. Oktober 1939 ursprünglich auf Paul Dickopf und dessen echte Geburtsdaten ausgefertigt worden war.

Dickopf schrieb in den ersten Tagen der Haft einen ausführlichen Lebenslauf von 17 Seiten.[208] Er gab darin zu, unter dem falschen Namen André Jung eingereist zu sein, habe aber seine Motive und seinen echten Namen dem Hauptmann Olivet vom Militärischen Nachrichtendienst in Lausanne offenbart (was dieser wahrheitswidrig bestritt, da er disziplinarische Folgen seiner Eigenmächtigkeit befürchtete, Dickopf unter dem Falschnamen Jung einen Flüchtlingsausweis beschafft zu haben). Dickopf stellte seine persönliche Entwicklung und seine Gründe dar, warum er aus Deutschland

Wehrkreiskommando V
~~Generalkommando V. Armeekorps~~

Stuttgart, den 29.Mai. 40.

Ausweis

Inhaber dieses Ausweises Hans Hardegg, Oberregierungsrat steht im Dienste der Abwehrstelle Stuttgart und damit der Abwehrabteilung im Reichskriegsministerium Berlin.

Alle militärischen und zivilen Dienststellen und Behörden werden ersucht, ihm in seinem Dienst in der Spionage-Abwehr in jeder Weise behilflich zu sein.

Geburtsort: München-Gladbach Geburtstag: 8.6.06
Gestalt: schlank
Gesicht: oval
Farbe der Augen: blau
Farbe des Haares: blond
Besondere Kennzeichen: --

Inhaber dieses Ausweises ist berechtigt, Schußwaffen zu führen.

Der Chef des Generalstabes:

Dokument 1 (Schweizerisches Bundesarchiv Bern)
Verfälschter Ausweis des Wehrbereichskommandos V, mit dem sich Dickopf in der Schweiz auswies

flüchtete und Genoud wie auch Olivet deutsches Material für den Schweizer Dienst geliefert hatte (die uns bereits bekannte Legende).

Agierte Dickopf in der Schweiz als Doppelagent? Dafür gibt es einen Zeitzeugenbeweis: In seinem Lebenslauf vom August 1944 und in seiner »Lebensschilderung« vom Februar 1945 legte der »Überläufer« dar, dass er seit Beginn des Aufenthaltes in der Schweiz seine »rechtswissenschaftlichen Studien privat fortsetzte und seine Kenntnisse der französischen Sprache vervollständigte«.[209] Was er tatsächlich seit Sommer 1943 bis zur Festnahme Anfang August 1944 in Lausanne und andernorts trieb, ist damit nicht erklärt. Zum Beispiel nahm er keinen Kontakt zu deutschen Exilgruppen auf, deren Solidarität ihm ja das Leben hätte erleichtern können. Auch ist die Frage ungeklärt, womit er seinen Lebensunterhalt bestritt.

In einem Artikel in »Die Zeit«, der eigentlich Martin Bormann gewidmet war, schrieb Hansjakob Stehle 1977: »In Wirklichkeit aber hat sich Dickopf nach seiner ›Flucht‹ zu Genoud in die Schweiz nicht nur seinem Gastland und dem amerikanischen Geheimdienst-

Residenten Allen Dulles in Bern angedient, sondern er lieferte vor allem Informationen nach München für Martin Bormanns Parteikanzlei. Hier saß seit sieben Jahren schon Dickopfs schwäbischer Kollege aus Stuttgarter Zeiten, der Ministerialrat Ludwig Wemmer (verstorben 1991, Anm. d. Verf.), zuständig für den ›weltanschaulichen Kampf‹ gegen die christlichen Kirchen.« Wemmer wurde im Juli 1943 Gesandter an der deutschen Botschaft im Vatikan unter Botschafter Ernst von Weizsäcker.[210] Dass Dickopf Spionage für die Nationalsozialisten trieb, räumte Ludwig Wemmer frank und frei gegenüber Stehle in einem Gespräch ein, das beide am 10. März 1988 führten.[211] Aus dieser Information lässt sich schlussfolgern, dass Dickopf weiter für NS-Dienststellen tätig war und über die deutsche Vatikan-Botschaft in Zusammenarbeit mit dem Diplomaten Wemmer die Möglichkeit wahrnahm, ausgespähte Informationen weiterzuleiten.

Daneben hatte der überzeugte Nazi Genoud 1944 noch immer einen Wohnsitz im besetzten Brüssel, was ihm ausschließlich wegen seiner V-Mann-Tätigkeit gestattet war (denn er bedurfte einer Reise- und Aufenthaltserlaubnis) und Dickopf zusätzlich Möglichkeiten für den Nachrichtentransfer bot. Dickopf gab sogar an, dass er am 11. November 1943 Genoud über die Grenze »bis einige Kilometer tief in das besetzte französische Gebiet« schleuste, was wohl nicht uneigennützig geschehen sein wird.[212]

Die Schweizer schätzten Dickopf realistisch ein, denn in einer internen Notiz vom 14. August 1944 schrieb der Untersuchungsführer an einen Kollegen: »Mein Lieber! (...) Die Behandlung von Dickopf ist sehr schwer. Er ist ein ganz geriebener Bursche, eigentlich ein Kollege von mir, nämlich seines Zeichens Kriminalkommissär, aber was für einer. Ich werde die Sache einmal mündlich mit dir besprechen.«[213]

In der Vernehmung vom 23. August 1944 wurde Dickopf vorgehalten: »Alle Umstände sprechen dafür, dass Sie noch heute mit Ihrer Dienststelle in Deutschland Fühlung haben und – wenn auch vielleicht nicht gegen die Schweiz – so doch für das Ausland und gegen einen fremden Staat in der Schweiz gearbeitet und somit das Neutralitätsgesetz verletzt haben.« Dickopf antwortete: »Ich bestreite das auf das Entschiedenste.«[214]

Das Verhältnis zwischen Genoud und Dickopf kam den Schweizern nicht geheuer vor, weil sie nicht ausschlossen, dass es sich bei ihrem Landsmann um einen Gestapo-Spitzel handelte. Sie konnten nicht wissen, dass dies der Wahrheit entsprach, denn Genoud arbeitete ja in der Tat für die deutsche Abwehrstelle in Stuttgart.

Vorhalt: »Wenn es Ihnen wirklich darum zu tun war, unter den von Ihnen geschilderten Umständen zu Ihrer eigenen Sicherheit in die Schweiz zu flüchten, so würden Sie sich mindestens bei Genoud an eine Person gewandt haben, die möglicherweise ein Doppelspiel hätte treiben können.« Antwort Dickopf: »Ich hatte keinen solchen Eindruck von Genoud und schenkte ihm deshalb mein ganzes Vertrauen.«[215]

Der Untersuchungsführer ergänzte voller Argwohn in seinem Bericht vom 28. August 1944: »Es ist für uns ganz unerklärlich, dass die deutsche Spionage den Genoud nach dem angeblichen Verschwinden des Dickopf weiterhin schalten und walten ließ. Genoud war noch im Juni 1944 in Stuttgart! Genoud war dafür verantwortlich, dass Dickopf ein Jahr lang die Gelegenheit hatte, zum Nachteil der Schweiz unbewacht zu wirken.«[216]

In dem Buch »Die Tagebücher des Doktor Joseph Goebbels. Geschichte & Vermarktung« behauptet der Autor Peter-Ferdinand Koch, gegen Dickopf sei Haftbefehl erlassen worden, weil er sich an fremdem Geld bereichert hätte.

»Dickopfs hauptsächliche Aufgabe bestand nicht darin, in die Rolle eines braunen James Bond zu schlüpfen, sondern in erster Linie dunkle Geschäfte zu tätigen. Er hatte Schmuck, Reichsmark und ausländische Währungen hin- und herzuschieben. Der spätere BKA-Präsident war nichts anderes als ein ganz gewöhnlicher Schieber. Und dabei muss für ihn selbst genug abgefallen sein.«

An anderer Stelle heißt es in Kochs Buch: »Paul Dickopf sollte – mit der Legende eines Überläufers ausgestattet – Devisen beschaffen und sie im Ausland deponieren. Zuerst für NS-Ämter. Mehr und mehr aber für geheimnisvolle Privatpersonen.«[217] Koch blieb für diese Aussage einen stringenten Beweis schuldig. Im Übrigen wurde der Haftbefehl wegen illegaler Einreise und nachrichtendienstlicher Betätigung gegen die Schweiz erlassen und nicht wegen irgendwelcher Devisenvergehen.[218] Trotzdem bleibt festzuhalten, dass Dickopf ein Verwirrspiel um seine Vermögenslage inszenierte, das kriminologisch dem Verhalten von Betrügern und Hochstaplern entspricht. Zunächst täuschte er vor, er sei im Besitz eines sehr hohen Barvermögens: Einmal gab er es mit 200000 RM an

(Lebenslauf vom 10. August 1944),[219] dann mit 120 000 RM (»Lebensschilderung« vom Februar 1945). Er schrieb, dass er den größten Teil seines ererbten Barvermögens zur Vorbereitung seiner Flucht nach Belgien transferierte und dort in Gold umwechselte.[220] »Das Gold verbrachte ich nach Deutschland.«[221] Damit wollte er Fluchtgelder aus eigenem Besitz dokumentieren und offensichtlich verschleiern, dass sein Einsatz in der Schweiz von der Berliner Abwehrstelle finanziert wurde.

In der Anlage zum Lebenslauf vom 14. Mai 1945 hingegen: »Bei meiner Flucht aus Deutschland habe ich meine finanziellen Angelegenheiten derart geordnet, dass mein Schwiegervater meinen Besitz an Reichs-Schatz-Anweisungen auf seinen Namen platzierte. Die Restsummen befinden sich in den Händen meiner Eltern und einiger Freunde, die Auftrag hatten, sie zum Kauf von Bauholz usw. nutzbringend zu verwenden.«[222] Von Goldreserven oder anderen Anlagen war allerdings nicht mehr die Rede, als es Dickopf 1947/48 finanziell schlecht ging. 7000 RM investierte er vor der Währungsreform in einen Buchhandel. In einer Aufstellung vom 24. August 1948 gab er als Vermögensstand während des Krieges an: »23 000,– Mobilien; 68 000,– Aktien; 26 000,– Bargeld«[223] – was mehr verwirrt als erklärt!

Dickopf führte in Lausanne über seine Geldausgaben Buch, entsprechende Unterlagen wurden bei der Durchsuchung gefunden. Vorhalt in der Vernehmung vom 23. August 1944: »Diese Notizen und die Aufstellung selbst erinnern stark an die gewohnheitsmäßigen Notierungen von Auslagen, die von Drittpersonen oder zum Beispiel einem Auftraggeber zurückerstattet werden, also kann man annehmen, dass Sie an Ihre Dienststelle Rechnungen stellen mussten.« Antwort Dickopf: »Es handelt sich um eine persönliche Bilanz.«

So oder so gelang es Dickopf nicht, den Beweis zu führen, dass sein Schweiz-Einsatz *nicht* aus der Kasse des Amtes Ausland/Abwehr finanziert wurde. Sein offizielles Gehalt als Kriminalkommissar ging weiter auf dem Konto seiner Frau ein, bis sie am 25. Januar 1944 von der Kriminalpolizeistelle Karlsruhe die schriftliche Mitteilung erhielt, dass die Zahlung der Dienstbezüge mit dem 31. Januar 1944 »wegen unerlaubter Entfernung Ihres Ehemannes vom Dienst bis auf weiteres eingestellt« wird.[224] Wie konnte bei der für ihre Gründlichkeit bekannten NS-Bürokratie einerseits seit 16. April

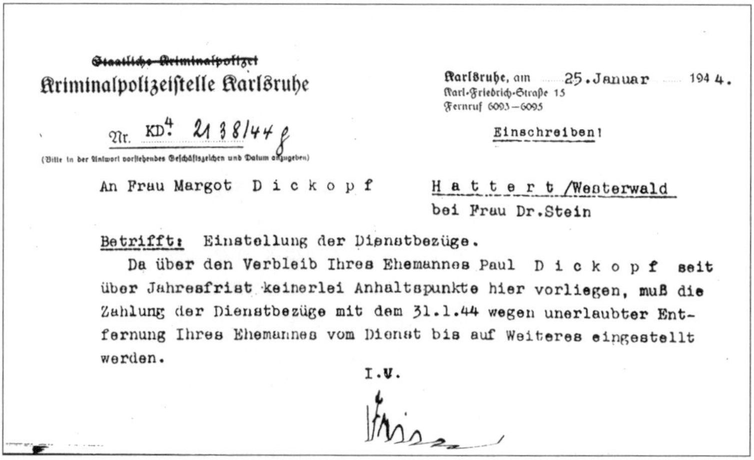
~~Staatliche Kriminalpolizei~~
Kriminalpolizeistelle Karlsruhe

Karlsruhe, am 25.Januar 1944.
Karl-Friedrich-Straße 15
Fernruf 6093–6095

Nr. KD 4 2138/44 g

(Bitte in der Antwort vorstehendes Geschäftszeichen und Datum anzugeben)

Einschreiben!

An Frau Margot D i c k o p f H a t t e r t /Westerwald
bei Frau Dr.Stein

Betrifft: Einstellung der Dienstbezüge.

Da über den Verbleib Ihres Ehemannes Paul D i c k o p f seit über Jahresfrist keinerlei Anhaltspunkte hier vorliegen, muß die Zahlung der Dienstbezüge mit dem 31.1.44 wegen unerlaubter Entfernung Ihres Ehemannes vom Dienst bis auf Weiteres eingestellt werden.

I.V.

Dokument 2 (Bundesarchiv Koblenz)
Einstellung der Dienstbezüge

1943 ein Haftbefehl bestehen und andererseits das Gehalt weitere neun Monate gezahlt werden? Hatte Dickopfs Agentenführer ein Loch in der echten Legende geschlossen?

Dickopf hielt in einer Notiz nach dem Krieg fest, er habe mit AAA-III (Amt Ausland/Abwehr, Abteilung III) folgende Vereinbarung getroffen:
»1. Keine Verbindung und Unterstellung unter KO Schweiz (Kapitän Meißner Bern), sondern völlige Selbständigkeit
2. Finanziell
a) Weiterzahlung des Gehaltes als KK an meine Ehefrau (ca. 363,– RM) durch die Polizeibehörde Karlsruhe
b) Auslandsbesoldung nach üblichen Sätzen, monatl. ca. 920,– SFr. (für Aufenthalt Schweiz)
c) Unkosten-Ersatz in jeder Höhe«[225]
Es folgen lange Zahlenkolonnen, in denen Dickopf auf Heller und Pfennig bzw. Franken und Rappen seinen angeblichen Verdienstausfall ausrechnete, dabei nicht vergaß, einen »Handkoffer (Neuwert 30,– RM)« mit 15,– RM anzusetzen[226] und sich ein monatliches »Bewegungsgeld« von 30,– RM zuzubilligen. Zu fragen ist, für wen er sich »bewegte«. Der BKA-Präsident und ehemalige Doppelagent,

der auch ein Pfennigfuchser gewesen sein muss, versäumte es perfiderweise nicht, im Jahre 1969 aufgrund seiner Berechnungen Lastenausgleich zu beantragen und den Betrag von 5760,– DM zu kassieren.[227] Nebenbei führte der Präsident einen Beweis gegen sich selbst, denn dem Anspruch war immanent, dass er auftragsgemäß bis April 1945 in der Schweiz tätig war. Damit strafte er seine eigenen Behauptungen Lügen, ein Deserteur gewesen zu sein.

In seinem Lebenslauf vom 22. Dezember 1945 erklärte Dickopf: »Meine Frau und meine Eltern mussten endlose Verhöre über sich ergehen lassen, mein Gehalt wurde gesperrt und die Entlassung ausgesprochen.«[228] Zumindest die behauptete Entlassung, für die sich in Dickopfs BDC-Akten kein Nachweis findet, ist eine bewusste Unwahrheit. Bei der Festsetzung seines Besoldungsdienstalters nach Wiedereinstellung in den Staatsdienst im Jahre 1950 wurde eine ununterbrochene Dienstzeit attestiert und die Besoldungsdienstzeit ab 1. Juni 1944 anerkannt.[229]

Kehren wir in den Herbst des Jahres 1944 zurück. Die Schweizer Untersuchungen waren abgeschlossen und wurden in einem Bericht wie folgt resümiert:

»Dickopf wurde uns kurz nach seinem Eintreffen in der Schweiz als Leiter der Spionage Lyon von deutscher Seite gemeldet. Es war uns nicht möglich, ihn in der Schweiz festzustellen. Die Ausbildung des Mannes im Spionagedienst ist sehr weitgehend und deshalb ist er bei einem freien Aufenthalt in der Schweiz für unser Land gefährlich. Es ist uns nicht gelungen nachzuweisen, ob Dickopf wirklich aus eigenem Interesse in die Schweiz flüchtete oder ob er von deutscher Seite den Auftrag erhalten hat, als Flüchtling Aufenthalt in der Schweiz zu nehmen und als Nachrichtenagent für Deutschland weiterzuarbeiten. Im gleichen Zusammenhang sind die von Dickopf angeblich aus Bruxelles hergeschafften Existenzmittel zu nennen.«[230]

Es bildeten sich zwei Lager: Die Militärjustiz der Schweizer Armee hob den Haftbefehl am 16. November 1944 auf und überstellte Dickopf der Bundesanwaltschaft. Diese schlug »in Anbetracht der durch Dickopf dem ND geleisteten Dienste eine wohlwollende Behandlung vor«. Sie beantragte bei der Polizeiabteilung Bern, die Internierung und einen Zwangsaufenthalt zu verfügen sowie einen blauen Flüchtlingsausweis auszustellen (28. November 1944).[231]

Die Polizeiabteilung erhob gegen die Aufhebung des Haftbefehls Einspruch und stellte fest: »Immerhin erscheint es mir etwas eigentümlich, dass ein Mann, der 1937 in die Kriminalpolizei eintrat, 1939 Kriminalkommissar wurde u. SS-Untersturmführer, dann drei Jahre in der Abwehr und aktiven Spionage arbeitete, nachträglich behauptet, er sei mit dem heutigen deutschen Regime nie einverstanden gewesen und habe bloß gezwungenermaßen mitgemacht« (5. Dezember 1944). »Es bleibt ein fremdenpolizeiliches Interesse. Wenn auch kein Beweis vorliegt, erscheint es nicht ausgeschlossen, dass deutsche oder alliierte Stellen an der Anwesenheit Dickopfs in unserem Land interessiert waren« (18. Dezember 1944).[232]

Dickopfs Rolle in der Schweiz blieb umstritten. Es entsprach keineswegs den Tatsachen, dass er volle Anerkennung in der Schweiz fand, wie er selbst es im Nachkriegsdeutschland verbreitete. Trotzdem wurde ihm – nunmehr auf seinen richtigen Namen – ein Flüchtlingsausweis ausgestellt mit der Auflage einer Internierung und eines Zwangsaufenthaltes auf seine eigenen Kosten im »Hotel Löwen« in Worb bei Bern. Wollte er Worb verlassen, zum Beispiel um Berner Behörden aufzusuchen, musste er eine Genehmigung der Bundesanwaltschaft einholen.

Welche Geheimnisse verriet Dickopf eigentlich an die Schweiz, die in diesen Jahren als Tummelplatz und Nachrichtenbörse der Geheimdienste verschiedener Nationen galt?[233] Der deutsche Doppelagent übergab nach einem Bericht der Schweizer Bundesanwaltschaft vom 24. November 1944 dem Schweizer Doppelagenten Genoud in Stuttgart, Paris und Brüssel folgendes Material: Angaben über Truppenaufstellungen, Truppenverschiebungen, Industrieanlagen, Standorte von Stabsquartieren, interne Berichte über Bombardierungen, über Moral und Ernährungslage der Bevölkerung und insbesondere über Absichten der politischen Führung in Deutschland.

Nach seiner Einreise in die Schweiz überließ Dickopf dem Nachrichtenoffizier Olivet, der Führungsoffizier von Genoud war, in der Zeit vom 17. Juli 1943 bis 8. August 1944 bei zehn bis zwölf Treffs folgendes Material: Berichte über die Organisation von Kriminalpolizei, Sicherheitspolizei, Gestapo und Abwehrstellen, Untergliederung der Abwehrstelle Stuttgart, Truppenbestände und Verschiebungen in Belgien und Frankreich, Sitz von Kommandobehörden.[234]

Nach Lage der Dinge dürfte es sich um so genanntes Spielmaterial gehandelt haben, um sich Vertrauen zu erkaufen. Im Gegenzug konnte sich Dickopf über ein Jahr ohne jegliche Überwachung in der Schweiz frei bewegen und mit Hilfe von Genoud und den Kontakten zur deutschen Vatikan-Botschaft seinen Auftrag für das Amt Ausland/Abwehr in Berlin ausführen.

Seine Studie »Die deutschen Nachrichtendienste« bildete das Entrée, als Paul Dickopf mit einem Brief am 24. Januar 1945 Allen Dulles, den Chef des US-Geheimdienstes OSS, der in der amerikanischen Gesandtschaft in der Berner Herrengasse residierte, um eine Unterredung bat.[235]

Dickopfs Ausarbeitung wurde von dem BKA-Kriminaldirektor Helmut Prante wie folgt beurteilt: »Den Empfängern des Berichts dürfte er kaum grundlegend neue Geheimnisse offenbart haben, da sie schon lange vorher über weitaus höher gestellte und damit umfassender orientierte Informanten gerade aus dem Kreis der Abwehr verfügten.«[236] Diese Einschätzung ist zu unterstreichen, denn bereits seit 1943 war Dr. Hans Bernd Gisevius, Sonderführer im Amt Ausland/Abwehr und deutscher Vizekonsul in Zürich, ein stiller Mitarbeiter von Allen Dulles in Bern.[237] Außerdem fällt auf, dass Dickopf Organisation, Arbeitsweisen und Ergebnisse beschreibt, aber keine Namen nennt. Offensichtlich richtete sich das gegen seinen Ehrenkodex, den er dem Dritten Reich schuldig zu sein glaubte. Lobend erwähnte das auch Korvettenkapitän Meisner, der von 1942 bis 1945, getarnt als Generalkonsul in Bern, in der Schweiz als Abwehroffizier residierte. In einer Leumundsauskunft über Dickopf vom 17. Februar 1950 schrieb er für das Bundesinnenministerium: »Es ist ganz besonders hervorzuheben, dass Dickopf den Schweizer Behörden keinen einzigen der früheren Abwehrmitarbeiter preisgegeben hat.«[238] Hans Meisner war in den fünfziger Jahren Mitarbeiter der Organisation Gehlen, 1956 stellvertretender Leiter des Landesamtes für Verfassungsschutz Bremen, danach stellvertretender Kommandeur der MAD-Schule der Bundeswehr und in den siebziger Jahren Leiter des BND-Referates Mobilmachung.[239]

Den ersten persönlichen Kontakt mit den Amerikanern hatte Dickopf am 31. Januar 1945. Er sprach in der US-Gesandtschaft mit Gero von Schulze Gaevernitz, der ihn beauftragte, für den US-Dienst OSS seine »Lebensschilderung« (23 Seiten) aufzusetzen, die er Ende Februar 1945 überreichte[240] und die inhaltlich mit seiner Vernehmung durch die Schweizer Bundespolizei deckungsgleich gewesen sein soll.[241] Obwohl Dickopf einen anderen Eindruck erweckte, hat er den Chief of Mission des OSS, Allen Dulles,[242] der zur Tarnung als stellvertretender Gesandter fungierte, nicht persönlich kennen gelernt. Dickopfs Gesprächspartner war dessen Assistent, Gero von Schulze Gaevernitz; als Dickopfs Agentenführer agierte fortan Paul C. Blum.[243]

Der amerikanische Dienst hatte im November 1942 in der Schweiz seine Tätigkeit aufgenommen. Dulles wurde 1953 unter Präsident Eisenhower Chef der Nachfolgeorganisation, der Central Intelligence Agency (CIA), und hatte diese Aufgabe bis 1961 inne.[244]

Im Lebenslauf vom 22. Dezember 1945 schrieb Dickopf:

»Ab Mitte November 1944 arbeitete ich zunächst gemeinsam mit Beamten der Bundespolizei Pläne zur Verhütung von Zerstörungen im nordschweizerisch-deutschen Grenzland aus und nahm die abgerissenen Beziehungen zu badischen Kriminalbeamten wieder auf, wodurch es mir gelang, wichtige Personal- und Arbeitsakten nach der Schweiz zu schaffen und so der Vernichtung zu entziehen. Endlich wurde mir von den Schweizer Behörden auch die direkte Verbindungsaufnahme mit der amerikanischen Gesandtschaft in Bern erlaubt. (...) Während ich mich früher auf die Durchgabe politischer Nachrichten über Hptm. Olivet hatte beschränken müssen, konnte ich nunmehr in ständigem Kontakt mit den zuständigen Stellen diese über die Lage in Deutschland und die voraussichtliche Weiterentwicklung, insbesondere innerhalb von Wehrmacht, Polizei und Spezialdiensten, laufend unterrichten. (...) Ab März 1945 und in verstärktem Maße nach Kriegsende konzentrierte sich die Arbeit auf Beschaffung von Unterlagen über Kriegsverbrechen und Kriegsverbrecher. Meine Beziehungen zu den verschiedensten Dienststellen der Schweizer Polizei ermöglichten die Überstellung der wichtigsten und belastetsten Mitglieder der ehemaligen deutschen Gesandtschaft in Bern auf amerikanisches Gebiet und erleichterten die Nachforschungen der sachbearbeitenden amerikanischen Behörden.«[245]

Dickopfs Möglichkeiten, Material über Kriegsverbrechen und Kriegsverbrecher zu beschaffen, dürften gering gewesen sein. Außerdem hatte der Schweizer ND diese »Amtshilfe« nicht nötig, unterwanderte er doch seit Jahren die Auslandsorganisation der NSDAP in der Schweiz, war detailliert informiert und ließ mit eidgenössischem Bundesratsbeschluss am 8. Mai 1945 alle Hoheitsträger und politischen Leiter ausweisen, Heime und Lokale der NSDAP schließen und vorgefundenes Material beschlagnahmen.[246]

Summa summarum war wohl Dickopf nicht der bedeutende »Spion gegen den Nationalsozialismus«, für den er sich mit großspurigen Worten ausgab, indem er »eine Entscheidung nie bereute, die er durch die teuflische Verstrickung des Volkes in eine gemeinsame Schuld gleichzeitig gegen und für Deutschland fällte«.[247] Also trug auch er Schuld, aber nicht er hatte sich verstrickt, sondern das deutsche Volk. Und selbstredend hat er »zur Erhaltung der lebenswichtigen Industrien im deutschen Gebiet an der nordschweizerischen Grenze entscheidend beigetragen«.[248] Auch flackerte zum Schluss noch einmal der SD auf, der nach Dickopfs Verlautbarung angeblich allen deutschen Nachrichtendiensten in der Schweiz den Befehl gab, ihn niederzuschießen.[249] Durch nichts ist diese Behauptung belegt. Wie man auch in deutschen, amerikanischen und Schweizer historischen Werken über diese Epoche im Personenregister den Namen Dickopf vergeblich sucht, es sei denn im Zusammenhang mit François Genoud.

Entspräche Dickopfs Legende über seinen »Widerstand« der Wahrheit, hätten ihn seine alten Kollegen als Kollaborateur und Verräter mit Verachtung gestraft. Das Gegenteil war der Fall, mit einem wissenden Lächeln wurde seine Schlitzohrigkeit honoriert. Briefe an Dickopf »mit kameradschaftlichen Grüßen« und »in treuer Verbundenheit« belegen,[250] wie Dickopf als einer der ihren akzeptiert wurde.

Als Ende 1944 am Untergang des »tausendjährigen Reiches« kein vernünftiger Zweifel mehr bestand, haben viele Funktionsträger des NS-Regimes durch Kontaktaufnahme mit den Alliierten ihre Haut retten wollen. Die beiden OSS-Spezialisten Dulles und Gaevernitz pflegten solche hochrangigen Verbindungen, zum Beispiel mit dem SS-General Karl Wolff und SS-Brigadeführer Karl Schellenberg, wodurch eine vorzeitige Kapitulation in Italien möglich wurde. Sie schrieben in ihrem Buch »Unternehmen ›Sunrise‹«, dass es innerhalb der Spionageorganisationen der SS kein Verbrechen war, zum amerikanischen Nachrichtendienst Kontakte zu pflegen. Als Vorwand konnte man angeben, die gegnerische Organisation zu unterwandern oder Informationen zu sammeln, vielleicht auch, auf diesem oder jenem Gebiet mit ihr zusammenzuarbeiten. Man habe nur nicht bei Hitler oder Himmler den Eindruck erwecken dürfen, Friedensverhandlungen zu führen.[251] Dickopf kommt in dem Buch nicht vor.

Hunderten deutschen Offizieren gelang es, Geschäfte mit Großbritannien oder den Vereinigten Staaten abzuschließen, weil sie hofften, ihre Bereitschaft zur Kooperation mit dem Westen würde sie vor einer Anklage schützen.[252] Ganz abgesehen davon, dass sich Dickopf auftragsgemäß verhielt, ging er zu dem Zeitpunkt, als er mit dem US-Geheimdienst Verbindung aufnahm, kein Risiko mehr ein. Das Regime war am Ende, das Blatt wendete sich und die Ratten verließen das sinkende Schiff.

Die Rattenlinien

Die meisten »Fluchtschicksale« der später in das Bundeskriminalamt als Kriminalbeamten eingestellten Angehörigen der NS-Sicherheitspolizei ähnelten einander.

Für SS und NS-Sicherheitspolizei gab es zwei große Rückzugsgebiete: im Norden Schleswig-Holsteins die »Festung Nord« mit der Option, sich weiter nach Skandinavien zurückzuziehen, und im Süden die »Alpenfestung« im österreichischen Ausser-Land, das im Dreieck zwischen Salzburg, Linz und Graz gelegen war. Bereits Ende 1944 nahm Ernst Kaltenbrunner, Nachfolger Heydrichs als Chef des Reichssicherheitshauptamtes, die Evakuierung von Teilen des RSHA aus dem zerbombten Berlin zunächst nach Linz und dann in die »Alpenfestung« vor, die als letzter Schlupfwinkel der NS-Elite gedacht war und als uneinnehmbar galt, zumal sie mit den »Wunderwaffen« verteidigt werden sollte.[253] Kompromittierende Akten wurden vernichtet oder auf Lastwagenkolonnen mitgeführt.

Spätestens seit März/April 1945 befanden sich die Dienststellen der Sicherheitspolizei in einem Prozess der allgemeinen Auflösung. Eigenmächtigkeiten konnten noch immer als Defätismus und »Feigheit vor dem Feind« ausgelegt werden, was sogar von Himmlers persönlichem Befehl abhängig gemacht wurde, der bei Verstößen die Todesstrafe aussprach, wie zum Beispiel gegen den Bromberger Polizeipräsidenten von Salisch.[254] Manche Dienststellen flohen geschlossen in Richtung »Festung Nord« oder zur »Alpenfestung«, indes bildeten geordnete kollektive Absatzbewegungen eher die Ausnahme. In der Regel versuchte man, individuell abzutauchen und sich den

Besatzungstruppen zu entziehen. Der Schock über die früher für undenkbar gehaltene, nun unausweichliche Niederlage, das Gefühl, in dieser entscheidenden Situation von Berlin alleine gelassen zu werden, das Ende der beruflichen Karriere, die plötzliche Notwendigkeit, bei Freunden und Verwandten Unterschlupf suchen zu müssen, sowie die Angst vor Verfolgung und Bestrafung durch die Besatzungsbehörden führten die meisten ehemaligen Angehörigen der Sicherheitspolizei in eine tiefe lebensgeschichtliche Krise.[255]

Eine ganze Reihe von späteren BKA-Beamten, wie beispielsweise die Kriminalkommissare Rolf Holle, Eberhard Eschenbach oder Rudolf Thomsen, versammelte sich in den letzten Wochen vor dem Ende des Regimes im Norden Schleswig-Holsteins, sodass Flensburg zur Schnittstelle zwischen ehemaligen NS-Karrieren der Reichskriminalpolizei und Nachkriegskarrieren bei der Kriminalpolizei in West-Deutschland wurde. Dazu trug auch bei, dass die in den ersten Maitagen 1945 neu gebildete Regierung von Großadmiral Dönitz ihren Sitz nach Flensburg verlegte und diese Stadt vorübergehend zur »Hauptstadt« des untergehenden Reiches machte.[256] Neben Dienststellen der Sicherheitspolizei flüchteten SS-Behörden sowie die Ämter III und VI mit Teilen des Amtes V des Reichssicherheitshauptamtes in den nördlichen Landesteil, unter ihnen eine Anzahl von Gruppen- und Referatsleitern. In Flensburg traf auch Heinrich Himmler[257] mit dem Stab RFSS ein. Himmler verlangte von Dönitz, »zweiter Mann in seiner Regierung zu werden«, Dönitz jedoch entließ den Reichsführer SS und Chef der Deutschen Polizei am 6. Mai aus dem Dienst. Himmler tauchte als Angehöriger der Geheimen Feldpolizei unter, wurde von den Briten bei einer Kontrolle in der Nähe von Bremervörde verhaftet und beging bei seiner Vernehmung am 23. Mai 1945 Selbstmord.[258] Die Gesamtkapitulation aller Streitkräfte trat am 8. Mai 1945 in Kraft. Zwischen dem 1. und 9. Mai wurden in Flensburg etwa 2000 bis 3000 Kennkarten mit falschen Personalien und Stempeln der Polizeidirektion Flensburg ausgefertigt und verteilt.[259] Mit diesen Papieren tauchten viele Angehörige der Sicherheitspolizei von Flensburg aus unter, manche lebten noch über Jahre in der Illegalität, einige bis zu ihrem Tode.

Etwa ein Drittel aller Gestapo-Bediensteten geriet vor oder in den Monaten unmittelbar nach der Kapitulation in alliierte Gefangenschaft, an die sich im Regelfall automatisch Internierungslager,

Spruchkammerverfahren und zivile wie militärgerichtliche Strafverfahren anschlossen. Insgesamt 31,5 Prozent aller Stapo-Stellenleiter des Jahres 1938 wurden festgenommen und größtenteils vor Gericht gestellt.[260]

Zahlenmäßig nicht so bedeutend, aber von ihrer NS-Prominenz und ihrer kriminellen Energie besonders wichtig ist die Gruppe der NS-Verbrecher, die mit Hilfe der Kirchen und durch Unterstützung von Fluchthilfeunternehmen, wie »Odessa« oder »Die Spinne«, über die »Rattenlinie« ins Ausland emigrierte. Das schützende Ausland erreichten zum Beispiel Adolf Eichmann, der Organisator des Massenmords an den Juden, Franz Stangl, Kommandant in Treblinka, oder Walter Rauff, der Initiator der »Gaswagen«. Ihr Fluchtweg führte von Rom nach Südamerika oder in die arabischen Staaten. Klaus Barbie, der SS-Hauptsturmführer aus Lyon, gelangte 1951 nach Bolivien. Die wichtigste westliche »ratline«, auf der NS-Kriegsverbrecher außer Landes gebracht wurden, organisierten Kreise um den österreichischen Bischof Hudal im Vatikan.[261]

Fluchtprobleme hatte Paul Dickopf allerdings nicht. Im Gegenteil, er genoss das besondere Privileg, mit erschlichenen »Persilscheinen« Schweizer und amerikanischer Dienststellen in der Tasche nach Deutschland zurückzukehren.

IV VERSUCHE EINER EXISTENZGRÜNDUNG

Bewerbung um Einstellung in die Kriminalpolizei

Eigentlich ist es erstaunlich, dass Paul Dickopf in der Lage war, erfahrene Schweizer und amerikanische Geheimdienstspezialisten zu täuschen. Das lag zum einen an seiner Ausstrahlung, seinen persönlichen Eigenschaften und Begabungen. Gegenüber Menschen, die er leiden mochte, zeigte Dickopf eine gewinnende und charmante Art. Gleiches galt vermutlich gegenüber Personen, von denen er Unterstützung erhoffte. Dickopf war eine stattliche Erscheinung. Seine persönlichen Daten gab er 1945 auf einem Fragebogen wie folgt an: 182 cm groß, blaue Augen, blonde Haare, 85 kg schwer, schlanke Statur.[262] Der damals 35-Jährige machte eine gute Figur und war bei Frauen wohlgelitten. Der deutsche Abwehroffizier Meisner, der als Generalkonsul in Bern eingesetzt war, attestierte Dickopf in seiner Leumundsauskunft aus dem Jahre 1950: »Im Auftreten und im Wesen liebenswürdiger Mensch von außergewöhnlichem Einfluss auf Frauen. Neigte früher zu einer äußerlich etwas großzügigen Lebenshaltung.«[263] Über Jahre hielt Dickopfs Freundschaft mit der Hoteliersfamilie des »Löwen« in Worb bei Bern, wo er längere Zeit lebte. Im späteren BKA faszinierte er als interessante Erscheinung und bewegte sich sicher auf dem internationalen Parkett der Interpol. Zugleich sagte man ihm nach, im BKA Cliquenwirtschaft zu betreiben, das heißt, einen Kreis von Vertrauten um sich zu scharen, während er gegenüber der Mehrzahl seiner Mitarbeiter unnahbar und arrogant auftrat. Außerdem soll Dickopf intrigant und nachtragend gewesen sein; wer bei ihm in Ungnade gefallen war, erhielt – da verließ er sich auf sein ausgesprochen gutes Gedächtnis – keine Chance mehr.

In seiner Rolle als Doppelagent war ihm das Täuschen zur zweiten Natur geworden. Hierzu benötigte er starke Nerven, Mut zum Risiko und Intelligenz, um nicht den Überblick zu verlieren. Sicher verfügte er auch über schauspielerische Qualitäten. Seine Stärke war, im persönlichen Gespräch zu überzeugen, während er im schriftlichen Ausdruck oft weitschweifig und umständlich wurde; bei Ansprachen verlor er sich in Schachtelsätzen. Wenn es um seine Selbstdarstellung ging, scheute er sich nicht zu übertreiben. Er war fleißig und zielstrebig und konnte sein theoretisches Fachwissen auf polizeilichem Gebiet geschickt mit seiner Praxis im Agentenbereich verbinden. Vielleicht gelang es ihm deshalb so gut, andere Geheimdienstagenten hinters Licht zu führen, weil diese Mischung aus Professionalität, Schauspielkunst und Intrige ihnen allen eigen war.

Nach der Kapitulation sollte es noch ein halbes Jahr dauern, bis Dickopf nach Deutschland zurückkehrte – ob tatsächlich aus freien Stücken, ist nicht ganz klar. Denn mit Schreiben vom 10. Oktober 1945 teilte ihm die Schweizer Bundesanwaltschaft mit, dass er aus dem Status des politischen Flüchtlings entlassen sei und nunmehr ohne Gefährdung zurückkehren könne, andernfalls würde ab 1. November 1945 eine Aufenthaltserlaubnis der Schweizer Fremdenpolizei erforderlich.[264]

Allerdings erhielt Dickopf bereits am 6. September 1945 einen »Persilschein« der Amerikanischen Gesandtschaft Bern, in dem von seiner Rückkehr nach Deutschland die Rede ist. Das Papier gibt außerdem Aufschluss über seine Tätigkeit in den Monaten nach Kriegsende:

»Herr Paul Dickopf, deutscher Staatsangehöriger, ist politischer Flüchtling seit 1942. Er flüchtete im Juli 1943 in die Schweiz, wurde interniert und war hierdurch erst Ende 1944 in der Lage, rückhaltlos mit mir zusammenzuarbeiten.

Von dieser Zeit an war Herr Dickopf von sehr großem Wert für mich. Seine umfassenden Kenntnisse deutscher Organisationen und Persönlichkeiten war unschätzbar; er ist ausgebildetes Mitglied der Kriminalpolizei, und seine Erfahrung verschaffte mir außerordentlich wichtige Auskünfte über Kriegsverbrecher und Kriegsverbrechen.

Herr Dickopf hat sich viele Freunde unter den Beamten der Schweizer Polizei gemacht, und diese Verbindungen erwiesen sich ebenfalls als äußerst nützlich. In der auf die deutsche Kapitulation folgenden wirren Zeit, als die Schweiz darüber zu entscheiden hatte, was mit innerhalb ihres Staatsgebietes befindlichen deutschen Staatsangehörigen geschehen sollte, war Herr Dickopf in zahlreichen Fällen mein Unterhändler bei den Behörden und bewies hierbei wiederholt seinen Takt und seine Diskretion.

Er ist klug, sehr gebildet und vor allem persönlich außergewöhnlich rechtschaffen. Ich bedaure, dass er die Schweiz verlässt, und empfehle ihn warm den alliierten Behörden in seiner Heimat, wohin er nun zurückkehrt. gez. Paul C. Blum«[265]

Der Verfasser Blum hielt sich insoweit nicht ganz an die Tatsachen, als die »rückhaltlose Zusammenarbeit« nicht schon Ende 1944 begann, sondern erst Ende Februar 1945, wie überhaupt die Ausdrucksweise auf einen Entwurf Dickopfs schließen lässt.

Richtig ist, dass Dickopf die Schweizer Bundespolizei im Auftrag der Amerikaner dahingehend beeinflusste, dass Angehörige der Deutschen Gesandtschaft über Italien in die amerikanische Besatzungszone ausgewiesen wurden, sodass US-Einheiten Zugriff auf sie hatten.[266] Dickopf organisierte am 26., 29. und 30. Juni vier Transporte für insgesamt zwölf Personen.[267] Das geschah durchaus im Interesse der Betroffenen, die selbst auf keinen Fall in die Sowjetzone und auch nicht in die französische Zone ausgewiesen werden wollten. Doch wieder trieb Dickopf sein Doppelspiel, wenn er im Mai 1945 von sich aus an den Korvettenkapitän, »Generalkonsul« und deutschen Abwehroffizier in Bern herantrat, um ihm zu helfen, denn nach Dickopfs Legende betrieb Meisner vor Kriegsende Dickopfs Festnahme und war sein »Feind«. Meisner vermerkte in seiner Leumundsauskunft aus dem Jahre 1950: »Dickopf gab mir und einem Freund zu unserem Besten und um unserer Sicherheit willen Informationen, Warnungen und Ratschläge. Dies zu einer Zeit, wo man praktisch von jedem gemieden und im Stich gelassen wurde. Er hat sich dadurch unter besonders schwierigen Umständen als ein Mann von aufrichtiger und selbstloser Kameradschaft erwiesen.« Meisner fügte noch an: »Durch seine frühere Dienststelle wurde er als abwehrmäßig besonders brauchbar und intelligent – speziell in der Führung von V-Leuten – beurteilt.« In Wahrheit galt Dickopfs »kameradschaftliche« Hilfsbereitschaft einem Mann, der wie er selbst für das Amt Ausland/Abwehr in der Schweiz eingesetzt war.

Für seine Deutschlandreise vom 13. November 1945 bis 26. April 1946, die er in zwei »Notizen« und einem »Bericht« dokumentierte,[268] erhielt Dickopf ein Empfehlungsschreiben des OSS Bern, wonach er mit einem Spezialauftrag nach Wiesbaden reisen und durch Militärpolizei sowie amerikanische Armee unterstützt werden solle. Dickopf sei dem OSS bestens bekannt und sein Aufenthalt in Wiesbaden vom OSS betreut.[269] Das Papier ist das einzige schriftliche Dokument, aus dem sich Dickopfs Status als Mitarbeiter des Office of Strategic Services ableitet. Aber sein Verhältnis zum amerikanischen Geheimdienst endete nicht 1945, sondern erlangte seit

Anfang 1948 bis Ende 1950 seine eigentliche Bedeutung. Dickopfs regelmäßige Berichterstattung an den US-Geheimdienst (unter Agenten-Nummer Nr. 9610, im Jahre 1950 auch unter dem Pseudonym »F. Kalnofer«, 24a Hamburg-Harburg, Postfach W 25) begann mit dem Bericht Nr. I/44 über »Die deutschen Nachrichtendienste«.[270] Die Nummer 9610 zeugt nicht gerade von Professionalität, weil sie sich aus Dickopfs Geburtstag 9.6.1910 zusammensetzt, also besonders leicht zu entschlüsseln gewesen wäre. Auch in diesem Metier läuft vieles banaler ab, als es Literatur und Film gemeinhin glauben machen.

Das Empfehlungsschreiben des OSS wurde von Dickopf mit folgendem Verteiler versehen:[271]

1 Eltern
1 Ehefrau Margot
1 Brieftasche
1 Tagebuch »Schweiz«
1 frei

Am 13. November 1945 machte sich Dickopf mit einem Mitarbeiter des OSS über Stuttgart, Mannheim (Besuch eines amerikanischen Armee-Theaters) und Heidelberg nach Wiesbaden auf, wo er am 16. November eintraf. »Ich beabsichtige, wieder in meinem früheren Beruf zu arbeiten und keine Protektion amerikanischer Dienststellen anzunehmen.«[272]

Doch außer dem Ausfüllen von Formularen tat sich nicht viel. Als Mitte Dezember Herr von Gaevernitz aus Bern eintraf, vermittelte er ein Gespräch mit Prof. Geiler, dem Ministerpräsidenten von Hessen. Dieser schickte Dickopf zu Innenminister Venedey. Wieder waren Formulare auszufüllen. Weihnachten und Neujahr vergingen. »Ich höre wochenlang nichts von der OSS-Dienststelle und habe den Eindruck, dass mein Kommen verfrüht war.« Leutnant Lennington schaltete sich dann ein, jedoch um missgestimmt zu beanstanden, dass Dickopf in seinen Bewerbungsunterlagen OSS-Angehörige namentlich als Referenz angegeben hatte, ein Verstoß gegen Geheimdienst-Usancen. Lennington äußerte außerdem: »Die größte Schwierigkeit ist in der Ernennung zum SS-Untersturmführer zu sehen.«

Am 25. März 1946 suchte Dickopf erneut den hessischen Innenminister Hans Venedey auf, der ihn an den Kommandeur der Großhessischen Landespolizei, Dr. Hamberger, verwies. »Hamberger machte mich darauf aufmerksam, dass ich im Laufe der Zeit mit Anfeindungen zu rechnen habe, da jeder, der politisch belastet sei, von den politischen Parteien angegriffen werde. Ich sah mich deshalb genötigt, Dr. Hamberger darüber aufzuklären, dass ich in keiner Weise belastet sei und es vorziehe, ihm und mir keine Zeit zu vergeuden, falls er auf seiner irrigen Meinung beharre. Dr. Hamberger beeilte sich, mir zu versichern, dass er sich nicht habe genau informieren können.«[273] In einer weiteren Unterredung am 28. März erklärte Dr. Hamberger, er habe für den Posten des Leiters der Kriminalpolizei bei der Gendarmerie »politisch zuverlässige Leute gesucht und einen alten sozialdemokratischen Parteigenossen gefunden«. Nunmehr hatte Dickopf genug und bildete sich ein abschließendes Urteil: »Es kann sein, dass Dr. Hamberger als Mitglied der SPD daran interessiert ist, Leute seiner Partei in die leitenden Stellungen zu bringen. Zu dieser Annahme berechtigt mich die Tatsache, dass auch Innenminister Venedey und der Chef der Gendarmerie Mitglieder der SPD sind.« Dickopf schlussfolgerte, dass seine Nichtzugehörigkeit zur SPD den wahren Hinderungsgrund »für eine sachliche Beurteilung seiner Person« darstellte.[274] Hiermit war der Grundstein für Dickopfs auf Lebenszeit unversöhnliche Abneigung gegen die SPD gelegt. Zumal er nach wie vor überzeugt war, dass die größte Gefahr für Deutschland aus dem Osten drohe. Und der SPD könne man nicht trauen, da sie mit den »Roten« paktiere, wenn es ihren Zielen diene. Dieses Weltbild, das durch den sich anbahnenden Kalten Krieg verstärkt wurde und mit einer konservativen Grundeinstellung einherging, teilte er mit vielen seiner künftigen Berufskollegen.

Es mutet merkwürdig an, dass sich Dickopf seit dem 17. November 1946 in Wiesbaden aufhielt, jedoch seine Ehefrau Margot, die nicht viel mehr als 100 Kilometer entfernt in Hattert bei Hachenburg/Westerwald lebte, erst fünf Wochen später traf. »Am 22.12.1945 sehe ich meine Frau zum ersten Mal nach drei Jahren wieder. Sie besucht mich in Wiesbaden und teilt mir Einzelheiten über die Maßnahmen der Geheimen Staatspolizei während meiner Abwesenheit und den Gang der Untersuchung mit.«[275] Erst weitere vier Wochen später (26. Januar 1946) fuhr er mit einem Freund mit dem Auto nach Hattert, als Ankunftszeit vermerkte er präzise 20.20 Uhr. »Hier sehe ich meine Mutter und die übrigen Verwandten seit über drei Jahren zum ersten Mal wieder.« Bei dieser Gelegenheit hörte er Einzelheiten über die angebliche Plünderung bei Ankunft der amerikanischen Truppen und das Verschwinden des Koffers mit »den unter Lebensgefahr gesammelten Polizei-Personalakten«.[276]

Seine Pläne, in die hessische Kriminalpolizei eingestellt zu werden, gab Paul Dickopf endgültig auf, weil er nicht »von der leider wieder in Gang gekommenen Mühle der Parteien sinnlos zermahlen werden wollte«. Er ignorierte völlig, dass seine frühere SS-Zugehörigkeit ein Problem darstellte. Am 26. April 1946 kehrte er nach Bern zurück. Ob es für den zweiten Aufenthalt in der Schweiz auch private Gründe gab, ist nicht bekannt; seine Ehefrau war bereits am 19. Februar nach Hattert zurückgekehrt.[277]

Organisation eines antikommunistischen Nachrichtendienstes

Vor der Rückreise in die Schweiz kam es im März 1946 in Wiesbaden zu mehreren Treffen zwischen Paul Dickopf (Agenten-Nummer 9610) und einem OSS-Mitarbeiter, den er mit der Tarnnummer 07 bezeichnete (James Bond war noch nicht erfunden).

»07 hat in der Hauptsache ehemalige Offiziere und Soldaten der deutschen Armee für seine Arbeit gewonnen, während ich mich der Mitarbeit einiger anderer in der Ostzone wohnender Deutschen versicherte. Das bedarf naturgemäß noch des Ausbaues und einer dauernden Überwachung.«[278]

07 trug einen, wie Dickopf in seinem Bericht behauptete, mit ihm abgestimmten Plan General Edwin Sibert vor, dem ranghöchsten Offizier des Geheimdienstes der US Army[279] in Frankfurt a. M., und erhielt von diesem »eine gewisse Erleichterung für die künftige Arbeit«. Danach traf Dickopf 07 im Juli und August 1946 in der Schweiz und schlug ihm einen zusammenfassenden Bericht für OSS Bern vor, »damit die von uns beschafften Nachrichten eine sachgemäße Auswertung erfahren«. 07 stimmte unter der Bedingung zu, dass dadurch keine Kompetenzstreitigkeiten (mit OSS Frankfurt a. M.) entstehen durften.[280]

Paul Dickopf schien in seinem Element: Einsatz von Agenten im Ostblock, Nachrichten sammeln, beurteilen und weiterleiten – und zwar »ohne Querverbindungen von unten nach oben direkt zum

Auftraggeber«. Im Bericht »Bemerkungen zur Lage in Deutschland« (Nr. I/1946 vom 1. September 1946) analysierte er die Zustände im westlichen und östlichen Nachkriegsdeutschland, unterteilt in die politische, wirtschaftliche und militärische Lage. Da stehen Sätze wie: »Es kann sein, dass die Russen Tiere sind, wie das die Auffassung vieler Deutscher und nicht nur Deutscher ist, aber es sind dann sehr intelligente Tiere.« Im letzten Teil (»Schlüsse und Vorschläge«) heißt es: »Der Ansatz eigener Vertrauensleute auf russische Ziele ist nicht unmöglich, wie die bisherigen Ergebnisse zeigen. (...) Es sollte ein Netz erprobter Helfer aufgebaut werden, das von einer Stelle aus zu lenken ist. Es wäre unsere Sache, die Zahl der bereits vorhandenen Vertrauensleute so zu vermehren, dass die gesamte Ostzone irgendwie erfasst, das heißt jede größere Truppenbewegung, Bereitstellung und sonstige Auffälligkeit unverzüglich bemerkt und gemeldet würde. Weder 07 noch ich können für den glatten Erfolg eines derartigen Unternehmens garantieren, aber es scheint der Mühe wert, es zu versuchen.«[281]

Dies war das konkrete Angebot an die Amerikaner, einen Geheimdienst aufzubauen – mit 07 und 9610 an der Spitze. Die Pläne wurden im Bericht II/1946 vom 30. September 1946 vertieft, der Bericht war mit »Arbeits-Vorschläge 07/9610 (Organisation antikommunistischer ND)« überschrieben, er könnte in Teilen – da ist von toten Briefkästen und Kurierdiensten die Rede – einem Lehrbuch für Geheimdienste des damaligen Standards entnommen sein. Auf den ersten Blick wirkt allerdings irritierend, dass Dickopf unter »Sofortmaßnahmen« vorschlägt, organisatorisch eine neue Kriminalpolizei aufzubauen, zumal sich seine Ideen in dieser Hinsicht mit denen der Amerikaner decken würden. Dickopf erläuterte diesen Punkt so: »Es ist hierbei zu bedenken, dass eine Position innerhalb der Polizei und speziell der Kriminalpolizei außerordentliche Vorteile für unsere übrige – nachrichtenmäßige – Tätigkeit bietet, wobei ich *zunächst* (kursiv durch d. Verf.) nur an die Möglichkeit denke, Organe des Polizeidienstes für gelegentliche Hilfeleistungen in Anspruch zu nehmen, dauernd besetzte Wachräume als Ablageorte zu benutzen und sich der Register und Karteien für Auskünfte aller Art zu bedienen.«[282]

Dickopf schwebte demnach eine Sparte »polizeilicher Geheimdienst« vor, wie es seiner Erfahrung aus dem Dritten Reich entsprach: die Verquickung von Kriminalpolizei, Gestapo und SD in der Sicherheitspolizei, die gegenseitige Durchdringung, der Einsatz der Gestapo und des SD für kriminalpolizeiliche Zwecke und umgekehrt unter Zugriff auf alle behördliche Einrichtungen. NS-Gedankengut also, in dem Dickopf weiter verhaftet blieb und das beweist, wie wenig er von demokratischen Prinzipien begriffen hatte, weder von Gewaltenteilung noch von der Trennung exekutiver Befugnisse und der Rolle eines Geheimdienstes in einem demokratischen Staat. Man könnte entschuldigend anführen, dass die zeitliche Distanz zum NS-Regime noch sehr gering war und Dickopf es auf seinem Niveau nicht besser wusste, wenn er nicht auch in den Folgejahren nur geringe Lernfähigkeit gezeigt hätte. Er pflegte zwar die Untaten der Nationalsozialisten anzuprangern, doch das muss angesichts der Befürwortung alter Organisationsformen und Methoden als Lippenbekenntnis gewertet werden.

Im Gegensatz zu dem von 07 war der Anteil, den Dickopf in das neue Projekt einbrachte, bescheiden. Während 07 »mit in der russischen Zone wohnhaften ehemaligen deutschen Offizieren und Soldaten, mit expropriierten Adeligen und anderen Grundbesitzern und mit einem weiten Kreis ihm durch Beruf und private Beziehungen bekannt gewordener zuverlässiger Personen der früher führenden Schichten arbeitete«, verfügte Dickopf gerade mal über zwei ehemalige deutsche Polizeibeamte als V-Leute in Ostdeutschland. Dickopf bat um die Genehmigung, nach Berlin zu fahren, »um frühere Berufskameraden ausfindig zu machen und mit ihnen in Verbindung zu treten. Ich sehe hier außerordentliche Möglichkeiten, die nicht ungenutzt bleiben sollten, da sie wichtigste Auskünfte militärischer, politischer und polizeilicher Art bringen könnten. Ließe sich – was ich mit Bestimmtheit vermute – auf diese Art eine Bresche in die deutsch-kommunistische Front schlagen, so bedeutete das alleine schon, dass sich die gesamte Arbeit gelohnt hätte.«[283]

Es ist auch denkbar, dass Dickopf zwei Eisen gleichzeitig schmiedete, um entweder in der Kriminalpolizei oder im Geheimdienstsektor Fuß zu fassen, denn er fühlte sich wohl zu beiden Bereichen hingezogen. Zum Zuge kam allerdings Reinhard Gehlen von der ehemaligen Organisation »Fremde Heere Ost« (FHO), der militärischen Geheimdienstabteilung des Generalstabs im Oberkommando des Heeres, der wohl ein anderes Format, »qualifizierte« Mitarbeiter und das rechtzeitig beiseite geschaffte NS-Archiv über die UdSSR auf Mikrofilm zu bieten hatte. »Die politischen Überlegungen, von denen Gehlen und Dickopf fast gleichzeitig ausgingen, waren annähernd identisch, wenn auch von Gehlen exakter formuliert und in der Lösungsmöglichkeit fundierter angeboten. Sie führten zwangsläufig zum gleichen amerikanischen Personenkreis, von dem Hilfe für die Realisierung erwartet werden konnte.«[284] Schließlich kämpfte das OSS mit dem militärischen Geheimdienst der USA, dem Counter Intelligence Corps (CIC), um die institutionelle Verfügungsgewalt über Gehlens Mikrofilm-Unterlagen und dann sehr bald um den wertvollen deutschen Geheimdienstoffizier und seine Ostspezialisten selbst.[285]

Gehlen, der seit August 1945 in den USA interniert war, kehrte am 1. Juli 1946 nach Deutschland zurück und baute den gegen den Ostblock gerichteten und von den Amerikanern finanzierten Nachrichtendienst auf, der »die alte Arbeit im gleichen Sinn fortsetzte«, und zwar »gemeinsam mit den Amerikanern«, aber »unter deutscher Führung«.[286] 1956 ging die »Organisation Gehlen«, die sich als Counterpart der CIA verstand, als Bundesnachrichtendienst (BND) unter der Aufsicht des Bundeskanzleramtes in deutsche Hoheit über. Gehlen wurde Präsident und amtierte bis 1968. In seinen Memoiren rechtfertigte er den Russlandfeldzug der Wehrmacht als Kampf gegen den Bolschewismus.[287]

Es entsprach Dickopfs rachsüchtiger Art, den hessischen Innenminister Hans Venedey in ein schiefes Licht zu rücken. In seinem Bericht Nr. III/46 »Personalakten Hans Venedey (Auszug aus Akten der Bundespolizei in Bern)« vom 30. September 1946, den er seinem Führungsoffizier Paul Blum übergab, befasste er sich eingehend und kritisch mit dem politischen Leben Venedeys, der nach 1933 in die Schweiz und nach Frankreich emigriert war. Dickopf bezichtigte Venedey einer »zum Moskauer Kommunismus tendierenden Haltung« und behauptete über den Kommandeur der hessischen Landespolizei, Dr. Hamberger: »Er organisiert die hessische Polizei so, dass er Reste der ehemals braunen Exekutivmacht durch eine rote Polizei ersetzt und SPD-Angehörige in leitende Posten der neuen Landespolizei unterbringt.«[288]

Seine Neigung zu Intrigenspielen sollte Dickopf auch 1949 beweisen, als es darum ging, dem designierten Bundesinnenminister vorzuschreiben, wer – ohne amerikanischen Einspruch befürchten zu müssen – erster Chef des Bundeskriminalamtes werden sollte. Für den Fall, dass der Minister »bestimmten Einflüssen« erliegen sollte, »gibt es die Möglichkeit, ihn eines Besseren zu belehren«. Dickopf schrieb weiter in einem Brief an seinen Freund und Kollegen Rolf Holle: »Ich kann dir verraten, dass ich für diesen – und nur für diesen – Fall eine kleine Zeitbombe gelegt habe, die im Falle der Explosion ein ganz nettes Loch in die Fassade reißen würde, die man im Zuge der Verdunkelung parteipolitischer Fehlgriffe errichtet hat; (das Bömbchen ist made in Hessen und trägt die Schutzmarke Venedey). Hoffentlich brauche ich die Schnur nicht anzuzünden, denn an sich liebe ich den lauten Knall ebenso wenig wie du – nur Schwerhörige bedürfen seiner zuzeiten.«[289]

Dickopfs Bericht Nr. IV/46 vom 1. Oktober 1946 über »Die Schweizer Bundespolizei«, den er ebenfalls an Paul Blum vom OSS Bern lieferte, ist nicht mehr vorhanden.[290] Das muss Gründe haben, denn Dickopf vermied offensichtlich, dass eine Kopie den Schweizern in die Hände fiel, zum Beispiel bei seiner Ausreise aus der Schweiz. Im Grunde war es doch so, dass er die Schweizer Sicherheitsbehörden, die er angeblich inzwischen zu seinen Freunden zählte, für den amerikanischen Geheimdienst analysierte. Einmal mehr wird dadurch bewiesen, dass in diesem Geschäft Charakter nicht gefragt ist.

Über den zweiten Aufenthalt in der Schweiz führte Dickopf ein Tagebuch, dessen blaue Hülle mit der Aufschrift »Tagebuch Schweiz 26. IV. 1946-10. I. 1947« leer ist. Weil möglicherweise seine privaten Notizen nicht immer im Einklang mit seinen offiziellen Verlautbarungen standen, hat er sie wohl vernichtet.

Anfang 1947 kehrte Dickopf endgültig nach Deutschland zurück. Das Office of Strategic Services (OSS) beendete als Geheimdienstorganisation seine Tätigkeit und wurde von der Central Intelligence Agency (CIA) abgelöst. Agent 9610 stand vor neuen Aufgaben.

V PLANUNG EINER BUNDESKRIMINALPOLIZEI

Start als CIA-Agent

Dickopf verließ die Schweiz nicht freiwillig. Am 4. Dezember 1946 erhielt er ein Schreiben der Schweizer Bundesanwaltschaft: »Sie halten sich seit Monaten ohne Bewilligung der zuständigen kantonalen Behörden in Worb auf. Wir haben nun die Aufenthaltserlaubnis bis 1.1.1947 verlängert. Wir sehen uns leider gezwungen, Ihnen mitzuteilen, dass wir nach diesem Zeitpunkt nichts mehr für Sie unternehmen können. Wir möchten Ihnen daher empfehlen, Ihre Wegreise vor dem 1.1.1947 ins Auge zu fassen.«[291] Das war – mit höflichen Worten – ein Rauswurf, der so gar nicht zu dem Bild passen wollte, das Dickopf von sich später verbreitete, nämlich als anerkannter politischer Flüchtling und Mitarbeiter des Schweizer Geheimdienstes ein stets willkommener Freund der Eidgenossen gewesen zu sein.

Nach Kenntnis der Schweizer Behörden verließ Dickopf das Land am 10. Januar 1947 mit einem Wagen der US-Gesandtschaft Bern, wie es von Paul Blum (Dickopfs Agentenführer des OSS) der Ausländerpolizei mitgeteilt und in den Akten festgehalten worden war.[292] Tatsächlich hielt sich Dickopf noch vier weitere Wochen im Lande auf und war vermutlich in der amerikanischen Vertretung untergebracht.

Grund hierfür dürften Komplikationen mit seinen Ausreisepapieren gewesen sein. Dickopf war 1943 unter dem Decknamen André Jung in die Schweiz eingereist und war nun gezwungen, unter einem falschen Namen auszureisen. Er stand nämlich auf einer Fahndungsliste der französischen Militärregierung; die Gründe des Festnahmeersuchens konnten nicht geklärt werden. Im Übrigen wurde Dickopf 1945 auch auf einer britischen Liste als Mitglied des deutschen Geheimdienstes geführt. Jedenfalls beschaffte er sich unter dem Namen Peter Schermerhorm, geboren am 4. Januar 1908 in Hamburg, das »Military Entry Permit Nr. 35925 vom 10.2.1947«, mit dem er am 10. Februar 1947 die Grenze bei Lörrach zur französisch besetzten Zone überschritt und ohne Aufenthalt nach Wiesbaden in die amerikanische Besatzungszone weiterreiste. Dort beantragte er unter seinem richtigen Namen eine Aufenthaltserlaubnis ab 10. Februar 1947 und meldete sich einen Monat später als »freier Schriftsteller« polizeilich an. Am 25. Februar stellte er den Antrag auf Durchführung eines Spruchkammerverfahrens. Seine Frau zog zu ihm nach Wiesbaden-Biebrich; beide lebten jedoch überwiegend in Hattert/Westerwald.[293] Da Hattert in der französischen Besatzungszone gelegen war, musste wohl das Festnahmeersuchen inzwischen irgendwie aus der Welt geschafft worden sein, mutmaßlich durch amerikanische Intervention.

In seinen späteren Erklärungen gab Dickopf stets sein Einreisedatum einen Monat früher an: »Nach meiner am 10. Januar erfolgten definitiven Rückkehr aus der Schweiz …«[294] Er wollte damit verschleiern, dass er sich trotz einer Ausweisungsverfügung einen Monat illegal in der Schweiz aufgehalten hatte.

Offensichtlich hatte Dickopf seine Tagebuchaufzeichnungen nach der Rückkehr fortgesetzt und gleichfalls irgendwann vernichtet. In seinem Nachlass befindet sich eine beigefarbene Hülle »Tagebuch Deutschland ab 10.1.47«, die nur ein einziges beidseitig beschriebenes Blatt enthält.

Das Jahr 1947 verlief für Paul Dickopf unerfreulich. Die Beziehungen zu den Amerikanern schienen eingefroren, und die Einstellung in die Kriminalpolizei machte keine Fortschritte. Offensichtlich gab es mit seinen amerikanischen Freunden Meinungsverschiedenheiten. Dickopf schrieb mit pathetischen Worten: »Ich ziehe es deshalb auch weiterhin vor, auf eine Revision der Ansichten der Alliierten über die Kriminalpolizei in Deutschland zu warten und notfalls noch weitere Monate von der Veräußerung von Vermögensteilen und von väterlichen Zuschüssen zu leben, als meine Überzeugungen preiszugeben.«[295] Erneut kennzeichnen Widersprüche Dickopfs Eigendarstellung. Einerseits wollte er der mittellose Sohn sein, der dem Vater auf der Tasche lag – andererseits beteiligte er sich im September 1947 an einem Buch-Antiquariat in Stuttgart. Er investierte 6000 RM in vier Raten für den Ankauf von Büchern, die nach der Währungsreform mit Gewinn veräußert werden sollten. 1948 verlangte Dickopf das Geld zurück, was sein Geschäftspartner in einem Brief vom 3. Mai 1948 verweigerte, weil Dickopf die Bedingungen nicht eingehalten habe, auch seine Arbeitskraft bei dem Absatz der Bücher einzubringen. Der Ausgang der Sache ist aus den Akten nicht ersichtlich.[296]

Wie es scheint, hatte man Dickopfs Qualitäten, die in Bern so hoch geschätzt wurden, in Frankfurt a. M. noch nicht erkannt, obwohl kurz nach Dickopfs Rückkehr sein Agentenführer Paul Blum eigens nach Wiesbaden reiste, um den Weg für eine weitere Zusammenarbeit zu ebnen.[297] OSS-Strukturen und OSS-Personal spielten im Nachkriegsdeutschland eine bedeutende Rolle und waren meist Grundlage für spätere CIA-Gliederungen. Die Schweizer Außenstelle wurde nach Kriegsende als »OSS-Mission for Germany« nach Wiesbaden-Biebrich verlegt, jedoch am 1. Oktober 1945 aufgelöst.[298] Damit verlor Dickopf seine vertrauten Kontaktpersonen, und es gibt Anzeichen dafür, dass vorübergehend das CIC, die Gegenspionage der Armee, für Dickopf zuständig wurde.[299]

Die Stagnation war allerdings auch darauf zurückzuführen, dass Dickopf zunächst sein Entnazifizierungsverfahren hinter sich bringen musste, denn von einem Spruchkammerbescheid hingen so gut wie alle weiteren Schritte für eine Einstellung in den Öffentlichen Dienst ab. Offensichtlich waren die Spruchkammern so überlastet, dass Dickopf erst 1948 einen Termin erhielt.

Folgt man Dickopfs Angaben, schlug er sich schlecht und recht durchs Leben. Einmal mehr erwiesen sich seine Goldvorräte und sonstigen Besitztümer als Luftschlösser. Zu seinem Unterhalt trugen vor allem Lebensmittel-Päckchen bei, die er in erster Linie von der Hoteliers-Familie des »Löwen« in Worb bei Bern erhielt, einige auch vom »Liebesgabenpaket-Dienst« der Schweizer Caritas-Zentrale. Über jede Sendung fertigte er eine »Aktennotiz« an mit Datum, Absender und Inhaltsangabe.

Seine kleinen privaten Jahreskalender für die Jahre 1947 bis 1972 hat Dickopf überwiegend aufbewahrt.[300] In winzigen, nur schwer lesbaren Schriftzügen trug er dann mit Bleistift in Kurzfassung den Tagesablauf ein, wie zum Beispiel am 24. September 1947, um irgendeinen Tag willkürlich herauszugreifen:

»Lange geschlafen (bis 11.30)
13.30-15.00 Schriftl. Arbeiten
15.15-16.30 Friseur (Haarschneiden)
16.45 Julius Schneider Tapeten- u. Papiergeschäft
17.30-19.30 Gartenarbeiten (= 2 Stunden)
21.00-24.30 Schriftliche Arbeiten«

Bei den »schriftlichen Arbeiten« könnte es sich um Entwürfe für seine zahlreichen Denkschriften über den Aufbau der Kriminalpolizei und sonstige politische Einschätzungen handeln, die er ab 1948 an seine amerikanischen Auftraggeber liefern wird.

Recht oft erfolgte die Notiz, dass er nachts durchgearbeitet und morgens lange geschlafen habe. Mit dem 29. Mai 1950 enden solche Eintragungen (am 16. Mai 1950 wurde Dickopf als Kriminalkommissar im Bundesinnenministerium eingestellt).

In der zweiten Jahreshälfte 1947 machte Paul Dickopf zwei Verwandtenbesuche in Hamburg und nahm mit seinen beiden Charlottenburger Lehrgangskollegen Rolf Holle und Kurt Griese Kontakt auf, die es in die britische Zone verschlagen hatte. Rolf Holle hatte inzwischen bem Kriminalpolizeiamt der Britischen Zone (KPABrZ) in Hamburg Anstellung gefunden, wo er Dickopf mit dem Amtschef Voß bekannt machte.[301] Mit der Wiederbegegnung begann eine enge Freundschaft zwischen Dickopf und Holle, die bis zu Dickopfs Lebensende (1973) anhielt und vor allem große dienstliche Auswirkungen haben sollte.

Der Durchbruch kam am 16. Februar 1948. Dickopf notierte in seinen Kalender: »14.45-17.00 Besuch von Mr. Thurston (Amerikaner von Frankfurt/M) Diskussion der Gesamtlage Dickopf«.[302] Zwar ist nirgends protokolliert, was im Einzelnen besprochen wurde, aber im Ergebnis kann es nur so gewesen sein, dass Dickopf als Geheimdienst-Mitarbeiter reaktiviert wurde.

Ab dem 5. Mai setzte seine Berichterstattung ein, die ausnahmslos anonym nur mit seinem Agenten-Code 9610, der laufenden Berichts-Nummer und dem Datum gekennzeichnet war. Der letzte von insgesamt 21 Berichten dieser Art neben zahllosen Aktennotizen trägt die Nummer 9610-IV/50(8/3).

Peter Thurston war formell stellvertretender Leiter der »Historical Division« der US-Armee.[303] Für Peter Thurston verwandte Dickopf in seinen Berichten das Kürzel »TH«, für Jack Whitten »WH«, für Mr. Todell »TO«. Sie alle gehörten formell der »Historical Division« der US-Streitkräfte an. Bei Dutzenden von Treffs, die sich ausnahmslos in Bahnhofswartesälen – häufig in Limburg/Lahn auf halber Strecke zwischen Hattert und Frankfurt a. M. – abspielten, übermittelten sie Dickopf ihre Direktiven und nahmen seine Berichte entgegen.[304]

Die »Historical Division« (Headquarter European Command APO 757) in Frankfurt a. M. war von Geheimdienst-Mitarbeitern durchsetzt. Auch Angehörige der ehemaligen NS-Nachrichtendienste arbeiteten dort mit, so der ehemalige Chef der Abteilung II im OKW Amt Ausland/Abwehr, Generalmajor Erwin von Lahousen-Vivremont, und der Diversionsspezialist der Kriegsmarine, Vizeadmiral Hellmuth Heye.[305]

Aufgabe der »Historical Division« war nicht nur die Erforschung und Analyse der Geschichte des Nationalsozialismus und des Zweiten Weltkrieges für das Pentagon, sie diente auch als Schnittstelle zum US-Hochkommissar für Deutschland, Abteilung Innenpolitik und Verwaltung (Öffentliche Sicherheit, Chef James L. McCraw) in Frankfurt a. M., wo der Aufbau eines neuen politischen Systems in Deutschland geplant und umgesetzt wurde. Der US-Geheimdienst nahm dabei in weitgehendem Maße eine Lenkungsfunktion wahr, um deutsche Innenpolitik zu gestalten. Der geübte »Doppelspieler« Dickopf war alsbald nicht nur Mitarbeiter des US-Geheimdienstes, sondern wurde auch Berater der Bundesregierung, saß also an einer Schaltstelle der Macht. Er beeinflusste, wie noch zu beschreiben sein wird, mit seinem Adjutanten Holle entscheidend den Aufbau der Sicherheitsbehörden in der Bundesrepublik. BKA-Direktor Helmut Prante, der den Dickopf-Nachlass sichtete, schrieb in einer Einleitung, dass die Geschichte des Bundeskriminalamtes neu geschrieben werden müsse, wobei sich die Frage erhebe, ob Dickopf ein Werkzeug des US-Geheimdienstes war oder ob es umgekehrt zu sehen sei.[306]

Es mag dahingestellt bleiben, ob Dickopf tatsächlich für die »Historical Division« arbeitete, denn es entspricht dem Wesen der Dienste, solche Sachverhalte zu verschleiern. Deshalb scheint es sinnvoller, sich an der Biografie des Führungsoffiziers zu orientieren, der Dickopf über Jahre hauptamtlich betreute, für ihn Tag und Nacht erreichbar war, mit dem Dickopf fast einen freundschaftlichen Umgang pflegte, der aber immer von Respekt gegenüber dem Amerikaner getragen war.

Thomas (»Tom«) Polgar, Jahrgang 1922, war ungarischer Abstammung und wurde 1938 Bürger der USA. Aufgrund seiner umfassenden Sprachkenntnisse wurde er als Angehöriger des OSS mehrfach im Hinterland der deutschen Wehrmacht eingesetzt. Ab Juli 1946 leitete er den X-2-Dienst (Gegenspionage) des OSS in Berlin. Polgar wurde mit den operativen Bereichen des OSS zur CIA übernommen und diente bis 1954 als rechte Hand des ersten Chefs der CIA-Niederlassung in Deutschland, General Lucian Truscott, der offiziell als Koordinator und Sonderberater bei dem US-Hochkommissar in Frankfurt a. M. (im IG-Farben-Gebäude) tätig war. Polgar blieb weiterhin in Deutschland, unter anderem wurde er in der CIA-Residentur in Hamburg eingesetzt. Zwischen 1961 und 1977 oblag ihm die Aufgabe eines COS (Chief of Station; Leiter einer legal abgedeckten Auslandsresidentur der CIA) in Wien, Buenos Aires, Saigon und Mexico City. Zwischen 1978 und 1981 amtierte er als COS an der US-Botschaft in Bonn und war damit auch der oberste Sicherheitsbeamte der Vertretung. 1981 verließ Tom Polgar offiziell die CIA, von 1982 bis 1985 soll er Berater des militärischen Geheimdienstes der USA gewesen sein. 1987 hat er den Untersuchungsausschuss des US-Senates in der Iran-Contra-Affäre beraten.[307] – Alles in allem war Polgar ein CIA-Profi und Paul Dickopf »sein Mann«.

Die Entnazifizierung

Paul Dickopfs Angaben für seine im Februar 1947 beantragte Entnazifizierung[308] enthalten eine nicht geringe Zahl von Ungenauigkeiten, Weglassungen oder Unwahrheiten:

- Rückdatierung des Fragebogens auf den 29. Januar 1947
- Mitglied im SD lediglich vom 24. Juni bis 4. Oktober 1939
- Mitgliedschaft im NS-Studentenbund lediglich vom Februar 1936 bis Juli 1937
- Angehöriger des Stellv.Gen.Kdo. (Ast.) Stuttgart nur bis 10. September 1942; Außenstelle Straßburg verschwiegen
- Angeblich kein SS-Anwärter oder SS-Mitglied, automatischer SS-Angleichungsdienstgrad
- Mehrfach schriftlich dem SD die Nichtmitgliedschaft in der NSDAP, Verbleib in der Kirche und Verschiedenheit der Anschauung von Partei und SS zur Kenntnis gebracht
- Schriftliche Erklärung am 4. Oktober 1939, dass er sich nicht als Mitglied des SD betrachtet
- Gehalt als Kriminalkommissar nur bis zur Flucht Sommer 1942 gezahlt
- Mitgliedschaft im NS-Studentenbund als notwendige Voraussetzung für die Zulassung zur höheren Kriminallaufbahn

- Kein Familienmitglied Parteiangehöriger
- Aufwiegelung von Kameraden zum Widerstand gegen die Einflussnahme der SS auf die Polizei
- Seit Kriegsbeginn hergestellte Beziehungen zum Ausland
- Freunde der Dienststelle deckten das Verschwinden mit angeblichen Sonderaufträgen bis September 1942, um Fahndungsmaßnahmen des SD und der Gestapo zu verzögern. Dann lief zentrale Fahndungsaktion an
- Mitte August 1944 persönlicher Befehl Himmlers, ihn niederzuschießen
- Erhaltung lebenswichtiger Industrien im deutschen Gebiet an Schweizer Grenze größtenteils seiner Vorarbeit zuzuschreiben
- Überführung von Kriegsverbrechern seinem Material zu verdanken
- Wäre spätestens 1941 zum Kriminalrat ernannt worden
- Verneint, einen militärischen Orden erhalten zu haben
- Aus Beamtenstand entlassen wegen aktiven und passiven Widerstandes gegen Nationalsozialisten
- Bejaht, wegen Widerstandes in Haft genommen worden zu sein

Auf einem Arbeitsblatt des öffentlichen Anklägers ist vermerkt, dass Dickopf von 1936/37 im NS-Studentenbund Mitglied war, obwohl sich eine BDC-Auskunft bei den Spruchkammerakten befindet, die eine Mitgliedschaft vom 13. Mai 1933 bis 1937 ausweist. Ohne Dickopf dazu zu vernehmen, folgte der Ankläger ferner dessen Behauptung, dem SD lediglich 1939 und der SS überhaupt nicht angehört zu haben, was die BDC-Auskunft ebenfalls nicht bestätigt. Doch vermutlich war man von seinen Schweizer »Persilscheinen« (der Bundesanwaltschaft und der US-Gesandtschaft) so beeindruckt, dass es anderer Beweise nicht bedurfte.

In der Klageschrift vom 6. April 1948 beantragte der Kläger, Dickopf in die Gruppe III als »Minderbelasteten« einzureihen. Ohne mündliche Verhandlung stufte ihn die Spruchkammer am 21. April 1948 in die Gruppe V als »Entlasteter« ein. Die Kosten wurden der Staatskasse auferlegt.

Dickopfs Fall unterschied sich aufgrund der Besonderheiten seiner NS-Karriere von allen anderen Berufskollegen, die später in das BKA eingestellt werden sollten. Sie behaupteten nicht, die Seiten gewechselt zu haben, sondern hatten sich für ihre Laufbahn in der Sicherheitspolizei und der damit verbundenen Mitgliedschaft in der Partei und ihren Gliederungen zu rechtfertigen. Sich zu exkulpieren gelang den meisten mit Erfolg. Dickopf hatte im August 1950 von über 5300 Bewerbern auf Stellen des neu geschaffenen Bundeskriminalamtes 128 in die engere Wahl gezogen.[309] Diese schlüsselten sich nach dem Ergebnis der Entnazifizierung wie folgt auf:

I	Hauptbeschuldigte	0
II	Schuldige, Belastete	0
III	Minderbelastete	1
IV	Mitläufer	19
V	Entlastete	74
Amnestierte		4
Vom Gesetz nicht betroffen		11
Angaben fehlen		29

Die Angaben fehlten unter anderem bei Bewerbern für ein Angestelltenverhältnis (zum Beispiel Schreibkräfte, Kraftfahrer). In Einzelfällen erfolgte nach Einlegen von Rechtsmitteln eine Rückstufung von der Gruppe IV in V.

Die Entnazifizierung verfolgte den Zweck, den Einfluss des Nationalsozialismus auf das öffentliche Leben, die Wirtschaft und die Erziehung im Nachkriegsdeutschland auszuschalten und den ehemals aktiven Nationalsozialisten eine Sühne aufzuerlegen. Die erste Phase war durch Massenverhaftungen gekennzeichnet:[310]

	bis 1.1.1947 inhaftiert	entlassen
Britische Zone	64 500	34 000
Amerikanische Zone	95 250	44 244
Französische Zone	18 963	8040
Sowjetische Zone	67 179	8214

In einer zweiten Phase, beginnend mit einem so genannten Befreiungsgesetz vom 5. März 1946 in der amerikanischen Zone, sollte die Entnazifizierung unter deutscher Mitwirkung einen Selbstreinigungsprozess einleiten. In einem gerichtsähnlichen Verfahren wurde der betroffene Personenkreis durch eine Spruchkammer in fünf Kategorien eingeteilt und mit Strafen belegt. Die letzte Phase bestand in der Beendigung der Maßnahmen durch eine Empfehlung des Bundestages vom 15. Dezember 1950.[311]

Die Entnazifizierung war insgesamt ein Misserfolg. Sie stimulierte bei den Betroffenen – auch als eine Form des inneren Widerstandes gegen die Besatzungsmächte – eher Reaktionen von Wehleidigkeit und Trotz anstelle von Reue und Einsicht. Auf jeden Fall förderte sie die latente Abwehr einer Beschäftigung mit der Vergangenheit. Schließlich verkam sie, gemessen an ihrem moralischen Anspruch, zu einer Veranstaltung, bei der in großem Stile Nazis zu Mitläufern und Entlasteten reingewaschen wurden.[312] Hierbei spielte die gegenseitige Unterstützung mit politischen Leumundszeugnissen, so genannten Persilscheinen, eine wesentliche Rolle. Die Entnazifizierung wurde für die meisten mit Erleichterung als Schlusspunkt verstanden; fortan wurde der Nationalsozialismus eine Generation lang mit kollektivem Schweigen, in weit verbreiteter Amnesie, behandelt.[313] Der sozialdemokratische Politiker Erler sagte 1950 im Bundestag, ein großer Teil des Volkes habe das Regime aus »Irrtum« bejaht, andere hätten aus Verblendung mitgetan, aus Profitsucht, Bequemlichkeit, in Nachahmung vermeintlich klügerer Köpfe und zu einem nicht unerheblichen Teil »auch wirklich aus echtem Idealismus«. Mit dem üblichen Erklärungsschematismus (hier verbrecherische Führung, dort verführtes Volk) plädierte der Sozialdemokrat außerdem für ein »Recht auf Irrtum«. Die Mitläufer erscheinen auf diese Weise auch bei Erler nur als eine seltsam eigenschaftslose »große Masse jener individuell wirklich harmlosen Personen, die sich infolgedessen auch keinerlei Schuld bewusst sind und die es nahezu als Verfolgung empfinden, wenn sie überhaupt mit einem Spruchkammerverfahren in Berührung gekommen sind«.[314]

In der Sowjetischen Besatzungszone hingegen wurden Säuberungen konsequenter durchgesetzt, da ehemaligen NSDAP-Mitgliedern in aller Regel die Rückkehr in die innere Verwaltung und den Polizei- und Justizapparat verwehrt blieb. Die Neubesetzung von Stellen erfolgte bevorzugt mit KPD/SED-Mitgliedern. Die gezielte Kaderpolitik mit Rückendeckung der sowjetischen Militärregierung bewirkte innerhalb weniger Jahre eine radikale politische und soziale Umstrukturierung des Staatsapparates; sie sicherte der SED zuerst die politische Dominanz und wenig später die absolute Kontrolle über Staat und Gesellschaft.[315]

In einem Bestand des Bundesarchivs Koblenz sind die Akten über 33000 Beschuldigte von SS, Gestapo und SD erfasst, gegen die Verfahren vor Spruchgerichten der Britischen Zone liefen.[316] Neben den BKA-Beamten Dr. Josef Ochs und Kurt Griese ist hier auch das Verfahren gegen den späteren Regierungskriminalrat Eberhard Eschenbach (Jahrgang 1913) dokumentiert.[317] Eschenbach hatte unmittelbar nach Dickopf den KKA-Lehrgang in Charlottenburg absolviert.[318] Eberhard Eschenbach machte 1932 in Lübeck Abitur und studierte Jura in Berlin und München; das Referendarexamen bestand er 1935. Nach der Militärdienstzeit trat er am 1. März 1938 in die Kriminalpolizei Berlin ein und wurde im Juni 1940 als Kommissar auf Probe nach Danzig versetzt.[319] Dort bearbeitete er als Leiter des 1. Kommissariats Kapitalverbrechen, Todesermittlungen, Brand und Abtreibung. Das KZ Stutthof will er nie betreten und auch keine Kenntnis davon gehabt haben, dass in Danzig Kriminalbeamte zu Exekutionen herangezogen wurden. Gestapo und Kripo hätten völlig getrennt gearbeitet, wie es auch nach seiner Einlassung verschärfte Vernehmungen nur bei der Gestapo gab.

Im Spruchkammerverfahren wurde er als Entlasteter in die Gruppe V eingestuft, hatte allerdings falsche Angaben gemacht und musste sich im November 1949 gegenüber einem Staatsanwalt in einer Vernehmung verantworten. Er hatte zum Beispiel verschwiegen, dass er im April 1944 zum Kriminalrat ernannt und als Leiter der Kripo-Außenstelle Gotenhafen (Gdingen) eingesetzt worden war. Dass er nicht auf dem Wege der »Angleichung« 1940, sondern auf eigenen Antrag bereits 1937 Mitglied der SS geworden war, war ihm »völlig aus dem Gedächtnis entschwunden«, wie er auch seine SA-Zeit (1933-1938) nicht erwähnte und dass er Zuträger des SD gewesen war.

Den Terror der Sicherheitspolizei in Danzig hatte er verharmlosend dargestellt,[320] obwohl er Teil dieses Apparates gewesen war. Als ihm BDC-Dokumente, zum Beispiel selbst verfasste Lebensläufe, vorgelegt wurden, zeigte er sich scheibchenweise geständig.

Die Kripo Lübeck, wo er im September 1945 als Kriminalkommissar eine neue Karriere begonnen hatte, stellte ihm ein hervorragendes Zeugnis aus. Als Leiter der Mordkommission und als Kriminalist habe sich Eschenbach vorzüglich bewährt; für leitende Stellen sei er in jeder Hinsicht geeignet. »Er ist heute vollkommen neutral eingestellt und widmet sich seinem Dienst mit voller Hingabe.«[321]

Das Spruchgericht stellte das Verfahren am 21. Januar 1950 ein, weil er keine höhere Strafe als sechs Monate Gefängnis und 5000 DM

Geldstrafe zu erwarten hätte; damit fiel er unter das Straffreiheitsgesetz vom 31. Dezember 1949.[322] Es drängt sich der Eindruck auf, dass man mit einer Entscheidung gewartet hatte, bis das Amnestiegesetz in Kraft trat. Denn wenn das Spruchgericht ihn hätte verurteilen wollen, wäre das sicher nach Eschenbachs Vernehmung (18. November) noch im Dezember 1949 möglich gewesen.

Eberhard Eschenbach ist ein Beispiel für die Sinnlosigkeit der so genannten Entnazifizierung, die als untauglicher Versuch am untauglichen Objekt praktiziert wurde. Er und seine Generation in der Polizei waren vom NS-Gedankengut geprägt und legten ihre Grundüberzeugungen keineswegs ab, sie benutzten auch weiterhin die alte Terminologie. Im August 1947 schrieb Eschenbach als Kriminaloberinspektor und Leiter der Kripostelle Flensburg zum Beispiel: »Es wird zugegeben, dass diese vorbeugenden Maßnahmen weitgehende Eingriffe in die persönliche Freiheitssphäre der davon Betroffenen bilden. Dem wird entgegengehalten, dass sich diese Elemente bewusst gegen die Gemeinschaftsordnung stellen. (...) Das ihnen zuerkannte Prädikat: Berufs- und Gewohnheitsverbrecher lässt schon eindeutige Schlüsse in diese Richtung zu. Gegen sie muss mit aller Schärfe vorgegangen werden. Nur durch hart zu treffende Maßnahmen wird der vorbeugende Zweck erreicht, die Allgemeinheit zu schützen und die ›Reservearmee des Verbrechertums‹, also die Haltlosen, Asozialen und Gelegenheitsverbrecher abzuschrecken.«[323]

Dass gegen »Elemente« mit »aller Schärfe vorgegangen« werden müsse, waren häufig von Himmler und Heydrich gebrauchte Redewendungen.

Bereits 1954 war Eschenbach als Regierungskriminalrat Leiter des Ausbildungsreferats im Kriminalistischen Instituts des Bundeskriminalamtes. Auf einer BKA-Tagung im April 1958 über das Thema Diebstahl, Einbruch und Raub hielt Eschenbach einen Vortrag und rief aus: »Hang-, Zustands- und Berufsverbrecher – gleich wie man sie nennen will – sind nicht mehr besserungsfähig. Die wiederholte Begehung von Straftaten führt zu krimineller Gewöhnung, die Rückfallgefahr steigt mit der Zahl der Vorstrafen, und die Rückfallintervalle werden immer kürzer. Bei diesen Tätern ist das Verbrechen ein Bestandteil der Persönlichkeit, in ihr verwurzelt und so zur ›Natur‹ geworden, dass es zum Verbrechen keiner weiteren Aktivierung durch die Umwelt mehr bedarf.«[324] Kriminalrat Eschenbach klärte allerdings seine Zuhörer nicht darüber auf, dass im Nationalsozialismus so definierte Verbrecher in Konzentrationslagern ermordet wurden.[325]

Die Graue Eminenz

Rolf Holle (Jahrgang 1914) war der jüngste Teilnehmer am 13. KKA-Lehrgang in Charlottenburg, den er mit »fast gut« bestand.[326] Dickopf behauptete, schon damals ein freundschaftliches Verhältnis zu ihm gepflegt zu haben.[327] Holle hatte sich der NS-Bewegung früh angeschlossen: Seit Oktober 1930 gehörte er dem Nationalsozialistischen Schülerbund, 1930 bis 1932 der Hitlerjugend und 1933 bis 1935 der SA Standarte 107 Leipzig an.[328] In die NSDAP trat er 1937 und in die SS 1939 unter den Bedingungen ein, die auch für Dickopf zutrafen.[329] Er trat aus der Kirche aus und gehörte seit 1942 dem Kameradschaftsbund der Deutschen Polizeibeamten und zwischen 1941 und 1945 der Nationalsozialistischen Volkswohlfahrt (NSV) an.[330]

Nach dem Abitur an der Oberrealschule Leipzig (1933) studierte Holle vier Semester Jura in Leipzig, wurde zwei Jahre zur Wehrmacht dienstverpflichtet und trat im Oktober 1937 als Kriminalkommissar-Anwärter in den Dienst der Kriminalpolizei Halle/Saale. Zwischen 1939 und 1945 war er nach eigenen Angaben Kommissariatsleiter zunächst in Erfurt und ab 1941 in Berlin; er bearbeitete die Sachgebiete Fahndung, Sittensachen, Betrug, Mord und Wirtschaftsdelikte, außer Diebstahl also fast alle Bereiche kriminalpolizeilicher Tätigkeit. Die Militärzeit zwischen Oktober 1939 und März 1940 bescherte ihm das »Westwallabzeichen« und bewahrte ihn vor dem Einsatz in einer Einsatzgruppe des Reichssicherheitshauptamtes. Er gehörte der 13. Infanteriegeschütz-Kompanie im Infanterie-Regiment 57 an.[331] 1940 bewarb sich Holle für einen Einsatz im polizeilichen Kolonialdienst. Als Verwendungswunsch vermerkte er »Deutschsüdwestafrika oder Südsee«; offensichtlich ging auch er vom Erringen der nationalsozialistischen Weltherrschaft aus.[332] Vom 12. Januar bis 10. Februar 1941 nahm Holle an einem Führerlehrgang in der italienischen Kolonialpolizeischule in Tivoli bei Rom teil.[333] 1944 wurde ihm – nach eigenen Angaben von der Kripo Berlin – das Kriegsverdienstkreuz II. Klasse mit Schwertern verliehen.[334]

Nach Aktenlage müsste Holle auch im Reichssicherheitshauptamt tätig gewesen sein. Im BDC-Vorgang heißt es: »Mit Wirkung zum 20.4.1943 befördert zum SS-Hauptsturmführer im RSHA«; seine Personalien sind außerdem im RSHA-Verfahren der Staatsanwaltschaft Berlin auf einer Karteikarte vermerkt. Darüber hinaus ist er auf einer Liste mit 48 Namen aufgeführt, die als ehemalige Angehörige des Reichskriminalpolizeiamtes (RKPA) in das Kriminalamt der Britischen Zone eingestellt wurden. Holle ist aber auf keinem Geschäftsverteilungsplan und in keinem Telefonverzeichnis des RSHA nachweisbar; es kann sein, dass er lediglich auf einer Stelle des RSHA geführt wurde. Für eine Tätigkeit im RKPA gibt es nach derzeitigem Wissensstand keine Anhaltspunkte.

Seiner Selbstdarstellung zufolge war die Kriminalpolizei für Rolf Holle zeitlebens ein Traumberuf. Nach dem Krieg ließ er in »Persilscheinen« eine Reihe von Verbrechen schildern, die er über die Jahre aufgeklärt hatte. Besonders bei der Bearbeitung von Kriegswirtschaftsverbrechen ließ er sich angeblich nicht davon beeindrucken, ob es sich bei Tatverdächtigen um hohe Parteifunktionäre handelte. Er ließ sich attestieren, den Nationalsozialismus quasi wie die Pest gemieden zu haben. Dem steht gegenüber, dass er sich schon vor der Machtergreifung – wenn auch im jugendlichen Alter – NS-Organisationen angeschlossen hatte.

Holles Karrieredaten lesen sich eigenartig glatt, einige »Zwischentöne« stören: Er wurde regelmäßig befördert, bekam einen Orden verliehen, wandte das pervertierte NS-Recht an, ließ aufgrund seiner Arbeitsergebnisse Menschen vor Sondergerichten anklagen und war »pflichtgemäß« in den NS-Organisationen Mitglied, wie man es von ihm verlangte. Entgegen seinen Angaben trat er nicht 1938, sondern bereits am 1. Mai 1937 in die NSDAP ein. Und er war ausgesprochen geschickt, alle denkbaren Argumente zu seinen Gunsten zu verwenden. Wahrscheinlich hat er sich in der Hitler-Zeit nicht anders verhalten als später im BKA: möglichst unauffällig und aus der zweiten Reihe agieren, um den größtmöglichen Vorteil herauszuholen. Im BKA genoss er den Ruf eines ehrgeizigen »Strippenziehers«. Fakt ist allerdings, dass er in der Nachkriegszeit keines NS-Verbrechens beschuldigt wurde und auch nicht im Umfeld solcher Untaten auftauchte.[335]

Der Entnazifizierungsausschuss der Stadt Kiel stufte Holle am 20. August 1947 als »nominelles Mitglied der NSDAP« in die Gruppe V ein und verfügte mit Billigung der britischen Besatzungsmacht seine Wiedereinstellung als Kriminalkommissar.[336] Auch Paul Dickopf trug mit einem »Persilschein« für seinen »Lehrgangskameraden« dazu bei, ihn vom Nationalsozialismus rein zu waschen, und empfahl, ihn in der neuen deutschen Kriminalpolizei in einen hohen Rang einzustufen.[337]

Im Bundeskriminalamt wurde in den fünfziger Jahren gemunkelt, dass Holles Entnazifizierungsakte bei einem Umzug »verloren gegangen« sei, was sein Chef Voß gedeckt habe. Das ist genauso wenig richtig wie das Gerücht, diese Akte enthalte Belastendes, das nach den damals gültigen Regeln seiner Karriere im Weg gestanden hätte.

Sein beruflicher Werdegang im Nationalsozialismus hatte Rolf Holle zum Hardliner geformt; ein solcher blieb er unverdrossen bis zur Pensionierung. Er stellte zum Beispiel eine Rangfolge der an sich unteilbaren Menschenwürde auf, denn nach seiner Auffassung hatte »der Verbrecher als Feind der Gesellschaft und als Verächter von Recht und Gesetz in Kauf zu nehmen, dass seine Menschenwürde hinter der seines Opfers zurückstehen muss«.[338] Resozialisierungsmaßnahmen würden »übertrieben optimistisch beurteilt«, so Holle im Jahre 1960, weswegen »eine (formlose) Überwachung bestimmter Berufs- und Gewohnheitsverbrecher zu den wirksamsten präventiven Maßnahmen der Verbrechensbekämpfung« zähle.[339]

Seine erste Anstellung fand Rolf Holle im Kriminalamt der Britischen Zone, wo er genau so wie später im Bundeskriminalamt die Rolle der Grauen Eminenz übernahm.

Das Kriminalpolizeiamt der Britischen Zone als Vorläufer des BKA

Das Kriminalpolizeiamt der Britischen Zone (KPABrZ) in Hamburg mit der ursprünglichen Bezeichnung »Zonal Crime Records Bureau« wurde am 1. Januar 1946 durch Anordnung der Britischen Militärregierung gegründet[340] und war nach dem Selbstverständnis seiner Bediensteten Nachfolgebehörde des Reichskriminalpolizeiamtes (RKPA).[341] Mit Genehmigung der britischen Besatzungsmacht bildeten 48 ehemalige Angehörige des RKPA den personellen Grundstock des KPABrZ; nicht zuletzt durch diese nach heutigen Maßstäben unverständliche personelle Entscheidung entwickelte sich auch eine sachliche Kontinuität, denn hier wurde der Bruch mit der berüchtigten Terrorzentrale des Dritten Reiches nicht vollzogen, sondern auf deren Erfahrungswissen aufgebaut. Leute wie Dickopf hätten die Bezeichnung »Terrorzentrale« empört zurückgewiesen, nicht aber Tausende »Gewohnheitsverbrecher«, »Asoziale«, Sinti und Roma oder Homosexuelle – wenn sie noch am Leben wären –, die durch Verfügung der RKPA in ein KZ eingewiesen wurden.

Die Reorganisation der deutschen Nachkriegspolizei im Rahmen der Besatzungspolitik wurde in Großbritannien bereits 1944 vorbereitet und in einem Handbuch festgeschrieben. Über die Abschaffung von Gestapo und SD gab es keinen Dissens; die übrigen Polizeidienste sollten beibehalten, jedoch gesäubert werden.[342] Den britischen Planern – im Gegensatz zu ihren amerikanischen Verbündeten – schien es jedoch attraktiv, das von ihnen wegen seiner Effizienz sogar bewunderte Reichskriminalpolizeiamt (»product of German genius«) teilweise unter Besatzungsregie weiter zu nutzen.[343]

Die Entwicklung des KPABrZ erschließt sich aus einem Schreiben des Amtsleiters Ernst Voß an die Hamburger Senats-Finanzverwaltung vom 4. März 1950, wobei den eigentlichen Hintergrund des Schreibens die bisherige Finanzierung des KPABrZ und die Übernahme der Finanzen durch den Bund bildeten. Voß berichtete wie folgt:

»Auf Anweisung des Leiters des Reichskriminalpolizeiamtes wurde am 24.4.1945 dieses Amt mit allen Einrichtungen des Kriminaltechnischen Instituts in den Raum zwischen Hamburg und Glückstadt verlegt. Es bestand Anweisung, sich mit der Ausweichstelle des Reichskriminalpolizeiamtes in Grambow i. M., welches bereits Befehl zum Absetzen nach Norden hatte, in Verbindung zu setzen.

Am 1.4.1946 erfolgte die Vereinigung aller Kräfte des Reichskriminalpolizeiamtes in Hamburg. Nachdem alle nicht tauglichen Kräfte von der englischen Militärregierung ausgesondert waren, wurde die Wiederaufnahme der Arbeiten im Rahmen des früheren Reichskriminalpolizeiamtes von der englischen Militärregierung angeordnet. Zu der Zeit bestand das Personal in Hamburg aus 48 Angehörigen des Reichskriminalpolizeiamtes. Durch Heranziehung weiterer Spezial- und Bürokräfte wurde der erforderliche Personalbestand erreicht. (...) Die Arbeiten des Amtes erstreckten sich infolge der politischen Verhältnisse in erster Linie auf das englische Besatzungsgebiet. Infolge der vorhandenen technischen Ausrüstungen des Kriminaltechnischen Instituts wurden kriminaltechnische

Untersuchungen jedoch für alle Besatzungsgebiete Westdeutschlands sowie für Berlin laufend ausgeführt. (...) Das Reichskriminalpolizeiamt ist auf Anordnung der Militärregierung in das ›Kriminalamt für die Britische Zone‹ umbenannt worden, ungeachtet der Tatsache, dass das Amt erhebliche Arbeiten für das gesamte westliche Besatzungsgebiet durchführt. Das Kriminalamt der Britischen Zone ist also die direkte Nachfolgebehörde des Reichskriminalpolizeiamtes. (...) gez. Voß«[344]

Ernst Voß (Jahrgang 1890), ehemaliger Landwirt und Teilnehmer des Ersten Weltkrieges, war in der Weimarer Republik als Polizeihauptmann Angehöriger der Schutzpolizei und wurde 1933 wegen »politischer Unzuverlässigkeit« entlassen. 1945 stellten ihn die Briten als Major der Schutzpolizei bei der Hamburger Polizei ein und beauftragten ihn Anfang 1947 mit der Leitung des KPABrZ.[345]

Das oben zitierte Schreiben mag den Eindruck vermitteln, das KPABrZ habe für die westlichen Besatzungszonen lediglich kriminaltechnische Untersuchungen vorgenommen. Tatsächlich verstand sich das Amt als eine Koordinierungsinstanz in Form eines »Ober-Landeskriminalamtes«, indem es regelmäßige Besprechungen mit den Leitern der Landeskriminalämter von Niedersachsen, Schleswig-Holstein, Nordrhein-Westfalen, Bremen und dem Kriminalamt Hamburg abhielt (was die Briten allerdings zeitweise wieder untersagten). Darüber hinaus entwickelte das Amt konkrete Pläne für die »Bi-Zone« (amerikanische und britische Besatzungszone), seine Zuständigkeit unter weitgehender Beibehaltung des Organisationsschemas als »Zentrales Kriminalpolizeiamt« auszudehnen, was die Amerikaner ablehnten. Man machte sich ferner schon frühzeitig (1947) über die Polizeiorganisation Gedanken, wie sie »nach Wegfall der Zonengrenzen und Schaffung einer deutschen Zentralregierung« beschaffen sein sollte, und lobte die alte Nazi-Organisation, »die kriminalgeografischen Gesichtspunkten bewusst Rechnung trug«, während die Nachkriegsorganisation mit ihrer Zersplitterung die kriminalpolizeiliche Arbeit gefährde.

Das KPABrZ besaß kein fachliches Weisungsrecht und keine Exekutivbefugnisse. Neben dem Kriminaltechnischen Institut (zuletzt als Kriminaltechnische *Anstalt* bezeichnet, um die Verwandtschaft mit der gleichnamigen Einrichtung des RKPA zu verschleiern) gab es

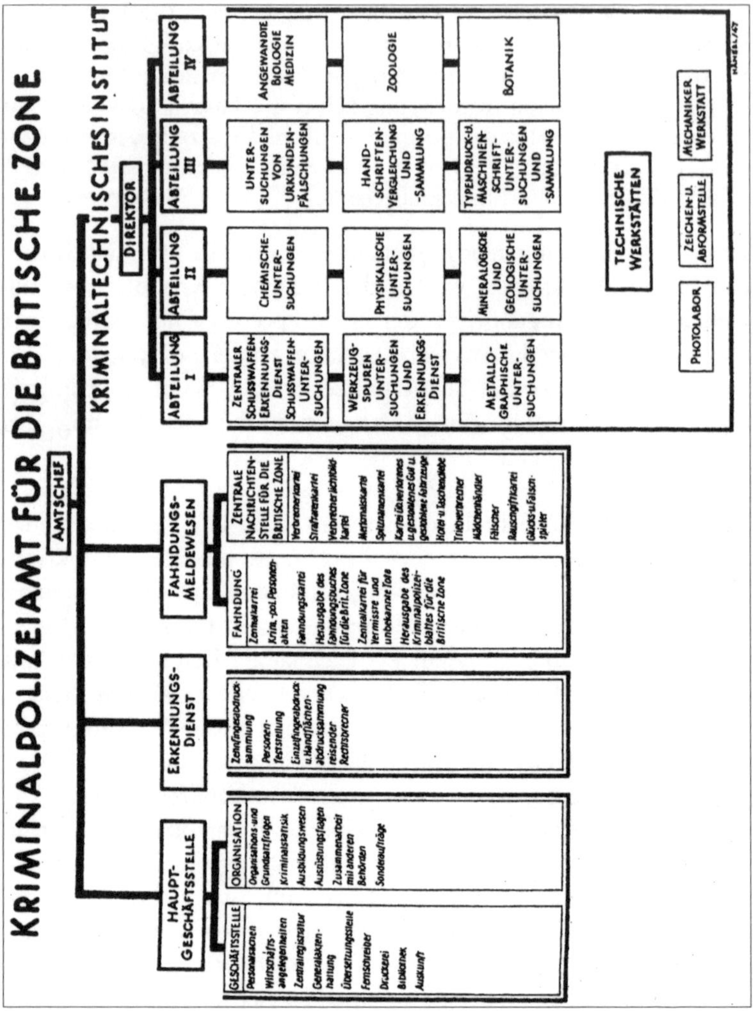

Dokument 3 (Bundesarchiv Koblenz)
Organigramm Kriminalamt der Britischen Zone

eine Abteilung für Erkennungsdienst und eine Abteilung für Fahndungs- und Meldewesen. Die Lösung kriminalpolizeilicher Probleme entwickelte sich in einem atemberaubenden Tempo. So zum Beispiel die Daktyloskopie betreffend, die Fahndung, der Schusswaffen-Erkennungsdienst, das Schaffen eines wöchentlich erscheinenden Kriminalpolizeiblattes, Richtlinien für den Meldedienst, Statistik, Spezialausbildung auf den Gebieten Falschgeld und Rauschgift und immer wieder die Optimierung der Zusammenarbeit. Ein Außenstehender müsste sich beim Lesen der Protokolle wundern, wie schnell den Betroffenen umfassende Lösungskonzepte eingefallen waren, während der Insider sehr schnell erkennt, dass es das alles schon einmal so ähnlich im Dritten Reich gab. Und fast alle Grundsatzpapiere trugen entweder die Unterschrift Rolf Holles oder seine Paraphe »Ho.«, wenn der Amtsleiter signiert hatte.

Besonders Holle war vom Althergebrachten überzeugt. Er schrieb in einer Denkschrift »Errichtung eines Länderkuratoriums für das Kriminalpolizeiamt für die Britische Zone« vom 9. März 1948: »Mit dem totalen Zusammenbruch des Deutschen Reiches fand die bis dahin bestehende kriminalpolizeiliche Organisation ihr Ende. Deutschland wurde in vier Besatzungszonen zerstückelt, welche alle mehr oder weniger auch auf kriminalpolizeilichem Gebiet eine selbständige Entwicklung nahmen. Dieser Zerschlagung der ehemaligen vorzüglichen Kriminalpolizei steht ein moralisches und wirtschaftliches Chaos gegenüber. (...) Durch die Entlassung vieler alter erfahrener Kriminalisten wurde personell der neu aufzubauenden Polizei das Rückgrat genommen.«[346]

Als Kriminaloberinspektor (der Dienstgrad entsprach dem ehemaligen Kriminalkommissar) hatte Holle eine Schlüsselposition inne, denn er stand als direkter Mitarbeiter des Amtschefs dem Grundsatzreferat vor, das sich damals »Geschäftsstelle und Organisation« bezeichnete. Der ehemalige Schutzpolizist Voß hatte wohl von der Kripo wenig Ahnung, sodass man durchaus annehmen kann, dass Holle die Graue Eminenz, der heimliche Chef, war.

In einer Ausarbeitung über »Vorbeugende Verbrechensbekämpfung« vom 20. Juni 1947 forderte Holle – angelehnt an einschlägige NS-Bestimmungen – zum Beispiel eine »schlagkräftige Polizei und Justiz« und die Einführung von »Bewährungskontrolle« und »Bewährungsverwahrung«. Durch richterliche Anordnung soll auf die Dauer eines Jahres in Verwahrung genommen werden:

– wer als Berufs- und Gewohnheitsverbrecher zweimal schuldhaft Auflagen verletzt oder straffällig wird;
– wer, ohne Berufs- und Gewohnheitsverbrecher zu sein, durch asoziales Verhalten eine Gefahr für die Allgemeinheit darstellt;
– wer keine oder falsche Angaben über seine Person macht und den Verdacht erweckt, frühere Straftaten zu verdecken oder neue zu begehen beabsichtigt (Identitätshaft).

Die Vollstreckung der vorbeugenden Verwahrung »erfolgt in Arbeitshäusern oder ähnlichen Einrichtungen«.[347] Das Wort Konzentrationslager fiel natürlich nicht mehr, wie auch nicht die Tabuwörter »Juden« oder »Zigeuner«, wohl aber »Asoziale«.

Über Jugendkriminalität schrieb Holle (4. Juli 1947), dass »heute bei Jugend wie bei Erwachsenen kein Empfinden mehr für Recht und Unrecht vorhanden« sei. Er unterteilte in gefährdete Jugendliche (ohne Unterkunft und geregelte Arbeit, zum Beispiel Grenzgänger) und kriminelle Jugendliche (die keine Gewähr dafür bieten, nicht aus dem Erlös künftiger Straftaten ihr Leben zu fristen). Für solche Jugendliche sah Holle Jugendlager auf die Dauer von einem Jahr vor mit Arbeitseinsatz zum Beispiel bei der Moorkultivierung und Torfgewinnung.[348] Beklemmende Erinnerungen werden in diesem Zusammenhang an NS-Jugendschutzlager oder an die Emslandlager (»Moor-Soldaten«) geweckt.

Das Kriminalpolizeiamt der Britischen Zone hatte eine Personalstärke von 193 Bediensteten, die sich wie folgt aufschlüsseln:[349]

Kriminalbeamte Leitender Dienst	10
Kriminalbeamte	55
Verwaltungsbeamte	3
Verwaltungsangestellte männl.	69
Verwaltungsangestellte weibl.	54
Arbeiter	4

Einige Mitarbeiter waren als Angestellte »geparkt«, weil ihre NS-Vergangenheit als zu belastend angesehen wurde. Sie wurden später im Bundeskriminalamt Beamte und in den höheren Dienst eingestuft.

Folgende Beamte wurden als dem Leitenden Dienst zugehörig bezeichnet:

Ernst Voß (1890), Polizeimajor und Amtschef
Heinrich Becker (1898), Krim. Pol. Oberrat; RKPA
Rudolf Mally (1905), Krim. Pol. Rat; KKA 1932; RKPA
Paul Schumann (1889), Krim. Pol. Rat; KKA 1932; NSDAP 1937
Ernst Steinwender (1898); Krim. Pol. Rat.; KKA 1925; NSDAP 1939
Willy Bartholomae (1898); Krim. Ob. Insp.; »unbelastet«
Adelbert Buttler (1912); Krim. Ob. Insp.; nahm 1942 an Exekutionen teil
Rolf Holle (1914); Krim. Ob. Insp.; 1939 KKA; NSDAP 1937
Alfred Kaden (1909), Krim. Ob. Insp.; 1943 KKA; NSDAP 1937, RKPA
Willi Seidel (1895); Krim. Ob. Insp.; »unbelastet«

Eine Tätigkeit Rolf Holles im Reichskriminalpolizeiamt ist, wie bereits erwähnt, nicht nachgewiesen. Er ist auf einem handschriftlichen Zettel mit 48 Namen verzeichnet, den Paul Dickopf im Besitz hatte und bei denen es sich um die 48 ehemaligen Angehörigen des RKPA gehandelt haben könnte, die in das KPABrZ übernommen wurden.[350]

Bei den im Bundesarchiv Koblenz über das Kriminalamt der Britischen Zone vorhandenen Akten des Bundesinnenministeriums befinden sich Lebensläufe für alle Beamten des Leitenden Dienstes mit Ausnahme von Rolf Holle.[351]

Von den 55 Kriminalbeamten, die keine Leitungsfunktion besaßen, waren 19 NSDAP-Mitglieder, 23 wurden bei der Entnazifizierung als »entlastet« eingestuft und 21 galten als »unbelastet« (andere Kriterien wurden nicht erfasst). Im Ergebnis hatte ungefähr die Hälfte dieser Beamten keine NS-Vergangenheit, allerdings waren 28 aus der Schutzpolizei rekrutiert worden und gehörten bereits in der NS-Zeit der uniformierten Polizei an, deren Vergangenheit nicht näher untersucht wurde. Der hohe Anteil der Schutzpolizei erklärt sich wahrscheinlich aus der Zugehörigkeit von Voß zu dieser Polizeisparte.

Sämtliche Beamten, Angestellten und Arbeiter des KPABrZ wurden im Oktober 1951 in das neu geschaffene Bundeskriminalamt überführt und bildeten dessen personellen Grundstock (siehe Kapitel I).[352]

In den Jahren 1947 bis 1950 nahm eine Entwicklung ihren Anfang, die bald als »Kalter Krieg« bezeichnet wurde und ihre Höhepunkte im Korea-Krieg (1950-1953), während der Krise in Ungarn (1956) und der Kuba-Krise (1962) erreichte. Aus Furcht vor dem Risiko des direkten militärischen Zusammenstoßes versuchten die beiden Machtblöcke ihren Einfluss und ihre Positionen durch Militärbündnisse, diplomatischen Druck, Förderung von Staatsstreichen, wirtschaftliche Hilfe, Propaganda und Infiltration zu stärken, wobei den Geheimdiensten eine besondere Rolle zuwuchs. Der Kalte Krieg vertiefte die Teilung Deutschlands, Koreas und Vietnams.

Im März 1946 sprach Churchill in einer Rede in den USA erstmals vom »Eisernen Vorhang«, der Europa teile. Die vier Siegermächte konnten sich auf der Außenministerkonferenz im gleichen Jahr in Paris nicht auf einen Friedensvertrag mit Deutschland verständigen. Die Westmächte strebten eine Stabilisierung der politischen Verhältnisse in Deutschland an, um einen Rückfall der Deutschen in eine Diktatur zu verhindern. Schrittweise sollten die Demokratie aufgebaut und eine kontrollierte Übertragung der Verantwortung erfolgen. Je attraktiver der Westen würde, so die Überlegung, desto stärker würde dessen Sogwirkung auf den östlichen Teil Deutschlands und desto größer die Wahrscheinlichkeit, den sowjetischen Einfluss in Deutschland zurückzudrängen.

Im Januar 1947 vereinigten sich die britische und amerikanische Zone zur Bi-Zone. Für die Situation im geteilten Deutschland war die Ankündigung der Marshallplan-Hilfe im Juni 1947 von entscheidender Bedeutung. Sie zeigte dem Kreml unzweideutig, dass die Vereinigten Staaten nicht gewillt waren, ihre Position in Westdeutschland aufzugeben. Der endgültige Bruch kam mit der Londoner Außenministerkonferenz Ende 1947, die, ohne einen neuen Verhandlungstermin anzuberaumen, beendet wurde. Auf einer Konferenz in London empfahlen die drei Westmächte und die Benelux-Staaten Anfang 1948 die Bildung eines separaten deutschen Staates aus den drei Westzonen mit der Möglichkeit der späteren Wiederherstellung der deutschen Einheit.[353]

Die politische Großwetterlage spielte zwangsläufig auch beim Aufbau der Polizei eine Rolle, zumal der Ost-West-Gegensatz die ursprüngliche Auseinandersetzung mit dem Nationalsozialismus immer mehr in den Hintergrund treten ließ. Dies kam der Generation, die sich »Alt-Kriminalisten« nannte und in der NS-Ideologie verhaftet war, entgegen, weil sie nach wie vor in Russland einen Feind sahen, ohne zu realisieren, dass Hitler mit seiner Politik der »Eroberung von Lebensraum im Osten« völkerrechtswidrig agiert hatte. Es entsprach dem Zeitgeist, »Kommunisten zu hassen« und den »westlichen« Standpunkt zu vertreten, was auch Paul Dickopf in seinen Berichten dazu verleitete, in politischen Einschätzungen seinen amerikanischen Auftraggebern nach dem Munde zu reden.

In seinem ersten Bericht »Die Lage der Kriminalpolizei in Deutschland« (5. Mai 1948) verurteilte Dickopf zwar die Motive der sowjetischen Besatzungsmacht, zeigte sich mit den Ergebnissen der Polizeiorganisation aber durchaus einverstanden, wenn er schrieb: »Der Russe denkt zentralistisch und erblickt in einer von der höchsten Stelle der Zone, d. h. von ihm selbst gesteuerten Polizei, das gegebene Mittel zur Massenlenkung und Massenbeherrschung. Wenn also zunächst auch alles andere als kriminalpolitische Gesichtspunkte für den imponierenden Aufbau einer neuen ›ostdeutschen‹ Kriminalpolizei maßgebend waren, bleibt doch die Tatsache bestehen, dass hier erstmals wieder die ›conditio sine qua non‹ der kriminalpolizeilichen Arbeit erfüllt wurde: Zentralisierung der technischen Dienste im Gleichklang mit der Exekutive.«[354]

Im Bericht »Die künftige Gestaltung der deutschen Kriminalpolizei« (undatiert), der Ende 1948 oder Anfang 1949 entstanden sein dürfte, griff er die Entwicklung in Ostdeutschland wieder auf und stellte fest: »Schon auf den ersten Blick zeigt sich das Wesentliche der neuen Organisation: Sie ist eine fast aufs Haar gleichende Nachbildung der ehemaligen Reichskriminalpolizei, hat dabei jedoch noch den Vorteil, von anderen Polizei-Institutionen (mit Ausnahme der Politischen Polizei) klar geschieden zu sein.« Voller Begeisterung fährt er fort: »Alle übergeordneten Stellen – vom Kriminalamt bzw. der Kriminalpolizeistelle bis zum Zonen-Kriminalamt – sind weisungsberechtigt und exekutivbefugt. Ausbildung und Ausrüstung der Beamten werden nach einheitlichen Gesichtspunkten vorgenommen.« Bewusst oder unbewusst verrät Dickopf, dass die NS-Sicherheitspolizei nach wie vor sein Ideal ist, wenn er feststellt, »dass einzig und allein hier erstmals wieder normale Voraussetzungen für kriminalpolizeiliche Arbeit geschaffen wurden«.[355] Dass es sich hier offensichtlich um eine Polizeiorganisation handelte, die Macht von oben nach unten konzentrierte, anstatt sie zu verteilen, war ihm keines (kritischen) Kommentars wert. Auch fiel ihm die Parallele der »Politischen Polizei«, von der er meinte, dass hier ein Reservoir kriminalistisch geschulter und einsatzfähiger Beamter zur Verfügung gehalten werde, zur Gestapo nicht auf.

In seinen Geheimdienstberichten aus dem Jahr 1948 wird deutlich, worum es Dickopf ging:

Er kritisierte, dass durch den von den Besatzungsmächten betriebenen föderativen Aufbau »die organisch gewachsenen kriminalpolizeilichen Einrichtungen zerschlagen« wurden. Vollmundig schreibt Dickopf: »In der Gesamtheit hat man es mit einem Phänomen zu tun, das seine Parallele nur in dem unvorhersehbaren Absturz des Mondes auf die Erde oder in einer anderen ähnlichen Katastrophe haben könnte. Vielleicht bliebe nach dem Eintritt eines solchen Ereignisses sogar mehr Erdhaftes von unserem Planeten zurück, als sich bis Mai 1948 Kriminalpolizeiliches in Deutschland erhalten hat. Das ist die Lage.« (5. Mai 1948)[356] Der Verfassungsgrundsatz, dass »Polizei Ländersache ist«, war und blieb allen »Alt-Kriminalisten« ein Dorn im Auge.

Zweitens war es ein Anliegen Dickopfs, dass die »Alten Kameraden« wieder eingestellt werden. Es sei ein Irrtum, so Dickopf, dass die Kriminalpolizei »das Produkt übersteigerter nationalsozialistischer Zentralisationsbestrebungen« gewesen sei. Es sei nicht vertretbar, zwischen Kriminalpolizei und Geheimer Staatspolizei einen Zusammenhang herzustellen, das behindere den personellen Neuaufbau. »Ich halte es deshalb für notwendig, immer wieder darauf hinzuweisen, welche untergeordnete Stellung die Kriminalpolizei unter Hitler eingenommen und welchen Widerstand selbst die jüngere Generation deutscher Kriminalisten in vielen Formen geleistet hat.«[357] Eine »falsch verstandene Denazifizierung (das Wort ›Entnazifizierung‹ kam ihm nie über die Lippen, Anm. d. Verf.) und daraus resultierende Nichtbeschäftigung nominell belasteter ehemaliger Kriminalbeamten stellen den Wiederaufbau in Frage«, denn »die Erkenntnisse einer Generation deutscher Kriminalisten fielen der Vergessenheit anheim«.[358] Es entsprach Dickopfs Intentionen ferner, eine »Zentralisierung der technischen kriminalpolizeilichen Dienste«, wie er es bezeichnete, einzuführen. Er verstand unter diesem Begriff insbesondere eine Zentralisierung des polizeilichen Nachrichtenaustausches.

Außerdem verlangte er eine zentrale Weisungsbefugnis und eine »exekutive Spitze«.[359] In der Tat wird das Bundeskriminalamt Zentralstellen erhalten, nicht aber eine Weisungsbefugnis gegenüber den Länderpolizeien und nur eine eingeschränkte Exekutive.

Während seiner gesamten Dienstzeit in den fünfziger und sechziger Jahren dramatisierte Dickopf den Anstieg der Kriminalität und verband damit Forderungen personeller Art. Mit dieser Methode begann er bereits 1948, nicht zuletzt auch um seinen amerikanischen Auftraggebern zu suggerieren, die Angehörigen der Besatzungsmacht könnten selbst Opfer von Verbrechen werden. In seinen Schriften finden sich so vergiftete Aussagen wie die folgende: »Ich glaube jedoch, dass der auch in den Konzentrationslagern Himmlers nicht ausgestorbene Stamm von Kriminellen erheblichen Zugang aus den Reihen asozial gewordener Jugendlichen, aus den Zentralen des Schwarzhandels, von Seiten der in einer neuen politischen Illegalität Lebenden und nicht zuletzt aus dem in Deutschland verbleibenden Abfall der DP-Heere erhalten wird.«[360] (DP stand für »Displaced Persons«, das waren unter anderem ausländische Zwangsarbeiter des NS-Regimes, die nach Kriegsende nicht oder noch nicht in ihr Heimatland zurückgekehrt waren.)

Utopie blieb Dickopfs Forderung, Befugnisse der Staatsanwaltschaft auf die Kriminalpolizei zu verlagern,[361] ein Anspruch, der auf lupenreiner NS-Erfahrung fußte, denn die Justiz im NS-Staat war weitgehend der Sicherheitspolizei untergeordnet.

Als Ergebnis seiner Überlegungen und Ansprüche schlug Dickopf vor, dass die drei westlichen Besatzungsmächte gemeinsam die Initiative ergreifen sollten, um ein »kleines Bundes-Kriminalpolizei-Amt (besser Zentral-Kriminal-Amt)« zu errichten, das sich – quasi als erste Ausbaustufe – zunächst auf Sammlung, Auswertung und Austausch von Nachrichten und die Erarbeitung von Richtlinien beschränken und die Auswahl, Ausbildung und Prüfung von Beamten regeln sollte.[362]

Mit einer gewissen Arroganz qualifizierte Dickopf in seinen Schriften andere Konzepte ab und gab zu verstehen, dass er die meisten im Amt befindlichen Dienststellenleiter für Dummköpfe hielt, die durch Beziehungen in ihre Stellungen gekommen waren (»von den Wogen des Umsturzes hochgespülte Existenzen«). Er konnte sich einen Seitenhieb auf den hessischen Innenminister Venedey und Polizeichef Hamberger (SPD) nicht verkneifen (»reihen sich würdig in die Vorgänger im Dritten Reich ein«) und rief nach den Praktikern, ohne dass er, wie erwähnt, selbst je praktische Erfahrung gesammelt hatte. Den anmaßenden Ton mag er sich auch deswegen geleistet haben, weil die Berichte nicht unter seinem Namen, sondern unter seiner Chiffre-Nummer an den US-Geheimdienst gingen. Im Verteiler ist zumeist Tom Polgar an erster Stelle als Adressat aufgeführt.

Mitte 1949 setzte sich Dickopf mit einem (namentlich nicht genannten) Kritiker seines Berichtes II/1948 auseinander. Dickopfs Ausführungen lassen an Deutlichkeit nichts zu wünschen übrig, wenn er schreibt, dass seine Denkschrift – im Ganzen gesehen – nichts Neues bringe, »*sondern als Ideallösung der künftigen Gestaltung der Kriminalpolizei den Zustand von 1936/37 bis 1945 hinstelle*, der bekanntlich eine völlige Loslösung der Kriminalpolizei aus der allgemeinen Polizei gebracht und damit zwei voneinander unabhängige, für sich bestehende Polizeiorganisationen, nämlich die Ordnungs- und die Sicherheitspolizei, geschaffen hat«.[363] (kursiv durch d. Verf.) Die Unverblümtheit dieser Aussage erstaunt. Mit der Loslösung aus der allgemeinen Polizei war die Trennung von der Ordnungspolizei (Schutzpolizei, Gendarmerie und Gemeindepolizei) gemeint. Dickopfs »Ideallösung« zielte also auf das Reaktivieren der Sicherheitspolizei, die sich bekanntlich aus Kriminalpolizei, Gestapo und SD zusammensetzte. Er redete der Sicherheitspolizei das Wort, »die nicht deshalb schlecht und verdammenswert sei, weil sie zur Zeit der Naziherrschaft das Licht der Welt erblickt« habe. Wir sollten das im Gedächtnis behalten bei allem, was er weiterhin schrieb, sagte und entschied.

Die politische Entwicklung Deutschlands in Richtung eines selbständigen Staates machte Fortschritte. Ein Sachverständigenausschuss hatte in Herrenchiemsee einen Verfassungsentwurf erstellt, und am 1. September 1948 trat der Parlamentarische Rat unter Dr. Konrad Adenauer in Bonn zusammen, um das Grundgesetz zu erarbeiten. Noch gab es widersprüchliche Informationen, ob eine Bundespolizei errichtet werden sollte, was sich auch in der Presse widerspiegelte.[364]

In Dickopfs Nachlass taucht Rolf Holle für das Jahr 1948 nicht auf, während ab dem 18. Mai 1949 fast jeder Schritt dokumentiert ist, den beide gemeinsam gingen. Vergleicht man Holles und

Dickopfs Denkschriften, ist die Seelenverwandtschaft unübersehbar. Inwieweit Dickopf vorher auf Holles Ausarbeitungen zurückgriff, ist nicht erwiesen, kann aber vermutet werden, zumal Holle bereits den beratenden Ausschuss des Parlamentarischen Rates und den designierten Bundesinnenminister Dr. Menzel (NRW) mit Material belieferte. Statistische und fachliche Hintergrundinformationen konnte weit und breit niemand besser beschaffen als Holle in seiner Stellung als Organisator des Kriminalpolizeiamtes der britischen Zone.

Eigentlich war die Situation grotesk zu nennen. Da gab es gewichtige Gremien, wie die Polizeichefs der Westzonen, die sich in München, Frankfurt und Hiltrup zu Tagungen trafen, um Vorarbeiten für die Regelung der Polizeifragen in der Verfassung zu leisten[365] – und da saß in Hattert im tiefen Westerwald der Geheimagent Dickopf, offiziell ein Privatmann, der sich anmaßte, die Entwicklung einzig nach seinen Plänen zu steuern. Der sture Westerwälder besaß offensichtlich ein gutes Gespür für Macht, sonst hätte er nicht die Selbstsicherheit an den Tag legen können, wie eine Spinne im Netz auf den richtigen Zeitpunkt zu warten. Nach und nach zeichnete sich ab, dass die westlichen Alliierten die Grundsatzentscheidung treffen würden, ein Bundeskriminalamt zu genehmigen. Dickopf kalkulierte, dass dann seine Stunde kommen werde. Es verunsicherte ihn keineswegs, dass von vielen Seiten (»von allen möglichen und unmöglichen Personen«) Vorschläge auf den Tisch kamen, »die in erster Linie die eigene Person zwecks späterer Verwendung ins rechte Licht rückten«.[366] Nervös wurde er allerdings, als von offizieller Seite zwei Personen als Chefs des künftigen BKA ins Gespräch gebracht wurden, nämlich der Frankfurter Polizeipräsident Klapproth und Ernst Voß, der Leiter des Kriminalamtes der Britischen Zone (KPABrZ). Sofort fiel Dickopf über beide her. Im Bericht I/49 bescheinigte er Klapproth, ein »Ignorant in kriminalistischen Dingen« zu sein. Von Kriminalistik, Kriminologie, Technik und Taktik der Verbrechensbekämpfung beherrsche der »alte Kämpfer der SPD« nicht einmal die Grundzüge. Klapproth habe Recht und Moral verletzt und sei mit einer brutal zu nennenden Dummheit vorgegangen, als es um die Wiedereinstellung von ehemaligen Kriminalbeamten ging, obwohl selbst die Alliierten auf den »Nonsens der Denazifizierung« hingewiesen hätten. Dickopf verstieg sich dann zu der Formulierung: »Ich lehne es auf jeden Fall ab, auch nur daran zu denken, dass die amerikanische Militärregierung jemals erwogen haben könnte, eine solche Kandidatur zu unterstützen.«[367]

Dass andererseits die britische Militärregierung Voß unterstütze, liege daran, dass die Labour-Regierung einen alten Kämpfer der SPD bevorzuge. Gegen seine Nominierung spreche, dass der frühere Schutzpolizeibeamte außer den in den letzten drei Jahren mühsam am Schreibtisch erworbenen Kenntnissen keinerlei theoretisches oder praktisches Fachwissen besitze. »Deshalb müssen auch die geringfügigsten Entscheidungen von dem Leiter der Organisationsstelle des KPABrZ getroffen werden.« (Womit Kriminaloberinspektor Holle gemeint war.)

Es erhebt sich die Frage, ob Dickopf diese massiven Attacken unternahm, weil er sich selbst Hoffnung auf den Chefsessel machte. Doch daraus wurde nichts. Er selbst wird wohl kaum zu der Einsicht gelangt sein, dass ein ehemaliger SS-Untersturmführer für diese Position untragbar war; vielmehr werden ihm seine amerikanischen Freunde eine Absage erteilt haben. Immerhin boten sie ihm die Leitung der Personalabteilung an, kannten sie doch Dickopfs Grundeinstellungen zur Personalgewinnung. Sechs Wochen später machte Dickopf eine Kehrtwendung und schrieb an Rolf Holle: »Soll Voß meinetwegen neuer Kripo-Chef werden.«[368] Voß war für Dickopf das kleinere Übel, um Klapproth zu verhindern. Außerdem sahen die beiden Ränke schmiedenden BKA-Planer in ihm vermutlich nicht viel mehr als einen »Pappkameraden«, den sie nach ihrem Gutdünken steuern konnten. Im Übrigen hatten alle künftigen BKA-Chefs das Gefühl, dass ihnen Dickopf nicht loyal gesonnen war. Letztlich ruhte er so lange nicht, bis er selbst im Jahre 1965 das Präsidentenamt erklommen hatte (siehe Kapitel IX).

Paul Dickopf handelte nach dem Kalkül, dass ohne die Amerikaner gar nichts möglich war. Denn die Besatzungsmacht hatte sich die Genehmigung der Verfassung genauso vorbehalten wie die Zustimmung zu Personalbesetzungen. Also war die deutsche Seite von den Siegermächten abhängig. Dickopf steuerte mit seinen konkreten Vorschlägen, die über den Geheimdienst in die alliierten Entscheidungsgremien eingespeist wurden, die US-Militärregierung. Er spürte, dass Briten und Franzosen eine *leadership* der Amerikaner akzeptierten, damit setzte er auf das richtige Pferd. Die Amerikaner schätzten ihn als fundierten Fachmann und vertrauten ihm, was bis auf die Empfehlungen des OSS in Bern zurückdatierte. Tatsächlich hielt damit Dickopf in Fragen des Polizeiaufbaues mehr Macht in den Händen als die Innenminister der westlichen Zonenländer, die allerdings zu diesem Zeitpunkt davon überhaupt keine Ahnung hatten.

Als die drei westlichen Militärgouverneure am 14. April 1949 den so genannten Polizeibrief an den Parlamentarischen Rat geschrieben hatten, mit dem sie Konzessionen in Richtung einer Bundespolizei machten (siehe Kapitel I), ging Paul Dickopf in die Offensive. Wie ein Rennpferd, das in seiner Box auf den Start gewartet hatte, schoss er ein Feuerwerk von Aktivitäten ab. Ob es auf seinen oder auf amerikanischen Wunsch zurückging, den Gesprächskreis über den Geheimdienstbereich hinaus auszuweiten, ist nicht rekonstruierbar. »Nicht ganz ohne mein Zutun sind die Amerikaner nach längerem Abwarten und Zusehen auf Touren gekommen, haben auch in der Frage der westdeutschen Polizei die Initiative ergriffen (nachdem sie schon immer den stärksten Anteil an den alliierten Vorarbeiten hatten) und richteten zunächst mit ihrem den Aufbau eines Bundeskriminalpolizeiamtes erlaubenden Schreiben unter den unentschlossenen Politikern in Bonn heillose Verwirrung an.« Dickopf berichtete an Holle, er habe eine Reihe von Unterredungen geführt, so am 13. Mai mit Beamten der US-Militärregierung in Frankfurt a. M., an der auch die Leiter der Abteilung »Öffentliche Sicherheit« teilnahmen, »um die amerikanischen Ansichten zu präzisieren. Ein von mir in aller Eile gefertigter Plan des BKA, den ich vorsorglich mitgenommen hatte, wurde fotokopiert und als Arbeitsgrundlage genommen.«[369] Erstmals hätte er die Amerikaner dazu bewegen können, nicht nur wie üblich zu erklären, was sie nicht wünschten, sondern ihre eigenen Vorstellungen zu entwickeln. »Um das Ende vorwegzunehmen: Wir sind uns einig geworden, wenn auch beide Teile Zugeständnisse machen mussten, die für die Amerikaner in gewisser Beziehung die Abkehr vom Verbot jeglicher Einflussnahme des BKA auf die Tätigkeit der Kriminalpolizei der Länder bedeuten, während sich mein Nachgeben im Wesentlichen darauf beschränkte, zuzugestehen, dass das BKA zunächst (Unterstreichung durch Dickopf) ohne Exekutive der vorgesehenen Zentral-Stellen (der früheren Reichs-Zentralen) arbeitet.«[370]

Dickopf kündigte abschließende Besprechungen am 24. und 25. Mai 1949 an und erweckte den Eindruck, dass er als bevollmächtigter Verhandlungspartner auf deutscher Seite angesehen wurde. (»Du kannst dir vorstellen, dass es nicht ganz einfach war, allein gegen eine große Überzahl von sehr geschickten Polizei-Fachleuten zu stehen, die ziemlich eng gefasste, eindeutige Anordnungen ihrer Regierung ausführen sollen.«) Gemessen daran, dass seine und Holles Pläne nach und nach realisiert wurden, erlangte Dickopf tatsächlich diese Bedeutung. So stellte er bereits jetzt die Weichen, »dass das KPABrZ das Skelett des BKA werden kann«. Jedoch habe er gegenüber den Amerikanern betont, dass die SPD den Gedanken aufgeben müsse, das BKA »als Stelle zur Unterbringung von Parteifunktionären oder dieses Amt zu einer Befehlsstelle des internen Parteiapparates auszubauen«. Die Erfahrung zeige, »dass der in der britischen Besatzungs-Zone spürbare Einfluss der SPD den Wiederaufbau der Demokratie auf das Schwerste zu gefährden droht«.[371]

Das Endergebnis der mit amerikanischer Besatzungsmacht abgestimmten Polizeiplanung sollte am 26. Mai an Dickopf übergeben werden. »Die hartnäckig umkämpften Unterlagen werden keinerlei offizielles Aussehen haben, in Wirklichkeit aber die bestimmende Ansicht der in Deutschland maßgebenden alleinigen Autorität beinhalten).«[372] (Unterstreichung durch Dickopf) Dies war eine Schlüsselaussage zur damaligen Situation.

Dickopf wurde von amerikanischer Seite autorisiert, mit den zuständigen deutschen Instanzen zu verhandeln, die noch aus den Länderregierungen gebildet wurden, denn erst am 14. August 1949 fand die Wahl zum Ersten Deutschen Bundestag statt und am 7. September konstituierten sich Bundestag und Bundesrat.

Dickopf lud seinen Freund Holle für mehrere Tage nach Hattert ein, wo beide Organigramme, Skizzen und Personalpläne für ein künftiges BKA nach den Vorgaben der Besatzungsmächte erstellten. Beide überreichten das Material am 1. Juli 1949 dem Innenminister von Nordrhein-Westfalen, Dr. Menzel. Sie übergaben unter anderem die Planskizze Nr. 2 und erklärten, dass dieser Entwurf bereits von den Alliierten genehmigt worden sei. Menzel habe »ein nicht ganz zu verhehlendes Erstaunen gezeigt« und angekündigt, das Material bei der in Kürze in Schlangenbad stattfindenden Ausschusssitzung der Ministerpräsidentenkonferenz zu diskutieren.[373] Damit begann Dickopfs Beratertätigkeit als Mittler zwischen deutschen Regierungsstellen und den Alliierten.

Dickopf war sich der Gunst der Stunde bewusst: »Es ist jetzt der Augenblick gekommen, in dem wir unseren ganzen Einfluss gemeinsam geltend machen können.« Er habe vier Jahre auf diese Chance gewartet, schrieb er an Holle, die einmal und ganz bestimmt

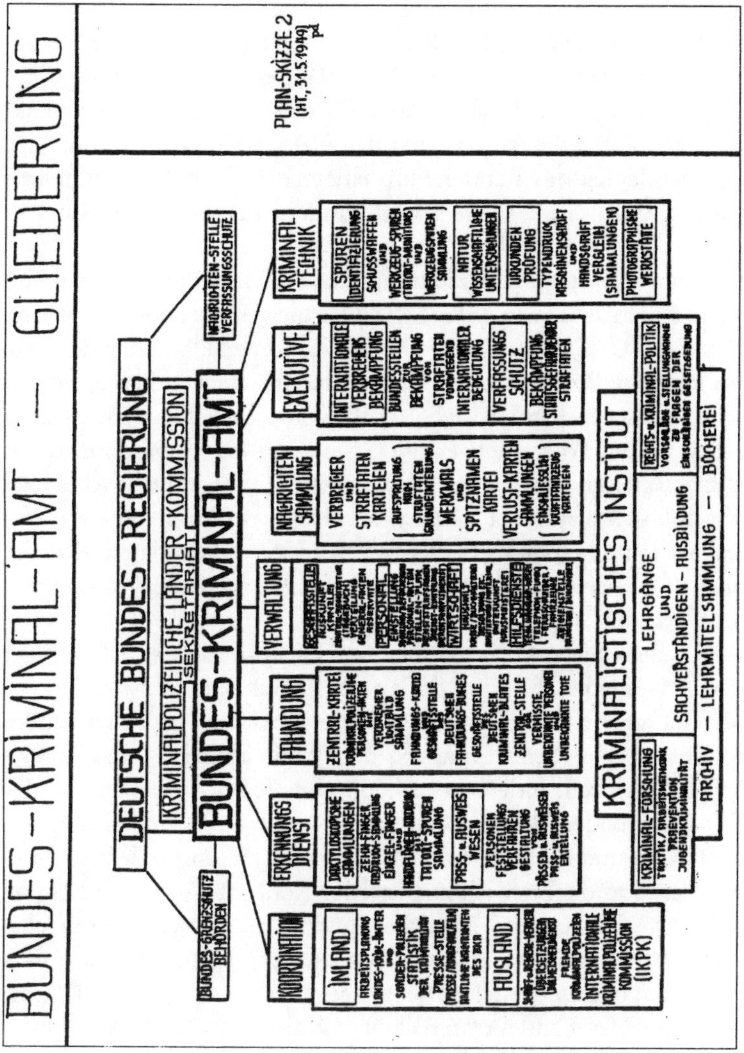

Dokument 4 (Bundesarchiv Koblenz)
Organigramm BKA Entwurf Dickopf/Holle 31.5.1949 (Planskizze 2)

nie wieder geboten würde. Und er halte es nach allen Entbehrungen einerseits und tatkräftiger Mithilfe andererseits nicht für unbillig, »die eigene Zukunft sicherzustellen«. Als Gegenleistung für die Unterstützung von Voß sollte die Besetzung der wichtigen Planstellen »vor dessen Ernennung« (Unterstreichung Dickopf) mit ihm ausgehandelt werden. Er stellte Holle die rhetorische Frage, ob nicht er die Leitung der Personalabteilung übernehmen wolle, obwohl die Amerikaner ihm (Dickopf) diese Stelle angeboten hatten. Seinen Brief an Holle schloss Dickopf mit den Worten: »Lass dir noch einmal sagen, dass jetzt der letzte, interessanteste und entscheidende Teil des Rennens um eine vernünftige Kriminalpolizei kommt, und sei nebst Weib und Kindern herzlichst gegrüßt von deinem Paul.«[374]

Seine geheime Berichterstattung setzte Dickopf fort.[375] Am 6. Juli 1949 empfahl er den amerikanischen Partnern unter anderem, Vertreter der CDU/CSU und der FDP für die eigenen Pläne zu gewinnen, um übereilte Beschlüsse zu verhindern, »die einen eindeutig sozialdemokratischen Kurs des BKA gutheißen«. Zwei Tage später traf er sich mit Tom Polgar, um einige Grundsätze zu besprechen. Dazu zählte, dass sich die alliierte Militärregierung ein Vetorecht vorbehält, falls politisch belastete Personen der Gruppen I-III in das BKA eingestellt werden sollten. Dies geschah in der erkennbaren Absicht, einen Freibrief für die Gruppen IV und V zu erhalten, was später auch gelang.[376]

Zwischen Juli und November war Dickopf rastlos in Frankfurt a. M., Wiesbaden, Bonn und Hamburg unterwegs, hatte sich mehrfach mit seinem Führungsoffizier Polgar getroffen, an diesen mehrere Berichte geschrieben,[377] mit Voß und Holle konferiert und Lobby-Arbeit betrieben, indem er sich mit Bundestagsabgeordneten der CDU aus Baden-Württemberg und Nordrhein-Westfalen traf.

Dickopf und Holle verfolgten sehr genau die stattfindenden Konferenzen und die Entwicklung anderer Konzepte, wie zum Beispiel in Bayern, Hessen und Nordrhein-Westfalen. Konkurrierende ehemalige Berufskollegen, die sich ebenfalls über den Aufbau des BKA Gedanken machten, stellte Dickopf als »alte Nazis« dar, wie D'Heil, den Leiter des Landeskriminalamtes Nordrhein-Westfalen: »Unter den Nazis Kriminalrat in verschiedenen Dienststellen, Anfang des Krieges bei der Kripo Hamburg, später im Einsatz-Kommando (wahrscheinlich Dänemark), von wo er nach der Internierung um die Jahreswende 47/48 zurückkehrte. Seit ca. 1 Jahr in jetziger Stellung. Abenteuerlicher Charakter. Ca. 50 Jahre alt.«[378]

Dickopf zeigte sich von anderen Entwürfen (»in jeder Hinsicht indiskutabel«) unbeeindruckt, weil er wusste, dass er mit seiner US-Connection (er bezeichnete sie als »meine Leute«[379]) am längeren Hebel saß. In seiner ungebremsten Aversion gegen die SPD scheute er nicht davor zurück, in einem Brief an Holle Kurt Schumacher, den Vorsitzenden der SPD, als »Goebbels-Schumacher« zu diffamieren. »Im Ganzen gesehen bin ich optimistisch, besonders nach dem Heiterkeitserfolg, den Herr Goebbels-Schumacher bei der gestrigen Anmeldung unberechtigter Ansprüche auf Besetzung der neu zu schaffenden Beamtenstellen des Bundes hatte.«[380]

Am 18. November 1949 wurden Dickopf und Holle erstmals im neuen Bundesinnenministerium empfangen, das nicht viel mehr als einen Aufbaustab vorzuweisen hatte. Nicht Dr. Menzel war Innenminister geworden, sondern Gustav Heinemann,[381] damals CDU-Mitglied und Oberbürgermeister von Essen. Zum Staatssekretär wurde der konservative Bayer Hans Ritter von Lex[382] bestimmt, er blieb bis 1960 in diesem Amt.

Gesprächspartner von Dickopf und Holle war der neu eingestellte Referent für die Kriminalpolizei Dr. Max Hagemann, damals 66 Jahre alt. Hagemann war 1914 Staatsanwalt in Berlin gewesen und wurde 1920 stellvertretender Chef der Kripo Berlin, 1926 Leiter des Polizei-Instituts in Charlottenburg und ein Jahr später Chef der Kripo Berlin. 1931 wechselte er zum Preußischen Oberverwaltungsgericht und wurde dort 1941 in den einstweiligen Ruhestand versetzt. Ein Jahr später berief man ihn in das Reichsjustizministerium (Abteilung Reichskommissar für die Behandlung feindlichen Vermögens). Hagemann war kein Mitglied der NSDAP.[383]

Die Planskizze über die Organisation des BKA beurteilte Max Hagemann, wie Dickopf notierte, positiv. Bedenken zeigte er lediglich bei der Exekutivgruppe »Verfassungs-Schutz«, da er keine Verquickung politisch-polizeilicher Aufgaben mit dem BKA wünschte. Dickopf signalisierte seinen amerikanischen Auftraggebern, dass er mit Ausnahme der Frage um die Staatsschutz-Exekutive mit Hagemann auf einer Linie liege. Hagemann beauftragte Dickopf, »inoffiziell« in der Nähe von Bonn einen Standort für das BKA zu suchen.

Dickopf schlug Koblenz vor, womit Hagemann einverstanden war.[384]

In einer ersten Presseverlautbarung erklärte Innenminister Dr. Heinemann, dass bisher die Aufstellung einer Bundespolizei im Kabinett noch nicht beraten worden sei. Das BKA werde nach Erlass eines Gesetzes errichtet und nicht mit Exekutivbefugnissen ausgestattet.[385] Dickopf wird dies mit Befremden aufgenommen haben. Zunächst aber befasste er sich mit der Suche eines geeigneten Objektes in Koblenz, nachdem er das Einverständnis von Mr. Polgar eingeholt hatte.[386]

In den Monaten Dezember 1949 bis Mai 1950 trieb das Tandem Dickopf-Holle den Aufbau des Bundeskriminalamtes in enger Abstimmung mit Geschick voran. Sie unterrichteten einander durch Briefe und bei Telefonaten und trafen sich regelmäßig in Hattert, um neueste Statistiken, Planungsänderungen und Grundsatzentscheidungen vorzubereiten. Hierzu zählte auch die Stellungnahme zu Entwürfen des BKA-Gesetzes, das nach und nach Form annahm. Gemeinsam besprachen sie regelmäßig in Bonn die Fortschreibung der Entwicklung mit Hagemann, der ohne beide recht hilflos gewesen wäre. Er erkannte die Qualitäten von Holle und schlug vor, ihn vom KPABrZ zum BMI abzuordnen. Holle war aus familiären Gründen nicht begeistert und meinte außerdem, dass zunächst sein Freund Dickopf eine feste Anstellung haben sollte. Hagemann akzeptierte schließlich, dass Holle wechseln würde, wenn das Bundeskriminalamt geschaffen sei, und solange in Hamburg zur Verfügung stehen könne, um das KPABrZ »abzuwickeln«. Parallel versorgte Dickopf seine amerikanischen Auftraggeber mit den neuesten Informationen und nahm deren Direktiven entgegen.[387]

Am 22. November 1949 forderte Hagemann Dickopf auf, sich offiziell für eine Einstellung in das BMI zu bewerben, zwei Tage später legte Dickopf sein Gesuch mit Lebenslauf, Beurteilungen, Spruchkammerbescheid und Referenzen vor.[388]

Sicher nicht ohne Hintergedanken – was seine eigene Wiederverwendung anging – vermittelte Dickopf einen Gesprächstermin zwischen Hagemann und James L. McCraw, Chef der Public Safety Branch des Alliierten Hochkommissars in Frankfurt a. M., für den 29. November in Bonn. Dickopf machte den Besucher mit Hagemann bekannt und stellte seinen Führungsoffizier Tom Polgar als

»politischen Berater« vor, nahm aber an der Besprechung nicht teil, obwohl ihn alle Gesprächspartner dazu aufforderten. (»Ich schützte eine andere Verabredung als Entschuldigung vor.«) In seinem Bericht über die Unterredung betonte Hagemann, dass McCraw die Einrichtung einer exekutiven politischen Polizei mit Nachdruck ablehnte, weil dies seine Regierung niemals zulasse. Hagemann wunderte sich, wie gut die Amerikaner informiert waren. Er konnte nicht ahnen, dass McCraw und Polgar in zwei Vorgesprächen intensiv von Dickopf vorbereitet worden waren; auch eine Nachbereitung fand statt. Dickopf empfahl Hagemann »als den richtigen Mann am richtigen Platz«. Die US-Vertreter waren insgesamt recht zufrieden, bemängelten jedoch die Langsamkeit der Aufbauarbeit und beurteilten Hagemann als etwas zu »weich«.[389] Als der Bundesinnenminister nach einem Besuch im Hamburger KPABrZ durchblicken ließ, dass er sich nicht Voß, sondern Hagemann als künftigen Chef des BKA vorstelle, erlangte Hagemann für Dickopf eine noch größere Bedeutung. Es musste Dickopf getroffen haben, als sich Hagemann enttäuscht darüber zeigte, wie wenig sich über Dickopfs Qualifikation als Kriminalist aus dessen Bewerbungsunterlagen ergebe. Er verlangte eine Ergänzung des Lebenslaufes[390] und stellte Dickopf in einem Brief schriftliche Fragen:[391]

»1. Weshalb haben Sie sich in der Schweiz nicht an die offizielle Vertretung des Deutschen Reichs gewandt?
2. Weshalb nicht an die deutsch-demokratische Vereinigung in Zürich? (Vorsitzender der ehemalige Reichskanzler Dr. Wirth, der noch in Luzern, Halbestr. 6, leben soll)
3. Weshalb nicht von vorneherein an Herrn Högner? Wie kam es, dass es erst Jahre später einer Einführung zu ihm durch Herrn v. S. Gaevernitz bedurfte, während der anti-nationalsozialistische Kreis, dessen Mittelpunkt Högner war, doch allgemein in der Schweiz bekannt war?
4. Aus den Unterlassungen zu 1-3 könnte gefolgert werden, dass Sie von Anfang an in der Schweiz im Besitz von Geldmitteln waren und weiter, dass diese von einer Stelle stammten, in deren Nachrichtendienst Sie gleich zu Beginn traten.«

Dickopf änderte mehrfach seine Bewerbungsunterlagen und schrieb einen zweiten Lebenslauf, den er mit Billigung von Hagemann auf das Datum des ersten Lebenslaufes (23. November 1949) zurückdatierte.[392] Seine Vergangenheit holte ihn wieder ein; welche Gefühle ihn dabei bewegten, ist aus schriftlichen Äußerungen nicht zu erschließen; scheinbar geduldig gab er ergänzende Erklärungen ab, die auf der Linie seiner Legende lagen.

Ob die Amerikaner an ihrem Kundschafter zweifelten, ist nicht erkennbar, zumindest ließen sie sich für einen »Persilschein« Zeit, den Dickopf bei ihnen in Auftrag gegeben hatte, jedoch dreimal anmahnen musste. Schließlich stellte ihm McCraw am 8. Februar 1950 ein ausgezeichnetes Zeugnis aus, in dem auch pflichtgemäß vermerkt war, dass es Dickopf abgelehnt hätte, »in den Dienst der Militärregierung zu treten«.[393] Dieser Überzeugung war möglicherweise Staatssekretär Ritter von Lex nicht, der bei einer Konferenz vom »Einbau alliierter Vertrauensleute in deutsche Behörden« gesprochen hatte, was Tom Polgar kritisierte und Dickopf als »groben Fauxpas« bezeichnete. Es ist allerdings nicht eindeutig zu sagen, ob dieser Verdacht auf Dickopf gemünzt war.

Völlig überraschend wurde Dickopf am 23. Dezember 1949 zu Bundeskanzler Adenauer bestellt. Der Regierungschef schaltete sich offensichtlich ein, weil die Stelle des Leiters des Verfassungsschutzamtes zu besetzen war. Hagemann gab Dickopf mit auf dem Weg, ihre »gemeinsame Sache nicht dem Verfassungsschutz zu opfern«. Dickopf erweckte in dem Gespräch den Eindruck, sich lieber dem Aufbau der Kriminalpolizei widmen zu wollen, ließ sich aber das Hintertürchen offen, »auf das eminent wichtige Gebiet des Verfassungsschutzes umzusatteln, falls kein das Vertrauen der Regierung genießender Fachmann« gefunden werden sollte.[394] Dickopf war unsicher, wie er die Begegnung mit Adenauer bewerten sollte. »Es ist bei der Undurchdringlichkeit Dr. A.'s sehr schwer zu sagen, ob ich die Tauglichkeitsüberprüfung bestanden habe oder nicht. (...) Es scheint mir und ich glaube, dass ich mich hier nicht irre, dass ich nicht gerade den schlechtesten Eindruck hervorgerufen habe, da es sonst undenkbar wäre, dass Dr. A. dreiviertel Stunden und sein Personalreferent fast eine weitere Stunde opfert, um sich den Lebensweg und die Pläne eines bis dahin unbekannten Mannes anzuhören. Andererseits ist mir unklar, warum Z. nicht betraut wird, nachdem er eine ganze Reihe von prädestinierten Vorzügen besitzt.«[395]

Unter den Bewerbern für dieses Amt befand sich Dickopfs ehemaliger Stuttgarter Abwehrchef Dr. Zeitz,[396] der inzwischen in Berlin für amerikanische Stellen (vermutlich CIA) tätig war und den

Dickopf seinen amerikanischen Freunden als erfahrener Nachrichtendienst-Fachmann für den Verfassungsschutz dringend empfohlen hatte. Da man aber nicht sicher war, ob Zeitz eventuell Verbindungen zu den Sowjets pflegte, kam er nicht zum Zuge.[397] In dieser Phase wurde General Gehlen für den Posten ins Auge gefasst, was Tom Polgar gegenüber Dickopf andeutete.[398]

Bei dem persönlichen Referenten Adenauers, der sich in einem längeren Gespräch Notizen zu Dickopfs Lebenslauf machte, handelte es sich um den umstrittenen Kanzleramtschef Dr. Hans Globke,[399] der als Kommentator der NS-Rassegesetze erstmals Ende März 1950 im Bundestag heftiger Kritik der SPD ausgesetzt war. Adenauer stellte sich vor seinen Ministerialdirektor mit der Aussage, »die Angelegenheit ist bereits von den Besatzungsmächten auf das Genaueste geprüft worden. Ein Deutscher sollte nicht noch minutiöser sein als die Besatzungsbehörden.«[400] Am 4. April berichtete Dickopf an Hagemann, dass sich Polgar positiv über Globke geäußert habe.[401] Entgegen seinen Gepflogenheiten hatte Dickopf die US-Geheimdienstler nicht vorher über das Gespräch mit Adenauer informiert und wegen der Weihnachtsfeiertage auch nicht bald danach berichtet. Er steckte offensichtlich eine ziemlich heftige Rüge ein, zu ersehen an einem Entschuldigungsschreiben vom 30. Dezember 1949, in dem er peinliche Ausflüchte gebrauchte, warum er angeblich verhindert gewesen sei.[402] Dieses Verhalten zeigt, dass ihn seine US-Chefs doch an einer kürzeren Leine führten, als aus seinen Berichten, die allerdings im Allgemeinen einen vorauseilenden Gehorsam zeigten, erkennbar ist. Sein formelles Verhalten vermittelte den Eindruck des pflichtgetreuen Agenten, der allerdings in der Sache seine Auftraggeber energisch beeinflusste. Wahrscheinlich haben dies die Amerikaner nicht realisiert.

Erstmals brachten sich im Dezember 1949 höhere Chargen der ehemaligen Reichskriminalpolizei ins Spiel, wie Hans Lobbes,[403] den Holle als »unumstrittenen Fachmann des RKPA« lobte, oder Dr. Estenfeld, seinerzeit Lehrer an der Führerschule der Sicherheitspolizei in Berlin-Charlottenburg.[404] Fast allen gegenüber zeigte Dickopf die Mentalität eines »Wadenbeißers«, wohl aufgrund eines Minderwertigkeitskomplexes, denn diese Bewerber waren im Gegensatz zu ihm tatsächlich Kriminalisten, die über theoretische und praktische Berufserfahrung verfügten.

Dem ehemaligen SS-Sturmbannführer Lobbes bescheinigte Dickopf einen »minderwertigen Charakter«.[405] Der »früher so elegante« KK Maisch vom RKPA befand sich laut Dickopf »in einem ziemlich heruntergekommenen Zustand«,[406] Polizeipräsident Becker aus Wiesbaden »bringt nur die allernotwendigsten Voraussetzungen mit«.[407] Der frühere Direktionskommissar Willmann der Frankfurter Kripo, der vor 1933 der SPD treu gewesen sei, »zwang mich und andere Antinazis, in die NSDAP oder in eine ihrer Gliederungen einzutreten. Jetzt also will er, unter der Vorgabe, ›Spieler-Spezialist‹ zu sein, in das BKA – zuerst SPD, dann scharfer NSDAP-Pg., dann zum Kriminalrat im Generalgouvernement befördert, heute nur ›Spieler-Spezialist‹ und morgen? Das kann heiter werden, wenn ein paar Dutzend solcher Kapazitäten für das BKA eingefangen werden. Der Verwaltungspolizist mit Stapo-Praxis Skiba gehört ebenfalls zu den wenig erfreulichen Erscheinungen im Bewerbungswettkampf.«[408] Lediglich gegen Dr. Rudolf Braschwitz, SS-Sturmbannführer und Angehöriger des Reichssicherheitshauptamtes, hatte Dickopf keine direkten Einwände; Braschwitz wurde später als Kriminalrat stellvertretender Leiter der Kriminalpolizei Dortmund.[409]

Von Bedeutung ist, dass Dickopf in diesem Zusammenhang ganz eindeutig zu erkennen gab, dass ihm der verbrecherische Charakter eines »Einsatzes in Polen« bewusst war, weil er Hagemann vor Bewerbern mit einer solchen Vergangenheit ausdrücklich warnte.[410] Trotzdem wird er in den nächsten drei Jahren solche Angehörige von Einsatzgruppen in das BKA einstellen und bis in höchste Stellen befördern.

Nunmehr trat auch wieder Dr. Bernhard Niggemeyer in das Gesichtsfeld Dickopfs, der unser besonderes Interesse erregt, weil er hinter Dickopf und Holle in nicht allzu ferner Zeit der dritte Mann in der Chefetage des Bundeskriminalamtes sein sollte. Gemeinsam waren Niggemeyer und Dickopf 1939 bei der Kripo Karlsruhe tätig. Unter den Bewerbungen, die er bei Hagemann vorfand, »befinden sich einige schlecht beleumdete Beamte«, so Dickopf im Februar 1950, »die ich persönlich kenne, wie zum Beispiel Dr. Niggemeyer (Karlsruhe und Geheime Feldpolizei Frankreich)«.[411] Zu seinem großen Bedauern stelle er fest, dass »der frühere KK Dr. Niggemeyer auf Wunsch des Staatssekretärs von Lex zur bevorzugten Einstellung vorgemerkt ist. N. hat vor einigen Tagen einen nach Dr. Hagemanns Worten frechen Brief an ihn gerichtet, den dieser jedoch umgehend barsch beantwortet hat. Es sollte mich trotzdem wundern, wenn Radfahrer wie N. nicht doch über kurz oder lang wieder in leitender Stellung tätig wären und sich durch kräftiges Treten nach unten und devotes Bücken nach oben rücksichtslos vorwärts kämpften. Bei Niggemeyer jedenfalls steht nach seiner in Karlsruhe gespielten Rolle zu vermuten, dass er die bei dem ›heimlichen‹ alten Kämpfer Greiner mit Erfolg angewandte Taktik auch heute wieder befolgen wird: damals begeisterter junger Nazi-Kommissar, heute Katholik und morgen?«[412]

Nicht, dass Dickopf sich etwa gegen die Verwendung »begeisterter Nazi-Kommissare« ausgesprochen hätte – wie schon bekannt, verhielt er sich doppelbödig und wurde von amerikanischer Seite in seiner Haltung bestärkt. Am 9. Dezember 1949 notierte er in diesem Zusammenhang:

»Zu der personellen Besetzung des kommenden BKA bemerkt Mr. Polgar, dass er die Schwierigkeiten nicht verkenne, die dadurch entstehen, dass die Fach-Kriminalisten zum großen Teil ›irgendwie mit dem Nazitum verwandt gewesen seien‹; er wiederholt in diesem Zusammenhang die alliierte Forderung auf rechtskräftige Denazifizierung der für das BKA vorgesehenen Personen und den Wunsch der Besatzungsmächte, das BKA nicht mit ehemaligen Nazis zu überfremden. Mr. Polgar erklärt weiter, dass – wie bereits im Mai/Juni d. J. festgestellt – keinerlei Einwendungen gegen die Beschäftigung von in Gruppe IV bzw. V eingestuften ehemaligen Kriminalbeamten gemacht werden und dass auch die nominelle Zugehörigkeit zu SS bzw. SD keinen Ausschließungsgrund bedeute, maßgebend sei und bleibe das Urteil, das sich aus einer Betrachtung der Person und des Verhaltens des Betroffenen in der Nazizeit ergebe. Die bisherige Praxis habe dazu geführt, dass viele ›verhinderte‹ Nazis in maßgebende Stellungen berufen worden seien und dort manches Unheil angerichtet hätten, während fachlich ausgezeichnete Kräfte wegen irgendwelcher nomineller Belastungen für ihren früheren Beruf verloren gegangen seien.«[413]

Die Kontroverse um dieses Problem eskalierte in einem Gespräch, das Dickopf und Holle einen Tag später mit Hagemann führten.

»Gegen Ende der Besprechung berichtet Dr. Hagemann über eine angebliche Äußerung Dr. Adenauers, nach der es vollkommen ausgeschlossen sei, dass Bewerber, die irgendwann der SS angehört haben, in das kommende BKA eingestellt werden. Obwohl weder KPOI Holle noch ich

Mitglieder in der SS waren, durch die mit der Beförderung zum Kriminalkommissar verbundene zwangsweise Ernennung zum Untersturmführer im SD nach allgemeinem Sprachgebrauch aber als SS-Angehörige betrachtet werden, reagieren wir auf diese Mitteilung Dr. H.'s mit aller Schärfe. Da die Weitergabe der Äußerung des Bundeskanzlers an Dr. Hagemann durch den Personalsachbearbeiter Dr. Adenauers, Min.Dir. Globke, mit Sicherheit vermuten lässt, dass keine falsche Interpretation der Ansichten des Regierungschefs vorliegt, erkläre ich mit Nachdruck, für wie abwegig ich diese Einstellung halte. Dr. H. kann sich meinen Argumenten nicht verschließen, nach denen ein Ausschluss der durch Dienstgradangleichung wider ihren Willen und nur nominell zu SS-Angehörigen gestempelten, inzwischen aber denazifizierten Kriminalbeamten

1. eine Diffamierung und ungesetzliche Zurücksetzung,
2. eine Nichtachtung der Spruchkammerentscheide,
3. eine Abkehr von den durch Repräsentanten aller Parteien und den Bundeskanzler selbst bisher vertretenen Anschauungen und
4. die Fortsetzung der von den Alliierten längst aufgegebenen, weil unhaltbar gewordenen Politik bedeutet, die – unter Strafloslassung der wirklich Schuldigen – zu einer unheilvollen Aufspaltung des Volkes und zu demokratie-feindlicher Einstellung vieler Staatsbürger geführt hat.

Dr. Hagemann versicherte abschließend, dass er seinen Einfluss in Richtung auf eine Revision der Anschauungen des Bundeskanzlers geltend machen wird, da auch nach seiner Auffassung die Wiedereinstellung charakterlich einwandfreier, fachlich geeigneter und politisch nur formell belasteter Beamten aus den verschiedensten Gründen notwendig ist. Nicht zuletzt mag für Dr. H.'s Ansicht die Überlegung maßgebend sein, dass fast alle von ihm in engere Wahl Gezogenen im entgegengesetzten Fall aus dem Kreis der Bewerber wieder ausscheiden müssten.«[414] Denn »Nicht-Pg.'s scheinen die ganz große Ausnahme zu bilden – genannt wird kein einziger (!) (Ausrufezeichen von Dickopf).«[415]

Drei Tage später nahm Paul Dickopf das Thema erneut auf und eröffnete Hagemann, dass er sich veranlasst gesehen habe, die amerikanische Militärregierung von der Auffassung des Bundeskanzlers zu unterrichten. Hagemann habe erwidert, dass er die nächste Gelegenheit wahrnehmen wolle, Globke auf das Ungesetzliche und Unvernünftige einer solchen Haltung aufmerksam zu machen. Dickopf fuhr fort: »Ich lasse keine Zweifel darüber, dass ich ggf. alle Mittel in Bewegung setzen werde, um einmal eine öffentliche Erklärung Dr. Adenauers zu dem strittigen Punkt herbeizuführen und zum anderen eine Kettenreaktion in Gang zu setzen, über deren Folgen ich mir nicht den Kopf zerbrechen werde.«[416]

Dass Dickopf Mr. Polgar tatsächlich Bericht erstattete, schreibt er am 15. Dezember seinem Freund Holle.[417]

Zweifellos lagen in dieser Sache bei Dickopf die Nerven blank, denn es handelte sich um eine existentiell wichtige Frage für ihn und seine Berufskollegen. Da er sich als verlängerter Arm der Besatzungsmacht begriff, glaubte er sich erlauben zu können, einen solchen Ton gegenüber einem Ministerialrat des Innenministeriums anschlagen zu können, ja sogar dem Bundeskanzler zu drohen. Dr. Hagemann wirkte eingeschüchtert und ließ sich das Verhalten bieten, ein Indiz dafür, welche Macht Dickopf ausübte.

Die »Personalie Dickopf« zog sich in die Länge, offenbar war Paul Dickopf dem Personalchef, Ministerialrat von Perbandt, und dem Abteilungsleiter, Ministerialdirektor Egidi, nicht ganz geheuer. Dickopf setzte Hagemann unter Druck, und dieser bedrängte seine Chefs, bis es schließlich am 21. März 1950 zu einem Gespräch mit Innenminister Heinemann kam, bei dem Dickopf, der wohl verunsichert war, nicht gerade souverän wirkte. Auf eine Frage des Ministers, welche Funktion er im künftigen BKA übernehmen wolle, antwortete Dickopf, dass er an die Abteilung »Koordination« denke, daneben aber »in erster Linie um eine sorgfältige Auswahl des Personals besorgt sein wolle«. Am liebsten aber würde er sich dem Archiv und der Bücherei widmen, kam er ins Schwadronieren, da Bücher sein größtes Hobby seien. Diese Aussage veranlasste Heinemann zu der spöttischen Bemerkung: »Herr Dickopf will im BKA Bücher lesen.« Falls sich der Innenminister ein Bild machen wollte, ob Dickopf als Chef des BKA in Frage kam, hatte der Kandidat diese Chance verspielt.

Dickopf berichtete in einer Aktennotiz: »Der Minister, der eine merkwürdige Kälte ausstrahlt, scheint irgendwie dadurch betroffen, dass ein Nicht-Beamteter sich um Dinge kümmert, die in den Aufgabenbereich des Ministeriums fallen. (...) Es ist deshalb nicht ausgeschlossen, dass der Minister vor einer Einstellung zurückschreckt, weil mein Weg unter dem Naziregime nicht alltäglich war und dank meiner sturen Haltung auch nach dem Krieg noch nicht in den heute am meisten benutzten einmündet.«[418] Bei Rolf Holle beklagte sich Dickopf: »Ich warte also wieder – wie schon so oft – und hoffe, dass mich der Minister und seine Adlati nicht für einen hoch bezahlten Agenten der United States halten, der ihnen ihre – wie die Erfahrung lehrt – schlecht gehüteten Geheimnisse zu entreißen versucht.«[419]

Am 25. April 1950 eröffnete Dickopf Hagemann, dass er das Angebot habe, die Leitung der Kriminalpolizei in Rheinland-Pfalz zu übernehmen. Hagemann soll konsterniert ausgerufen haben: »Um Gottes willen, Sie werden doch jetzt nicht abspringen wollen!« Dickopf bat darum, die Angelegenheit vorerst vertraulich zu behandeln, damit er nicht im BMI in den Verdacht der versuchten Erpressung gerate. Hagemann soll ihn daraufhin um die Erlaubnis gebeten haben, Herrn von Perbandt zumindest eine Andeutung machen zu dürfen, da sich das Ministerium zu einem schnellen Entschluss aufraffen müsse, sonst ginge Dickopf dem BKA verloren.[420]

Am 15. Mai 1950 wurde Paul Dickopf als Kriminalkommissar mit einem Bruttogehalt von 651 DM in der Funktion eines Sachbearbeiters – später eines Hilfsreferenten – in das Bundesinnenministerium eingestellt.

Vorbild Reichskriminalpolizeiamt

Das Reichskriminalpolizeiamt (RKPA) war als Amt V ein Teil des Reichssicherheitshauptamtes (RSHA). Beamte des RKPA schickten unter dem Vorwand der vorbeugenden Verbrechensbekämpfung Tausende von »Gewohnheitsverbrechern«, »Asozialen« und Homosexuellen in Konzentrationslager, verfolgten Sinti und Roma nach »rassischer« Überprüfung durch ihr Kriminalbiologisches Institut und entwickelten im Kriminaltechnischen Institut Verfahren zur Ermordung von Geisteskranken.[421]

Der Chef des Amtes V, Arthur Nebe (Jahrgang 1894),[422] wurde nach 1945 von älteren Kriminalistenjahrgängen glorifiziert, weil er zum Kreis der Verschwörer gegen Hitler gehörte. Nebe wurde am 2. März 1945 durch den Volksgerichtshof zum Tode verurteilt und in Plötzensee hingerichtet. Es darf aber auch nicht ausgeblendet werden, dass er als SS-Gruppenführer einer Verbrecherorganisation vorstand und als Kommandeur der Einsatzgruppe B im so genannten Ostfeldzug für Tausende Morde verantwortlich war. Nebe als Vorbild hinzustellen hieße, ihn einseitig zu beurteilen.

Er galt als »alter Kämpfer«, der bereits 1931 in SS, NSDAP und SA eintrat. Am 1. April 1933 wurde Nebe zum Kriminalrat ernannt und in das Geheime Staatspolizeiamt (Gestapa) versetzt. Hier leitete er den Außendienst und erlangte eine Schlüsselfunktion im Gleichschaltungsprozess 1933/34. Ab 1. Januar 1935 war er Leiter der Kripo und des Landeskriminalpolizeiamtes im Polizeipräsidium Berlin, 1936 Chef des Reichskriminalpolizeiamtes und 1939 des entsprechenden Amtes V im RSHA.[423] Bei der Deportation der Berliner Zigeuner »in den Osten« arbeitete Nebe im Herbst 1939 eng mit Adolf Eichmann zusammen.[424]

SS-Brigadeführer Nebe führte nach dem Angriff auf die UdSSR vom 22. Juni 1941 bis Ende Oktober 1941 die Einsatzgruppe B, deren Einsatzraum das südliche Baltikum und die nördliche Ukraine war und die bis Ende Oktober 1941 die Liquidierung von 45 467 Personen, größtenteils Juden, meldete.[425]

Nach einem Besuch Himmlers am 14./15. August 1941 in Minsk kommandierte Nebe den Chemiker Dr. Widmann[426] vom Kriminaltechnischen Institut des RKPA nach Minsk und veranlasste zunächst Versuche an Geisteskranken, diese mittels Sprengstoff zu töten. Als sich die Methode als ungeeignet erwies, setzte man die Experimente mit Auspuffabgasen fort. Aufgrund eines Erfahrungsberichtes, den Nebe an Himmler übersandte, verbesserte man die bereits in Polen mit CO-Gas eingesetzten »Gaswagen« und setzte sie in der Ukraine ein.[427] Mit ihrer Hilfe wurden Tausende von Menschen, russische Kriegsgefangene, Geiseln und vor allem Juden, durch die Einsatzgruppe B heimtückisch ermordet. Die Gaswagen waren Vorläufer der Gaskammern in den Massenvernichtungslagern.[428]

Nebe unterhielt Kontakt zu Mitgliedern der deutschen Widerstandsbewegung, darunter zu Ludwig Beck und später zu Hans Oster, und wurde zu einem wichtigen Informanten. Er blieb mit diesem Kreis durch seinen Freund Hans Bernd Gisevius[429] in Verbindung, der zuerst bei der Gestapo arbeitete, dann im Innenministerium und später als Vizekonsul in der Schweiz tätig war. Gisevius war 1943 und 1944 Informant des amerikanischen Geheimdienstes OSS in Bern.[430]

Am 16. Juli 1937 erhielt das Preußische Landeskriminalpolizeiamt die Bezeichnung »Reichskriminalpolizeiamt«. Mit Erlass vom 27. September 1939 ließ Himmler die zentralen Ämter der Sicherheitspolizei und des Sicherheitsdienstes im Reichssicherheitshauptamt zusammenfassen. Das Geheime Staatspolizeiamt nannte sich »RSHA/Amt IV«, das Reichskriminalpolizeiamt »RSHA/Amt V«.

Das Reichskriminalpolizeiamt hatte seinen Sitz seit dem 1. August

1939 in der so genannten Kriminalzentrale in Berlin-Mitte, Am Werderschen Markt 5/7. In diesem Gebäude waren bis zur Teilausbombung im November 1943 die vier Gruppen A-D untergebracht. Im Laufe des Jahres 1943 verlegte man die Dienststellen des Amtes V – mit Ausnahme der Führungsspitze – in Orte außerhalb Berlins.[431] Das Reichskriminalpolizeiamt, wie es Dickopf als Vorbild für das Bundeskriminalamt vorschwebte, war (ab 1942) wie folgt organisiert:[432]

Gruppe	V A	**Kriminalpolitik und Vorbeugung**
	V A 1	Rechtsfragen, internationale Zusammenarbeit und Kriminalforschung
	V A 1 a	Recht und Gesetzgebung Amtliche Veröffentlichungen Veröffentlichungen Tagespresse und Fachpresse Rundfunk, Film Schriftenreihe des RKPA
	V A 1 b	Internationale Zusammenarbeit Kriminalpolizeilicher Auslandsschrift- und Amtshilfeverkehr Bearbeitung aller Fragen im Zusammenhang mit der Internationalen Kriminalpolizeilichen Kommission Dienstbetrieb des Internationalen Büros der IKPK Besichtigung kriminalpolizeilicher Einrichtungen durch Ausländer Dolmetscherdienst Übersetzungen
	V A 1 c	Kriminalforschung Bibliothek, Archiv Kriminalstatistik für das Deutsche Reich Kriminalpolizeiliche Lehrfilme Herstellung von Lehrmaterial
	V A 2	Vorbeugung
	V A 2 a	Bearbeitung von Gesuchen um Aufhebung der Polizeilichen Vorbeugehaft
	V A 2 b	Asoziale, Prostituierte und Zigeuner

		Reichszentrale zur Bekämpfung des Zigeunerunwesens Erfassung und rassebiologische Einordnung der Zigeuner und Zigeunermischlinge
	V A 3	Weibliche Kriminalpolizei
	V A 3 a	Organisation und Einsatz
	V A 3 b	Reichszentrale zur Bekämpfung der Jugendkriminalität
Gruppe	V B	**Einsatz**
	V B 1	Kapitalverbrechen
	V B 1 a-b	Reichszentrale zur Bekämpfung von Kapitalverbrechen
	V B 1 c	Reichszentrale für Vermisste und unbekannte Tote
	V B 1 d	Reichszentrale zur Bekämpfung internationaler und interlokaler Taschendiebe
	V B 1 e	Reichszentrale zur Bekämpfung reisender und gewerbsmäßiger Einbrecher
	V B 2	Betrug
	V B 2 a	Reichszentrale zur Bekämpfung der reisenden und gewerbsmäßigen Betrüger und Fälscher
	V B 2 b	Reichszentrale zur Bekämpfung der Kriegs-Wirtschaftsdelikte
	V B 2 c	Sonderreferat zur Bekämpfung der Korruption
	V B 2 d	Reichszentrale zur Bekämpfung des Glücks- und Falschspiels
	V B 2 e	Reichszentrale zur Bekämpfung von Geldfälschungen
	V B 3	Sittlichkeitsverbrechen
	V B 3 a	Reichszentrale zur Bekämpfung unzüchtiger Bilder, Schriften und Inserate
	V B 3 b	Reichszentrale zur Bekämpfung des Internationalen Mädchenhandels
	V B 3 c	Reichszentrale zur Bekämpfung von Rauschgift-Vergehen
	V B 3 d	Reichszentrale zur Bekämpfung der Homosexualität und der Abtreibung

Gruppe	V B 3 e	Reichszentrale zur Bekämpfung von Sittlichkeitsdelikten und Triebverbrechen
	V C	**Fahndung**
	V C 1	Fahndungszentralen
	V C 2	Fahndungsmittel
	V C 2 a	Deutsches Kriminalpolizeiblatt Deutsches Fahndungsbuch
	V C 2 b	Zentrale Fahndungskartei
	V C 2 c	Sonstige Fahndungshilfsmittel
	V C 3 a	Diensthundewesen
	V C 3 b	Kriminalpolizeiliche Personenakten und Hauptkartei
	V C 3 c	Ermittlungskarteien Zentralverbrechenlichtbildkartei Reichs-Spitznamenkartei Reichs-Merkmalskartei
	V C 3 d	Auskunftserteilung
	V D	**Kriminaltechnisches Institut**
	V D 1	Spuren- und Personenidentifizierung
	V D 1 a	Identifizierung daktyloskopischer Spuren Einzelfingerabdrücke und Fingerspurensammlung Identifizierung der Spuren von Werkzeugen, Fahrzeugen, Schuhwerk, Tierfährten, Zähnen Identifizierung von Schusswaffen und Munition
	V D 1 b	Personenidentifizierung Zehnfingerabdrucksammlung Personenfeststellung
	V D 2	Chemische und biologisch-naturwissenschaftliche Untersuchungen
	V D 2 a	Brand- und Explosionsuntersuchungen
	V D 2 b	Materialuntersuchung
	V D 2 c	Giftausmittlung
	V D 2 d	Biologisch-naturwissenschaftliche Untersuchungen Blutuntersuchung

	Spermauntersuchung
	Haar-, Federn- und Schuppenuntersuchung
	Kotuntersuchung, Faserstoff- und Holzuntersuchung
	Vergleichende Untersuchung von Staub- und Schmutzspuren
V D 3	Urkundenuntersuchung
V D 3 a	Urkundenprüfung
V D 3 b	Schriftenuntersuchungen
V D W 1	**Technische Werkstätten**
V D W 2	Lichtbildstelle
V D W 3	Kriminaltechnische Zeichen- und Abformstelle
II C a 4 C 7	**Wirtschaftsstelle des RKPA**
	Besoldung, Vergütung, Reise- und Umzugskosten
	Fernsprechgebühren, Beschaffungswesen und Haushaltungsangelegenheiten
	Tagebuchführung und Aktenverwaltung
	Zahlstelle

Das Organisationsschema des Bundeskriminalamtes aus dem Jahre 1956 (siehe Seite 166) zeigt einen vorläufig zum Abschluss gekommenen Ausbaustand an, wie er von Dickopf und Holle angestrebt worden war.

Es wird selbst dem in Polizeifragen nicht versierten Laien auffallen, dass es sowohl im Organisationsplan des Kriminalpolizeiamtes der Britischen Zone (siehe Seite 136), als auch im Organigramm des BKA mit Ausnahme der Sicherungsgruppe so gut wie kein Sachgebiet gibt, das nicht auch in der Organisation des RKPA vorhanden wäre. Natürlich ist der Vergleich nur bedingt möglich, weil die Aufgaben des BKA unter den Vorzeichen einer Demokratie und die des RKPA unter denen einer Diktatur wahrgenommen wurden. Dennoch lässt sich festhalten, dass es sich beim Bundeskriminalamt organisatorisch um einen Abklatsch des RKPA handelte, unter Ausklammerung der Positionen, die in einem Rechtsstaat unmöglich hätten

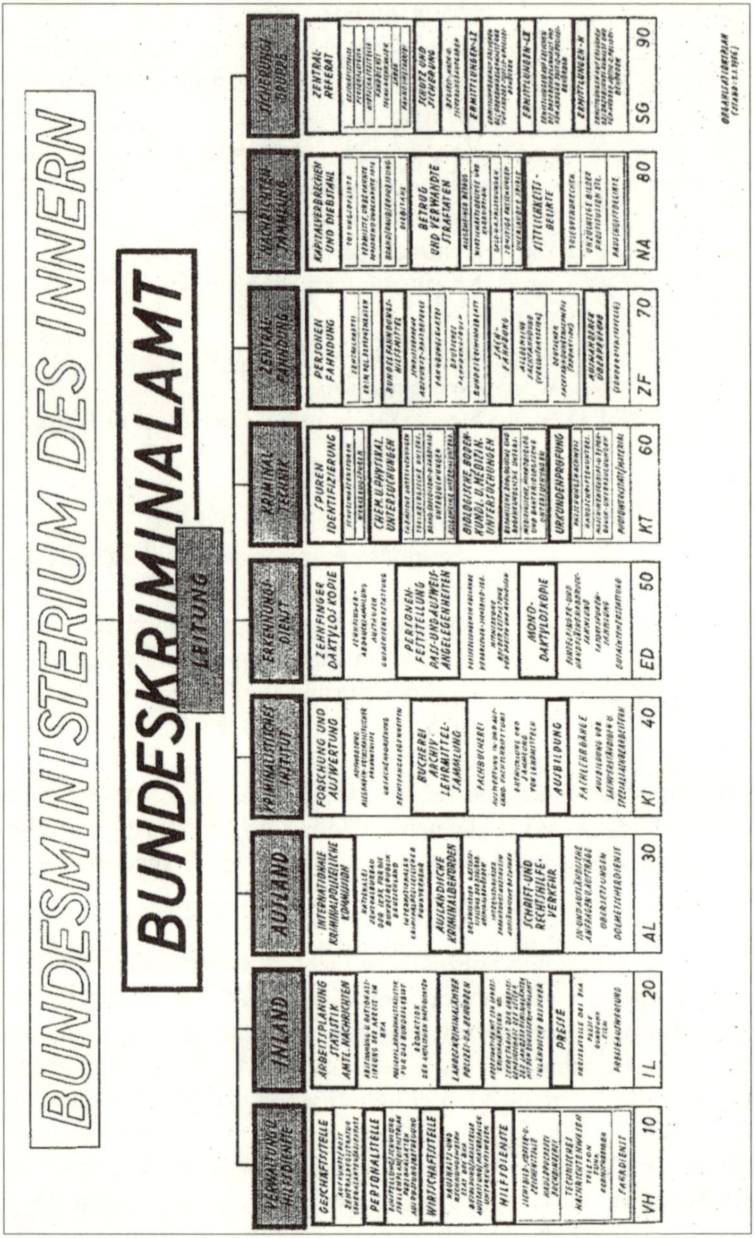

Dokument 5 (Bundesarchiv Koblenz)
Organigramm Bundeskriminalamt (1956)

übernommen werden können. Dazu zählten auch ein Weisungsrecht des Bundeskriminalamtes gegenüber den Länderpolizeien, das Dickopf nicht durchsetzen konnte, sowie eine uneingeschränkte Ermittlungskompetenz der Zentralstellen, wovon Dickopf ebenfalls träumte. Und nicht nur er, denn auch die folgenden Kriminalisten-Generationen im BKA versuchten die exekutiven Kompetenzen des Amtes zu erweitern, was nur im Bereich der Terrorismusbekämpfung gelang. Wie auch in der bisherigen Polizeigeschichte der Nachkriegszeit nur zweimal die Polizeikräfte der Bundesländer vorübergehend dem Bundeskriminalamt unterstellt wurden: Dies ordnete im Mai 1972 die Innenministerkonferenz an, um die Festnahme der Baader-Meinhof-Bande zu bewirken, und ein zweites Mal Bundesinnenminister Maihofer am 6. September 1977 nach der Entführung des Arbeitgeberpräsidenten Schleyer.[433]

Die Organisation des Bundeskriminalamtes war aufgebläht, was bedenkliche Folgen für die Kriminalpolitik der kommenden Jahrzehnte haben sollte. Dickopf und Holle hatten übernommen, was sich NS-Perfektionisten ausgedacht hatten. Mit der beiden Reformern eigenen Pedanterie und ihrem Hang zum Bürokratismus schufen sie ein BKA, das mehr Abteilungen, Referate und Sachgebiete auswies, als gebraucht wurden. Sie gingen mit neun Abteilungen über die Organisation des RKPA hinaus, das auf vier Abteilungen beschränkt war. So wurde zum Beispiel das Kriminaltechnische Institut des RKPA (Abt. D) in zwei BKA-Abteilungen aufgeteilt (Erkennungsdienst und Kriminaltechnik). Die BKA-Abteilung Kriminaltechnik war überhaupt überflüssig, denn die größeren Landeskriminalämter trieben einen vergleichbaren Aufwand, mit dem Ergebnis, dass forensische Untersuchungen landesweit mehrfach angeboten wurden. Bei einem Mord in Duisburg beispielsweise hatte der Kriminalbeamte die willkürliche Entscheidung zu treffen, ob er eine Faserspur beim Landeskriminalamt Düsseldorf oder beim Bundeskriminalamt Wiesbaden untersuchen ließ. Rationell wäre gewesen – auch im Sinne einer sparsamen Haushaltsführung –, wenn die Kriminaltechnischen Untersuchungsstellen der Landeskriminalämter unterschiedliche Schwerpunkte gesetzt beziehungsweise Spezialisierungen vorgenommen hätten; auf die Laboratorien des BKA, das sich auf die kriminaltechnische Forschung hätte beschränken können, wäre besser verzichtet worden.

Die organisatorische Aufsplittung des BKA diente unter anderem dem Zweck, Planstellen zu schaffen – die Personalkurve stieg alsbald steil an, denn das BKA entwickelte sich dank Dickopfs »Fürsorge« zur Versorgungsanstalt für politisch belastete »Alt-Kriminalisten«.

Dickopf und Holle hatten mit Ausnahme der Sicherungsgruppe (siehe Kapitel VII) einen Papiertiger geschaffen. In seinen Geheimdienstberichten und Aktennotizen pries Dickopf das System der Reichszentralen im RKPA als Nonplusultra an. Danach gab es legendäre Spezialisten auf einzelnen Kriminalitätsgebieten, die überörtliche Informationen sammelten und sich exekutiv einschalteten, wenn ihr Fachwissen gebraucht wurde oder der Fall eine gewisse Dimension annahm. Tatsächlich entwickelte das BKA in den Folgejahren so gut wie keine Initiative, Ermittlungen zu übernehmen, und verfiel in einen Dornröschenschlaf. Kein Wunder also, dass die Kollegen in den Bundesländern die »Koryphäen« des BKA als »Schreibtischkriminalisten« belächelten. Als Dr. Horst Herold[434] am 1. September 1971 die Nachfolge von Dickopf antrat, beklagte er, eine Briefkastenbehörde übernommen zu haben: ein riesiger Input ohne bemerkenswerten Output; Parkinson feierte fröhliche Urständ. Der ehemalige Polizeipräsident von Nürnberg und Praktiker Herold wunderte sich, dass es für Dickopf das Höchste war, täglich das Bundeskriminalblatt (im RKPA Deutsches Kriminalpolizeiblatt) und monatlich das Deutsche Fahndungsbuch (im RKPA dieselbe Bezeichnung) herauszugeben, das allerdings bereits bei Drucklegung stets weitgehend überholt war.[435]

Experten des RKPA wurden im BKA gebraucht, so z. B. Richard Pelz (Jahrgang 1909). In einem Runderlass des Chefs der Sicherheitspolizei und des SD vom 24. August 1942 heißt es: »Auf meinen Vorschlag hat der Reichsführer SS und Chef der Deutschen Polizei im Reichsministerium des Inneren dem Kriminaloberassistenten Richard Pelz, Reichssicherheitshauptamt – V – durch ein persönliches Schreiben seine Anerkennung für besondere fachliche Leistungen ausgesprochen.«[436] Womit sich der Schusswaffen-Sachverständige das Lob Himmlers verdiente, ergibt sich nicht aus den überlieferten Akten. Für die Einstellung in das RKPABrZ und die Übernahme in das BKA als Kriminalinspektor war die außergewöhnliche Auszeichnung kein Hindernis.

Nach fünf Semestern Medizin hängte Joachim Kaintzig (Jahrgang 1905) 1931 sein Studium an den Nagel und ging zur Kriminalpolizei.

Im Dezember 1933 bestand er seine Kommissar-Prüfung und versah in Frankfurt a. M. Dienst, bis er 1937 zum Geheimen Staatspolizeiamt versetzt wurde, wo er sich als Sachgebietsleiter mit der Bekämpfung der Homosexualität befasste. Auf dieses Arbeitsgebiet war er über mehrere Jahre spezialisiert, wurde 1940 zum Kriminalrat befördert und gehörte im RKPA der Reichszentrale zur Bekämpfung der Homosexualität an.[437]

Homosexuelle galten in der nationalsozialistischen Weltanschauung als »Gemeinschaftsfremde« und »Entartete«. Ihre Verfolgung setzte Mitte 1934 nach dem so genannten Röhm-Putsch ein; lesbische Frauen erlitten als »Asoziale« das gleiche Schicksal.[438] Kaintzig gehörte zu den Kriminalisten, die sich die damalige Auffassung zu eigen machten, »die Seuche Homosexualität« einzudämmen und dabei »kein Mittel unversucht zu lassen«.[439] Die Reichszentrale setzte die Politik der Verfolgungsmaßnahmen um und erfasste 1939 karteimäßig 33 000 Personen, darunter 7800 »Jugendverführer« und »Verführer in mehreren schwerwiegenden Fällen« sowie 3800 Strichjungen. Handelte es sich um erwachsene Partner und Fälle, in denen Partei und Öffentlichkeit keine Rolle spielten, beließ man es bei der strafrechtlichen Verfolgung nach den Paragraphen 175 und 175a StGB. Von der Justiz ergingen im Dritten Reich etwa 50 000 Strafurteile. 1940 beauftragte Himmler die ihm unterstellte Kriminalpolizei, »in Zukunft alle Homosexuellen, die mehr als einen Partner verführt haben, nach ihrer Entlassung aus dem Gefängnis in Vorbeugungshaft zu nehmen«. Die Opfer wurden in Konzentrationslager eingewiesen (gekennzeichnet mit einem rosa Winkel), ca. 2800 Homosexuelle zwangsweise kastriert und zwischen 5000 und 15 000 ermordet.[440] Kriminalrat Kaintzig war einer der Vorgesetzten in der Reichszentrale und trug erhebliche Mitverantwortung an diesen Verbrechen, aber auch an solchen der Geheimen Feldpolizei (siehe Kapitel VI, Der Intellektuelle). Trotzdem stand Kaintzig eine Karriere im Bundeskriminalamt offen: Er war zunächst in der Sicherungsgruppe tätig[441] und bereits 1954 wieder als Regierungskriminalrat Angehöriger des höheren Dienstes und in der Abteilung Nachrichtensammlung Leiter des Referates Kapitalverbrechen und Diebstahl. Nach Auskunft der Zentralen Stelle der Landesjustizverwaltungen in Ludwigsburg (1985) fand gegen Kaintzig weder ein Strafverfahren statt noch wurden überhaupt staatsanwaltschaftliche Ermittlungen »wegen NS-Verbrechen zum Nachteil von Homosexuellen« geführt.[442]

Es führt in die Irre, das Reichskriminalpolizeiamt als eine Insel der »ehrwürdigen« Kripo im sonst so verbrecherischen Reichssicherheitshauptamt zu betrachten, wie es einige Apologeten der Kriminalpolizei bis heute gerne tun. Das weist schon der Geschäftsverteilungsplan des Amtes V aus, der in einer Extraspalte bei vielen Organisationseinheiten der Abt. V die Überschneidung mit anderen Ämtern vermerkt.[443] Das RSHA war seit 1940 in sieben Ämter gegliedert:

Amt I	Personal unter anderem Personalbewirtschaftung, Ausbildung, Führerschulen
Amt II	Organisation, Verwaltung, Recht unter anderem Einziehung staats- und volksfeindlichen Vermögens Ausbürgerung, Konstruktion der Gaswagen
Amt III	Inlandsnachrichtendienst (SD) unter anderem Meldungen aus dem Reich
Amt IV	Gegnererforschung und -bekämpfung (Gestapo)
Amt V	Reichskriminalpolizeiamt
Amt VI	Auslandsnachrichtendienst SD
Amt VII	Weltanschauliche Forschung

Das am 27. September 1939 aus der Geheimen Staatspolizei, Kriminalpolizei und dem Sicherheitsdienst der SS, dem SD, gegründete RSHA wurde von Reinhard Heydrich geleitet.[444] Nach dem Attentat auf Heydrich am 27. Mai 1942 übernahm Himmler selbst die Leitung, bevor er zum 30. Januar 1943 den österreichischen SS-Gruppenführer Ernst Kaltenbrunner[445] zum neuen Chef des RSHA ernannte. Das RSHA vernetzte Parteikompetenzen mit Polizeiaufgaben, sodass dort sowohl Beamte als auch von der Partei oder der SS angestellte Personen tätig waren.[446]

Das RSHA, verantwortlich für die Ermordung von Millionen von Menschen und vom Nürnberger Gerichtshof zur verbrecherischen Organisation erklärt, war auf die rassische »Reinhaltung« des Volkskörpers, auf die Abwehr und Vernichtung der völkisch definierten Gegner ausgerichtet. Der Sitz war in Berlin, aber seine Macht entfaltete sich durch die Rotation der Entscheidungsträger vor Ort.[447]

Die lange Liste der Verbrechen gliedert sich in drei Sachkomplexe, die Gegenstand des sogenannten RSHA-Verfahrens, das zwischen

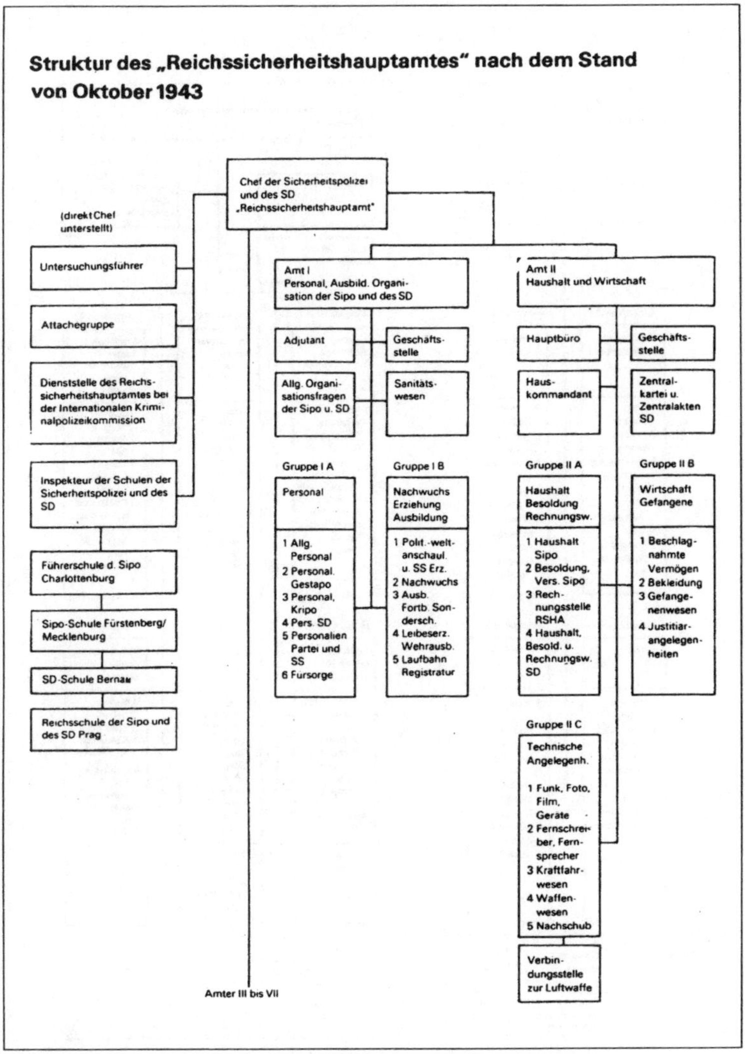

Dokument 6 (Charisius/Mader: Nicht länger geheim, Berlin [Ost] 1980)
Organigramm Reichssicherheitshauptamt (Stand Oktober 1943)

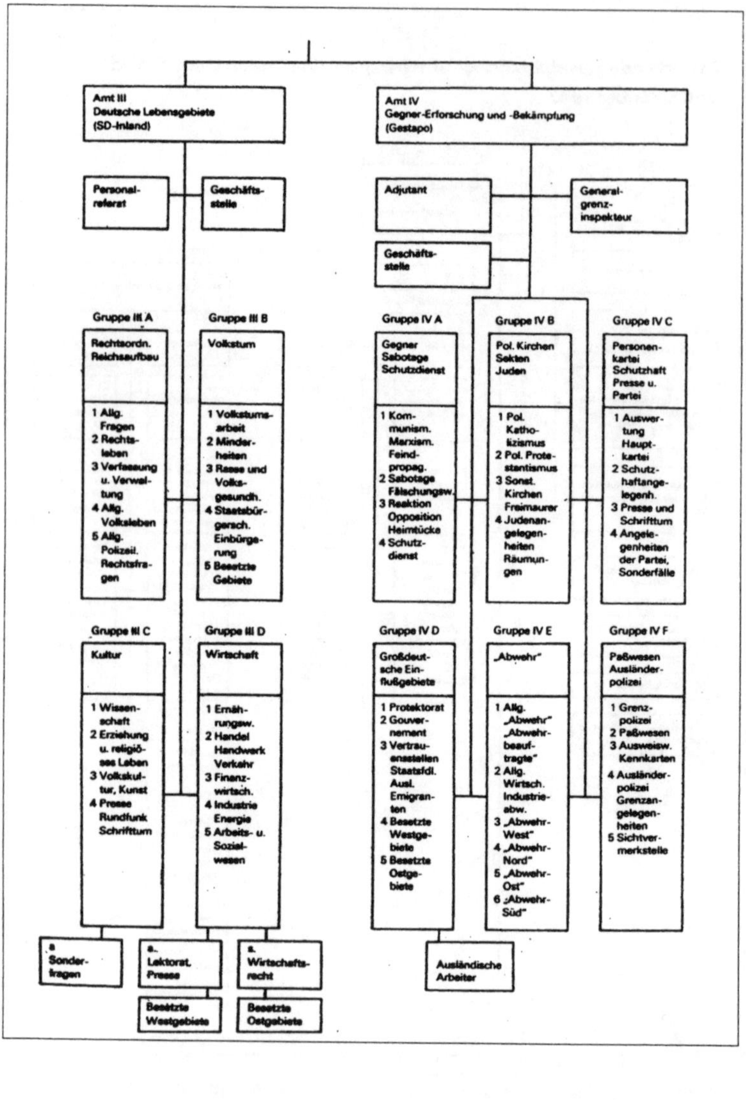
Amt III
Deutsche Lebensgebiete
(SD-Inland)
Amt IV
Gegner-Erforschung und -Bekämpfung
(Gestapo)
Personal-referat
Geschäfts-stelle
Adjutant
General-grenz-inspekteur
Geschäfts-stelle
Gruppe III A
Rechtsordn. Reichsaufbau
1 Allg. Fragen
2 Rechts-leben
3 Verfassung u. Verwal-tung
4 Allg. Volksleben
5 Allg. Polizeil. Rechtsfra-gen
Gruppe III B
Volkstum
1 Volkstums-arbeit
2 Minder-heiten
3 Rasse und Volks-gesundh.
4 Staatsbür-gersch. Einbürge-rung
5 Besetzte Gebiete
Gruppe IV A
Gegner Sabotage Schutzdienst
1 Kom-munism. Marxism. Feind-propag.
2 Sabotage Fälschungsw.
3 Reaktion Opposition Heimtücke
4 Schutz-dienst
Gruppe IV B
Pol. Kirchen Sekten Juden
1 Pol. Katho-lizismus
2 Pol. Prote-stantismus
3 Sonst. Kirchen Freimaurer
4 Judenan-gelegen-heiten Räumun-gen
Gruppe IV C
Personen-kartei Schutzhaft Presse u. Partei
1 Auswer-tung Haupt-kartei
2 Schutz-haftange-legenh.
3 Presse und Schrifttum
4 Angele-genheiten der Partei, Sonderfälle
Gruppe III C
Kultur
1 Wissen-schaft
2 Erziehung u. religiö-ses Leben
3 Volkskul-tur, Kunst
4 Presse Rundfunk Schrifttum
Gruppe III D
Wirtschaft
1 Ernäh-rungsw.
2 Handel Handwerk Verkehr
3 Finanz-wirtsch.
4 Industrie Energie
5 Arbeits- u. Sozial-wesen
Gruppe IV D
Großdeut-sche Ein-flußgebiete
1 Protektorat
2 Gouver-nement
3 Vertrau-ensstellen Staatsfdl. Ausl. Emigran-ten
4 Besetzte Westge-biete
5 Besetzte Ostge-biete
Gruppe IV E
„Abwehr"
1 Allg. „Abwehr" „Abwehr-beauf-tragte"
2 Allg. Wirtsch. Industrie-abw.
3 „Abwehr-West"
4 „Abwehr-Nord"
5 „Abwehr-Ost"
6 „Abwehr-Süd"
Gruppe IV F
Paßwesen Ausländer-polizei
1 Grenz-polizei
2 Paßwesen
3 Ausweisw. Kennkarten
4 Ausländer-polizei Grenzan-gelegen-heiten
5 Sichtver-merkstelle
a Sonder-fragen
a. Lektorat. Presse
s. Wirtschafts-recht
Besetzte Westgebiete
Besetzte Ostgebiete
Ausländische Arbeiter

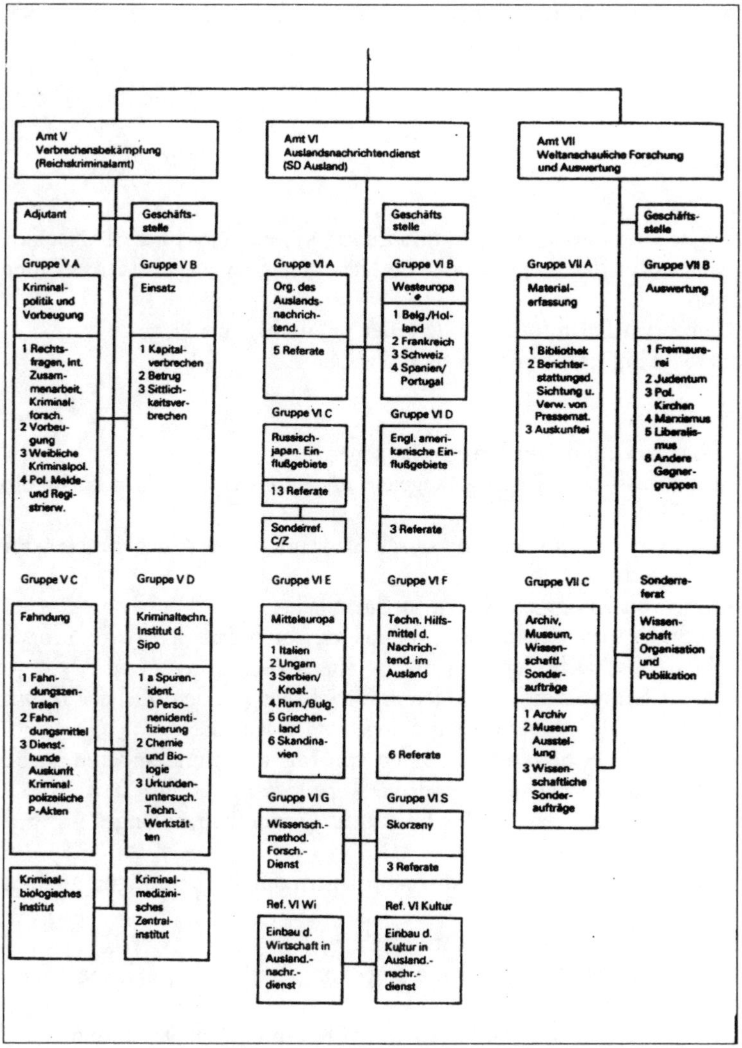
Amt V
Verbrechensbekämpfung
(Reichskriminalamt)
Amt VI
Auslandsnachrichtendienst
(SD Ausland)
Amt VII
Weltanschauliche Forschung und Auswertung
Adjutant
Geschäftsstelle
Geschäftsstelle
Geschäftsstelle
Gruppe V A
Kriminalpolitik und Vorbeugung
1 Rechtsfragen, int. Zusammenarbeit, Kriminalforsch.
2 Vorbeugung
3 Weibliche Kriminalpol.
4 Pol. Melde- und Registrierw.
Gruppe V B
Einsatz
1 Kapitalverbrechen
2 Betrug
3 Sittlichkeitsverbrechen
Gruppe VI A
Org. des Auslandsnachrichtend.
5 Referate
Gruppe VI B
Westeuropa
1 Belg./Holland
2 Frankreich
3 Schweiz
4 Spanien/Portugal
Gruppe VII A
Materialerfassung
1 Bibliothek
2 Berichterstattungsd. Sichtung u. Verw. von Pressemat.
3 Auskunftei
Gruppe VII B
Auswertung
1 Freimaurerei
2 Judentum
3 Pol. Kirchen
4 Marxismus
5 Liberalismus
6 Andere Gegnergruppen
Gruppe VI C
Russisch-japan. Einflußgebiete
13 Referate
Sonderref. C/Z
Gruppe VI D
Engl. amerikanische Einflußgebiete
3 Referate
Gruppe V C
Fahndung
1 Fahndungszentralen
2 Fahndungsmittel
3 Diensthunde Auskunft Kriminalpolizeiliche P-Akten
Gruppe V D
Kriminaltechn. Institut d. Sipo
1 a Spurenident.
b Personenidentifizierung
2 Chemie und Biologie
3 Urkundenuntersuch. Techn. Werkstätten
Gruppe VI E
Mitteleuropa
1 Italien
2 Ungarn
3 Serbien/Kroat.
4 Rum./Bulg.
5 Griechenland
6 Skandinavien
Gruppe VI F
Techn. Hilfsmittel d. Nachrichtend. im Ausland
6 Referate
Gruppe VII C
Archiv, Museum, Wissenschaftl. Sonderaufträge
1 Archiv
2 Museum Ausstellung
3 Wissenschaftliche Sonderaufträge
Sonderreferat
Wissenschaft Organisation und Publikation
Gruppe VI G
Wissensch.-method. Forsch.-Dienst
Gruppe VI S
Skorzeny
3 Referate
Kriminalbiologisches Institut
Kriminalmedizinisches Zentralinstitut
Ref. VI Wi
Einbau d. Wirtschaft in Ausland.-nachr.-dienst
Ref. VI Kultur
Einbau d. Kultur in Ausland.-nachr.-dienst

1963 und 1973 von der Staatsanwaltschaft beim Kammergericht Berlin geführt wurde, waren:[448]

I
»Endlösung der Judenfrage«

II
Tätigkeit der Einsatzgruppen und Einsatzkommandos bzw. der Nachfolgedienste in der Sowjetunion, Serbien, Kroatien, der Steiermark und Krain
Tötung von Polen, insbesondere der polnischen Intelligenz
Entwicklung und Einsatz von Gaswagen

III
Massenexekution von Kriegsgefangenen
Tötung russischer Kriegsgefangener im Rahmen des »Unternehmens Zeppelin«
Tötung von Kriegsgefangenen durch Anwendung des so genannten Kommandobefehls
Tötung von Kriegsgefangenen in Einzelfällen
Anordnung der »Sonderbehandlung« von Fremdarbeitern wegen unerlaubten Geschlechtsverkehrs und sonstiger Gesetzesverstöße
Schutzhafteinweisung von Juden in Einzelfällen mit dem Ziel der Tötung
Anordnung der »Sonderbehandlung« von Geistlichen
Anordnung der Sonderbehandlung von Marxisten und anderen, insbesondere im Fall der Gruppe »Rote Kapelle«
In Konzentrationslagern durchgeführte »Sonderbehandlungen« in Einzelfällen
Menschenversuche in Konzentrationslagern durch Zurverfügungstellung von Häftlingen
Häftlings-»Euthanasie« (»Aktion 14 f 13«)
Anordnung der »Sonderbehandlung« von Justizhäftlingen, insbesondere von »asozialen« Personen
Massentötungen von Häftlingen bei der Räumung von Strafanstalten und Konzentrationslagern gegen Kriegsende

Zwischen 1963 und 1973 wurden insgesamt 28 Ermittlungsverfahren gegen über 900 Beschuldigte eingeleitet, die mangels Beweises, Nichtermittlung, Tod der Täter oder Haftunfähigkeit und vor allem wegen Verjährung eingestellt wurden. Nur in vier Fällen wurde Anklage erhoben. Grund für die Einstellung von Verfahren war die am 1. Oktober 1968 in Kraft getretene Änderung des § 50 Abs. 2 StGB. Demzufolge verjährten Beihilfehandlungen an NS-Mordverbrechen, sofern dem Täter nicht niedrige Beweggründe oder grausame und heimtückische Tatausführung nachzuweisen waren – eine »irreparable Fehlleistung des Gesetzgebers«, wie kritische Juristen und Historiker einmütig rügen, die die Angehörigen des RSHA begünstigte.[449]

Das RSHA war eine Denkmaschine, die perverse Zielvorstellungen des NS-Regimes in Mordprogramme umsetzte. Ein solcher Plan wurde beispielsweise unter dem Decknamen »Unternehmen Zeppelin« entwickelt und bestand darin, »umgedrehte« sowjetische Kriegsgefangene nach einer entsprechenden ideologischen und technischen Schulung mit Fallschirmen hinter den feindlichen Linien abzusetzen, um so über Partisanentätigkeit, Truppenbewegungen oder Industrie- und Nachschubsysteme in der UdSSR Informationen zu erhalten.[450] Wurde ein solcher russischer »Aktivist« krank oder galt er als unzuverlässig, ungeeignet, disziplinlos oder hatte er zu viele Kenntnisse als Geheimnisträger erlangt, war er einer »Sonderbehandlung« zu unterziehen. Die Federführung für das verbrecherische »Unternehmen Zeppelin« lag bei dem Amt VI SD-Ausland, Sonderreferat CZ. Liquidierungsbefehle werden dem Leiter des Referates VI/C, SS-Standartenführer Dr. Heinz Gräfe, zugeschrieben.[451]

Dr. Wilhelm Rohrmann (Jahrgang 1905)[452] hatte die Charlottenburger Kommissar-Ausbildung einen Lehrgang früher als Dickopf absolviert und versah zunächst bei der KP-Leitstelle Aachen und ab 1. Februar 1942 bei der KP-Leitstelle Posen Dienst. Hier war er als Kriminalkommissar Leiter des Betrugs- und Korruptionsdezernates. Seine Leistungen galten als überdurchschnittlich gut, »für Belange von Staat und Partei tritt er rücksichtslos ein«, immerhin war er ja auch schon 1933 in SS und NSDAP und 1938 in den SD eingetreten. Außerdem bearbeitete der Gerichtsreferendar und SS-Hauptsturmführer die SS-Personalsachen der Dienststelle Posen. Man kann annehmen, dass er entweder sehr ehrgeizig oder vom NS-Regime überzeugt war oder dass beides zutraf. Zu seiner Abordnung in der Zeit 6. Oktober 1942 bis 31. Juli 1943 in das RSHA, Amt VI/CZ, hatte er nach eigenem Bekunden selbst nichts beigetragen.[453]

Am 1. Februar 1943 schrieb ein SS-Oberscharführer folgende Meldung: »Am 29.1.43 brachte ich befehlsgemäß die beiden SS-Sondereinheitsangehörige (Gatschkow und Semjenow) zur Sonderbehandlung nach Auschwitz. Die Sonderbehandlung wurde in meinem Beisein durchgeführt. Die beiden Uniformen werden nach vollzogener Desinfektion vom K.L. dem SS-Sonderlager Auschwitz zugewiesen.«[454]

Unter Bezugnahme auf einen Befehl des RSHA VI C I vom 1. Dezember 1942 erstattete daraufhin eine Breslauer Dienststelle Vollzugsmeldung, dass die beiden Aktivisten Gatschkow und Semjenow (24 und 22 Jahre alt), die laut ärztlicher Bescheinigung an Tbc-Pulmomum II.-III. Stadium litten, dem SS-Sonderlager Auschwitz zur Sonderbehandlung am 29. Januar 1943 überstellt worden und am gleichen Tage abends verstorben seien. Dieses Schreiben war an das RSHA – Amt VI C/Z – *zu Händen von SS-Hauptsturmführer Dr. Rohrmann* adressiert.[455]

Im Jahre 1963 wurde Rohrmann zum obigen Sachverhalt durch Beamte des LKA Düsseldorf vernommen. Er sagte aus, dass er Leiter der Personalstelle des »Unternehmens Zeppelin« und nur für deutsches Personal zuständig gewesen sei. An das genannte Schreiben könne er sich nicht erinnern, auch nicht an einen solchen Vorgang, wie er überhaupt erst bei der Vernehmung etwas von »Sonderbehandlungen« dieser Art erfahre. Ihm wurde die Aussage eines polnischen Zeugen vorgehalten, der als Häftling in Block 11 des KZ Auschwitz eingesessen hatte. Dieser gab an, dass »zwischen 1942 und 1944 niedrig gegriffen insgesamt etwa 200 russische Zeppelinleute einzeln oder in kleinen Gruppen in den Block 11 gebracht und dort innerhalb weniger Tage exekutiert« worden seien. Rohrmann blieb dabei, dass der Tod der beiden Russen »völlig außerhalb seiner Kompetenzen lag«. Dass das Schreiben an ihn namentlich gerichtet war, stellte er als eine Art Büroversehen dar, er sei der falsche Adressat gewesen. In der Vernehmung wurde nicht hinterfragt, welches Aufgabenfeld er als Leiter der Personalstelle des »Unternehmens Zeppelin« wahrnahm.[456] Dazu zählte nämlich nicht nur, »SS-Führer, Unterführer und Männer« zu den einzelnen Lagern in Marsch zu setzen. Als 1942 ein »Sonderlager Leubus« eingerichtet werden sollte, schrieb Rohrmann in einem Fernschreiben vom 30. Oktober 1942: »Ersuche Einrichtung des Lagers beschleunigt durchzuführen und alsbald Vollzug zu melden.«[457] Seine Kompetenzen gingen offensichtlich über die Personalverwaltung hinaus und betrafen auch den organisatorischen Bereich.

Wilhelm Rohrmann hatte wohl das Glück, dass fast alle Akten vernichtet waren, und das Pech, dass wenige Beweisstücke erhalten blieben. Auf jeden Fall ist erwiesen, dass er in seinem Aufgabengebiet einen nicht unerheblichen Beitrag leistete, damit das »Unternehmen Zeppelin« in der geschilderten Form durchgeführt werden konnte. Das alleine hätte ihn disqualifizieren müssen, im alten Beruf im Nachkriegsdeutschland eingestellt zu werden.

Seit Juli 1955 war Rohrmann Angehöriger des Bundeskriminalamtes, zuletzt als Regierungskriminalrat in der Abteilung Erkennungsdienst.[458]

Längst nicht alle Führungskräfte des RSHA/RKPA, soweit sie in der Polizei ihre Nachkriegsexistenz aufbauen wollten, strebten zum Bundeskriminalamt, weder Karl Schulz, noch Dr. Bernd Wehner oder Georg Heuser.

Dr. jur. Walter Zirpins (Jahrgang 1901) allerdings stand auf Dickopfs Liste von Bewerbern, die er in die engere Wahl zog, mit folgenden Daten: Spruchkammer Gruppe V, kein Pg., Dienstgrad-Rangangleichung, Oberregierungskriminalrat im RKPA, dort Referent für internationale kriminalpolizeiliche Zusammenarbeit, polnische Sprache perfekt.[459] Aus welchen Gründen die Einstellung in das BKA nicht zustande kam, ist unbekannt.

Zirpins war einst nicht nur Stabsführer an der Führerschule der Sicherheitspolizei in Charlottenburg, er publizierte auch als Leiter der Kripo-Stelle Lodz einen Aufsatz mit dem Titel »Das Ghetto in Litzmannstadt – kriminalpolizeilich gesehen«, worin er die Ghetto-Opfer als »Zusammenpferchung von Kriminellen, Schiebern, Wucherern und Betrügern« oder als »durchweg plattfüßige Kaftanträger« diffamiert.[460] Als SS-Obersturmbannführer in Warschau beteiligte er sich an Judenverfolgungen und leitete Sipo-Einsätze im Ghetto von Lodz, nicht ohne Grund stand er 1946 auf der Kriegsverbrecherliste Polens.[461] Zirpins wurde Leiter des LKA Niedersachsen.

Dr. Bernd Wehner (Jahrgang 1909) war im RKPA Leiter der Dienststelle V B 1 a 2 (Reichszentrale zur Bekämpfung von Kapitalverbrechen).[462] Nach dem Krieg brachte er nicht ohne Berufsstolz unter die Leute, 1939 den »Blutsonntag von Bromberg«[463] und 1944 den Tatort des Attentates auf Hitler am 20. Juli im Führerhauptquartier untersucht zu haben.[464] Hitler soll ihn gefragt haben: »Was sagen Sie zu dem Wunder, dass mir nichts passiert ist? Ist es nicht ein Wunder?« Wehner antwortete: »Doch, mein Führer, es ist ein Wunder.«[465]

Wehner umgab sich mit dem Nimbus, einer der führenden deutschen Kriminalisten zu sein, und war einer der Apologeten der Legende von der unpolitischen Kriminalpolizei im Dritten Reich. In seinem Buch »Dem Täter auf der Spur« widmet er dem Kapitel »Reichssicherheitshauptamt« gerade mal drei Seiten, zitiert andere Autoren und vermeidet eine eigene Stellungnahme, wobei er die unfassbaren Gräueltaten des RSHA überhaupt nicht anspricht.[466] Anfang der fünfziger Jahre schrieb Wehner für das Nachrichtenmagazin »Der Spiegel« (siehe Kapitel VI).

Von 1954 bis 1970 war Wehner Leiter der Kripo Düsseldorf und Fachredakteur der Zeitschrift »Kriminalistik«.

Karl Schulz (Jahrgang 1908) wurde im RKPA trotz seiner beachtlichen Körpergröße »Karlchen« genannt.[467] Er leitete als SS-Hauptsturmführer und Kriminalrat das Betrugsreferat.[468] Der kinderlos verheiratete Mann hatte bereits 1936 den Sonderbotschafter von Ribbentrop als Dolmetscher nach England begleitet. Mit Arthur Nebe verband ihn ein enges Verhältnis, sodass dieser ihn als seinen Adjutanten einsetzte, als er das Kommando über die Einsatzgruppe B übernahm. Schulz war somit gemeinsam mit seinem Chef direkt in den Völkermord in der UdSSR involviert. Bei den ersten Versuchen mit »Gaswagen« im Jahre 1941 war er nach eigenen Angaben persönlich anwesend: »Ich empfand Abscheu, war aber nicht befehlender Offizier.«[469]

Als sich das RSHA im Mai 1945 im Raum Flensburg in Auflösung befand, wurde Schulz – vermutlich wegen seiner Sprachkenntnisse – zum Verbindungsoffizier zur britischen Besatzungsmacht ernannt. Diese belohnte ihn mit der Leitung der Polizeigruppe Nord, woraufhin er sich sofort mit ehemaligen Mitarbeitern des RKPA umgab und den berüchtigten Referatsleiter A 2 (Vorbeugung – siehe Kapitel VI) zu seinem Stellvertreter machte.[470]

Karl Schulz war von 1952 bis 1968 Leiter des LKA Bremen.

Georg Heuser (Jahrgang 1913), der Leiter der Abt. IV (Gestapo) des Befehlshabers der Sicherheitspolizei und des SD Minsk, sagte 1963 über die Erschießungen in Blagowschtschina wie folgt aus:

»Ich fuhr daraufhin zur Grube. Jeder Führer wusste, wo die Exekutionsstelle liegt. Dort hatte Burckhardt bereits Exekutionen im Rahmen des Referats IVa durchgeführt bzw. durchführen lassen. Mich überholte ein Lkw mit Juden, der an einem halbhohen Waldstück hielt. Mein Wagen fuhr links heran, wo mehrere Lkws standen. Ich stieg aus, holte meine Pistole heraus, schmiss meinen Mantel weg, trat zur Kopfseite der Grube, in der schon erschossene Juden drin lagen. Die Grube war etwa 20 Meter lang, mindestens zwei Meter tief. Später hatten wir tiefere Gruben. Als ich an die Grube herantrat und meine Pistole entsicherte, wurde bereits von anderen geschossen. Ich schoss mit, zunächst aber auf solche in der Grube liegenden Juden, die noch lebten, dann direkt als Schütze mit Genickschuss. Dabei waren auch Wilke und Wertholz – beide als Schützen –, Merbach, einige Zeit Burckhardt – hat kurzfristig geschossen –, zeitweise auch Schmidt, weiter Burgdorf als Schütze mit den Waffen-SS-Leuten, Letten und Schutzpolizisten, die zur Dienststelle gehörten. Ich weiß noch, dass von Schmidt ein sowjetischer Geschützschlepper organisiert und an der Exekutionsstelle bereitgestellt worden war für den Fall, dass Fahrzeuge stecken bleiben. Es wurde öfters gewechselt, auch außen war ein ständiges Kommen und Gehen. (...) Da kam Strauch an, reihte sich ein und schoss mit. Zur Mittagszeit fuhren wir mit Strauch zum Gut. Dort standen die Lkws mit dem jüdischen Gepäck. (...) Die Größe des neu angekommenen Judentransportes ist mir nicht bekannt. Man rechnete ›per Achse‹. Es war ein Güterzug mit gedeckten Wagen. Das Begleitkommando (Schutzpolizisten unter einem Offizier) hatte einen Personenwagen.«

Auf die Frage, ob die Zahl 1000 Juden pro Transport richtig sei: »Ja, diese Zahl stimmt.«

»Ich fuhr frühmorgens – etwa acht Uhr – zur Exekutionsstelle. Die Zahl der von mir erschossenen Juden ist mir nicht bekannt. Frauen waren dabei. Kinder nicht, diese nur bei Ghettoaktionen. (...)

In dieser Zeit kamen zwei weitere Judentransporte aus dem Westen. Sie sollten wieder vom toten Gleis aus abgewickelt werden. Dies war aber nicht möglich, weil dort eine Eisenbahn-Flak-Batterie stand. Strauch konnte sich zu keiner Entscheidung durchringen, was mit diesen Transporten geschehen sollte. Ich sagte ihm: ›Sie können ja mit der Flak drauf schießen.‹ Ich habe dem unentschlossenen Strauch die Entscheidung abgenommen und die Sache in die Hand genommen. Ich fuhr den Zügen bis zum Stadtrand, wo sie standen, entgegen und veranlasste, dass die Transporte über den Güterbahnhof Minsk-Nord vorübergehend ins Ghetto eingewiesen wurden. Im Ghetto war für diese beiden Transporte an sich kein Platz mehr, aber darauf wurde ja damals keine Rücksicht genommen. (...)

Im September und Oktober 1942 nahm ich an drei Aktionen bei Judentransporten aus dem Westen teil. Zwei davon waren im September 1942. Bei der einen war ich an der Grube ›Leiter Exekutionsgelände‹. Habe dabei geschossen. Bei der anderen Aktion im September 1942 war ich an der Entladestelle, habe aber auch an der Grube geschossen. An sich war das eine Gaswagenaktion gewesen. Bei der dritten Aktion (Oktober 1942) wieder deutsche Judentransporte. Habe wieder geschossen (...)

Ich habe immer mein Bier getrunken. Beruhigungsansprachen wurden gehalten, aber nur unregelmäßig, ab und zu. Ich nicht.«[471]

Georg Heuser wurde durch das Schwurgericht Koblenz am 21. Mai 1963 zu 15 Jahren Zuchthaus verurteilt.[472]

Er war bis 1962 Leiter des LKA Rheinland-Pfalz.

VI DIE ERSTEN JAHRE DES BKA

Der Intellektuelle

Im Jahre 1953 stieß Dr. Bernhard Niggemeyer, der Dickopf 1951 im Bundesinnenministerium abgelöst hatte, zum »Mutterhaus« in Wiesbaden. Er gilt als Gründer des Kriminalistischen Instituts, in dem kriminalistisch-kriminologische Forschung betrieben, Lehrmittel entwickelt wurden und Ausbildungen zu Sachverständigen und Spezialsachbearbeitern (zum Beispiel Jugendsachbearbeiter, Brandsachbearbeiter) stattfanden. Ferner waren hier Bücherei, Archiv und Lehrmittelsammlung angesiedelt. Es muss nicht betont werden, dass alle diese Bereiche bereits im Reichskriminalpolizeiamt vertreten waren.

1955 begann man mit der Herausgabe der »Schriftenreihe« (gleicher Name im RKPA), die grundlegende Themen aufgriff, aber auch so abstruse wie »Das Phänomen der Strichjungen in Hamburg«, wofür sich außer in der Hansestadt kaum jemand interessierte. Dickopf berichtete an Interpol-Präsident Louwage, dass die Schriftenreihe »ein großer Erfolg« sei und er bereits 3000 Abonnenten notieren könne.[473] Daneben wurde die Tradition begründet, jährlich im Herbst eine internationale Arbeitstagung abzuhalten. Auch hier wurden die Themen manchmal sehr eigenwillig bestimmt, wie bei der Tagung über Glücks- und Falschspiel. Man kann vermuten, dass es sich um Dickopfs Steckenpferd handelte; er hatte sich 1939 mit diesem Gebiet in seinem KK-Lehrgang näher befasst und darüber einen Vortrag gehalten. Vielleicht bestand bei dieser Materie auch eine Affinität zu Dickopfs Persönlichkeit.

Bernd Niggemeyer gewann als Veranstalter der Arbeitstagungen den Ruf eines eloquenten Moderators und war bald in der Polizei der Bundesrepublik und der westlichen Nachbarstaaten wesentlich bekannter als Dickopf oder Holle. Binnen kurzem war klar, dass Niggemeyer, der die Protektion des Staatssekretärs Ritter von Lex genoss, zur Führungsspitze des Amtes gehörte, was Dickopf, der sich ja mehrfach abfällig über »Nigg« – wie er ihn nannte – geäußert hatte, nicht verhindern konnte. Der Westerwälder verbrüderte sich mit Holle gegen den intellektuellen Konkurrenten, sodass Niggemeyer im Kampf mit Holle um den Vertreterposten des BKA-Chefs den Kürzeren zog. Das feindselige Dreiecks-Verhältnis wurde nach außen kaschiert, blieb aber Beobachtern in der Umgebung der Führungsetage nicht verborgen und wurde insbesondere auf Dickopfs Minderwertigkeitskomplex gegenüber Akademikern zurückgeführt. Es gab einen »Freundeskreis der AG Kripo«, der sich mit Ehefrauen regelmäßig traf, in dem gleichfalls der »lächelnde Hass« zwischen Holle und Niggemeyer registriert wurde. Auf Unverständnis stieß, dass sich Niggemeyer, der in dem Triumvirat der geistig Überlegene war, gegenüber Dickopf devot verhielt. Die Gründe werden erst durch die Recherche für dieses Buch deutlich, denn Dickopf wusste, welche »Leichen im Keller« der Leiter des Kriminalistischen Instituts begraben hatte.

Dem äußeren Anschein nach war die NS-Karriere des Bernhard Niggemeyer (Jahrgang 1908) unauffällig. Nach dem Assessorexamen im Jahre 1936 bewarb er sich zur Kriminalpolizei und wurde in Düsseldorf einberufen. 1937 trat er in die Partei ein und bestand im November den Kommissar-Lehrgang in Berlin-Charlottenburg, wurde anschließend nach Karlsruhe versetzt und 1939 zur Geheimen Feldpolizei kommandiert. 1943 wurde er zum SS-Sturmbannführer und Regierungskriminalrat ernannt und im September desselben Jahres von der KP-Leitstelle Berlin zum Reichssicherheitshauptamt – Amt IV (Gestapo) versetzt.[474] Im RSHA konnte eine Tätigkeit nicht nachgewiesen werden. Die Staatsanwaltschaft Berlin stellte im Rahmen des RSHA-Verfahrens die Ermittlungen gegen Niggemeyer 1965 mit der Feststellung ein: »N. war in einem Referat tätig, über dessen Sachgebiet bisher belastende Erkenntnisse nicht vorliegen.«[475] Um welches Sachgebiet es sich handelte, konnte durch Aktenstudium nicht geklärt werden. Es spricht alles dafür, dass Niggemeyer lediglich auf einer Planstelle der KP-Leitstelle Berlin und des RSHA geführt wurde, denn er war vom ersten bis zum letzten Kriegstag Angehöriger der Geheimen Feldpolizei.

Bernhard Niggemeyer war zunächst als Leiter der Gruppe GFP 550 der Geheimen Feldpolizei im so genannten Frankreichfeldzug in Paris eingesetzt;[476] über seine Aufgabe, Kompetenz und Verantwortung in dieser Phase wurden nie staatsanwaltschaftliche Feststellungen getroffen. Ab Februar 1942 wurde er zum Feldpolizeidirektor bei der Sicherungsdivision 201 in Russland befördert und ab Frühjahr 1943 als Leitender Feldpolizeidirektor zur Heeresgruppe Mitte (Befehlshaber des Rückwärtigen Heeresgebietes) versetzt.[477]

In seiner Vernehmung durch Beamte des Hessischen Landeskriminalamtes im Februar 1960 und durch einen Richter im Juni 1965[478] gab Niggemeyer an, dass die Geheime Feldpolizei eine »regelrechte Truppe« war, nämlich die »Abwehrpolizei des Feldheeres«, die Spionage, Sabotage und Zersetzung zu bearbeiten hatte. Die Bezeichnung »geheim« sei irreführend gewesen. Im Osten sei die GFP zusätzlich zur Partisanen*erkundung* eingesetzt worden, während die Partisanen*bekämpfung* Sache der Truppe war (kursiv durch d. Verf.). Die GFP hätte militärisch, fachlich und disziplinarisch ausschließlich der Wehrmacht unterstanden und sei ausschließlich militärischen Weisungen unterlegen gewesen. Es habe infolgedessen keine Zusammenarbeit mit der Sicherheitspolizei, insbesondere den Einsatzkommandos, gegeben. Als Feldpolizeidirektor habe er weder eine Befehls- noch eine Disziplinargewalt und auch keine Fachaufsicht über die Gruppen der GFP ausgeübt. – Alle diese Angaben sind Wort für Wort gelogen. Genauso dürfte die folgende Aussage Niggemeyers nicht der Wahrheit entsprechen: »Zu den Judenaktionen, die im Osten stattgefunden haben, kann ich aus eigener Anschauung nichts bekunden. Nach meiner Versetzung von Frankreich nach Russland habe ich wohl bemerkt, insbesondere im Raum zwischen Brest und Minsk und auch noch hinter Minsk, dass Juden damit beschäftigt waren, zerstörte Bahngleise wieder in Ordnung zu bringen. Im Operationsgebiet selbst habe ich keine Juden mehr gesehen.«[479]

Die Zentrale Stelle der Landesjustizverwaltungen in Ludwigsburg führte 1964 Vorermittlungen gegen Angehörige der Gruppen GFP 729 und GFP 707, die Niggemeyer unterstanden. Das die GFP 729 betreffende Verfahrensergebnis fasste der sachbearbeitende Staatsanwalt wie folgt zusammen:

»Bei der GFP 729 war es vielfach zu Exzessmorden gekommen, indem sich einzelne Außenpostenführer (Feldpolizeisekretäre) unumschränkte Tötungsbefugnisse anmaßten. Es kam häufig nicht einmal mehr zu einer Einvernahme des Verdächtigen, geschweige denn zu irgendeinem standesrechtlichen oder Gerichtsverfahren, bevor die Zivilisten (unter anderem auch Frauen und Kinder) meist im Wald ermordet wurden.«[480]

Im Abschlussbericht der Zentralen Stelle über die Ermittlungen gegen Angehörige der Gruppe 707 heißt es (Auszüge):

»Der Vorgang 2 AR-Z 9/64 befasst sich mit den rechtswidrigen Exekutionen willkürlich als Partisanen bezeichneter russischer Zivilisten durch Angehörige der Geheimen Feldpolizei Gruppe 707 in Stare Dorogy und Ossipowitschi.

Im Bereich Russland gab es vier Leitende Feldpolizeidirektoren bei den Heeresgruppen A, Nord, Mitte und Süd. Für die Heeresgruppe Mitte war es der Leitende Feldpolizeidirektor Dr. Bernhard Niggemeyer, derzeit Regierungskriminaldirektor im Bundeskriminalamt.

Die bisherigen Zeugenaussagen bei der GFP 707 ergaben begründeten Verdacht, dass laufend russische Zivilisten einzeln oder zu mehreren durch Kommandos der Gruppe exekutiert wurden, wobei der Hergang in Einzelheiten verschieden geschildert wird. Die Zivilpersonen, Männer und Frauen, wurden auf Hinweise von V-Leuten, Kollaborateuren, des russischen Ordnungsdienstes, Überläufern und ähnlicher Anzeigen hin entweder von der GFP selbst verhaftet oder von anderen Truppenteilen überstellt. Sie wurden nun regelmäßig von den Hilfspolizisten mit Hilfe von Dolmetschern vernommen, wobei nicht selten Geständnisse durch Schläge erzwungen wurden. Über das Ergebnis dieser ›Ermittlungen‹ fertigte der Vernehmungsbeamte einen Bericht nebst ›Strafvorschlag‹, der in den meisten Fällen auf ›Todesstrafe‹ lautete. Das Urteil wurde bei der Außenstelle selbst, bei der die Festnahme erfolgte, durch Genickschuss vollstreckt.

Die Zeugen berichten weiter, dass die Feldpolizeisekretäre recht großzügig mit ihren ›Strafvorschlägen‹ auf Todesstrafe umgingen. Namentlich der ehemalige Dolmetscher der Gruppe, der Zeuge K., welcher nur fünf Monate bei der Gruppe war, sagt aus, dass die meisten der erschossenen Russen völlig unschuldig gewesen seien. Bei den Verhören durch die Kommissare oder FPS (Feldpolizeisekretäre, Anm. d. Verf.) seien Geständnisse entweder durch Schläge erpresst oder einfach gefälscht worden. Unliebsame Personen habe man willkürlich als Spione bezeichnet. So habe Riedel einen älteren Russen nur deshalb erschießen lassen, weil er ein jüdisches Aussehen gehabt habe. Während der kurzen Zeit seiner Zugehörigkeit seien einige Hundert Russen, der größte Teil davon völlig unschuldig, erschossen worden. Zahlreiche Zeugen betonen (es werden elf Zeugen namentlich aufgeführt, Anm. d. Verf.), dass der jeweilige örtliche Führer, also Weitschacher bzw. Riedel am Sitz der Gruppe bzw. der FPS an der Außenstelle, die Exekutionen befohlen hat.«[481]

Zentrale Unterlagen der Geheimen Feldpolizei gingen überwiegend in den Kriegswirren verloren oder wurden vor der Kapitulation vernichtet, wie auch Akten über die Vollstreckung von Urteilen an Zivilpersonen – mit Ausnahme eines »Vernichtungsprotokolls« – bereits 1942 systematisch vernichtet wurden.[482] Es blieb jedoch ein relativ geschlossener Aktenbestand der GFP-Gruppe 723 erhalten, der den Einsatz dieser Gruppe auf dem Territorium der UdSSR widerspiegelt; aus den monatlichen Tätigkeitsberichten ergibt sich folgende Zusammenstellung für die Zeit Juli 1941 bis September 1943:[483]

Festnahmen	10462
Exekutionen	3137
Exekutionen wegen ...	
Partisanentätigkeit	2769
Kommissarbefehl	11
Sabotage	118
Spionage	24
Propaganda	127
verschiedene Gründe	88

Die Gruppe GFP 723 unterstand Niggemeyer ab 1. März 1943.

Von Apologeten wird die Geheime Feldpolizei als »Kriminalpolizei« der Wehrmacht bezeichnet, in Wahrheit war sie deren »Gestapo«. Ihre Tätigkeit richtete sich nach der Heeresdienstvorschrift H.D.V. 150 vom 14. September 1938 und 24. Juli 1939, sie unterstand dem Ausland Abwehr, Abteilung III im OKW, ab 1944 der Abteilung Truppenabwehr des Wehrmachtführungsstabes. Oberster Feldpolizeichef der Wehrmacht war SS-Oberführer und Oberst der Polizei Wilhelm Krichbaum (Jahrgang 1896),[484] der nach dem Krieg bei der Organisation Gehlen Unterschlupf fand. Er wurde nie zur Rechenschaft gezogen, denn die Westmächte nutzten sein Expertenwissen im Kampf gegen die Sowjetunion und hielten ihre Hände schützend über ihn. Krichbaum rekrutierte viele ehemalige Angehörige von SS, SD und Gestapo, darunter auch den Doppelagenten Heinz Felfe, der im BND für Moskau spionierte. Der BND, so offenbaren jüngst in den USA freigegebene Unterlagen der CIA, verdächtigte nach der Enttarnung Felfes 1961 auch den zwischenzeitlich verstorbenen Krichbaum, für den KGB spioniert und das BND-Agentennetz an die Russen verraten zu haben. Wahrscheinlich wurde das Netz daraufhin abgeschaltet.[485]

Die Kräfte der GFP wurden aus Kriminalpolizei und Geheimer Staatspolizei rekrutiert. Krichbaum bildete das Bindeglied zwischen GFP und Gestapo und arbeitete eng mit dem Chef der Sicherheitspolizei und des SD (Heydrich) zusammen. Der oberste GFP-Chef war in Personalunion stellvertretender Chef des Gestapo-Amtes IV im RSHA. Über den Schutz der Truppe und abwehrpolizeiliche Aufgaben hinaus war die GFP im Russland-Einsatz durch Befehl des Oberkommandos des Heeres vom 28. April 1941 vollständig in die Mordaktionen der Sonderkommandos und Einsatzgruppen eingebunden und unter anderem auch an den Massakern an Juden beteiligt.[486]

Obwohl Bernhard Niggemeyer – wie auch der beim BKA untergeschlüpfte, aber zwischenzeitlich verstorbene Joachim Kaintzig – einer der vier höchsten GFP-Befehlshaber in der besetzten UdSSR war, tat er in den sechziger Jahren – als seine Verstrickung in diese Verbrechen ruchbar wurde – so, als hätte er von nichts gewusst. Ihm unterstanden in der Heeresgruppe Mitte 12 GFP-Gruppen (eine Gruppe hatte eine Stärke von etwa 100 Mann). Nach seiner Version erhielten die GFP-Gruppen ihre Einsatzbefehle einzig vom Abwehroffizier (Ic/IcAO) der Feldkommandanten und seien diesem unmittelbar verantwortlich gewesen. In diesem Sinne hätte auch Krichbaum vor dem Nürnberger Gerichtshof ausgesagt. Da Niggemeyer angeblich keine Befehlsgewalt, keine Disziplinargewalt und auch keine Fachaufsicht besaß, müsste er folglich ein Art Frühstücksdirektor gewesen sein, um den herum zwar der deutsche Angriffskrieg und die Verteidigung gegen die Rote Armee tobte, dem aber eine Briefkastenbehörde unterstand.

Der Richter versäumte es, Niggemeyer das Merkblatt vom 10. Juni 1940 vorzuhalten, wonach für den Kriegseinsatz (zunächst in Belgien und Frankreich, aber später auch in Russland) bestimmt war, dass Feldpolizeidirektoren die »Dienstaufsicht über die unterstellten Gruppen GFP führen« und die »Weisungen für einen zweckentsprechenden Einsatz im besetzten Gebiet geben«.[487]

Von den monatlichen Tätigkeitsberichten der Gruppen habe er zwar Kenntnis erhalten, sagte Niggemeyer aus, aber er könne »mit absoluter Sicherheit« sagen, dass er nie darüber gelesen habe, dass GFP-Gruppen im Wege der Amtshilfe SD-Einheiten bei ihren Vernichtungsaktionen gegen Teile der russischen Zivilbevölkerung unterstützt hätten. Von Übergriffen, wie sie sich in der Gruppe 729 ereigneten, habe er erstmals bei der Vernehmung »mit Erschütterung« Kenntnis erhalten und vorher niemals davon erfahren, sonst wäre der Oberbefehlshaber »mit aller Schärfe« eingeschritten.[488] Dass die Monatsberichte explizit regelmäßige Exekutionen, ausgeführt von den Gruppen und ihren Außenkommandos, ausweisen, wurde vom vernehmenden Landgerichtsrat nicht hinterfragt, wie er sich überhaupt mit Niggemeyers Schutzbehauptungen zufrieden gab. Der Richter sprach auch nicht die vom Leitenden Feldpolizeidirektor durchgeführten Inspektionsreisen zu den Gruppen an, was ja seine behauptete Ahnungslosigkeit widerlegt hätte. Der dem »Zeugen« gewogene Untersuchungsrichter nahm auch ohne Vorhalt hin, dass Niggemeyer bei seinen Angaben über die Gliederung von Monatsberichten die Exekutionsrate zu erwähnen vergaß. Man fragt sich, was dieser Untersuchungsrichter überhaupt untersuchte und ob er nicht Niggemeyers Befehl (»Allgemeine Anordnung Nr. 5 vom 26.1.1944«) hätte kennen müssen, wonach die GFP-Gruppen einen Teil ihrer Gefangenen den Organen des Befehlshabers der Sicherheitspolizei Russland-Mitte und Weißruthenien zu übergeben hatten,[489] was Vernichtungslager, Deportation und Liquidierung zur Folge hatte.

Der prominente Leiter der BKA-Tagungen, dem die Justiz Glauben schenkte (schenken wollte), blieb strafrechtlich ungeschoren und ging 1968 in den regulären Ruhestand. Einige Monate nach der Pensionierung wollten ihn Beamte des LKA Düsseldorf erneut verneh-

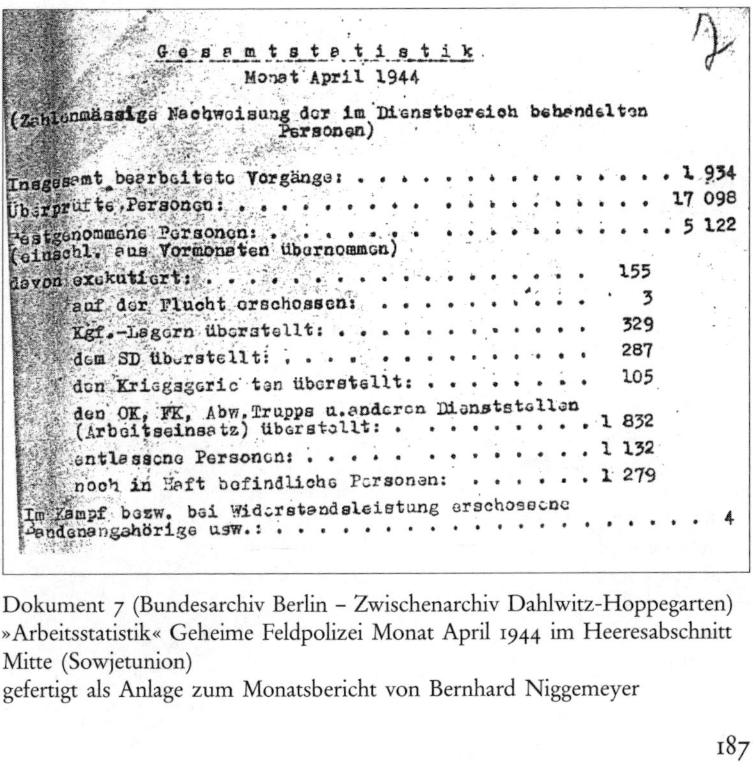

Gesamtstatistik

Monat April 1944

(Zahlenmässige Nachweisung der im Dienstbereich behandelten Personen)

Insgesamt bearbeitete Vorgänge:		1 934
Überprüfte Personen:		17 098
Festgenommene Personen: (einschl. aus Vormonaten übernommen)		5 122
davon exekutiert:	155	
auf der Flucht erschossen:	3	
Kgf.-Lagern überstellt:	329	
dem SD überstellt:	287	
den Kriegsgerichten überstellt:	105	
den OK, FK, Abw.Trupps u.anderen Dienststellen (Arbeitseinsatz) überstellt:	1 832	
entlassene Personen:	1 132	
noch in Haft befindliche Personen:	1 279	
Im Kampf bezw. bei Widerstandsleistung erschossene Bandenangehörige usw.:		4

Dokument 7 (Bundesarchiv Berlin – Zwischenarchiv Dahlwitz-Hoppegarten) »Arbeitsstatistik« Geheime Feldpolizei Monat April 1944 im Heeresabschnitt Mitte (Sowjetunion)
gefertigt als Anlage zum Monatsbericht von Bernhard Niggemeyer

men und luden ihn in das Polizeipräsidium Köln vor. Niggemeyer ließ den Beamten ausrichten, dass er eine Vernehmung bei der Polizei ablehne und, falls erforderlich, vor einem Richter aussage. Damit wurden die Akten der Staatsanwaltschaft endgültig geschlossen.[490]

Andere Akten, nämlich die heute im ehemaligen MfS-Archiv aufbewahrten Arbeitsübersichten und Dienstbefehle des Leitenden Feldpolizeidirektors Niggemeyer aus dem Jahr 1944, überführen den dritten Mann in der BKA-Hierarchie als Kriegsverbrecher. Niggemeyer erstellte monatliche Arbeitsübersichten, von denen die Monate April bis September 1944 mit Ausnahme des Monats Juni den Krieg überdauert haben.

Als Anlage zum jeweiligen Bericht fertigte Niggemeyer eine »Arbeitsstatistik« aller zwölf ihm unterstellten GFP-Gruppen.

Die statistischen Zahlen für alle bekannten Monate des Jahres 1944 ergeben folgendes Bild:[491]

1944	April	Mai	Juli	August	Sept.
Insgesamt bearbeitete Vorgänge	1934	2077	805	887	1397
Überprüfte Personen	17098	13041	16316	35229	29851
Festgenommene Personen	5122	5594	3522	1080	1152
davon					
exekutiert	155	176	265	66	13
auf der Flucht erschossen	3	5	–	6	2
Kriegsgefangenenlager überstellt	329	521	432	73	201
dem SD überstellt	287	274	239	83	164
Kriegsgerichten überstellt	105	124	123	114	195
anderen Dienststellen überstellt (Arbeitseinsatz)	1837	1815	1710	45	228
entlassene Personen	1132	878	707	251	236
noch in Haft befindliche Personen	1279	1801	46	32	107
Im Kampf bzw. bei Widerstandsleistung erschossene Bandenangehörige	4	7	–	–	5
Eigene Verluste					
Gefallen	3	1	5	1	1
verwundet	2	4	9	3	–
vermisst	–	–	26	10	–

Zu dieser Zeit befanden sich alle Truppenteile und die GFP auf dem Rückzug, wenn nicht sogar auf der Flucht. Trotzdem meldete Niggemeyer in diesen fünf Monaten des Jahres 1944 für seinen Zuständigkeitsbereich 675 Menschen als exekutiert; 32 wurden »auf der Flucht erschossen« oder im »Kampf« bzw. bei »Widerstandshandlungen«; 1047 den Einsatzgruppen des SD ausgeliefert, was den annähernd sicheren Tod bedeutete, und 1556 Menschen Kriegsgefangenenlagern überstellt, was häufig ebenfalls ein Todesurteil darstellte. Es erhebt sich die Frage, wie die Schreckensbilanz, die Niggemeyer als Feldpolizeidirektor seit Februar 1942 in der UdSSR zu verantworten hatte, aussah, als sich deutsche Truppen auf dem »siegreichen« Vormarsch befanden.

Niggemeyers Schutzbehauptung, keine Dienst- und Fachaufsicht ausgeübt zu haben, wird durch seine Berichte widerlegt. Im Gegenteil, es zeigt sich das Bild eines ehrgeizigen SS-Sturmbannführers an entscheidender Kommandostelle, der seinem Vorgesetzten Krichbaum beweisen wollte, wie eifrig er seine Pflichten erfüllte. So stellte Niggemeyer unter der ersten Ziffer der Berichte jeweils seine »eigene Tätigkeiten« heraus, die fast immer damit eingeleitet werden, er habe alle seine Gruppen »aufgesucht und kontrolliert«. Ferner listete er Tagesordnungspunkte auf, die er mit den ihm unterstellten GFP-Führern bei Tagungen und Dienstbesprechungen erörterte. Im Mai 1944 handelte es sich beispielsweise um 29 Punkte, darunter auch »Durchführung von Exekutionen«.[492] In seinem Dienstbefehl vom 10. März 1943 umschreibt er seine eigene Aufgabe, wie es deutlicher nicht sein könnte: »Der Leitende Feldpolizeidirektor bei der Heeresgruppe ist nach der ihm durch den Heeresfeldpolizeichef gegebenen Dienstanweisung für den sachgemäßen Einsatz, einwandfreie fachliche Arbeit, einheitliche Durchführung der Exekutive und Haltung der ihm unterstellten Gruppen GFP verantwortlich.«[493] Strafrechtlich ergibt sich hieraus ein *dolus directus*, nämlich der direkte Vorsatz eines Täters, der mit Wissen und Wollen den kriminellen Erfolg der rechtswidrigen Tötung zahlreicher Menschen zu verantworten hat.

Niggemeyer bediente sich des SS- und Gestapo-Jargons, wenn er schrieb, dass »53 Agenten unschädlich gemacht wurden« (April 1944). Oder im Mai: »7000 Zivilpersonen wurden abwehrmäßig überprüft, 453 als Banditen erkannt und erschossen.« An anderer Stelle: »Von 49 Festgenommenen wurden 23 Personen sonderbehandelt.« Im August-Bericht heißt es: »53 Banditen wurden im Kampf niedergemacht und 19 gefangenen genommen und nach Vernehmung erschossen.«

Die »möglichst enge« Zusammenarbeit mit dem SD, der bekanntlich die erbarmungslosen Todesschwadronen stellte, war Niggemeyer ein besonderes Anliegen (22. Juni 1943), sodass er mindestens eine gemeinsame wöchentliche Dienstbesprechung mit dem SD (25. September 1943) verfügte. Der Leitende Feldpolizeidirektor Niggemeyer regelte die Einweisung von Häftlingen in die so bezeichneten »KZ des SD« (26. Januar 1944) und ordnete an, dass die Aufsicht bei Exekutionen nicht den Dienststellenleitern von Außenstellen (Feldwebeln und Unteroffizieren) zu übertragen ist (25. September 1943). Unter Ziffer 5 des Dienstbefehls vom 31. März 1943 befahl Niggemeyer, die in einer Gruppenleiter-Besprechung gegebenen Richtlinien bei der Durchführung von Exekutionen zu beachten.[494]

Insgesamt besteht nach diesem Material kein Zweifel an der Verantwortung Niggemeyers für den in seinem Heeresabschnitt begangenen Völkermord.

So wie Paul Dickopf eine Vaterfigur für die »Alt-Kriminalisten« war und diese sich seiner Fürsorge sicher sein konnten, war Niggemeyer ein *pater familias* für die Ehemaligen der Geheimen Feldpolizei. Es wundert nicht, dass im Bundeskriminalamt eine »Seilschaft GFP« entstand, die Niggemeyer unter anderem in seinem Kriminalistischen Institut um sich scharte.

Am 6. Februar 1962 erschienen Beamte des LKA Nordrhein-Westfalen beim BKA- Personalchef Oesterhelt in Wiesbaden, um ehemalige GFP-Angehörige der Gruppe 717 zu vernehmen. Es handelte sich um die Hauptkommissare (Leitender Dienst) Alexander Falke und Georg Fischer sowie um den Kriminalobermeister Erich M. und den Angestellten Herbert D. Ein Beamter des LKA NRW schrieb hierzu folgenden in Auszügen wiedergegebenen Vermerk:

»Da die aufgeführten Personen teilweise der von Reg.Dir. Dr. Niggemeyer geführten Abteilung angehörten, musste mit diesem Fühlung aufgenommen werden. Dr. N. widersprach zunächst den beabsichtigten Vernehmungen, da es sich nach seiner Ansicht um reine ›Ausforschungsvernehmungen‹ handeln würde, welche nach der

BKA-Präsidenten 1951–1971

Dr. Max Hagemann
1951–1952

Dr. Hanns Jess
1952–1955

Reinhard Dullien
1955–1964

Paul Dickopf
1965–1971

Paul Dickopf
in der Führerschule der Sicherheitspolizei 1939

BKA-Präsident Dickopf 1971

Rolf Holle

Dr. Bernhard Niggemeyer

Die Stellvertreter

Polizei-Kräfte

Razzia in Russland

In Russland auf dem Weg zur Exekutionsstätte

Exekution von 7 Zivilisten in Polen

Geheime Feldpolizei

GFP-Kommando mit seinen Opfern in Serbien

Massenexekution in der Ukraine

Verscharren der Opfer in der Ukraine

Massengrab in Lettland

Strafprozessordnung nicht zulässig seien. Die benannten Beamten könnten weder zum Tatgeschehen noch als Sachverständige aussagen. Dr. N. überreichte dann eine eidesstattliche Erklärung des ehemaligen Feldpolizeichefs der Wehrmacht Krichbaum über die Aufgaben der GFP, die dieser 1946 vor dem Militär-Gerichtshof in Nürnberg abgegeben hat. Dr. N. verwies hinsichtlich der Aufgaben der GFP im letzten Krieg auf die ›Kampfanweisung für die Bandenbekämpfung im Osten‹, die durch Schreiben des OKW – 1216/42 W F St/Op. F.H.Q. 11.11.1942 – mit dem 1.12.1942 in Kraft gesetzt worden sei.

Nach nochmaliger Rücksprache mit Herrn ORR Oesterhelt konnten die Vernehmungen der Zeugen dann doch durchgeführt werden.«[495]

Es ist bemerkenswert, welche Scheinargumente Niggemeyer anführte, um Ermittlungshandlungen zu sabotieren. Mit seiner Aktion stellte er sich natürlich nicht nur »vor seine Männer«, sondern versuchte auch, Unheil abzuwenden, das ihm selbst drohte. Aber er konnte sich auf die »alten Kameraden« verlassen. Sie waren offenbar gut vorbereitet – auch Niggemeyer hatte das Krichbaum-Papier offenbar griffbereit – und sagten unisono aus, dass sie fachlich und dienstaufsichtsmäßig dem Ic-Offizier unterstanden, dass sie hauptsächlich die Feindlage erkundet und Spionage abgewehrt, nicht mit den SD-Einsatzgruppen zusammengearbeitet und keine Aktionen gegen Juden durchgeführt hätten. Der Gleichklang der Aussagen hätte von Rechts wegen ausgereicht, Verdunkelungsabsicht zu unterstellen und über Haftbefehle nachzudenken, denn am dringenden Tatverdacht gab es eigentlich keinen Zweifel. Hingegen legen diese Vernehmungsprotokolle[496] Zeugnis davon ab, wie man die wichtigen Fragen *nicht* stellte, weil eine Krähe der anderen kein Auge aushackt. Oder weil man vielleicht als junger Kriminalobermeister überfordert war, Hauptkommissare mit NS-Einsatzerfahrung in die Enge zu treiben.

Kriminalhauptkommissar Alexander Falke (Jahrgang 1908), von Hause aus Jurist mit dem ersten Staatsexamen, »Charlottenburger« des Jahrganges 1936/37, trat 1941 in die NSDAP ein, gehörte 1939–1942 dem NS-Kolonialbund an und betätigte sich als Gauverbandspressevertreter.[497] Er wurde seit Februar/März 1942 als Feldpolizeikommissar an der Ostfront eingesetzt, trotz belastender Zeugenaussagen nie bestraft[498] und ging – wegen seines feinfühligen Umgangs bei Mitarbeitern im Kriminalistischen Institut geschätzt – als Regierungskriminalrat in Pension.

Kriminalhauptkommissar Georg Franz Fischer (Jahrgang 1908) gehörte als Kriminalkommissar ab August 1939 den GFP-Gruppen 13 (Überfall auf Polen) und 530 (so genannter Frankreichfeldzug) an, die dem Feldpolizeidirektor Hans Stephainski (er übernahm nach dem Krieg die Leitung der Kripo Braunschweig) unterstellt waren.[499]

Im Juli 1941 avancierte KK Fischer zum Führer der Niggemeyer ab 1943 unterstellten Gruppe GFP 717, die mit Beginn des Überfalles auf Russland auf diesem Territorium bis zum Juni 1944, als die Gruppe an die Westfront in Frankreich verlegt wurde, systematischen Völkermord betrieb.[500] Die Erfahrungen von Georg Fischer, der schon 1933 in die SA eingetreten und bereits 1938 zum SS-Hauptsturmführer befördert worden war, mit der Geheimen Feldpolizei waren wohl kaum zu überbieten, worauf auch das Bundesinnenministerium Ende 1963 aufmerksam wurde. Zudem hatte er seinen Einsatz im Osten bei der Einstellung in das Bundeskriminalamt verschwiegen. Das alles führte zu der Entscheidung in Bonn, eine Beförderung »zumindest im augenblicklichen Zeitpunkt« nicht für vertretbar zu halten.[501] Dickopf und Niggemeyer leiteten daraufhin nicht etwa ein förmliches Disziplinarverfahren mit dem Ziele der Entlassung wegen grober Täuschung bei der Einstellung in den Öffentlichen Dienst ein, sondern setzten Fischer weiter als Referatsleiter im Kriminalistischen Institut ein und erreichten schließlich auch seine Beförderung zum Regierungskriminalrat. Georg Fischer, Co-Autor eines Bandes der Schriftenreihe »Modus-operandi-System und modus-operandi-Technik«,[502] leitete die bescheiden ausgestattete Bibliothek und arbeitete mit seinen drei weiblichen Angestellten bei der Vorbereitung und Durchführung von Arbeitstagungen mit. In seinem Büro hing ein Bild von Ernst Jünger, für den er schwärmte. Der freundlich-verklemmte Mann schien mit seinem stillen Inseldasein ganz zufrieden zu sein und nur noch auf die Pension zu warten. Nach seiner Versetzung in den Ruhestand beging Fischer, von den Kriegserlebnissen vielleicht stärker gezeichnet, als er sich anmerken ließ, Selbstmord.

Zu Niggemeyers GFP-Seilschaft zählte neben Georg Mody, damals Kriminalrat in der Sicherungsgruppe, auch Joachim Kaintzig, der einst im RKPA Homosexuelle verfolgt hatte (siehe Kapitel V, Vorbild

Reichskriminalpolizeiamt). Kaintzig gehörte der GFP-Gruppe 603 an, dann ab 1. Mai 1942 der Geheimen Feldpolizei Ost.[503] Seine Tätigkeit führte ihn auch nach Lodz (Litzmannstadt),[504] wo 157000 Menschen auf einem Areal von vier Quadratkilometern zusammengepfercht worden waren. Zwischen Januar 1942 und Juli 1944 wurde das Ghetto nach und nach aufgelöst und über 80000 Menschen im Vernichtungslager Chelmno/Kulmhof und fast 60000 in Auschwitz ermordet.[505] Welche Rolle Kaintzig in Lodz spielte, liegt im Dunkeln. Da das Führungspersonal des Reichssicherheitshauptamtes im okkupierten Europa wie Schachfiguren verschoben wurde, kreuzten sich die Wege Niggemeyers und Kaintzigs in der Sowjetunion: Joachim Kaintzig war ab 1. März 1943 Leitender Feldpolizeidirektor bei der Heeresgruppe Süd. Unterlagen über seine Tätigkeit existieren offensichtlich nicht mehr. Niggemeyer erwähnte in einer Dienstlichen Erklärung vom 7. Mai 1969, dass Kaintzig vor seinem Einsatz bei der Heeresgruppe Süd als Feldpolizeidirektor dem Heeresgruppenkommando Ost in Smolensk angehörte. Kaintzig war allerdings zum Zeitpunkt der Aussage Niggemeyers bereits verstorben, sodass die Zentrale Stelle nicht mehr gegen ihn ermittelte.[506] Nicht ohne Grund zeichneten die Verantwortlichen des Regimes in der Berliner Prinz-Albrecht-Straße Kaintzig mit dem Kriegsverdienstkreuz 1. und 2. Klasse aus.[507] Man kann ohne Risiko auf Irrtum unterstellen, dass sich das verbrecherische Handeln eines Leitenden Feldpolizeidirektors der Heeresgruppe Mitte und eines solchen der Heeresgruppe Süd in der UdSSR nicht wesentlich unterschieden. Und es liegt auch nahe, dass Niggemeyer seinen ehemals gleichrangigen GFP-Kollegen in das BKA holte, wenn auch ihre Karrieren im Wiesbadener Amt unterschiedlich verliefen. Bei Joachim Kaintzig handelte es sich jedenfalls um einen weiteren Kriegsverbrecher im Leitenden Dienst des Bundeskriminalamtes.

Alter Wein in neuen Schläuchen

Drei Kriminalisten-Generationen sahen in der Bekämpfung des »Berufs- und Gewohnheitsverbrechers« einen essentiellen Bereich ihrer Aufgabenerfüllung. Geprägt wurde der Begriff, den auch andere Kriminologen anwandten, vor allem durch Geheimrat Robert Heindl in seinem 1926 erschienenen Werk »Der Berufsverbrecher«, der diesem Tätertypus charakteristische Merkmale zuordnete, wie Gewinnsucht, rasche zeitliche Folge der Taten, begangen nach immer derselben Arbeitsmethode. Zu den verschiedenen Kategorien der Berufsverbrecher zählte Heindl: Mörder, nächtliche Straßenräuber, Einbrecher, Taschendiebe, Eisenbahndiebe, Diebe als Dienstboten, Diebe in Bettlermaske, Bettler als Betrüger, Erpresser, Heiratsbetrüger, Hochstapler, Mädchenhändler, Kautions- und Annoncenschwindler, Kurpfuscher, Falschmünzer, Bauernfänger.[508] Es ist auffällig, dass diese Typologie wenig Trennschärfe aufweist, ein weites Feld der Interpretation öffnet und sich gerade deshalb als kriminalpolitische Strategie eignet.

Rechtsstaat und föderalistische Interessen standen in der Weimarer Republik einer zentralistischen polizeilichen Bekämpfung des so definierten Berufsverbrechertums im Wege, wie sie eine akademisch gebildete Führungsschicht der Polizei forderte, die nicht mehr Büttel sein wollte, sondern intellektuell agierende Kriminalisten mit dem Anspruch, wissenschaftliche Erkenntnisse in der praktischen Arbeit umzusetzen.

Heindls Modell stand Pate für die Zielsetzung der Nationalsozialisten, »Volksschädlingen« dieser Art »einen Vernichtungskampf« zu liefern. Nicht zuletzt aus solchen Gründen lief ein großer Teil der Beamtenschaft »mit fliegenden Fahnen« zur NS-Polizei über, als Liebermann von Sonnenberg, der Chef des Preußischen Landeskriminalamtes, 1933 einen Erlass schuf, der die Anwendung einer vorbeugenden Polizeihaft gegen Berufsverbrecher regelte.[509]

Von den »Alt-Kriminalisten«, die nach 1945 die Bekämpfung der Berufs- und Gewohnheitsverbrecher erneut zum Programm erhoben und die aus den Konzentrationslagern entlassenen so genannten Berufsverbrecher – soweit sie überlebt hatten – für die Steigerung der Kriminalität verantwortlich machten, wurde unermüdlich darauf verwiesen, dass die Bekämpfung der »Berufs- und Gewohnheitsverbrecher« keine Erfindung der Nazis sei, sondern auf die Weimarer Republik zurückgehe. Dabei unterschlugen sie völlig die Pervertierung, die diese Konzepte in den dreißiger und vierziger Jahren erfahren hatten.

Nach dem Willen Himmlers und Heydrichs fand eine »Verbindung und Durchdringung von SS und Polizei statt« (Werner Best); in der Sicherheitspolizei wurden die Sparten vernetzt und von unzuverlässigen Beamten gesäubert. »Hierbei war es mir ein Herzensbedürfnis, möglichst vielen alten nationalsozialistischen Kämpfern die Tür zur Polizeilaufbahn zu öffnen. Hierin sah ich das beste Mittel, die Polizei mit nationalem Geist und sozialem Empfinden zu erfüllen«, schrieb Kurt Daluege 1936 als Generalleutnant der Landespolizei, um fortzufahren: »Vor allem erwarte ich von der Kriminalpolizei eins: nationalsozialistischen Kameradschaftsgeist.«[510] Apologeten der Kripogeschichte charakterisieren das Verhältnis der Kriminalbeamten zu ihren Gestapokollegen gern als eines der Konkurrenz zwischen unpolitischer Professionalität (der Kripo) und dumpfer Folterknechtgesinnung (der Gestapo). In Wahrheit bestand das Konkurrenzverhältnis in dem Bemühen der einzelnen Gruppen, sich in Bezug auf »Pflichtbewusstsein« und Radikalität von der jeweils anderen nicht übertrumpfen zu lassen und den politischen Auftrag überaus engagiert zu erfüllen.[511] Arthur Nebe wachte als Chef des Amtes V (Kriminalpolizei) eifersüchtig darüber, dass ihm der Chef des Amtes IV (»Gestapo-Müller«) keine Kompetenzen beschnitt. Den kriminalpolizeilichen Alltag bestimmten allerdings weniger Kompetenzkonflikte und Konkurrenz, sondern eine unspektakuläre und weitgehend reibungslose Zusammenarbeit sowie gegenseitige Unterstützung der Sparten Gestapo und Kripo, zum Beispiel durch personelle Unterstützung bei Razzien und Sonderaktionen. Dies wurde im Einzelfall auch befohlen, wie das Zurverfügungstellen von Kriminalbeamten bei Gestapo-Maßnahmen.[512]

Die latente Konkurrenzsituation zwischen Kripo und Gestapo trug ihren Teil dazu bei, die Verfolgungspraxis der Kriminalpolizei zu radikalisieren, eine Dynamik, die auch die Führung der Sicherheitspolizei bewusst erzeugte und steuerte. Viele in der Weimarer Epoche frustrierte Kriminalbeamte besaßen allerdings eine so hohe Eigenmotivation, dass es keiner äußeren Antriebe bedurfte.[513]

Alsbald ging es nicht mehr alleine um das Schicksal der Menschen, die als Berufs- und Gewohnheitsverbrecher definiert wurden. Zum Rundumschlag holte das menschenverachtende Regime mit dem grundlegenden Erlass des Reichsinnenministeriums über die vorbeugende Verbrechensbekämpfung vom 14. Dezember 1937 aus, wonach durch die örtliche Kriminalpolizeistelle eine »polizeiliche planmäßige Überwachung« angeordnet oder durch Bestätigung des Reichskriminalpolizeiamtes »Vorbeugungshaft« verhängt werden konnte, die in einem Konzentrationslager vollstreckt wurde.[514] Durch Richtlinien des RKPA vom 4. April 1938 wurde der Personenkreis auf »Rechtsbrecher und asoziale Personen« erweitert, »welche die Gemeinschaft durch ihr Verhalten ständig gefährden«.[515]

Um es nochmals unmissverständlich zu betonen: Es war nicht Aufgabe der Gestapo, sondern der Kriminalpolizei – und zwar der KP-Stellen, KP-Leitstellen und des RKPA –, Menschen durch einen Vorbeugungshaftbefehl in den oft sicheren Tod in einem Konzentrationslager zu schicken. Dabei ließ sich das Vorbeuge-Referat des RKPA (V A 2) immer neue Zielgruppen einfallen:[516] »Jugendliche« (»Bekämpfung der Jugendkriminalität«), »Asoziale/Gemeingefährliche«, »Bettler«, »Landstreicher«, »Zigeuner«, »Böswillige Unterhaltspflichtverweigerer«, »Unverbesserliche Trinker«, »Wehrunwürdige«, »Arbeitsscheue«, »Arbeitsverweigerer«, »Im Konkubinat Lebende«, »Sittlichkeitsverbrecher«, »Zuhälter/Prostituierte«, »Homosexuelle«, »Abtreiber«, »Geschlechtskranke«, »Rassenschänder«.

Den Auftakt der Verfolgung bildete ein Schnellbrief des RKPA vom 1. Juni 1938, wonach schlagartig binnen einer Woche von jedem der 14 KP-Leitstellen-Bezirke mindestens 200 Landstreicher, Bettler, Zigeuner, Zuhälter und mehrfach Vorbestrafte wegen Widerstandes, Körperverletzung, Raufhandels, Hausfriedensbruchs oder ähnlicher Delikte – die zu einem großen Teil der Bagatell-Kriminalität zuzurechnen sind – in Vorbeugungshaft zu nehmen waren. Das gleiche Schicksal traf männliche Juden mit mindestens einer Gefängnisstrafe von mehr als einem Monat.[517]

Mit einer Entlassung aus Vorbeugungshaft konnten »wahrscheinlich« rechnen: Sittlichkeitsverbrecher, die sich freiwillig entmannen ließen,[518] oder Vorbeugungshäftlinge, die freiwillig bis zu zehnmal zur Blindgängerbeseitigung eingesetzt waren, soweit Führung und Arbeitsleistung im Lager als einwandfrei beurteilt wurden.[519]

Bis Ende 1938 wurden fast 13 000 Menschen vorbeugend in Konzentrationslager eingewiesen. Folgt man Schätzungen der einschlägigen Literatur, so wurden bis Kriegsende fast 70-80 000 Personen von der Kriminalpolizei in Konzentrationslager geschafft.[520]

In der Zeit von 1937 bis 1945 trug Paul Werner, der ohne den Einspruch Max Hagemanns beinahe Präsident des BKA geworden wäre, die Gesamtverantwortung für den Bereich Vorbeugung im RKPA. Er schrieb 1939: Wer der Gemeinschaft gegenüber auch nur

»gleichgültig« sei, handele »aus verbrecherischer und asozialer Gesinnung« und sei ein »krimineller Staatsfeind«, der von der Polizei »bekämpft und niedergerungen« werden müsse.[521]

Werners Vordenker auf dem Gebiet der Vorbeugung war SS-Hauptsturmführer und Kriminalrat Richrath,[522] der als Referatsleiter V A 2 obendrein die Erlasssammlung des RKPA über »Vorbeugende Verbrechensbekämpfung« herausgab, die in einer nie da gewesenen Flut von Einzelanweisungen das Verbrechen bürokratisierte. Eduard Richrath flüchtete zum Kriegsende in den Raum Flensburg, wurde 1949 stellvertretender Leiter der Kriminalpolizei in der Polizeigruppe Nord und avancierte 1953 zum Leiter der Bezirkskriminalpolizeistelle Flensburg.[523]

Jenseits allen Unrechtsbewusstseins urteilte der uns bereits bekannte Walter Zirpins, der einst die Ghettoinsassen von Lodz kriminalisierte, auf einer BKA-Arbeitstagung im November 1956 über die Kriminalpolizei im NS-Staat: »Dass sich die deutsche Kriminalpolizei trotzdem eine in aller Welt (sogar nach Kriegsende von den Besatzungsmächten) anerkannte verantwortungsvolle Stellung erworben hat, lag an ihrer von Berufsethos getragenen Erkenntnis von den zwingenden Notwendigkeiten einer modernen Verbrechensbekämpfung und an der von ihr stets im Gedanken an Rechtsbewusstsein, Selbstverantwortung und Achtung vor der Menschenwürde entwickelten modernen Bekämpfungsweise.«[524] Schamloser konnte man die Opfer nicht verhöhnen.

Wie Phönix aus der Asche lebte das Institut »Planmäßige polizeiliche Überwachung« nach dem Krieg wieder auf, weil das Bundeskriminalamt unbedingt und vielleicht auch mit einem gewissen Trotz beweisen wollte, dass unter den Nazis vernünftig gearbeitet wurde. Die ersten vom BKA im Jahre 1955 herausgegebenen Bände der »Schriftenreihe« widmeten sich der Daktyloskopie (Band 1), der Kriminaltechnik (Band 2) und Problemen der Polizeiaufsicht (Sicherungsaufsicht) in Band 3. Offenbar waren dies die Themen, die der BKA-Führung besonders unter den Nägeln brannten. Erst im nächsten und übernächsten Jahr wurden die Organisation der Verbrechensbekämpfung, der Meldedienst und die Fahndung abgehandelt.

Anders als viele andere gesetzliche Bestimmungen und Regelungen aus der Zeit des Nationalsozialismus, die nach dem Ende des Dritten Reichs explizit außer Kraft gesetzt wurden, waren die im

Strafrecht geregelten Bestimmungen zur vorbeugenden Verbrechensbekämpfung nicht ausdrücklich aufgehoben worden. § 20a StGB, der zur Definition des »gefährlichen Gewohnheitsverbrechers« diente, und § 42e StGB, der die Anordnung der Sicherungsverwahrung gegen die unter § 20a fallenden Täter ermöglichte, blieben bis auf die Streichung der Bestimmung über die Entmannung bis 1969 unangetastet.[525]

Hingegen hatten die Erlasse und Richtlinien des Reichsführers SS und Chefs der deutschen Polizei, des Reichsinnenministeriums und des RKPA zur vorbeugenden Verbrechensbekämpfung keine Gültigkeit mehr, mithin auch nicht die Anordnung der »planmäßigen polizeilichen Überwachung« und der »Vorbeugungshaft«. Der oben zitierte Referent Zirpins hatte ausdrücklich nichts gegen die vom RKPA angeordnete »Vorbeugungshaft« einzuwenden und schränkte lediglich ein, dass »die doch sehr strengen Voraussetzungen« von einem Richter hätten geprüft werden müssen. Ein besonderes Anliegen war ihm bei seinem Vortrag, dass die ehemalige »Vorbeugungshaft« nicht mit der (von der Gestapo erlassenen) »politischen Schutzhaft« verwechselt werden dürfe.[526] Er vergaß zu erwähnen, dass sich die Konsequenz beider Maßnahmen nicht unterschied, nämlich die Einweisung in ein Konzentrationslager mit dem fast sicheren Tod vor Augen.

Im Band 3 der »Schriftenreihe« widmeten sich die beiden Regierungskriminalräte Eberhardt Eschenbach und Rudolf Leichtweiß dem Thema »Die Durchführung der planmäßigen Überwachung nach dem Runderlass des Reichs- und Preußischen Ministers des Inneren vom 14. Dezember 1937«.[527] Eschenbach ist uns bereits aus dem Kapitel »Entnazifizierung« (Teil V) als Hardliner in Sachen Menschenrechte bekannt. Er genoss im Bundeskriminalamt hohes Ansehen und galt als sympathischer, enorm fleißiger und gescheiter Mann »aus guter Familie«. Im BKA entwickelte er sich zum »Vielschreiber«, publizierte die verschiedensten polizeilichen Themen in Fachzeitschriften, gab über Jahre das »Taschenbuch für Kriminalisten« heraus und fehlte auf fast keiner Rednerliste der jährlichen BKA-Tagungen. Im Kriminalistischen Institut war er Leiter des Ausbildungs-Referats.

Die NS-Karriere des Rudolf (»Rudi«) Leichtweiß (Jahrgang 1908) begann recht früh, spätestens 1933 mit seinem Eintritt in die SS und Teilnahme an Aufmärschen in Frankfurt a. M. Von Darmstadt wurde er nach Frankfurt a. M. versetzt, nachdem er sieben Semester Jura ohne Abschluss abgebrochen hatte. Leichtweiß absolvierte 1937/38 den KK-Lehrgang in Charlottenburg und wurde 1940 Leiter des 1. Kommissariats (Kapitalverbrechen) bei der Kripo Braunschweig. In seiner Beurteilung zur Beförderung zum SS-Hauptsturmführer heißt es, dass er kriminalistische Fähigkeiten beweise und umsichtiges Verhalten zeige. Gleichzeitig war er Vertreter des KP-Stellen-Leiters und Personalsachbearbeiter der SD-Dienststelle und führte im Auftrage des Polizeipräsidenten die »weltanschauliche Schulung« der Verwaltungspolizei durch – ein gutes Beispiel für die Vernetzung von »normaler« polizeilicher Arbeit und Aufgaben der SS, des SD und der Partei. Die üblichen SS-Insignien, wie Julleuchter und Totenkopfring, gehörten zu seinen Auszeichnungen.[528]

Im BKA ist bekannt, dass Leichtweiß in den sechziger Jahren wegen der Beteiligung an NS-Gewaltverbrechen zur Bundesanstalt für Geodäsie versetzt (oder vorübergehend abgeordnet?) wurde, um ihn »aus der Schusslinie zu nehmen« bzw. den Ruf des Amtes nicht zu belasten. Es gibt also wohl dunkle Flecken in der Laufbahn des SS-Hauptsturmführers, die mit dem RKPA und vermutlich einem Einsatzgruppen-Einsatz zusammenhängen. Es muss wohl auch ein Disziplinarverfahren gegen ihn gelaufen sein, das BKA verweigert jedoch bislang die Einsicht in die Akten und verhindert damit die Aufklärung seiner Karriere. Gegen eine Beförderung zum Regierungskriminalrat hatte die Personalabteilung seinerzeit keine Einwände. Der für einen Polizeibeamten mit einer Körpergröße von 1,69 m klein gewachsene Mann benutzte damals im BKA noch immer seine alten Visitenkarten aus dem Dritten Reich mit dem Dienstgrad Kriminaldirektor. Damals hieß es amtsintern, dass alte Visitenkarten aufgebraucht werden dürfen, was deutlich unterstrich, in welcher Tradition man sich sah. Von Leichtweiß war jedoch bekannt, dass er die alten Visitenkarten nachdrucken ließ. Er war immer lustig, galt aber auch als listig und verschlagen – und schwieg an den richtigen Stellen. Nur einmal entfuhr ihm die gehässige Äußerung, dass er 1941 seinen jüdischen Studienrat, den er hasste, »zum Bahnhof begleitet« habe. Die Fahrt sei nach Minsk gegangen.

Kriminalrat Leichtweiß war als wissenschaftlicher Mitarbeiter im Referat Forschung und Auswertung des Kriminalistischen Instituts tätig.

Gemeinsam kamen Eschenbach und Leichtweiß in ihrer Untersuchung der »planmäßigen polizeilichen Überwachung« zu dem Ergebnis, dass die im Dritten Reich ergriffenen Maßnahmen sinnvoll waren, so zum Beispiel die Abgabe des Hausschlüssels, weil der Delinquent auch zur Nachtzeit jederzeit polizeilich kontrolliert werden durfte. »Richter, Staatsanwälte und Kriminalisten (...) sind sich darüber einig, dass sich diese Vorbeugungsmaßnahme sehr günstig ausgewirkt hat.« Die beiden BKA-Experten betonten, dass die wichtigste Abschreckung darin gelegen habe, bei Verstoß gegen die Auflage in »Vorbeugungshaft« genommen zu werden. Was das bedeutete, thematisierten sie nicht, schon gar nicht übten sie Kritik. Im Gegenteil: »Man wird sich darüber klar werden müssen – so unpopulär der Gedanke auch sein mag –, dass auch heute Berufs- und Hangverbrecher nur durch harte Strafandrohungen angehalten werden können, die ihnen im Rahmen der Sicherungsaufsicht auferlegten Gebote und Verbote einzuhalten. (...) Nachsicht und Güte werden in Verbrecherkreisen stets als Schwäche und Dummheit ausgelegt.«[529] Der ehemalige SS-Sturmbannführer mit Einsatzgruppenerfahrung Kiehne[530] äußerte als Kölner Kriminalrat im Jahre 1958 auf einer BKA-Tagung: »Ich kann hier nur zusammenfassend sagen, dass fast alle Überwachten am meisten die unregelmäßigen Wohnungskontrollen, vor allem nachts, fürchteten und dass am abschreckendsten die angedrohte Vorbeugungshaft bei Verstößen gegen die Auflagen wirkte.«[531] Und der Chef von Eschenbach und Leichtweiß, Regierungskriminaldirektor Niggemeyer, schloss sich an: »Die ›planmäßige polizeiliche Überwachung‹ (...) war ein ausgezeichnetes Mittel, den Kampf gegen Berufs- und Gewohnheitsverbrecher auch präventiv mit Erfolg zu führen.«[532] Damit erhielt Nazi-Unrecht nachträglich ein BKA-Gütesiegel. Niggemeyer forderte – allerdings im Entscheidungsbereich der Justiz, aber unter Mitwirkung kriminalpolizeilicher Sachverständiger – eine Neuauflage und mahnte: »Man sollte nicht vergessen, dass die Alliierten im Jahre 1945 ca. 6000 Berufsverbrecher ›befreit‹ haben und dass heute in der Bundesrepublik noch keine 400 Berufsverbrecher in Sicherungsverwahrung sind. Diese Zahlen beweisen in Verbindung mit den steigenden Kriminalitätsziffern (...), dass wir die vorbeugende Verbrechensbekämpfung stark vernachlässigt haben.«[533]

Das Bundeskriminalamt betrieb einen erheblichen Aufwand, »Berufs- und Gewohnheitsverbrecher« weiter als Feindbild zu erhalten, doch Initiativen zu ihrer Bekämpfung wurden kaum entfaltet. Sarkastisch gesagt: Die Vorbilder im RKPA, die Delinquenten ins KZ einwiesen, hatten hier auch kaum etwas zu bieten, was man in einer Demokratie kopieren konnte. Allerdings fehlte dem BKA auch der Schwung, weil seine exekutiven Kompetenzen beschnitten waren.

Vor allem aber wollte man den kriminalpolizeilichen Meldedienst optimieren, eine Einrichtung, die das Reichkriminalpolizeiamt perfektioniert und die das BKA übernommen hatte. Rolf Holle hatte es sich bereits im KPABrZ einfach gemacht, indem er NS-Richtlinien weitgehend abschrieb und daraus eine Paperback-Ausgabe von 400 Seiten konzipierte.[534] Auch im Bundeskriminalamt spielte er wohl den Chefdirigenten des Meldedienstwesens und überhaupt der Organisation von kriminalpolizeilichen Arbeitsweisen. Holle gestaltete auch drei Bände der »Schriftenreihe«, die sich unter dem Rubrum »Kriminaldienstkunde« mit »Organisation der kriminalpolizeilichen Verbrechensbekämpfung«, »Kriminalpolizeilichem Meldedienst« und »Fahndung« befassten,[535] eine Tätigkeit, die im BKA als beliebte finanzielle Nebeneinnahme galt. Mitarbeiter warfen Dickopf hinter vorgehaltener Hand vor, dass er seinen Freund, der außerdem jahrelang mit Willi Gay die Redaktion der Zeitschrift »Kriminalistik« besorgte, einseitig bevorzugte. Zumindest den Fahndungsband hätte von Rechts wegen Holles Kollege Amend übernehmen müssen, der dieses spezielle Handwerk im RKPA »erfolgreich« ausgeübt hatte (siehe Kapitel VI, Chef-Wechsel).

Der kriminalpolizeiliche Meldedienst des BKA basierte auf der von NS-Kriminalisten vertretenen These, dass »Berufs- und Gewohnheitsverbrecher« als Tätergruppierung erfassbar sind,[536] dass sie sich perseverant verhalten,[537] also einer einmal gewählten Arbeitsweise treu bleiben,[538] auf der Skala der Gesamtkriminalität die meisten gewichtigen Straftaten begehen, die allerdings teilweise latent sind und in einem Dunkelfeld liegen.[539] Mittels einer Grundeinteilung der Straftaten, die nach kriminologischen Gesichtspunkten geordnet wurden, versuchte man die Arbeitsweisen der Delinquenten transparent zu machen. Das Schema der Einteilung in Straftatenklassen wurde vom RKPA übernommen,[540] die Unterordnung der Straftaten leicht überarbeitet. Wie schon seit 1936 hatte auch nach dem Krieg jede Polizeidienststelle die Straftat eines bekannten Täters mit Vordruck KP 13 oder eine ungeklärte Straftat mit Vordruck KP 14 dem RKPA/BKA zu melden. Die Bezeichnung der Formulare blieb identisch (insgesamt 14 Vordrucke des RKPA wurden übernommen). Die gemeldeten Erkenntnisse wurden in der Verbrecherkartei bzw. der Straftatenkartei erfasst. Man wollte so die Arbeitsweisen unbekannter mit denen bekannter Täter vergleichen, um der nicht geklärten Straftat einen bereits bekannten Täter zuordnen zu können. Außerdem wollte man durch Vergleich der Arbeitsweisen den Zusammenhang zwischen örtlich und zeitlich verschieden gelagerten ungeklärten Straftaten erkennen und durch systematischen Vergleich der Arbeitsweisen, Tatorte und Tatzeiten den Reiseweg eines unbekannten Täters verfolgen. Komplettiert wurde das System durch Hilfskarteien, die ebenfalls im RKPA/BKA identisch waren, wie Spitznamenkartei, Merkmalskartei, Lichtbildkartei und Sonderbestimmungen, zum Beispiel für Falschgeld- oder Rauschgiftdelikte oder für Vermisste, unbekannte Tote und hilflose Personen. Die Meldung wichtiger Ereignisse (»WE-Meldung«) übernahm das BKA vom RKPA genauso wie Veröffentlichungen im Bundeskriminalblatt (ehemals Deutsches Kriminalpolizeiblatt) und die Grundzüge der Kriminalstatistik.[541]

Einer der Verfechter des Meldedienstes war der ehemalige SS-Hauptsturmführer Kurt Lach (Jahrgang 1914). Er galt im Bundeskriminalamt als ein immer freundlicher, optimistischer, lustiger und hilfsbereiter Mensch, der seinen Dienst mit Energie und Fleiß ausübte. Von 1940 bis 1945 versah er als Leiter des Erkennungsdienstes, des Diebstahlsbereichs und der Abteilung für Betrug, Korruption und Kriegswirtschaftsdelikte Dienst bei der Kripo-Leitstelle Prag, die zuletzt unter dem Befehl eines Kommandeurs der Sicherheitspolizei und des SD stand.[542] Nach dem Attentat auf Heydrich am 27. Mai 1942 in Prag wurde Lach mit der Sachfahndung beauftragt, insbesondere sollte er die Herkunft des am Tatort gefundenen Fahrrads klären. Im Spruchkammerverfahren (er wurde als Mitläufer eingestuft) ist vermerkt, dass er »Kenntnis von den Vergeltungsmaßnahmen in Lidice erhielt«, selbst aber nicht an Gewaltverbrechen beteiligt gewesen wäre. Eine tschechoslowakische Regierungskommission übersandte 1973 der Zentralen Stelle 18 Dokumente, wonach Kurt Lach als Leiter der Wirtschaftsabteilung der Kripo Prag von 1941 bis 1945 im Oktober 1941 die Verhaftung eines Gutsherrn Frantisek F., eines

Ladenbesitzers Rudolf S. und weiterer Personen wegen Wirtschaftsspionage veranlasst und sie einem Standgericht mit dem Vorschlag überstellt haben soll, die Todesstrafe zu verhängen. 1945 erfolgte seine Beförderung zum SS-Hauptsturmführer. Er wurde mit dem Kriegsverdienstkreuz I. Klasse ausgezeichnet. Staatsanwaltschaftliche Ermittlungen gegen Lach wurden 1974 eingestellt.[543] Seine Laufbahn beim Bundeskriminalamt beendete er als Regierungskriminaldirektor.

Als 1987 nochmals Ermittlungen gegen Lach wegen der Beteiligung am Massenmord in Lidice aufgenommen werden sollten, war er bereits verstorben.[544] In Lidice, etwa 15 km von Prag entfernt, wurden am frühen Morgen des 10. Juni 1942 aus Rache für Heydrichs Tod sämtliche Einwohner aus ihren Wohnungen getrieben, alle 192 Männer und 71 Frauen ermordet und der Ort dem Erdboden gleichgemacht. 198 weibliche Einwohner wurden in das Konzentrationslager Ravensbrück transportiert, nur 143 kehrten nach dem Krieg in ihre Heimat zurück. Nicht mehr als 16 der 98 Kinder, die man in »Erziehungsanstalten« interniert hatte, überlebten.[545]

Kehren wir zum Meldedienst zurück: Die so genannte Verbrecherperseveranz stellte sich weitgehend als Schimäre heraus. Niggemeyer schrieb hierzu 1963: »Unter Verbrecherperseveranz verstehen wir die beharrliche Bereitschaft des Berufs-, Gewohnheits- und Triebverbrechers, an der einmal praktizierten Verbrechensspezialität festzuhalten.« Die sich wiederholt manifestierenden konstanten Merkmale eines Verbrechers seien die »kriminalistischen Leitelemente des *modus operandi*-Systems« (der Arbeitsweise) und damit auch des kriminalpolizeilichen Meldesystems und seiner Auswertung. Kleinere Mängel räumt Niggemeyer ein, zum Beispiel müsse die Karteiarbeit verbessert werden. »Wenn wir die Waffe des kriminalpolizeilichen Meldedienstes (...) schärfen wollen, dann müssen wir mutig an erkannte Fehlerquellen herangehen und *das Werk unserer Väter* vorsichtig reformieren (kursiv durch d. Verf.).«[546]

Die Väter im RKPA und die Söhne im BKA hatten sich geirrt. Dass der Gewaltverbrecher immer Gewalt anwendet, der Dieb immer Dieb bleibt und der Betrüger nur Betrug begeht, trifft nicht zu. Viele Täter orientieren ihre Vorgehensweise an den unterschiedlichsten Möglichkeiten einer Maximierung der Beute. Genauso wenig ist die Arbeitsweise eines Einbrechers konstant, der heute durch den Kellerfensterschacht und morgen über eine Dachluke in ein von ihm bevorzugtes Objekt eindringt. Damit wurde jede Auswertearbeit fragwürdig und funktionierte allenfalls bei rein triebgesteuerten Delikten, wie zum Beispiel Exhibitionismus. Die Generation Dickopf/Holle/Niggemeyer hielt jedoch bis zu ihrem Ausscheiden aus dem aktiven Dienst stur an ihrem Lieblingskind fest. Im Übrigen konnte das BKA den Meldedienst auch nicht durch die elektronische Datenverarbeitung in den Griff bekommen. Ähnlich der These des Arztes Cesare Lombroso vom »geborenen Verbrecher« entwickelte sich der KP-Meldedienst zum Flop, und der Jahrhundertirrtum verschlang immense Ressourcen, auch an Arbeitskraft, die zwischen 1951 und 1975 sinnvoller hätten eingesetzt werden können, zum Beispiel auf den vernachlässigten Gebieten des Rechtsextremismus und Rechtsterrorismus.

Viele Opfer der Kriminalpolizei, die durch Vorbeugeprogramme in Konzentrationslager kamen und diese überlebten, mussten nach dem Krieg um eine Entschädigung kämpfen. So genannten Berufs- und Gewohnheitsverbrechern verweigerte man den Opferstatus. In Bremen zum Beispiel wurden im April 1945 zwar die Akten der Kriminalpolizei vernichtet, jedoch klammerte man die Kartei über Berufs- und Gewohnheitsverbrecher bewusst aus, um bei »Wiedergutmachungsbetrügereien« Schadensansprüche zurückzuweisen, was in Einzelfällen auch erfolgte.[547]

Einen besonders schweren Stand hatten Sinti und Roma. Mit Erlass vom 8. Dezember 1938 verfolgte Himmler die »grundsätzliche Regelung der Zigeunerfrage aus dem Wesen dieser Rasse heraus«, um Deportationen formaljuristisch anzuordnen, die durch eine Flut von weiteren Erlassen und menschenrechtswidrigen Vorschriften geregelt wurden.[548] Von Mai 1940 an wurden »Zigeuner« aus dem Reichsgebiet deportiert; im Frühjahr 1942 begann die systematische Verschleppung aus den besetzten europäischen Ländern. Deportierte und einheimische »Zigeuner« wurden vor allem in Polen und in der Sowjetunion durch die Einsatzgruppen und in den Vernichtungslagern ermordet. Grausamer Höhepunkt war das 1942 errichtete »Zigeunerlager« in Auschwitz-Birkenau. Das Volk der Sinti, das mehr als 500 000 Opfer erlitt, wurde nahezu ausgerottet, an erster Stelle seine geistige und künstlerische Elite.[549]

Die Verantwortung trug die Gruppe V A 2 b des RKPA (»Asoziale, Prostituierte und Zigeuner«) mit der »Reichszentrale zur Bekämpfung des Zigeunerunwesens« (V A 2 b 5) sowie das von Dr. Robert Ritter[550] geleitete, 1941 im RSHA eröffnete Kriminalbiologische Institut. Als dessen Hauptaufgabe definierte der Gründungserlass die Beratung der Kriminalpolizei in allen Grundsatzfragen der Kriminalbiologie, den Aufbau eines Archivs »aller asozialen und kriminellen Sippschaften« und die kriminalbiologische Sichtung der »jugendlichen Gemeinschaftsfremden, gegen die polizeiliche Maßnahmen durchgeführt werden«.[551] 1943 erklärte Ritter, der als Chef der Kriminalbiologischen Forschungsstelle des Reichsgesundheitsamtes 1938 mit der systematischen Erfassung und »Begutachtung« der Sinti und Roma begonnen hatte: »Die Erfassung der Zigeuner und Zigeunerbastarde ist trotz aller kriegsbedingten Erschwerung für das Gebiet des Altreiches und der Ostmark wie vorausgesehen im Groben beendet. Die Zahl der rassenbiologisch geklärten Fälle (gemeint war ihre Ermordung, d. Verf.) beträgt zur Zeit 21 498.«[552]

Bemühten sich nach dem Krieg Angehörige von Sinti und Roma um Entschädigung, unterstellten die Behörden grundsätzlich eine betrügerische Absicht und zweifelten in feindseliger Art an, dass die betreffende Person überhaupt in einem KZ interniert war. So wurden die Opfer ein zweites Mal entrechtet und kriminalisiert. Empörend ist das Urteil des Bundesgerichtshofes aus dem Jahre 1956, wonach Zigeuner erst vom 1. März 1943 an generell als rassisch Verfolgte anzusehen seien. In den vor diesem Datum erlassenen Maßnahmen vermochte das Gericht lediglich »kriminalpräventive« oder – nach Kriegsbeginn – »militärische« Gründe zu sehen.[553]

Im Referat V A 2 b des Reichskriminalpolizeiamtes saß auch Dr. Josef (»Seppl«) Ochs (Jahrgang 1905).[554] Er bearbeitete die Einweisungen in Konzentrationslager durch Vorbeugungshaftbefehle, die von der örtlichen KP-Stelle oder KP-Leitstelle ausgestellt wurden, aber erst innerhalb einer Woche wirksam wurden, wenn sie von der Berliner Zentrale, also Leuten wie KK Ochs, bestätigt wurden. In seiner Vernehmung durch eine Staatsanwältin im Jahre 1964 wollte sich der seinerzeitige Gerichtsreferendar darauf hinausreden, dass er die Unterlagen nur auf Vollständigkeit zu prüfen hatte, dann habe er sie seinem Referatsleiter vorgelegt, der die Entscheidung traf. Diese Schutzbehauptung ist aus zwei Gründen unglaubwürdig. Wir wissen, dass es eine Unmenge solcher Haftbefehle gab, die einen Referatsleiter zeitlich völlig überfordert hätten, außerdem war Kriminalrat Richrath dafür bekannt, dass er sich konzeptionell betätigte und die Erlass-Sammlung herausgab, also ganz andere Schwerpunkte setzte. Zweitens saß KK Ochs nicht ohne Grund an dieser Stelle, denn er war promovierter Jurist, dem (im Führerstaat) juristische Entscheidungen abverlangt wurden. Auch im Landesarchiv Berlin, wo man mit den Einzelheiten des RSHA-Verfahrens vertraut ist, ist man der Meinung, dass Ochs eigenverantwortlich handeln konnte und sich über die Tragweite seiner Unterschrift im Klaren war. Widerlegt wird die von Ochs betriebene Verharmlosung weiterhin durch eine Dienstliche Beurteilung vom 15. September 1940, die SS-Sturmbannführer und Kriminaldirektor Dr. Riese[555] erstellte, Leiter der Gruppe V B (Vorbeugung) im RKPA:[556] »SS-Obersturmf. KK Ochs ist am 1.12.1939 von Düsseldorf zum RKPA kommandiert u. zum 20.4.1940 versetzt. Er wurde auf den Arbeitsgebieten: Vorbeugende Verbrechensbekämpfung und Zigeunerangelegenheiten sowie bei der Planung des sicherheitspolizeilichen kolonialen Einsatzes beschäftigt. (...) Gestützt auf fachliche und allgemeine Kenntnisse verfügt er über ein bemerkenswert sicheres und selbständiges Urteilsvermögen. Neue oder grundsätzliche bedeutsame Vorgänge werden erkannt und aus eigener Initiative zweckmäßig ausgewertet.«

Man muss also in Dr. Ochs, dem selbständiges Urteilsvermögen und Eigeninitiative bescheinigt werden, einen Schreibtischtäter sehen, der, wie Adolf Eichmann bei jüdischen Opfern, über das Schicksal einer Vielzahl von »Asozialen«, Prostituierten sowie Sinti und Roma Entscheidungen traf, die mit hoher Wahrscheinlichkeit in den Tod führten.

Josef Ochs war von Ende 1939 bis Ende Juli 1941 im RKPA tätig. Er habe sich dann versetzen lassen, weil er »aus der Nähe Himmlers weg wollte«. Ihn hätten die Randnotizen Himmlers auf den täglichen Morgenmeldungen gestört, die wegen der Farbe des Deckblatts »grüne Post« genannt wurden. So habe Himmler in einem Fall bei einem Mann, der einen verhältnismäßig geringen Schaden als Betrüger angerichtet hatte, »lebenslänglich KL« verfügt. »Diese Anordnung erschien mir ungeheuerlich«, betonte Ochs. Anweisungen Himmlers, die Exekutionen betrafen, will Kommissar Ochs nicht gesehen haben.[557]

1970 versuchte die Staatsanwaltschaft noch einmal, Josef Ochs zu einem Schuldeingeständnis zu bewegen. Er sagte aus, er habe keine Kenntnis von Tötungsanordnungen bei Einweisungen in ein Konzentrationslager gehabt. Bei den sich wiederholenden Angaben zur Todesursache, wie »Herz-Kreislauf-Schwäche« oder »auf der Flucht erschossen«, sei er allerdings insbesondere bei jüngeren Häftlingen misstrauisch geworden. Keine der Sterbemitteilungen habe den eindeutigen Rückschluss auf eine Exekution zugelassen. Trotz Vorhalts gab Ochs an, nichts von der Bezeichnung RU (»Rückkehr unerwünscht«) auf den Haftbefehlen gewusst zu haben. Ihm seien die Lager Oranienburg, Buchenwald, Dachau und Neuengamme bekannt gewesen, aber nur als Arbeits- und Erziehungslager. Zu diesem Zeitpunkt will Ochs nicht einmal den Begriff »Konzentrationslager« gekannt haben (die unter dieser Bezeichnung in der von ihm damals täglich benutzten Erlass-Sammlung mit Anschrift und Telefonnummer allesamt aufgeführt waren).

In einer Vernehmung des Josef Ochs aus dem Jahre 1948 taucht an versteckter Stelle der Satz auf: »In Thorn war ich von Mitte Oktober 1939 bis Dezember 1939 zwecks Einrichtung einer Kripo-Dienststelle. Ich unterstand dort dem Polizeipräsidenten.«[558] Dies deutet stark darauf hin, dass Ochs seit 1. September 1939 einer der Einsatzgruppen des RSHA angehörte (»Unternehmen Tannenberg«), die zur Vernichtung der polnischen Intelligenz aufgestellt worden waren und 60-80 000 Mordopfer auf dem Gewissen haben. Im November 1939 lösten sich die Gruppen auf und bildeten aus ihren Reihen die örtlichen Polizeidienststellen.[559] Es liegt nahe, dass KK Ochs auf diese Weise vorübergehend nach Thorn kam und von dort zum RKPA versetzt wurde. Dem Verdacht, ob Ochs zum Beispiel der Einsatzgruppe IV/1 angehörte, die am 15. September 1939 Thorn erreichte und dort Verbindungsmänner zum Landrat zurückließ, ist niemand nachgegangen.

Im August 1941 wurde KK Ochs zur KP-Leitstelle Düsseldorf versetzt, wo er bis zum Ende des Dritten Reiches als Direktionskommissar und als Inspektionsleiter IV Dienst versah. Zur Inspektion IV gehörten das 13. bis 16. Kommissariat, das waren Erkennungsdienst, Meldedienst und Vorbeugung. Folglich war er weiterhin für Vorbeugungshaftbefehle verantwortlich, nunmehr aus der Perspektive der einweisenden Dienststelle. Die Staatsanwaltschaft stellte ihm hierzu keine Fragen.[560]

Von Oktober 1946 bis Januar 1947 war Ochs interniert,[561] er legte verschiedene »Persilscheine« vor, darunter auch ein Entlastungsschreiben des Ministerpräsidenten Arnold aus Nordrhein-Westfalen. Ein britisches Militärgericht klagte ihn wegen »Erschießens von Fremdarbeitern« an. Ochs sagte dazu aus: »Das Gericht hat jedoch die Rechtmäßigkeit dieser Hinrichtung als Standrecht festgestellt und mich freigesprochen. Es handelte sich um plündernde Fremdarbeiter während der Zeit des Belagerungszustandes Anfang 1945.«[562]

Seine NS-Karriere disqualifizierte den Kriminalkommissar Ochs, der immer nur als »Zeuge« behandelt und gegen den nie ein staatsanwaltschaftliches Ermittlungsverfahren eröffnet wurde,[563] jemals wieder in diesem Beruf zu arbeiten. Dickopf jedoch nahm ihn mit offenen Armen auf (»Seppl Ochs ist im Anrollen«), beschäftigte ihn zunächst in der Sicherungsgruppe und beförderte ihn schließlich bis zum Abteilungsleiter.

Im April 1954 befasste sich die Arbeitsgemeinschaft der Leiter der Landeskriminalämter mit dem Bundeskriminalamt (»AG Kripo«) auf einer Sitzung in Düsseldorf mit dem Thema »Bekämpfung krimineller Landfahrer«. Ochs erklärte laut Protokoll Folgendes: Man müsse in dieser Aufgabe ein rein kriminalpolizeiliches Problem sehen. Nach 1945 sei ein beträchtlicher Teil der Landfahrer (hinter der Bezeichnung Landfahrer ist das Wort Zigeuner in Klammern gesetzt, d. Verf.) als rassisch verfolgt in besonderen Schutz genommen worden. Inzwischen hätte die Kriminalität dieser Gruppe jedoch wieder bedenkliche Formen angenommen. Das Land Bayern sei gesetzgeberisch tätig geworden, und es sei an der Zeit, auch allgemeine kriminalpolizeiliche Maßnahmen einzuleiten. Die *Landfahrerplage* stelle, so Ochs, unter anderem ein kriminalistisches und gesetzgeberisches Problem dar. Durch Entschädigungen hätten sich Landfahrer nach 1945 Kraftfahrzeuge zulegen können. Der übliche kriminalpolizeiliche Meldedienst versage bei diesem *notorischen Verbrechertyp* nicht nur wegen der schnellen Beweglichkeit, sondern weil die Personenbeschreibungen keine brauchbaren Fahndungsgrundlagen darstellen (kursiv durch d. Verf.). So weit Dr. Ochs, der ja über einschlägige Erfahrung in der Verfolgung ethnischer Minderheiten verfügte.

Das Hessische Landeskriminalamt, neben Bayern besonders engagiert in dieser Frage, benutzte weiter die NS-Terminologie und gab zur Bekämpfung des »Landfahrerunwesens« für alle hessischen Polizeidienststellen ein Merkblatt heraus.[564] Danach waren auch ohne einen Tatverdacht Landfahrer »bei allen sich bietenden Gelegenheiten« zu kontrollieren und fernschriftlich dem LKA zu melden, wodurch mit Hilfe aller Daten über Personen, ihre Beschreibung und ihre Fahrzeuge ein Bewegungsbild der Sinti-Familien erstellt wurde – ein klarer Verstoß gegen das Diskriminierungsverbot der hessischen Verfassung und des Grundgesetzes. Die verschiedenen Karteien wurden von einem Kriminalobermeister geführt, der den Spitznamen »Zigeuner-Hahn« trug.

Bis etwa Mitte der sechziger Jahre verfügte das Bundeskriminalamt über die Personenkartei des nationalsozialistischen Jugendschutzlagers Moringen (bei Göttingen). Es blieb geheim, wie diese Kartei den Weg ins Amt gefunden hatte.

Die Einlieferung in dieses KZ für Kinder und Jugendliche erfolgte in Verbindung mit einer biologischen Begutachtung durch den Rassehygieniker Robert Ritter. Bis Kriegsende wurden etwa 1400 Kinder und Jugendliche nach Moringen verschleppt, von denen mindestens 89 umkamen; volljährig gewordene Jugendliche wurden in gewöhnliche KZ überführt.[565] Bei einer internen Diskussion im Kriminalistischen Institut überlegten einige Referatsleiter gemeinsam mit Niggemeyer, mit Hilfe der inkriminierten Kartei in einer Langzeitstudie zu erforschen, ob die Insassen von Moringen im weiteren Leben straffällig geworden seien bzw. welche der früheren »Prognosen« eingetreten oder sich als falsch herausgestellt hatten. Man kam überein, dass ein solches Vorhaben einer »politischen Bombe« gleichkomme, und entschied, die Kartei zu vernichten. Ob dies wirklich geschah, ist allerdings nicht erwiesen, und man fragt sich unwillkürlich, welches »NS-Gut« noch im Keller der Wiesbadener Behörde lagern mag.

Die Sicherungsgruppe

Das aus dem nationalsozialistischen Reichskriminalpolizeiamt geklonte Bundeskriminalamt richtete sich auf so gut wie allen Feldern nach seinem Vorbild – im Falle der Sicherungsgruppe (SG) allerdings nach dem ehemaligen Reichssicherheitsdienst (RSD). Um im Sprachgebrauch des Amtes zu bleiben, zeigte Paul Dickopf »perseverantes« Verhalten, wenn er immer wieder fragte: »Wie haben die das früher gemacht?« Und so beauftragte er im September 1952 einen Kriminalinspektor mit einem Gutachten über den Reichssicherheitsdienst. Das lag nahe, denn der Beamte war einmal Angehöriger dieser Einheit gewesen und inzwischen in die Sicherungsgruppe berufen worden.[566] Dieser Studie[567] konnte Paul Dickopf die wichtige Erkenntnis entnehmen, dass Reichsführer SS Himmler nach der Machtübernahme aus Beamten des Polizeipräsidiums München ein »Führerschutzkommando« bildete, an das sich Hitler erst »viele Monate gewöhnen musste«, das heißt in seiner nächster Umgebung Polizisten zu dulden, die ihm »aus der vergangenen politischen Kampfzeit in unangenehmer Erinnerung standen«.

Aus dem »Führerschutzkommando« wurde dann ein »Kriminalkommando zur besonderen Verwendung« gebildet, bis schließlich mit einem Erlass aus dem Jahre 1935 der Reichssicherheitsdienst errichtet wurde, der angeblich mit SD und Gestapo nichts zu tun hatte, einzig dem »Führer« unterstand und allen NS-Behörden Weisungen erteilen konnte. Ursprünglich hatte der RSD eine Stärke von 80 Mann, bei Kriegsausbruch 200 Mann, zum Kriegsende 400 Mann; der Kommandeur war Generalleutnant Rattenhuber. Der Verfasser der Studie beschrieb die Organisation des RSD und seine Rechtsgrundlage, schilderte ferner Bewaffnung, Schieß- und Sportausbildung, finanzielle Zulagen und Kleidergeld. Kommandoführer mussten über Frack und Smoking »mit Zubehör«, einen Schrankkoffer und »einen guten kleinen Lederkoffer« verfügen.

Dickopf versah den Bericht mit Randbemerkungen, zum Beispiel bei Fragen des Bewegungsgeldes, und ließ prüfen, wo sich ehemalige Angehörige des RSD aufhielten, deren Reaktivierung er wohl im Auge hatte. Ausführlich wurden die Arbeitsweisen von »Hauskommando«, »Vorkommando« und »Begleitkommando« beschrieben und in den wesentlichen Bereichen genauso dann von der Sicherungsgruppe praktiziert.[568]

Wie das Protokoll einer Unterredung zwischen Bundeskanzler Adenauer und Innenminister Lehr vom 18. Mai 1951 enthält, wurde die Sicherungsgruppe in diesem Monat eingerichtet:[569]

»Die auf Anordnung des Herrn Bundeskanzlers eingerichtete Sicherungsgruppe von 30 Kriminalbeamten hat am 15. Mai ihre Tätigkeit aufgenommen. Ihre Aufgaben sind:

a) der persönliche Schutz des Herrn Bundespräsidenten, im Einzelfall auf besondere Anordnung;
b) persönlicher Schutz der Bundesminister am Dienstsitz (auf Ersuchen auch auf Reisen)
c) Sicherung der Bundesgebäude, in Sonderfällen auch die Sicherung von Wohnungen
d) der persönliche Schutz von Mitgliedern ausländischer Missionen
e) erster Angriff bei Straftaten im Rahmen von Ziff. 1-4
Die Sicherungsgruppe wird mit Funkkraftwagen und Krafträdern ausgerüstet.«

Adenauer hätte sich selbst wohl gerne ausgeklammert, konnte aber schließlich doch nicht verhindern, dass auch der Bundeskanzler zur »Schutzperson« erklärt wurde.[570]

Auf einer Tagung der »AG Kripo« im Juni 1951 stellte Max Hagemann als ersten Leiter der Sicherungsgruppe Kriminalrat Eugen Hebeler (Jahrgang 1893)[571] vor, die SG würde vorläufig auf dem Gelände des Bundesinnenministeriums untergebracht.[572]

Der Sicherungsgruppe wurden 31 Planstellen zugestanden, die Dickopf außerhalb des Soll-Haushaltes des BKA führte. Unter den ersten 25 einberufenen Beamten befanden sich 17 »Alt-Kriminalisten«, von denen 16 vormals NSDAP-Mitglieder waren. Einige wurden auf einer Liste als ehemalige Spezialisten für Spionage- und Sabotage-Abwehr ausgewiesen, nähere Angaben hierzu fehlen bis auf einen Fall (Angehöriger der Geheimen Feldpolizei).[573]

Paul Dickopf ließ sich gerne als »Vater der Sicherungsgruppe« feiern, über die er als Angehöriger des Innenministeriums die Fachaufsicht ausübte. Als Interimslösung übernahm Dickopf nach dem Weggang von Hebeler von April bis November 1952 unter Beibehaltung seiner sonstigen Aufgaben selbst die Führung der SG.[574] In diesen Monaten sollten viele SG-Beamten beförderten werden, von denen einige sich aber aus nachvollziehbaren Gründen scheuten, die Unterlagen über ihre NS-Karriere beizubringen, sodass zehn Ernennungsvorschläge nicht bearbeitet werden konnten. Dickopf bemängelte in einem Schreiben vom 1. Oktober 1952, dass seiner entsprechenden Mahnung bisher in keiner Weise Rechnung getragen worden sei, und ordnete (»letztmals«) verärgert an, dass sofort ein leitender Beamter der SG nach Berlin reise, um Strafregisterauszüge und Auskünfte aus dem Document Center zu beschaffen, andernfalls er die Ernennungen bis Januar 1953 zurückstelle.[575]

Inzwischen war auch Dickopfs Freund Ochs bei der SG eingestellt worden, ebenso, der Zeitpunkt ist nicht genau zu bestimmen, Dickopfs Charlottenburger Lehrgangskollege Dr. Otto Gunia. Er war 1940 nach Posen versetzt und dort 1943 zum SS-Hauptsturmführer befördert und mit dem Kriegsverdienstkreuz II. Klasse ohne Schwerter ausgezeichnet worden,[576] ansonsten liegen seine Aktivitäten im Dritten Reich weitgehend im Dunkeln, zumal staatsanwaltschaftliche Ermittlungen gegen ihn nicht geführt wurden.[577]

Dickopf hatte von Anfang an den Plan verfolgt, im BKA eine politische Staatsschutz-Polizei mit Exekutivbefugnissen anzusiedeln (siehe Organigramm S. 149), konnte sich damit aber bei seinen amerikanischen Auftraggebern nicht durchsetzen, weil die Erinnerung an die Gestapo noch zu frisch war. Doch der Westerwälder Dickschädel konnte warten: Was in den Jahren 1947/48 noch undenkbar schien, bereitete 1951/52 keine Schwierigkeiten mehr. In Absprache mit den beiden Ressortministerien Justiz und Inneres beauftragte der Oberbundesanwalt (ab 1957 unter der Bezeichnung Generalbundesanwalt) die Sicherungsgruppe mit Fällen des Hoch-, Verfassungs- und Landesverrates, wie auch die Bonner Staatsanwaltschaft der SG Fälle zuwies, wenn Angehörige der Bundesbehörden beschuldigt wurden.[578]

Dieser Aufgabenteilung Rechnung tragend, wurde die Sicherungsgruppe mit Verfügung vom 28. April 1952 in die Unterabteilung I Schutz- und Begleitdienst (Leitung Kriminaldirektor Hebeler) und in die Unterabteilung II Ermittlungsdienst (Leitung Kriminalrat Dr. Ochs) geteilt.[579]

Mit rheinischer Fröhlichkeit wurde in der SG gerne gefeiert, bei Spießbraten, Kölsch und launigen Reden.[580] Bei Ansprachen persiflierte man Erlebnisse mit den hochkarätigen »Schutzpersonen«, an erster Stelle zog man mit liebevoll-verehrendem Unterton über Konrad Adenauer und seinen Kölner Dialekt her. Man konnte sich auch über sich selbst lustig machen: Als ein Polizeihund den Kriminalrat Dr. Ochs gebissen hatte, lautete die Überschrift der entsprechenden Meldung »Hund biss Ochs«. Diese Anekdötchen konnten leicht darüber hinwegtäuschen, was diese Truppe tatsächlich bewirkte, nämlich mit den Mitteln des Strafprozess- und Strafrechts alles zu bekämpfen, was links von der eigendefinierten Mitte lag. Wenn die Leute von der SG als Kommunistenhasser bezeichnet wurden, dann hatte das seine Berechtigung; man wird sogar das Gefühl gehabt haben, einer Art Avantgarde des Kalten Krieges anzugehören, denn hatte man nicht schon immer den »Feind im Osten« bekämpft. Für Nationalsozialisten waren jüdische und bolschewistische »Untermenschen« nahe Verwandte. Was den Bolschewisten betreffe, sei das Bild, das im Dritten Reich von ihm entworfen wurde, in den folgenden beiden Jahrzehnten kaum korrigiert worden, stellten Margarete und Alexander Mitscherlich fest. So sei die durch Propaganda eingeübte Aggression weiter gültig geblieben und die entsprechende Konditionierung niemals ausgelöscht worden.[581] Es versteht sich, dass mit dem Kampf gegen den Kommunismus vor allem die SPD getroffen werden sollte. Seit dem KPD-Verbot (Antrag 1952, Verbot im Wahljahr 1956) gab es links von der SPD keine legale Partei mehr.

Die Bonner Mannschaft der SG sah sich als operative Einheit und Aushängeschild des Bundeskriminalamtes. Hier wurde mit Durchsuchungs- und Verhaftungsaktionen tatsächlich etwas schlagzeilenträchtig »bewegt«, das waren »Erfolge«, wohingegen die »Schreibtischkriminalisten« des »Mutterhauses« in Wiesbaden nichts zu bieten hatten. Deswegen blickte die SG auf die Wiesbadener Sachbearbeiter mit Überheblichkeit herab, wohl auch, weil die Bonner Kriminalisten dank ihres Schutzauftrages über einen kurzen Draht zu Spitzenpolitikern verfügten, also meist einen Informationsvorsprung besaßen oder durch ihre Beziehungen Eigeninteressen durchsetzen konnten.

Im Fadenkreuz der SG lagen die »SBZ«, die DDR zu nennen durch Ministererlass verboten war, und die Sowjetunion. Konsequenterweise wurden 1955 die Ermittlungsreferate für Landesverratsfälle EL I (Nachrichtendienst der SBZ) und EL II (Sowjetischer Nachrichtendienst und Satellitenstaaten) eingerichtet. Noch heute listet man stolz die lange Reihe der überführten Spione und Verräter auf, von den »Romeo«-Fällen über Heinz Felfe bis zum Überläufer Hans-Joachim Tiedge.[582] Sicherlich ist es dem Staat zuzubilligen, gegen Spionage vorzugehen und Verrat zu bestrafen, doch bei der Verfolgung des linken Extremismus lagen die Dinge anders. Denn von den staatlichen Maßnahmen war die eigene Gesinnung nicht zu trennen, und die Kriminalisierung nahm da ihren Anfang, wo ein dubioser »Kommunismusverdacht« vorlag, während der Bereich des Rechtsextremismus weitgehend unbeachtet blieb. Dass hier qualifizierte Sachbearbeiter an der Arbeit waren, die die gewünschten

Ergebnisse effizient lieferten, unterliegt keinem Zweifel. Die Aktion zur Sicherstellung angeblich geheimen Materials der KPD an 13 Stellen im Raum Düsseldorf im Sommer 1952 zum Beispiel wurde generalstabsmäßig vorbereitet schlagartig durchgeführt.[583]

Ab November 1952 wurde die Sicherungsgruppe von Dr. Ernst Brückner (Jahrgang 1909)[584] geleitet. Während des Studiums war Brückner in der Burschenschaft »V.C. Turnerschaft Thiskonia Marburg« aktiv. Die erste und zweite juristische Staatsprüfung bestand er mit »ausreichend«.[585] Aufgrund der mäßigen Examensergebnisse verweigerte das Reichsjustizministerium zunächst die Übernahme in den Probedienst (24. Januar 1938), eine Entscheidung, die nach Intervention des OLG-Präsidenten von Naumburg, der Brückners praktische Fähigkeiten lobte, revidiert wurde (3. Februar 1938).[586] Brückner gehörte bereits 1933 dem SA-Nachrichtensturm 212 in Itzehoe als »Sturmmann« an, wurde 1936 Mitglied des NS-Rechtswahrerbundes (NSRB), 1937 Mitglied der NSDAP und der NSV[587] und 1939 Staatsanwalt in Itzehoe. In der Beurteilung des Generalstaatsanwaltes von Kiel heißt es am 8. August 1939: »Erheblich über dem Durchschnitt liegende Leistungen als Gerichtsassessor; Gesamtleistung uneingeschränkt ›gut‹. Brückner bietet unbedingt die Gewähr, dass er sich stets für den nationalsozialistischen Staat einsetzen wird.«[588]

Brückner meldete sich freiwillig zum Militär und war von September 1939 bis März 1945 Flak-Offizier, bis er in amerikanische Kriegsgefangenschaft geriet. 1941 wurde er mit dem Kriegsverdienstkreuz II. Klasse ausgezeichnet. Der deutsche Entnazifizierungsausschuss machte 1946 gegen Brückners Wiedereinstellung als Staatsanwalt beim Landgericht Itzehoe keine Bedenken geltend.[589]

Mangels Einsicht in die Akten des BKA ist nicht bekannt, auf welchem Weg Brückner zum Bundeskriminalamt gelangte. Er pflegte mit Dickopf ein besonders gutes Verhältnis, schickte ihm zum Beispiel 1955 einen Weihnachtsgruß mit den Worten: »Für mich sind Sie, mein lieber Herr Dickopf, in vielen Dingen Vorbild.«[590] Dass beide ausgemachte Chauvinisten waren, dokumentiert ein Schreiben, das Brückner am 6. Februar 1954 als Chef der SG an den Abteilungsleiter Dickopf sandte:

»Betr.: Weibliche Staatsanwälte
Bezug: a) Abendunterhaltung nach reichlich sättigendem Essen
b) Schreiben vom 2.2.54
Mit Dank bestätige ich den Empfang des Zeitungsausschnittes mit dem Bericht über die »jüngste Staatsanwältin in der Bundesrepublik«. Die in dem Anschreiben ausgesprochene Beleidigung nehme ich demütig entgegen. Die Entziehung der Wurst trifft mich allerdings hart. Meine einzige Hoffnung ist die Amnestie, die bereits seit 5 Monaten angekündigt wird, mit der ich jedoch nicht vor Ablauf des Jahres 1957 rechne. Falls Sie, oder ihre von mir so verehrte Frau Gemahlin sich nicht in unermesslicher Güte bereit finden, mich eines Gnadenerweises für würdig zu halten, sehe ich dem sicheren Hungertode entgegen. (...)

Außer meiner Bitte um Gnade behalte ich mir die Wiederaufnahme des Verfahrens vor. Als Gründe führe ich an:

Meine These, ein weiblicher Staatsanwalt sei undenkbar, ist im Prinzip nicht erschüttert, da die Eignung der in Ansbach tätigen Assessorin erst noch festgestellt werden muss. Bislang steht lediglich fest, dass die Dame im Dienste der Staatsanwaltschaft tätig ist, nicht aber dass sie ein Staatsanwalt ist. Auf dem Bild ist lediglich ein ›sekundäres Geschlechtsmerkmal‹ (lange Haare) erkennbar. Das Geschlecht der abgebildeten Person kann eindeutig erst nach ›richterlichem Augenschein‹ der ›primären Geschlechtsmerkmale‹ bestimmt werden. Vorausgesetzt, dass sich die abgebildete Dame als Beweismittel zur Verfügung stellt, bleibt Ihnen, der Sie sich zum ›Volksrichter‹ aufgeschwungen haben, diese hehre Aufgabe vorbehalten. Von dem Ergebnis Ihrer Untersuchung bitte ich mich in detaillierter Sachdarstellung möglichst bald zu unterrichten.

Mich Ihrer Gnade und auch Ihrer besseren Einsicht demütig unterwerfend und mit der Bitte, mich trotz allem Ihrer Gattin gütigst empfehlen zu wollen, bin ich Ihr Ihnen stets ergebener Dr. Brückner«[591]

Männerphantasien waren das eine – das andere die NS-Vergangenheit der politischen Polizisten. Der Chefermittler der Sicherungsgruppe, Theo Saevecke, soll in dem Kapitel über die »Spiegel«-Affäre, bei der er eine zentrale Rolle spielte, näher beleuchtet werden. Paul Dickopfs Lehrgangskollege Ewald Peters (Jahrgang 1914) war inzwischen gleichfalls beim Bundeskriminalamt eingestellt worden und bereicherte die Seilschaft der »Charlottenburger«. Wie eine Bombe schlug ein, als der Regierungskriminalrat am 31. Januar 1963 festgenommen wurde und sich am 3. Februar 1964 in der Untersuchungshaft erhängte. Nach dem Bericht des Leiters der NRW-Zentralstelle für die Bearbeitung von NS-Verbrechen in Dortmund war Peters Angehöriger des Einsatzkommandos 6. Als SS-Obersturmführer soll er ein Teilkommando in Nowotscherkassk geführt und dort mehrere Massenexekutionen geleitet haben, bei denen zahlreiche Juden erschossen wurden.[592]

Peters war Ende 1941 bei dem Befehlshaber der Sicherheitspolizei (BdS) in Kiew als Referatsleiter der Kripo (Abt. V) eingesetzt, gehörte 1942/43 der Einsatzgruppe C in der Ukraine an und 1944 dem Stab des BdS Budapest.[593] Allerdings wurde auch in Polen gegen ihn ermittelt, wo er als Kriminalkommissar in Gotenhafen (Gdingen) und Umgebung an Erschießungskommandos beteiligt gewesen sein soll.[594] Die Einsatzgruppe C bestand aus den Sonderkommandos SK 4a, SK 4b und den Einsatzkommandos EK 5, EK 6.[595] Gemeinsam mit der Einsatzgruppe D errichtete die Einsatzgruppe C in der Ukraine ein Regiment des Schreckens. Sie ermordeten Hunderttausende Juden und Zehntausende andere Bürger, die als Kommunisten oder Anhänger der Sowjetunion verdächtigt wurden.[596] Das Einsatzkommando 6 meldete im März 1942 das Gebiet im Donezbecken als »judenfrei«.[597] Die Mordbilanz der Einsatzgruppe C liegt bei 120 000 jüdischen Opfern. Zum Beispiel berichtete die Einsatzgruppe C am 4. Februar 1942 von ihren umfassenden Vorbereitungen für Judenerschießungen in Charkow.[598]

Kriminalrat Peters hinterließ zwei Abschiedsbriefe, in denen er sich als unschuldig bezeichnete. Ein Motiv für den Suizid soll gewesen sein, dass er gegenüber Bundeskanzler Erhard, den er unmittelbar vor seiner Festnahme nach Italien begleitet hatte, sein Gesicht verloren habe.[599]

Außer Peters begingen Georg Franz Fischer (siehe oben) und ein dritter Beamter des BKA Selbstmord, es dürfte jedoch in dieser Hinsicht mit einer Dunkelziffer zu rechnen sein, zumal diese Untersuchung die Masse der Beamten, die nicht zum Leitenden Dienst zählten, ausklammert. So war zum Beispiel der Kriminalobermeister Sch. nach dem Erkenntnisstand der Staatsanwaltschaft Frankfurt a. M. als Angehöriger einer Einsatzgruppe an mindestens vier Massenexekutionen beteiligt.

Zwischen Sicherungsgruppe, Verfassungsschutz und Bundesnachrichtendienst bestand eine enge Kooperation. Die erste Frau, die in die Männerdomäne der SG einbrach, war eine Verbindungsbeamtin des BND. Da das Bundesamt für Verfassungsschutz (BfV) keine Exekutive besaß, war die Sicherungsgruppe der verlängerte Arm der

Kölner Behörde. Nur ein wirklicher Insider wird die Frage beantworten können, ob das BfV die Sicherungsgruppe steuerte oder ob es vielleicht umgekehrt war.

Otto John, der Leiter des Verfassungsschutzbundesamtes, setzte sich 1954 in die DDR ab und behauptete später, er sei entführt worden, was ihm aber kein Gericht abnahm.[600] Jedenfalls war der worst case eingetreten, welcher alsbald personelle Konsequenzen forderte. So wurde der BKA-Präsident Hanns Jess nicht pensioniert, sondern seine Amtszeit mit einer Abordnung zum BfV als kommissarischer Chef bis 31. Juli 1955 verlängert – ein Vorgang, der sich Jahrzehnte später wiederholte, als Gerhard Boeden (zum Urgestein der SG zählend), der schon in Pension weilte, reaktiviert und zum Amtsleiter der Kölner Behörde berufen wurde. Auch den Leiter der SG, Ernst Brückner, versetzte man nach Johns Fahnenflucht zum BfV, wo er in den Jahren 1964 bis 1967 zum Vizepräsidenten aufstieg.[601] Dickopfs Lehrgangskollege Dr. Gunia ging ebenfalls zum BfV, wo der Kriminalrat als Regierungsrat übernommen wurde,[602] während sich Regierungskriminalrat Kurt Büttner zum Bundesnachrichtendienst versetzen ließ.[603] Zwei Beamte aus Pullach heuerten beim BKA an, um dem Wiesbadener Amt konspirative Arbeitsweisen zu vermitteln.[604] Man erkennt also die Vernetzung durch personelle Verflechtungen im Führungsbereich, was dem Image der Sicherungsgruppe nicht zum Vorteil gereichte, denn sie stand den Nachrichtendiensten näher als den Fachabteilungen des Bundeskriminalamtes und musste sich den Vorwurf gefallen lassen, hier und da mehr der Politik als dem Rechtsstaat gedient zu haben (siehe Epilog).

Doch kehren wir zu den braunen Wurzeln der Sicherungsgruppe zurück. Regierungskriminalrat Georg Mody war dort tätig und zählte als ehemaliger Angehöriger der Geheimen Feldpolizei zur Niggemeyer-Seilschaft. Ursprünglich hatte er sich für den Kolonialdienst beworben und als besondere Fähigkeit angegeben, dass er als Straßenbahnfahrer ausgebildet sei. Der Jurist mit Referendar-Examen war Anhänger der deutschen Burschenschaft »Rheinfranken«, seit 1933 Mitglied in der Motor-SA und seit 1937 in der NSDAP.[605] Er wurde ab Mai 1943 zunächst Stellvertretender Leiter der GFP Gruppe 629 in Norwegen und ab Januar 1944 als Chef der Gruppe GFP 13 in Russland bei der Heeresgruppe Süd (AOK 17) eingesetzt. Hier traf er auf seinen Chef, den Leitenden Feldpolizeidirektor Joachim Kaintzig, der seine Nachkriegslaufbahn ebenfalls bei der Sicherungsgruppe begann und als Sprungbrett in das »Mutterhaus« in Wiesbaden nutzte.

Es ist schwer vorstellbar, dass Mody nicht in die Verbrechen der GFP involviert gewesen sein soll, nach allem, was über ihre Rolle bekannt ist. Trotzdem bewies die Staatsanwaltschaft in den sechziger Jahren keinen tatsächlichen Willen zur Aufklärung.[606]

Oberregierungskriminalrat Wolfgang Bürger (Jahrgang 1917) gehörte 1939 einer SS-Polizeidivision an, die im Februar 1942 in die Waffen-SS überführt wurde. Mehr wissen wir über seine NS-Vergangenheit nicht.[607]

Sein Kollege in der Sicherungsgruppe, Martin Vogel (Jahrgang 1909), brachte es in kurzer Zeit zum Regierungskriminalrat und Referatsleiter in der SG. Seine Beteiligung am Völkermord ergibt sich automatisch aus der Zugehörigkeit zum Einsatzkommando II/6 (identisch mit Einsatzkommando 2 der Einsatzgruppe II), das im Rahmen der »Aktion Tannenberg« bei dem Überfall auf Polen aktiv wurde. Die Einsatzgruppe II wurde der 10. Armee zugeteilt, ihr Führer war SS-Obersturmbannführer Dr. Schäfer.[608] Schäfer und seine Leute, zu denen Martin Vogel zählte, erfüllten den Mordauftrag zur Vernichtung der polnischen Intelligenz und von Juden, indem sie »hinter der fechtenden Truppe« herzogen, wie es im amtlichen Sprachgebrauch hieß, und auf dem Weg von Oppeln über Tschenstochau, Wielun, Radomsko nach Radom gelangten. Wie Tagesberichte ausweisen, wurden von der Einsatzgruppe II Geiseln ermordet, angebliche Insurgenten »auf der Flucht erschossen«, die jüdische Bevölkerung erfasst, ausgeraubt, in ihren gesamten Lebensbereichen eingeschränkt und ermordet.[609] In Radom wurde die Einsatzgruppe Mitte Oktober 1939 umbenannt und bildete die Dienststelle des Kommandeurs der Sicherheitspolizei und des SD (KdS) für den Distrikt Radom.[610] Dieser Dienststelle gehörte Vogel bis 1942 an, er will den Auftrag gehabt haben, die polnische Kriminalpolizei aufzubauen und Korruptionsdelikte zu bearbeiten. Von Geiselerschießungen und Exekutionen aufgrund von Standgerichten habe er gehört, war aber angeblich nie selbst damit befasst. Die Kollegen von der Gestapo kannte er quasi vom gemeinsamen Mittagessen, dienstliche Berührungspunkte gab es vorgeblich nicht. Nach den Morden der

Einsatzgruppe wurde er in den beiden Vernehmungen vom 26. Januar 1966 und 10. November 1971 nicht gefragt, wobei insbesondere die erste Vernehmung mit einem Protokollumfang von nicht viel mehr als einer Seite eine Farce darstellte. Hier vernahm ein Kriminaloberrat der Sicherungsgruppe des BKA seinen Kollegen Vogel, der selbst einmal der SG angehörte und inzwischen in Wiesbaden Dienst verrichtete.[611] Damit wird deutlich, dass im Grunde alle Verfahrensbeteiligten Wert darauf legten, bei solchen Ermittlungen keine Ergebnisse zu erzielen.

Ab 23. September 1942 ging Vogel auf den KK-Lehrgang in Charlottenburg. Über seine genauen Einsatzzeiten im Jahre 1942, nämlich ab wann er nicht mehr in Radom Dienst verrichtete, machte er widersprüchliche Angaben. Dies ist insoweit von großer Bedeutung, als dort 1942 die Mordaktionen begannen. Bis 7. April 1941 war die jüdische Bevölkerung in zwei Ghettos im Stadtzentrum (»Großes Ghetto«) und im Vorort Glinice (»Kleines Ghetto«) verschleppt worden. Am 19. Februar 1942 begannen Deportationen nach Auschwitz und Erschießungen im großen Ghetto. Am 5. August 1942 wurde das kleine Ghetto durch eine Spezialeinheit der Sicherheitspolizei geräumt und Hunderte von Juden, die sich verstecken wollten, erschossen. An einer Sammelstelle wurden weitere 600 ältere Männer, Frauen und Kinder ermordet. Etwa 800 Männer und 20 Frauen wurden zur Zwangsarbeit beordert und 6000 Männer und Frauen in das Vernichtungslager Treblinka deportiert.[612]

Martin Vogel, der zwar seine Wohnung in Radom und andere Örtlichkeiten bestens beschreiben konnte, wusste nicht einmal etwas von der Existenz eines kleinen Ghettos in Radom-Glinice. Ein Kriminalist hätte hellhörig werden müssen, aber die vernehmenden Beamten der Sonderkommission Hamburg haben ihn nicht einmal mit anderen Zeugenaussagen konfrontiert. Vogel will lediglich von Exekutionen gehört haben, welche die Schutzpolizei als Sühnemaßnahmen für Straftaten durchführte, die Deutschen gegenüber begangen wurden.[613] Als 1988 neue Ermittlungen aufgenommen werden sollten, war Martin Vogel bereits verstorben.[614]

Die Sicherungsgruppe wurde Jahr für Jahr personell aufgestockt und erreichte 1970 eine Stärke von 314 Bediensteten. Der elitäre Anstrich, den sich diese Abteilung gab, war wohl keinem BKA-Präsidenten ganz geheuer, und sie alle hatten die SG nicht im Griff. Einer der

Abteilungspräsidenten der SG, Günther Scheicher, sagte im Rückblick: »Wir Bonner fühlten uns den Wiesbadener Kollegen gegenüber überlegen, die glücklich waren, wenn sie keine Ermittlungen führen mussten, die wollten gar nicht raus. Wir hingegen haben in dieser Zeit einen Spion oder Kommunisten nach dem anderen hochgehen lassen. Die Leute in Bonn waren handverlesen, der damalige Chef, Dr. Brückner, legte großen Wert auf die Personalauswahl. Dickopf wollte mit politischen Delikten nichts zu tun haben. Das besserte sich unter Dr. Herold und durch die Terrorismusbekämpfung. Herold hielt nicht viel vom Verfassungsschutz. Wenn Präsident Herold von einer Besprechung mit BfV-Chef Meyer kam, sagte er schmunzelnd: »›Na ja, der hat wieder drei Kommunisten ums Haus springen lassen.‹«[615]

Chef-Wechsel

Die Unverfrorenheit, vom Chef-Sessel im Reichskriminalpolizeiamt direkt in einen solchen im Bundeskriminalamt zu wechseln, besaßen nicht alle Elite-Kriminalisten des Reichssicherheitshauptamtes. Einige mögen eingesehen haben, dass sie nach allem, was geschehen war, nicht in diesen Beruf und schon gar nicht in dieselbe verantwortliche Position zurückkehren sollten, und gingen in die Wirtschaft, wurden Personalchefs oder Versicherungsdirektoren. Auf die Mehrheit der NS-Kriminalisten übte der alte Beruf eine geradezu magische Anziehungskraft aus – ein Beruf, der eigenen Grundüberzeugungen entsprach und mit dessen Arbeitsmethoden man vertraut war; das schuf Sicherheit. Mit der Distanzierung von SD und Gestapo überhöhte man die Nazi-Kripo als einzige Sparte der Polizei, die »sauber« blieb. Zwar habe man einem kriminellen System gedient, sei aber übermächtigen Kräften erlegen »wie das schwache Kind, das schuldlos ist an den Erziehungsfehlern der Erwachsenen«. Die »Unfähigkeit zu trauern«, die den »Alt-Kriminalisten« eigen war, ist »das Ergebnis einer intensiven Abwehr von Schuld, Scham und Angst«.[616] So gelang es den Tätern, die Verbrechen zu verleugnen und ihre eigene Beteiligung zu verdrängen. Hätten sie diese Lebenslüge zerstört, wären sie vermutlich – wie bei einer Minderheit zu beobachten war – daran zerbrochen. Hingegen bestätigte die erneut errungene Postition sogar die eigenen Rechtfertigungsstrategien und wurde zum Bestandteil einer psychischen Überlebensstrategie.

Der Chef-Biologe des Reichskriminalpolizeiamtes, Dr. Otto Martin, wurde Chef-Biologe des Bundeskriminalamtes.

Martin (Jahrgang 1911) war schon 1930 in die SA eingetreten und 1931 in NSDAP und SS; er führte die niedrige SS-Nr. 14315. Seine wissenschaftliche Karriere stellte er in den Dienst des Nationalsozialismus, als er am 1. September 1939 in das Kriminaltechnische Institut (KTI) der Sicherheitspolizei beim RKPA eintrat. Von seinen Vorgesetzten wurde Martin sehr gut beurteilt, sein Fleiß und seine Gewissenhaftigkeit besonders hervorgehoben. In der Beurteilung heißt es weiter: »In politischer Hinsicht ist Dr. Martin durch und durch nationalsozialistisch eingestellt und kann als vorbildlich bezeichnet werden.«[617]

Von April 1940 bis April 1943 war Martin zur Wehrmacht eingezogen, nahm am so genannten Ostfeldzug teil und wurde wegen besonderer Tapferkeit mit dem EK II, dem EK I sowie mit dem Infanterie-Sturmabzeichen, der Ostmedaille und dem Verwundetenabzeichen ausgezeichnet. Anschließend kehrte er bis zum Kriegsende zum KTI zurück, wurde zum Regierungskriminalrat und SS-Sturmbannführer befördert und leitete die Biologische Abteilung (V D 2). Er gehörte der SS-Forschungsgemeinschaft »Das Ahnenerbe e.V.« an.[618] Alles in allem zeichnet sich eine Persönlichkeit ab, die voll hinter dem Regime stand und mit Überzeugung für dieses System arbeitete.

Nach dem Krieg war Martin vom 14. September 1946 bis 15. März 1948 in Neuengamme interniert.[619]

Im Frühjahr 1952 wurde er unter dem alten Dienstgrad in das Bundeskriminalamt eingestellt und übernahm als Chef-Biologe das Referat für biologische, bodenkundliche und medizinische Untersuchungen.[620]

Im Laufe der Jahre wurde Martin zweimal vernommen (1959 und 1965); dabei räumte er zwar ein, dass es zwischen seiner Abteilung und der Chemischen Abteilung des Dr. Widmann bei der »Erledigung von Grenzfällen« häufig zu einer Zusammenarbeit gekommen sei, aber er (Martin) habe weder bei Versuchen mit vergifteter Munition noch bei der Entwicklung und Verbesserung der Gaswagen oder der Herstellung von Zyankali-Ampullen in den technischen

Werkstätten des KL Sachsenhausen mitgewirkt.[621] Das Gegenteil wurde nicht bewiesen, obwohl das alles Projekte des KTI waren.[622] Allerdings wurde von keiner Stelle hinterfragt geschweige denn geprüft, welche Aufträge Martin sonst noch erledigte, zum Beispiel für Gestapo und SD oder für Sondergerichte. So dienten etwa 16,7 Prozent der 1941 vom Kriminaltechnischen Institut erstellten Gutachten der Arbeit der Gestapo.[623]

Das Bundesinnenministerium hielt 1964 eine Beförderung des Regierungskriminalrats nicht für opportun, allerdings nicht wegen seiner damaligen Funktion, sondern wegen seiner frühen SS- und Parteizugehörigkeit, und schlug dem BKA – das solche Skrupel nicht kannte – vor, den Beförderungsvorschlag zu gegebener Zeit zu erneuern.[624]

Im gleichen Jahr wurde Martin zum Statistischen Bundesamt abgeordnet – ohne Nennung von Rechtsgründen und ohne Rechtsmittelbelehrung, wie er reklamierte. Da dem Autor bisher durch das BKA keine Akteneinsicht gewährt wird, können Hintergründe dieser Maßnahme nicht erhellt werden. Vor seiner Pensionierung wurde Otto Martin jedenfalls doch noch zum Oberrat befördert; Paul Dickopf ließ seine »Kameraden« nicht im Stich.

Der Chef-Fahnder des Reichskriminalpolizeiamtes, Kurt Amend, wurde Chef-Fahnder des Bundeskriminalamtes.

Die Staatsanwaltschaft beim Kammergericht Berlin fasste 1968 den Lebenslauf Amends (Jahrgang 1904), der im so genannten Sagan-Verfahren der Beihilfe zum Mord beschuldigt wurde, wie folgt zusammen:[625]

»Kurt Amend ist als zweiter Sohn eines Optikers am 2. Dezember 1904 in Berlin geboren, wo er im Jahre 1923 am Luisenstädtischen Realgymnasium die Reifeprüfung ablegte. Anschließend studierte er in Berlin drei Semester Chemie, praktizierte zwei Jahre und setzte in Halle das Chemiestudium bis 1928 fort. Nach einem weiteren Semester in Berlin gab er im Februar 1929 das Studium auf, bewarb sich als Kriminalkommissaranwärter und legte im April 1929 eine Eignungsprüfung im Polizeipräsidium Berlin ab. Anschließend war er bis 1932 erwerbslos und verrichtete – von seinem Vater unterstützt – verschiedene Nebenarbeiten.

Am 1. April 1932 berief man Kurt Amend als Kriminalkommissaranwärter zur Ausbildung ein. Er bestand am 25. August 1934 im Polizeipräsidium Berlin die Prüfung und (...) wurde am 15. März 1935 zum Kriminalkommissar befördert. Seit September 1934 war er ununterbrochen bei dem Preußischen Landeskriminalpolizeiamt, dem späteren Reichskriminalpolizeiamt, bis Kriegsende tätig.

Im Frühjahr 1933 trat Kurt Amend in die SA ein, meldete sich bei der NSDAP an und wurde am 1. August 1935 aufgenommen. Am 6. August 1937 trat er in die allgemeine SS ein und wurde am 13. September 1937 in den Sicherheitsdienst - SD - der SS aufgenommen.

In der SS wurde er (...) am 20. April 1943 zum SS-Sturmbannführer ernannt. Als Beamter wurde er am 1. Januar 1940 zum Kriminalrat und am 1. April 1944 zum Kriminaldirektor befördert.

Der Beschuldigte Amend war Hauptreferent und Spezialist für Fahndungs- und Erkennungsdienst. Seit August/September 1942 vertrat er in dieser Eigenschaft den Leiter der Gruppe V C bis zum 22. April 1945. Nach dem Kriegsende befand er sich seit dem 9. Juni 1945 in Internierungshaft, zuletzt im Konzentrationslager Buchenwald, aus dem er am 21. Januar 1950 entlassen wurde. Ein Urteil aus der Zeit der Internierung ist nicht bekannt geworden.

Das gegen ihn anhängig gewesene Spruchkammerverfahren der Spruchkammer Berlin – 1910/II – ist seit 3. März 1953 eingestellt. Die Berliner Kriminalpolizei lehnte am 4. März 1952 seine Bewerbung um Wiedereinstellung in den Polizeidienst ab. Am 2. Juni 1953 stellte ihn die Kriminalpolizei in Hamburg ein. Später wechselte er zum Bundeskriminalamt. Am 1. Januar 1965 trat er als Regierungskriminaldirektor in den Ruhestand.

Der Beschuldigte Amend erhielt am 30. Januar 1944 das Kriegsverdienstkreuz II. Klasse mit Schwertern. Einen Wehrdienst hat er infolge dauernder uk-Stellung nicht abgeleistet.«

Kurt Amend war kein durchschnittlicher Beamter im Heer der Bediensteten des RKPA, sondern galt als besonders befähigt, wie seine Beurteilung vom 30. Januar 1943 ausweist:[626] »Amend wurde nach Errichtung des Reichskriminalpolizeiamtes in diese Behörde übernommen. Pflichttreue, unermüdliche Hingabe im Dienst, Fleiß, zielbewusstes Handeln, freundliches und zuvorkommendes Wesen, tadelloses soldatisches Auftreten in und außer Dienst zeichnen ihn besonders aus. Seit 1935 Parteigenosse, seit 1937 der SS angehörend, ist er weltanschaulich gefestigt. Er ist Referent der Gruppe C. Ihm obliegt das gesamte Fahndungswesen. Seine hervorragende geistige Veranlagung und sein ausgezeichnetes Fachwissen *stempeln ihn zu einem der besten Beamten des RKPA*.« (kursiv durch d. Verf.)

Amend unterstanden alle Fahndungszentralen, die Schriftleitung des Deutschen Kriminalpolizeiblattes, die Reichshandschriftensammlung, die Reichszentrale für das Erfassungswesen und das so genannte Hundewesen. Er war damit ein mächtiger Mann, der sämtliche Fahndungen im »Großdeutschen Reich« einschließlich der besetzten Gebiete steuerte. Was das bedeutete, muss man sich vor Augen halten. Auf sein Organisationstalent war die Festnahme unzähliger Menschen zurückzuführen, welche dieser Unrechtsstaat als seine Gegner betrachtete, erbarmungslos verfolgte und als »Elemente«, wie es im NS-Jargon hieß, vernichtete. Dazu gehörten beispielsweise alle Opfer, die versuchten, sich der »vorbeugenden Verbrechensbekämpfung« zu entziehen, wie Sinti und Roma, Lesben, Homosexuelle oder sonstige »Asoziale«. Auch wird Amend nach Verschwörern des 20. Juli gefahndet haben, so auch nach seinem seit dem 24. Juli 1944 flüchtigen Chef Arthur Nebe. Alle diese von Amend zu verantwortenden Maßnahmen standen nie auf einem Prüfstand, wie auch nicht die so genannte Kriegsfahndung. Darunter verstand man die Fahndung nach untergetauchten ausländischen Zwangsarbeitern, flüchtigen Kriegsgefangenen und Deserteuren. 1940 registrierte Amends Fahndungszentrale 28 000 flüchtige polnische Arbeitssklaven, im Jahre 1943 verließen 43 000 verschleppte ausländische Arbeitskräfte ihren Arbeitsplatz im »Reich«. Im August 1942 belief sich die Zahl der flüchtigen Kriegsgefangenen auf 14 583. Amends Konzepte, wie Streifen auf Bahnhöfen und in Zügen, Kontrolle der Verkehrsknotenpunkte und Razzien in Ausländerlagern, führten zum Beispiel im ersten Halbjahr 1944 zu 300 258 Festnahmen.[627] Mit Sicherheit hatten zahlreiche »erfolgreiche« Fahndungsfälle die Todesstrafe oder Einweisung in ein KZ zur Folge. Amend war nicht ein Rädchen im Getriebe des NS-Systems, sondern einer seiner Motoren.

Aber deswegen wurde er nicht strafrechtlich verfolgt.[628] Zu staatsanwaltschaftlichen Ermittlungen gegen Amend kam es im »Sagan-Fall«. In der Nacht vom 24. auf den 25. März 1944 brachen aus dem Kriegsgefangenenlager Sagan/Niederschlesien 80 Offiziere der englischen Luftwaffe aus. Dank Amends Leitung einer »reichsweiten Großfahndung« konnten in den nächsten Wochen 77 britische Offiziere wieder gefasst werden. Himmler war über den Massenausbruch »unwillig« und Hitler »erbost«. Der »Führer« ordnete an, dass 50 Offiziere erschossen werden sollten. Um Vorwürfen aus dem Ausland vorzubeugen, erfolgten die vom RSHA gesteuerten Exekutionen hinterrücks (»auf der Flucht«).[629] Kurt Amend wurde von der Staatsanwaltschaft beschuldigt, zusammen mit Dr. Richard Schulze

(Leiter der Gruppe V C, dessen Vertreter Amend war) die Namensliste der zur Exekution bestimmten RAF-Offiziere erstellt zu haben, denn mit der Auswahl der Opfer war das Amt V beauftragt, während die Durchführung der Exekutionen dem Amt IV oblag. In seiner richterlichen Vernehmung vom 4. Dezember 1968 gab Amend zu, die Fahndungsunterlagen erarbeitet und Fahndungsfunksprüche unterzeichnet zu haben. Er habe jedoch keine Liste verfasst, sondern die Namenskartei der Offiziere dem Chef der Abt. V, Arthur Nebe, übergeben, der dann ganz alleine die Selektion der 50 Todeskandidaten vorgenommen habe, ohne dass Amend – nach eigenen Angaben – darauf Einfluss ausübte.[630] Da Nebe nicht mehr lebte, konnte diese Behauptung nicht überprüft werden. Nebes Stellvertreter, der uns bereits bekannte Paul Werner, zog sich mit der Schutzbehauptung aus der Affäre, er sei bei den entscheidenden Besprechungen in dieser Sache nicht anwesend gewesen (»höchstens mal im Vorzimmer«), obwohl es Nebes Arbeitsstil entsprach, in wichtigen Fällen seine nächsten Mitarbeiter, die Gruppenleiter, um sich zu scharen.[631]

In einer weiteren Vernehmung am 9. September 1969 sagte Amend aus, dass er das Erschießen der Kriegsgefangenen als glatten Mord beurteilt habe. Er will jedoch keine Möglichkeit gesehen haben, aus der Sagan-Fahndung auszusteigen, sonst hätte er es sofort getan. Das wäre ihm, zumal ein »Führer-Befehl« vorlag, als Sabotage ausgelegt worden. »Ich hatte Angst um meine Existenz. Mir fehlte der Mut. Ich war zu dieser Zeit verheiratet und hatte zwei Kinder. In all den Jahren war ich mir keiner Schuld bewusst und habe das auch so dem Präsidenten, leitenden Beamten des BKA und meiner Familie gesagt.«[632]

Der Generalstaatsanwalt beim Kammergericht beantragte am 1. April 1970 die Außerverfolgungsetzung von Kurt Amend, da nicht mit hinreichender Sicherheit nachzuweisen sei, dass er in der Erschießungszeit 27. März. bis 6. April 1944 davon gewusst habe, dass die Offiziere unter Ausnutzung ihrer Arg- und Wehrlosigkeit heimtückisch von der Gestapo getötet wurden (Heimtücke am Tatort). Gleichfalls sei nicht erwiesen, dass Amend aus eigenen niederen Beweggründen als Gehilfe mitwirkte oder selbst heimtückisch den Vollzug des Sagan-Befehls förderte (Heimtücke bei der Befehlsgabe). Die 8. Strafkammer des Landgerichts Berlin setzte Amend durch Beschluss vom 17. März 1971 außer Verfolgung.[633]

Als Leiter der Fahndungsabteilung im Bundeskriminalamt ging Kurt Amend Ende 1964 unbehelligt und hoch befördert in den Ruhestand.

Der Chef der Urkunden-Abteilung im RKPA, Rudolf Mally, wurde Chef des Urkunden-Referats im BKA.[634] Und der Chef-Techniker der Reichskriminalpolizei, Heinrich Becker (Jahrgang 1899), wurde zunächst Leiter des Kriminaltechnischen Instituts des Kriminalpolizeiamtes der Britischen Zone und dann als Regierungskriminaldirektor Chef-Techniker (Abteilungsleiter Kriminaltechnik) im Bundeskriminalamt.[635] In welchen Fällen er sein Spezialwissen in den Dienst des Reichssicherheitshauptamtes stellte, wurde nie untersucht. Er war der Typ Technokrat, der sich mit jedem Regime arrangiert.

Der Chef der Personenfeststellungszentrale und der Fingerabdrucksammlung im RKPA, Heinz Drescher, wurde Chef im Erkennungsdienst des BKA.

Heinz Drescher (Jahrgang 1907), von Hause aus Jurist mit 1. Staatsexamen, gehörte dem Reichskriminalpolizeiamt seit seiner Gründung bis 1945 an.[636] Er war zwischen 1933 und 1937 Mitglied der SA und trat 1937 als »Staffelmann« freiwillig in die SS ein.[637] Durch die Bekleidung von Ämtern tat er sich in Partei und SS nicht besonders hervor, der Kriminalrat schien mit seinem Spezialistentum im Erkennungsdienst (ED) zufrieden zu sein. 1944 erhielt er den Sonderauftrag, eine Sonderkommission zu übernehmen, die im Konzentrationslager Auschwitz zur Aufklärung von Tötungsdelikten, Korruption und Diebstahl gebildet worden war. Man sollte annehmen, dass er mit dieser Legitimation sofort die gesamte Lagermannschaft hätte festnehmen müssen. So war das natürlich nicht gedacht, denn Himmler und seine Gefolgsleute, die nach kriminologischer Definition an moralischem Schwachsinn litten, vertraten die Meinung, dass Nazitäter mitten im Morden »anständig bleiben« konnten, selbst im durch nichts zu überbietenden Inferno von Auschwitz – jedenfalls solange sie nicht gegen den Ehrenkodex des SS-Ordens verstießen und zum Beispiel Asservate unterschlugen. Drescher hielt sich von Februar bis Juni 1944 in Auschwitz auf und trug die Uniform eines SS-Hauptsturmführers, denn »in Zivil hätte ich mich dort nicht durchsetzen können«.

In seiner richterlichen Vernehmung im Frankfurter Auschwitz-Verfahren sagte Drescher im August 1963 aus: »Ich empfand die Arbeit der Kommission im Schatten der in Auschwitz üblichen Massenvernichtung als eine Farce.«[638] Dreschers Empörung angesichts der Ungeheuerlichkeit des in Auschwitz praktizierten Völkermordes hielt sich demnach in Grenzen, aber vielleicht war das nur eine unglückliche Formulierung im Vernehmungsprotokoll. Immerhin will er – nach Berlin zurückgekehrt – sich geweigert haben, weiter an den Untersuchungen teilzunehmen. Auch sei sein Bericht über illegale Vernehmungen »dritten Grades« in Auschwitz mittels der »Stalin-Schaukel« mit seiner Billigung an das Geheime Gestapo-Amt weitergeleitet worden, obwohl seine Vorgesetzten im RKPA Bedenken wegen seiner Sicherheit hegten.[639] Bereits 1947 wurde durch amerikanische Ermittler der ehemalige Kriminalkommissar Gerhard Wiebeck vernommen, der aussagte, dass seinerzeit Kriminalrat Drescher seine Untersuchungen in Ausschwitz auf eine breitere Basis stellen wollte, was aber von SS-Obergruppenführer Oswald Pohl durch eine Anweisung per Fernschreiben verhindert worden sei.[640] Die Ermittlungen gegen Drescher wurden 1964 in Berlin eingestellt, »weil er im RSHA einem Sachgebiet angehörte, über das keine belastenden Erkenntnisse vorliegen«.[641]

Immerhin zeigte Heinz Drescher mehr Rückgrat als die meisten seiner angepassten Kollegen, die im Bundeskriminalamt Unterschlupf fanden.

Die Führungsmannschaft unter Verdacht

»SS-Führer bleiben an der Spitze der Kripo« titelte die »Welt der Arbeit«, Organ des Deutschen Gewerkschaftsbundes, in der Ausgabe vom 9. Oktober 1959. Das Blatt empörte sich darüber, dass für die Neubesetzung der Stelle des LKA-Leiters von Nordrhein-Westfalen drei »Alt-Kriminalisten« in die engere Wahl gezogen wurden: Dr. Josef Menke, ehemals SS-Sturmbannführer im SD-Hauptamt und im Reichssicherheitshauptamt, Dr. Fritz Keunecke, ehemals SS-Obersturmführer im RSHA, und Kriminalrat Karl Kiehne, als SS-Sturmbannführer gleichfalls früher im RSHA tätig. Das Innenministerium gab klein bei und besetzte die Stelle mit einem unbelasteten Bewerber. Die Zeitung musste jedoch feststellen, dass man kurz danach Menke zum Leiter der Kripo Dortmund und Kiehne zum Leiter der Kripo Köln bestellte, während Keunecke Vize-Chef der Kripo Essen wurde, denn dort saß bereits Dr. Eweler im Chefsessel – seines Zeichens früher ebenfalls SS-Sturmbannführer im RSHA. Ein

Ministerialrat des Düsseldorfer Landesinnenministeriums verteidigte vor der Presse die Personalentscheidungen mit den Worten: »Im Bundeskriminalamt und bei der Sicherungsgruppe Bonn sitzen ehemalige SS-Größen, die in Erschießungen und andere Verbrechen verwickelt sind, um die kümmert sich niemand.« Diese Aussage führte zu einiger Aufregung im Bonner Bundesinnenministerium, die sich aber schnell wieder legte, als der Ministerialrat dementierte, je etwas Derartiges behauptet zu haben. Nach guter alter Verwaltungspraxis wurde der Vorgang damit geschlossen.[642]

Der Schlusssatz des »Welt der Arbeit«-Artikels lautete: »So wenig wie man einen Richter als Verkehrsrichter einsetzen wird, der wegen Trunkenheit am Steuer vor Gericht steht, selbst wenn er freigesprochen würde, so wenig sollte man die Konferenz der Kripo-Leiter rheinisch-westfälischer Großstädte ein Kameradschaftstreffen ehemaliger hoher SS- und SD-Führer aus Heydrichs Reichssicherheitshauptamt bleiben lassen.«

Bis Ende der fünfziger Jahre konnten sich die »Alt-Kriminalisten« einigermaßen in Sicherheit wiegen. Sie waren wieder in ihrem Beruf etabliert, und die Nazi-Verbrechen fielen mehr und mehr dem Vergessen anheim, es wurde sogar – was das schlechte Gewissen beruhigte – nach einem Vertrag, den die Bundesrepublik 1953 mit Israel schloss, Wiedergutmachung geleistet. Alle Kräfte schienen auf die »soziale Marktwirtschaft« konzentriert, die unter Wirtschaftsminister Ludwig Erhard einen Aufschwung erlebte. 1955 zum Beispiel war ein wichtiges Jahr: Bundeskanzler Adenauer brach zum ersten Staatsbesuch nach Moskau auf, was für die Sicherungsgruppe die bislang größte Bewährungsprobe bedeutete, nämlich den Bundeskanzler und seine Delegation weniger vor drohenden Gefahren als vor Abhörmaßnahmen des sowjetischen Geheimdienstes KGB zu schützen. Als Ergebnis des Staatsbesuches wurden diplomatische Beziehungen mit Moskau aufgenommen, und die letzten deutschen Kriegsgefangenen konnten aus der Sowjetunion nach Hause zurückkehren. Die Bundesrepublik billigte die »Pariser Verträge« und wurde Mitglied der NATO. Die ersten Soldaten der Bundeswehr erhielten ihre Ernennungsurkunde, während in Pullach die »Organisation Gehlen« zum Bundesnachrichtendienst (BND) mutierte. Der frühere Großadmiral Raeder, in Nürnberg zu lebenslanger Haft verurteilt, wurde entlassen. 1956 wurde mit tatkräftiger Unterstützung

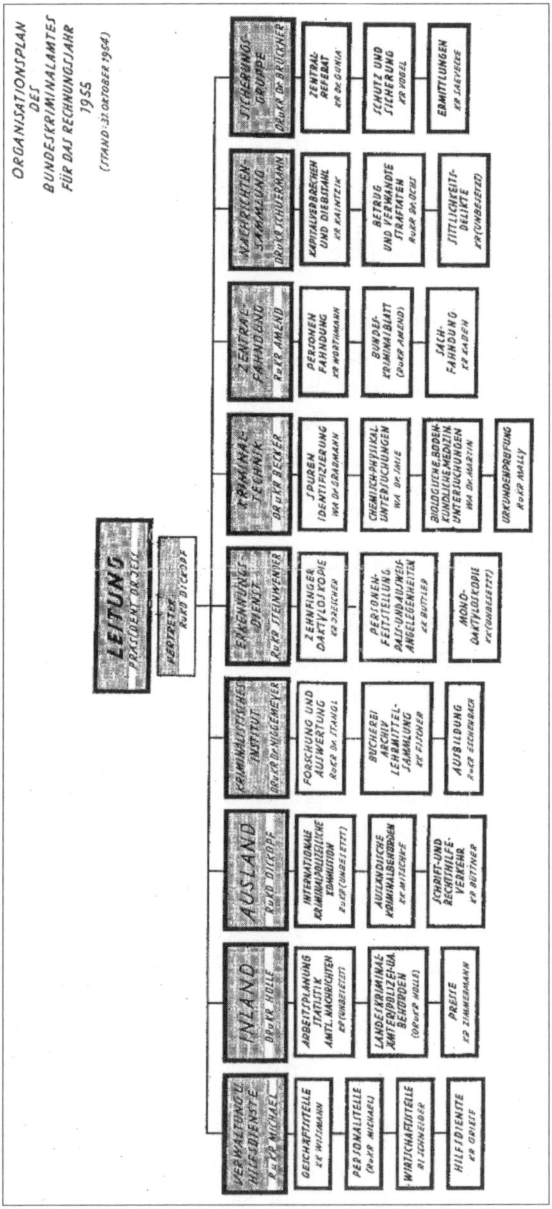

Dokument 8 (Bundesarchiv Koblenz)
Organigramm BKA, Stand 1954/Die Führungsmannschaft auf der Ebene der Abteilungen und Referate

der Sicherungsgruppe die Kommunistische Partei verboten und nach der Hallsteindoktrin alle Beziehungen zu Staaten abgebrochen, die die DDR anerkannten.[643]

Während die Sicherungsgruppe für Schlagzeilen sorgte, beschäftigten sich die Abteilungen des BKA-»Mutterhauses« in Wiesbaden weitgehend mit sich selbst, gaben BK-Blatt, Fahndungsbuch sowie »Schriftenreihe« heraus und veranstalteten jährlich eine Tagung. »Nur nicht auffallen« schien ihre Devise zu sein.

In den Jahren 1952 bis 1954 hatte Hanns Jess (Jahrgang 1893) als BKA-Präsident amtiert und wenig bewirkt, was die Erinnerung an ihn wach hielte. Als er vor seiner Pensionierung vorübergehend das Bundesamt für Verfassungsschutz leitete, wurde er Zielperson des DDR-Staatssicherheitsdienstes (siehe Kapitel X, Das BKA als Zielscheibe der Stasi). Der Jurist war einmal Leiter des Landeskriminalamtes Schwerin gewesen, bis ihn die Nationalsozialisten 1933 absetzten. Während des Krieges bearbeitete er Kriegssachschäden und war Leiter der Mecklenburgischen Landwirtschaftlichen Berufsgenossenschaft. Nach dem Krieg floh er aus der sowjetischen Besatzungszone nach Frankfurt a. M., wo er am 1. Januar 1949 die Stelle des Polizeivizepräsidenten und Leiters der Kriminalpolizei erhielt, bis er Max Hagemann als BKA-Präsident beerbte.[644]

Obwohl Jess offenbar kein Nationalsozialist war, setzte er der Entwicklung keinen Widerstand entgegen, im großen Stil belastete Kriminalbeamte in das BKA einzustellen. Im Gegenteil, Jess schrieb 1956 in der »Kriminalistik«: »Ganz schlecht ist es um den Nachwuchs der Bundeskriminalbeamten bestellt. Bisher konnte ein guter Personalstamm aus den alten preußischen und den Reichskriminalbeamten gewonnen werden.«[645] Ganz dieser Meinung war offensichtlich auch Bundesinnenminister Gerhard Schröder (CDU),[646] der 1953 Robert Lehr ablöste und bis 1961 im Amt blieb. Sein Nachfolger wurde Hermann Höcherl (CSU).

Mit Reinhard Dullien (Jahrgang 1902) betrat im September 1955 ein neuer Mann die Bühne in Wiesbaden. Offensichtlich hatte sich Dickopf Hoffnung gemacht, die Nachfolge von Jess anzutreten, zumal er in der Zeit, als Jess zum BfV abgeordnet war, de facto das Amt leitete. Die Gründe, warum Dickopf nicht zum Zuge kam, sind aktenmäßig nicht belegt.

Dullien kämpfte auf verlorenem Posten, denn er und Dickopf waren Antipoden. Hemdsärmelig, vierschrötig, polternd, mit dröhnender Stimme der Westerwälder – der andere distinguiert, nobel wirkend, schweigsam und humorlos. Im Innenministerium war er seit 1949 zuerst für Wohnraumbetreuung und dann als Ministerialrat für Verwaltungsrecht und Verwaltungsorganisation zuständig. Die Wahl fiel auf ihn, weil er als guter Organisator galt.[647] Aber von der Polizei hatte er keine Ahnung und war damit bei den »Charlottenburgern« von vornherein durchgefallen. Und Paul Dickopf zahlte ihm heim, dass ein anderer auf dem Chefsessel saß, den er selbst insgeheim schon seit 1951 für sich beanspruchte.

Gegenüber Präsident Hagemann hatte sich Dickopf einst als Berater unentbehrlich gemacht. Über das Verhältnis zu Präsident Jess wissen wir nicht viel, er wird den ehemaligen Kripochef von Frankfurt a. M. zumindest fachlich akzeptiert haben. Doch auch Jess musste Dickopf schriftlich ermahnen: »Meine Unterrichtung über bedeutsame Vorgänge innerhalb der Sicherungsgruppe, insbesondere über anlaufende Strafverfahren von allgemeinem Interesse, lässt sehr zu wünschen übrig bzw. erfolgt meist überhaupt nicht.«[648] In seiner Abschiedsrede kritisierte Jess die Personalentscheidung zugunsten von Dullien indirekt, aber unüberhörbar und schrieb in der »Kriminalistik« ein Jahr später: »Es kam vor, dass Persönlichkeiten in wichtige und leitende Stellungen berufen wurden, die überhaupt keine Vorkenntnisse auf polizeilichem Gebiet besaßen.«[649] Dickopf klagte seinem Gesinnungsgenossen Viktor Korda in Kiel: »Was soll man davon halten, wenn zweckfremde Organisationsformen gepriesen werden, wenn jeder praktischen Erfahrung bare Verwaltungsbeamte sich schwerwiegendste Eingriffe in das diffizile Räderwerk erlauben.«[650]

In seinen »Farbigen Blättern«, die Dullien nach seiner Zwangspensionierung (siehe Kapitel VIII, Die »Spiegel«-Affäre) zu einer Familiengeschichte zusammenstellte, vermerkte er, dass er eine Dienststelle vorfand, »die ihren fachlichen Aufbau den Gedankengängen und dem Gesichtswinkel des Ständigen Vertreters aller drei Präsidenten verdankte«.[651] Die Abteilungen Fahndung, Erkennungsdienst und Nachrichtensammlung seien »nach erprobten konservativen Mustern« aufgezogen, in anderen Abteilungen hingegen neue Erkenntnisse der Verwaltung sowie natur- und geisteswissenschaftliche Forschung nicht ausreichend berücksichtigt worden. Dullien – erneut mit vornehmer Zurückhaltung Dickopfs Namen vermeidend –

fährt fort: »Die Vernachlässigung dieser Teile des Amtes hatte ihren Grund darin, dass der ›Schöpfer des Bundeskriminalamtes‹, wie er sich gerne nennen ließ, eine Abneigung gegen die von ihnen bestrittenen Aufgaben hatte. Bei der Sicherungsgruppe störte ihn der politische Einschlag, bei der Kriminaltechnik das Fehlen der ›absoluten‹ Wahrheit im geisteswissenschaftlichen Sinn.« Und beim Kriminalistischen Institut »lag ihm dessen Leiter nicht, der sich, ebenso wie auch die beiden zuvor genannten Abteilungsleiter, die Selbständigkeit des Denkens und Arbeitens bewahrt hatte«.[652]

Dullien charakterisierte Paul Dickopf wie folgt: »Ein intriganter, aber nicht unintelligenter, vor allem in der mündlichen Darstellung überzeugungsbegabter Mann, der jedoch im Grunde über das Blickfeld eines 1937/38 fachgeschulten Regierungsinspektors (Kriminalkommissars) nicht herausgewachsen war.« Und an anderer Stelle notierte Dullien, dass »der Vertreter« eine vorgefasste Meinung gegen alle habe, die ein mit dem Staatsexamen abgeschlossenes akademisches Studium aufweisen können, während ihm diese Prüfung fehlte.[653]

Die »Farbigen Blätter«, in denen Reinhard Dullien selbst als »RD« in der dritten Person vorkommt, klammern die Farbe Braun weitgehend aus. Dullien wurde im Memelland geboren, studierte Jura und wurde Verwaltungsbeamter. 1933 trat er in die NSDAP ein und war in Ostpreußen zunächst in einem Landratsamt und dann im Oberpräsidium in Königsberg tätig. Im Herbst 1941 wurde der Regierungsrat zum Generalkommissariat Wolhynien-Podolien im besetzten Russland kommandiert. Nach eigenen Angaben hatte er dort den Auftrag, eine Versicherung aufzubauen. Diese Umschreibung seiner Tätigkeit, die sich aus seiner Personalakte ergibt,[654] verschleiert die Wahrheit. Ein Blick in das »Braunbuch«, herausgegeben in der DDR, verrät etwas mehr:[655] »Dullien, Reinhard, 1933 NSDAP (Nr. 1853922), 1933 SS, Leiter der Hauptabteilung III im Generalkommissariat Wolhynien und Podolien des Reichskommissars Ukraine; die von ihm geführte Abteilung war verantwortlich für die wirtschaftliche Ausplünderung des besetzten Gebietes; unterstand dem NS-Gauleiter und Kriegsverbrecher Koch.«[656]

Noch weiter ins Detail geht eine ADN-Meldung mit der Überschrift: »Bonner Kripochef ließ sowjetische Dörfer niederbrennen«:

»Unwiderlegbare Dokumente aus DDR-Archiven beweisen, dass der langjährige Präsident des Bonner Bundeskriminalamtes, Reinhard Dullien, an schwersten Nazi-Verbrechen beteiligt gewesen ist. Nach den Enthüllungen über die Vergangenheit Dulliens hatte ein Bonner Sprecher behauptet, Dullien sei nicht 1942/43, sondern ›nur 1941 für kurze Zeit‹ Leiter der Hauptabteilung Wirtschaft beim Generalkommissariat Wolhynien/Podolien gewesen. Diese und weitere Behauptungen aus Bonn entsprechen nicht der Wahrheit.

In den Originaldokumenten des Nazi-Ministeriums über die personelle Besetzung des ›Generalkommissariats Wolhynien/Podolien‹ vom 4. November 1942 und vom 28. Februar 1943 wird Dullien als Leiter der Hauptabteilung III genannt. Damit ist erwiesen, dass Dullien von 1941 bis 1943 für die wirtschaftlichen Zwangsmaßnahmen und Verbrechen des NS-Generalkommissariats gegen die Zivilbevölkerung verantwortlich ist. Dullien hat gegenüber AP behauptet, er habe ›nie Leute abtransportieren lassen‹ und lediglich ›Fabriken wieder in Gang gesetzt‹. Die Originaldokumente überführen Dullien auch in diesem Punkt der Lüge.

In einem Bericht der von Dullien geleiteten Hauptabteilung vom 1. November 1942 über Umfang und Art der Eintreibung von Getreide und Vieh heißt es: ›Es wurde festgestellt, dass dort, wo Schwierigkeiten aufgetreten sind, diese durch das Einwirken des Gebietskommissars beseitigt wurden und sofort ein Ansteigen der Ablieferungszahl zu verzeichnen war. In den Gebieten, die mit zu den unruhigsten zählen (Brestlitowsk, Kobryn, Stolin), hat das Eingreifen der Polizei durch die rücksichtslose Ausrottung bandenverseuchter Dörfer auf die einzelnen Bauern sehr abschreckend gewirkt.‹

In einem weiteren Bericht der Hauptabteilung III heißt es über Dulliens Methoden zur ›Arbeitskräftewerbung‹ für das Nazireich: ›Die Werbung in Wolhynien zeigt immer das gleiche Bild, dass die Bewohner beim Erscheinen der Werbekommission geflüchtet sind, da die vorhandenen Polizeikräfte nicht ausreichen, um die einzelnen Dörfer überfallartig zu besetzen.‹ Als ›Strafmaßnahmen‹ werden aufgeführt: ›Wegnahme des Viehs, Geldbußen und Niederbrennung der Gehöfte‹.«[657]

Vorgenannte ADN-Meldung wurde von der Nachrichtenabteilung – SBZ-Auswertung – des Presse- und Informationsamtes der Bundesregierung an das Bundesinnenministerium weitergeleitet und dort kommentarlos »z.d.A.« verfügt. Es war so schrecklich einfach, Presseverlautbarungen aus der DDR als Propaganda abzutun. Dass sie der Propaganda dienten, unterliegt keinem Zweifel, doch das ändert nichts am Informationswert. In der Regel stützten sich solche belastenden Aussagen auf vorhandenes Archivmaterial, wie der Autor an vielen Beispielen nicht nur für dieses Buchprojekt belegen kann.

Wer trotzdem Zweifel hegt, sollte das Buch »Kalkulierte Morde.

Die deutsche Wirtschafts- und Vernichtungspolitik in Weißrußland 1941-1944« von Christian Gerlach lesen,[658] dort ist auf über 1200 Seiten minutiös der menschenverachtende Raub- und Eroberungskrieg dargestellt, in dem es um die Ausbeutung menschlicher Arbeitskraft, wirtschaftlicher Erträge (insbesondere landwirtschaftlicher Produkte) und die Eliminierung des »rassischen« und politischen Feindes ging. Zivilregierung, Militärregierung, SS-Einsatzgruppen und Geheime Feldpolizei arbeiteten Hand in Hand. Dullien gehörte zu den karrierebewussten Verwaltungsexperten der deutschen Besatzungsmacht, die eine Verwaltung mit dem Ziel der Ausplünderung aufbauten.

Die Auswertung der Personalakte Dullien, die dem Autor Horst Albrecht als Angehörigem des Amtes zur Verfügung stand[659] (nicht aber bisher aus bereits benannten Gründen dem Autor), ergab im Übrigen, dass Dullien erst im Januar 1944 an seinen Arbeitsplatz in Königsberg zurückkehrte, demnach vom Herbst 1941 bis Ende 1943 im Ost-Einsatz war.

Reinhard Dullien saß im Grunde mit den »Charlottenburgern« in einem Boot; es ist davon auszugehen, dass Dickopf und seine Freunde von Dulliens NS-Vergangenheit Kenntnis hatten. Die einstigen »Kämpfer an der Ostfront« auf dem Wiesbadener Galgenberg bezogen Dullien trotz aller gegen ihn gerichteten Gemeinheiten in den Kreis des Schweigens ein.

Reinhard Dullien jedoch durchbrach dieses Schweigen – wofür ihm Respekt zu zollen ist –, indem er entgegen der persönlichen Weisung seines Ministers eine Liste der Mitarbeiter des Leitenden Dienstes mit SS-Vergangenheit vorlegte. Es kann für Dulliens Handeln mehrere Gründe gegeben haben, die sich möglicherweise gegenseitig ergänzten: Er konnte es nicht mit seinem Gewissen vereinbaren, dass so viele alte Nazis im BKA angestellt waren, weil er selbst aus der Geschichte gelernt hatte. Es kann auch sein, dass er die Verantwortung als Dienstvorgesetzter scheute und irgendwann mit massiven Vorwürfen gegen den BKA-Präsidenten rechnete. Und schließlich mag auch eine Rolle gespielt haben, dass er den »Charlottenburgern«, die ihn den fehlenden Stallgeruch des Kriminalisten spüren ließen, »eins auswischen« wollte, an erster Stelle wohl seinem Vertreter Paul Dickopf. Vielleicht war er auch sensibilisiert, weil immer wieder mal, wenn auch vereinzelt, Vorwürfe in der Presse hochkamen.

Dullien jedenfalls trat die Flucht nach vorne an, nicht öffentlich, aber immerhin gegenüber seinem Dienstherrn, dem Bundesinnenminister.

Mitte November 1958 hatte der BKA-Präsident eine Unterredung mit Innenminister Gerhard Schröder (CDU) in Bonn. Im Beisein von Dullien rief Schröder Ministerialrat Dr. Wiedemann an und erteilte folgende grundsätzliche Weisung: Bei BKA-Beamten des Leitenden Dienstes soll auf der Personenkartei (in der Personalabteilung des Ministeriums) kein Vermerk über das Vorliegen eines SS-Angleichungsdienstgrades angeführt und vom Bundeskriminalamt keine Liste entsprechender Beamten eingereicht werden. Schröder erläuterte Dullien seine Gründe: Er lege Wert darauf, »dass bei den betroffenen Beamten – wenn auch völlig unbeabsichtigt – nicht der Eindruck entstehe, dass eine erneute Überprüfung ihrer Angleichungsdienstgrade erfolge oder dass sie wegen ihrer SS-Zugehörigkeit Nachteile zu befürchten hätten«. Dies schilderte Dullien in einem Schreiben an Wiedemann[660] und führte weiter aus: »Der Herr Minister begründete diese seine Ansicht noch politisch damit, er lege bei dieser Kategorie von Beamten, bei denen die Entstehungsverhältnisse der Angleichungsdienstgrade ihm bekannt seien, Wert darauf, dass sie nicht etwa aus Sorge, irgendwann einmal Nachteile haben zu können, sich Oppositionsparteien näherten, um nur aus diesem Grund stärker gesichert zu sein. Hieran könne der Regierungsblock kein Interesse haben.«

Den Ministerialbürokraten im Innenministerium war die politische Leitlinie ihres Ministers offenbar unbekannt, denn Dulliens Schreiben war eine Reaktion auf entgegengesetzte Anweisungen des Referates Z 2, das am 26. November dem BKA 46 Personalkarteikarten übersandt hatte, »fehlende Angaben zu ergänzen, insbesondere den SS-Angleichungsdienstgrad«. Den Karteikarten war eine namentliche Aufstellung beigefügt, auf der in Maschinenschrift der Name Paul Dickopf ursprünglich gefehlt hatte, aber handschriftlich nachgetragen war.

Am 12. Dezember 1958 wies das Referat Z 2 das BKA zusätzlich an, im Falle des Beförderungsvorschlages für den ehemaligen SS-Hauptsturmführer Bergmann den Nachweis zu führen, dass es sich bei seinem SS-Rang nur um einen Angleichungsdienstgrad handelte und Bergmann nicht Angehöriger der allgemeinen SS war. Außerdem »soll so in allen künftigen Fällen verfahren werden«.

Da die Anordnungen der Weisung des Ministers widersprachen, schickte Dullien die Karteikarten unverändert zurück.[661] Er fertigte aber entgegen Minister Schröders grundsätzlicher Auffassung doch eine Liste mit den 47 Namen des Leitenden Dienstes (einschließlich Dickopf) an und übergab sie Ministerialrat Wiedemann persönlich. 14 Beamte der Liste hatten keinen SS-Angleichungsdienstgrad (aber nur zwei von 47 keine NS-Vergangenheit, was aus der Liste nicht erkennbar war). Auf der Liste fehlen die in den Akten nachgewiesenen SS-Dienstgrade von Niggemeyer (SS-Sturmbannführer), Michael (SS-Hauptsturmführer), Peters (SS-Obersturmführer) und Vogel (SS-Untersturmführer). Außerdem waren mit hoher Wahrscheinlichkeit Kaintzig SS-Sturmbannführer sowie Mitschke und Schuermann SS-Hauptsturmführer.

Wiedemann notierte am 21. Dezember 1958 auf die Liste: »mir von Präs. Dullien heute mit dem Bemerken: ›mehr privat als dienstlich‹ überreicht.« Er verfügte die Aufstellung ein halbes Jahr später, nämlich am 3. Juni 1959, »Z.d.A.«.[662]

Auf der Liste stand zum Beispiel der Name Hans-Heinrich Worthmann (Jahrgang 1909).[663] Als er 1964 durch Beamte der Sonderkommission des Hessischen Landeskriminalamtes vernommen wurde, unterschlug der ehemalige SS-Untersturmführer seine Tätigkeit beim Befehlshaber der Sicherheitspolizei und des SD in Oslo in der Zeit 1940 bis 1943. Ab 1944 war er beim Reichssicherheitshauptamt in der Abt. I tätig (I B) und will für die Leitung des Dienstsportes der SS-Führerschule Charlottenburg zuständig gewesen sein. An Namen des Lehrerkollegiums konnte er sich »beim besten Willen nicht erinnern«. Und: »Während meiner Dienstzeit sind mir niemals NS-Gewaltverbrechen, inklusive eventuelle Befehle hierzu, bekannt geworden.«[664] 1954 war Worthmann im Bundeskriminalamt Referatsleiter der Personenfahndung.

Auch Adelbert Buttler (Jahrgang 1912),[665] ehemals Oberleutnant der Schutzpolizei und von März 1942 bis November 1943 in der Ukraine zur Partisanenbekämpfung eingesetzt, stand auf der Liste. Er gehörte als Kompanieführer dem Polizei-Bataillon 315 im 11. Polizei-Regiment an und war in den Monaten März bis Mai und Oktober bis Dezember im Einsatz. Ereignisse aus dieser Zeit werden in den Akten der Zentralen Stelle Ludwigsburg wie folgt beschrieben:

BUNDESKRIMINALAMT
-VH/P 13.44/58-

Wiesbaden, den 2. Dezember 1958

02134

4. Juni 1959

Betr.: Angleichungsdienstgrad der leitenden Beamten des kriminalpolizeilichen Vollzugsdienstes beim Bundeskriminalamt

Lfd. Nr.	Name	Vorname	Dienst-grad	Angleichungs-dienstgrad
1	Ackermann	Paul	KOK	ohne
2	Amend	Kurt	ORKR	Sturmbannführer
3	Becker	Heinrich	RKD	ohne
4	Bergmann	Heinrich	KOK	Hauptsturmführer
5	Biehle	Martin	KHK	ohne
6	Dr. Brückner	Ernst	RKD	ohne
7	Buttler	Adelbert	KOK	Obersturmführer
8	Büttner	Kurt	RKR	Obersturmführer
9	Czech	Hans	RKR	Hauptsturmführer
10	Dickopf	Paul	RKD	Untersturmführer
11	Drescher	Heinz	RKR	Hauptsturmführer
12	Eiring	Hermann	KHK	Obersturmführer
13	Erlen	Heinrich	KOK	Hauptsturmführer
14	Eschenbach	Eberhard-Joachim	RKR	Hauptsturmführer
15	Falke	Alexander	KOK	Obersturmführer
16	Fischer	Georg	KHK	Hauptsturmführer
17	Freitag	Gerhard	KOK	Hauptsturmführer
18	Griese	Kurt	KHK	Hauptsturmführer
19	Hebler	Karl-Heinz	RKR	ohne
20	Holle	Rolf	ORKR	Hauptsturmführer
21	Kaden	Alfred	KHK	Untersturmführer
22	Kaintzik	Joachim	RKR	ohne
23	Kiefer	Josef	KHK	Hauptsturmführer

- 2 -

Dokument 9 (Bundesarchiv Koblenz)
Liste des Leitenden Dienstes im BKA mit SS-Dienstgrad

- 2 -

Lfd. Nr.	Name	Vorname	Dienstgrad	Angleichungsdienstgrad
24	Kriegel	August-Martin	KOK	Hauptsturmführer
25	Labitzke	Günter	KOK	Hauptsturmführer
26	Lach	Kurt	KHK	Hauptsturmführer
27	Leichtweiß	Rudi	KHK	Hauptsturmführer
28	Dr. Leszczynski	Christfried	RKR a.Pr.	ohne
29	Mally	Rudolf	ORKR	ohne
30	Mannel	Kurt	KOK	Untersturmführer
31	Dr. Martin	Otto	RKR	Sturmbannführer
32	Michael	Eduard	RKR	ohne
33	Mitschke	Gerhard	KHK	ohne
34	Mody	Georg	KOK	Hauptsturmführer
35	Dr. Niggemeyer	Bernhard	RKD	ohne
36	Dr. Ochs	Josef	RKR	Obersturmführer
37	Peters	Ewald	KHK	ohne
38	Dr. Rohrmann	Wilhelm	KHK	Hauptsturmführer
39	Saevecke	Theo	RKR	Hauptsturmführer
40	Schuermann	Wilhelm	ORKR	ohne
41	Stein	Walter	KOK	Hauptsturmführer
42	Thomsen I	Walter	KHK	Untersturmführer
43	Thomsen II	Rudolf	KHK	Hauptsturmführer
44	Vieth	Werner	KOK	Obersturmführer
45	Vogel	Martin	RKR	ohne
46	Worthmann	Hans-Heinrich	KHK	Obersturmführer
47	Zimmermann	Heinz-Günter	KHK	Hauptsturmführer

»Im März 1942 wurden von Angehörigen des Bataillons 315 in der Nähe des Dorfes Kojno, Gebiet Zhitomir, ca. 150 Zivilisten erschossen, darunter Greise, Frauen und kleine Kinder. Das Dorf wurde niedergebrannt.

Erschießungen wurden auch in anderen Dörfern des Gebietes Zhitomir durchgeführt. Insgesamt wurden ca. 1500 Personen erschossen und über 20 Dörfer niedergebrannt.

Am 22. November erschoss das Bataillon 3000 Juden, die in dem Ghetto von Kobrin untergebracht waren.

Nach dieser Operation setzte das Bataillon seine Mordaktionen im Kreis der Städte Pinsk und Stolin fort. Im Dezember 1942 brannte es mehrere Dörfer des Kreises Owrutsch, Gebiet Zhitomir, nieder, darunter Wojtkowitschi und Duckowitschi, und erschoss seine Einwohner.

Ende 1942 wurde das 315. Bataillon nach Weißrußland verlegt. Im Gebiet der Pripjetsker Sümpfe (zwischen den Flüssen Djena und Pripjetj) setzte die Einheit ihren Auftrag im Gebiet von 10 Dörfern fort: Slowetschno, Salastowka, Skratnoje und andere. Die arbeitsfähige Bevölkerung dieser Dörfer wurde nach Deutschland deportiert, die zurückgebliebenen Greise, Frauen und kleinen Kinder, ca. 600 Personen, wurden erschossen. Die Dörfer wurden niedergebrannt.«[666]

Um noch effizienter Menschen »jagen« zu können, absolvierte Adelbert Buttler im Sommer 1942 eine Ausbildung als »Jagdzugführer«. Anfang 1943 bis 8. November 1943 gehörte er der berüchtigten »Eingreifgruppe Piper« an, die ab Mitte April 1943 einsatzbereit war und im Pripjet-Gebiet, hauptsächlich im Raum Brest-Litowsk-Baranowitschi-Pinsk, operierte. Für Heinrich Piper, einen Polizeihauptkommissar der Schutzpolizei Kiel, waren Russen und Juden Untermenschen. Ein Zeuge sagte in einer Vernehmung aus: »Piper erklärte mir, er habe vom Reichskommissar den Befehl, die Bevölkerung auszurotten. Es gab eine erregte Auseinandersetzung. Piper erklärte, die Bevölkerung bestehe aus Partisanen, Juden und es seien sowieso alles Lumpen, das Gebiet müsse befriedet werden.«[667]

Adelbert Buttler wurde mit dem Eisernen Kreuz 1. und 2. Klasse dekoriert. Am 8. November 1943 fiel Piper; Buttler wurde verwundet und kehrte – mit dem Verwundetenabzeichen in Schwarz versehen – nicht mehr in den Einsatz zurück.[668] In seiner staatsanwaltschaftlichen Vernehmung im Jahre 1966, die von Lücken und Widersprüchen strotzt und in der trotzdem nichts hinterfragt oder vorgehalten wurde, schilderte Buttler seinen Einsatz als »reine militärische Kampfhandlung«. Dass Dörfer ausgesiedelt wurden, »glaube er nicht«. Piper hätte eine Landsknechtart und einen rauen Umgangston gehabt. »Ich glaube kaum, dass sich Piper dazu bereit gefunden hätte, Maßnahmen gegen wehrlose Zivilbevölkerung zu ergreifen. Er war zwar ein Haudegen, aber andererseits ein korrekter Polizeibeamter.«

Im Bundeskriminalamt wurde Adelbert Buttler Referatsleiter für Personenfeststellungen. Diese Aufgabe hatte er bereits im Kriminalamt der Britischen Zone inne.

Eine neue Qualität der Strafverfolgung von NS-Tätern trat mit der Gründung der »Zentralen Stelle der Landesjustizverwaltungen zur Aufklärung nationalsozialistischer Verbrechen« (ZSt) in Ludwigsburg ein, die am 1. Dezember 1958 ihre Arbeit aufnahm. Bis 1955 hatten Gerichte der Siegermächte mindestens 50 000 deutsche NS-Täter wegen der Begehung von Kriegsverbrechen oder Verbrechen gegen die Menschlichkeit verurteilt. In den drei westlichen Besatzungszonen wurde in 806 Fällen auf Todesstrafe erkannt und 486 Todesurteile vollstreckt. Aber schon im Jahre 1950 begannen die Westmächte, die zu Freiheitsstrafen verurteilten Deutschen zu begnadigen und nach und nach zu entlassen – der Ost-West-Konflikt beschleunigte das Vergeben und Vergessen. Ein Überleitungsvertrag schloss eine erneute Strafverfolgung solcher Täter aus. Eine Reihe schwerstbelasteter NS-Funktionäre befand sich nach relativ kurzer Haft wieder in Freiheit und war praktisch für die deutsche Justiz nicht mehr erreichbar. In Kreisen der Bevölkerung verbreitete sich nicht zuletzt unter dem Eindruck der Todesstrafen die Auffassung, dass die meisten Kriegsverbrecher aufgestöbert und bestraft worden seien, und Politiker aller Parteien tendierten dazu, einen Schlussstrich zu ziehen.[669] Dies waren auch für die Nazitäter im Bundeskriminalamt »goldene Jahre«, in denen sie sich in Sicherheit wogen.

Erst der Aufsehen erregende Ulmer »Einsatzgruppenprozess« im Jahre 1958 gegen zehn Angeklagte, die das Entnazifizierungsverfahren im Wesentlichen unbehelligt durchlaufen hatten und für Tausende Morde an Juden im deutsch-litauischen Grenzgebiet verantwortlich waren, zeigte die Mängel bisheriger Strafverfolgung auf und führte zum Beschluss der Justizminister-Konferenz, die ZSt als eine Koordinierungsinstanz zu gründen.[670] Nun wartete man nicht mehr, bis von irgendeiner Seite Anzeige erstattet wurde, sondern entwickelte aus allen denkbaren Hinweisen und historischen Erkenntnissen Verdachtsstrategien. Die ZSt führte Vorermittlungen und wies das Verfahren sodann einer Staatsanwaltschaft zu. Gleichzeitig wertete sie alle laufenden und abgeschlossenen staatsanwaltschaftlichen Ermittlungsverfahren aus, konnte damit Querverweise herstellen oder doppelte Arbeit verhindern. 1958 leitete die Zentrale Stelle noch 64 Vorermittlungsverfahren ein, im nächsten Jahr waren es bereits 400 Verfahren.[671]

Zwei Institutionen müssen bei den »Alt-Kriminalisten« Albträume ausgelöst haben: das Berlin Document Center mit dem NSDAP-Archiv, das über die Karriere in der Partei und ihren Gliederungen Auskunft gab, und die Zentrale Stelle, wo Beschuldigten- und Zeugenaussagen sowie Dokumente aus dem In- und Ausland immer neue Verbrechen und ihre Täter offenbarten. Dass es letzten Endes zu relativ wenigen Verurteilungen kam, steht auf einem anderen Blatt (siehe Kapitel X, Wiederaufbau ohne Vergangenheitsbewältigung), ist aber keineswegs Verschulden der Zentralen Stelle, deren wichtigste zeitgeschichtliche Bedeutung heutzutage in dem umfassenden Archiv liegt, das weit über 100 000 Aktenbände, 1,5 Millionen Karteikarten (unter anderem Personenkartei: 700 000, Tatort-Kartei: 27 000, Einheiten-Kartei: 4000) und über 1,2 Millionen Dokumente umfasst. Das Archiv ist inzwischen als Außenstelle vom Bundesarchiv übernommen worden und die Umstellung auf EDV in Arbeit.[672]

Für den Leitenden Dienst des BKA und für viele Beamte im sachbearbeitenden Dienst begann nun eine unsichere und insgeheim wohl auch angstbesetzte Zeit, die über ein Jahrzehnt andauern sollte. Jeder musste bangen, dass seine Schandtaten ans Licht kommen würden, musste damit rechnen, vom einen zum anderen Tag zur Vernehmung vorgeladen zu werden, und jeder baute, wie viele Akten deutlich machen, seine Verteidigungsstrategie auf, um sich nicht überraschen zu lassen. Als erfahrene Kriminalisten wussten sie besser als andere, wie man sich als Beschuldigter verhält: eine totale Aussageverweigerung vermeiden, sich stattdessen auf verschwommene Angaben zurückziehen, Erinnerungslücken geltend machen, möglichst nicht auf Namen, Zeiten oder Örtlichkeiten, schon gar nicht auf Einheiten oder Dienststellen festlegen und selbst das nicht zugeben, was anderweitig bewiesen ist. Einem ungeschriebenen Gesetz folgend, verrieten sie nur selten einen Kollegen, denn sie konnten sich darauf verlassen, dass auch sie in die Mauer des Schweigens einbezogen wurden. Belastende Aussagen kamen von Opfern, häufig aus dem Ausland oder aus jüdischen Kreisen. Die naziverseuchte Justiz dieser Jahre (siehe unter anderem Ingo Müller: »Furchtbare Juristen[673]) überstrapazierte den Grundsatz in dubio pro reo und legte das Gesetz zugunsten der Beschuldigten aus, selbst wenn es an der Beweislage keinen Zweifel gab. Staatsanwälte und Richter folgten in der Regel der Schutzbehauptung des Verdächtigen und ließen Angaben von Tatzeugen mit der Begründung »Aussage gegen Aussage« unter den Tisch fallen. Selbst eindeutige Dokumente wurden einfach ignoriert. Die heimliche Komplizenschaft zwischen Nazi-Tätern, Gesinnungsgenossen und Ewiggestrigen funktionierte.[674] Trotz allem konnten sich die Täter nicht ganz in Sicherheit wiegen. Die Beamten entsprechender Jahrgänge – später auch die Ruheständler – wurden aufgefordert, Lebensläufe über ihre Karriere in der NS-Zeit aufzusetzen. Oft ergaben sich gravierende Abweichungen zu den Angaben bei der Einstellung in das BKA, doch so gut wie nie, auch nicht bei grober Täuschung, wurden daraus beamtenrechtliche Konsequenzen gezogen. Lediglich in drei Fällen (Günter Labitzke, Georg Fischer, Dr. Otto Martin) stellte das Bundesinnenministerium 1964 eine Beförderung vorübergehend zurück.[675] In welchen Fällen konkret Disziplinarverfahren angestrengt wurden, kann mangels Akteneinsicht beim BKA nicht gesagt werden. Auswirkungen hatten solche Verfahren offenbar kaum jemals, dafür sprechen die hohen Dienstgrade zum Zeitpunkt der Pensionierung. Auch die bekannt gewordenen Abordnungen zu anderen Bundesbehörden (Rudolf Leichtweiß zur Bundesanstalt für Geodäsie, Dr. Otto Martin zum Statistischen Bundesamt, andere zum Bundesbeschaffungsamt) dürften nur vorübergehend gewesen und ohne weitere Konsequenzen geblieben sein.

Vom Bundesinnenministerium wurde das BKA zu einer jährlichen Berichtspflicht über den inkriminierten Personenkreis angehalten. Das führte anfangs zu teils hektischen Reaktionen, so reiste der BKA-Personalchef am 28. Juni 1961 persönlich nach Ludwigsburg, um 26 Einzelanfragen über Beamte, »die im Osteinsatz waren« (neun Beamte Leitender Dienst, 17 Beamte Sachbearbeitender Dienst), zu übergeben und auf das Überprüfungsergebnis an Ort und Stelle bis zum nächsten Tag zu warten.[676] Nach einiger Zeit ging es jedoch nur noch um jährliche Routineabfragen, ob inzwischen »neue Erkenntnisse vorliegen«. 1969 signalisierte das BMI, »die allgemeine Überprüfung von Ruhestandsbeamten abzuschließen«,[677] was wohl auch für die restlichen aktiven Beamten galt, die allesamt aus Altersgründen in absehbarer Zeit das Pensionsalter erreicht haben würden.

Die Zentrale Stelle berichtete häufig, dass der Beamte X mit einer bestimmten Funktion in der Einheit Y tätig war, dass aber konkrete Belastungen nicht vorlagen. Mehr konnte die ZSt, die sich vergeblich um Bestrafungen bemühte, nicht tun – Rückschlüsse und Folgerungen hätten BKA und BMI ziehen müssen. Doch nichts geschah, obwohl beamten- und disziplinarrechtlich sehr wohl die Möglichkeit bestanden hätte, ehemalige Angehörige einer Mörderbande mit einer Disziplinarstrafe zu verfolgen, von der Rangherabsetzung bis zur Entlassung. Jemand, der nachgewiesenermaßen in einem Einsatzkommando in Polen oder Russland »Dienst« verrichtete, stand aufgrund der Tätigkeitsberichte der Einheit zwangsläufig im dringenden Mordverdacht, selbst wenn nicht erwiesen war, dass er an einem konkreten Tag an einem bestimmten Ort einen Menschen exekutiert hatte. Das Disziplinarrecht sieht ausdrücklich vor, diesen »Überhang« (terminus technicus der Disziplinarordnung), der nicht in einem Strafverfahren verfolgt wird, gesondert zu behandeln. Es bleibt bis heute eine Ungeheuerlichkeit, dass, obwohl annähernd die gesamte Führungsschicht des Bundeskriminalamtes im Verdacht stand, keine Reaktionen erfolgten und Schwerverbrecher in den Reihen einer Behörde geduldet wurden, die für die innere Sicherheit verantwortlich war.

Einer Impertinenz kommt gleich, dass das BKA ausgerechnet mit seinem Personalchef den Bock zum Gärtner machte. Aber bei näherer Betrachtung ist auch das konsequent, denn genau dieser Mann erzielte die Ergebnisse, die man haben wollte. Die Rede ist vom ehemaligen SS-Hauptsturmführer und Kriminalrat Eduard Michael (Jahrgang 1902), Jurist mit 1. Staatsexamen, im August 1934 beim Polizeipräsidium Gleiwitz zum Kriminalkommissar ernannt, zwischen Ende 1941 und Januar 1945 beim Kommandeur der Sicherheitspolizei in Radom und Krakau eingesetzt.[678] Die Vielzahl staatsanwaltschaftlicher Verfahren, in denen er eine Rolle spielte, lässt auf seine tiefe Verstrickung in Verbrechen des Regimes schließen.[679] Erst die Recherche für dieses Buch deckte im Archiv der Hauptkommission in Warschau auf, dass Michael mit Kriegsbeginn als Angehöriger des Einsatzkommandos 5/II an der Vernichtung der polnischen Intelligenz beteiligt war. In allen Vernehmungen hatte er dies verschwiegen, und niemandem schien der weiße Fleck zwischen seinen Karrieredaten aufgefallen zu sein. Für sein Mitwirken am Massenmord wurde er mit dem Kriegsverdienstkreuz mit Schwertern 2. Klasse ausgezeichnet, denn er habe seine Aufgabe »vorzüglich gelöst und sich dadurch besondere Verdienste erworben«.[680]

Ohne näher zu untersuchen, an welchen kriminellen Aktivitäten er in Radom und Krakau beteiligt war, wollen wir ausschließlich seine Zeit als Leiter der Außenstelle der Sicherheitspolizei in Tschenstochau, einem Ort von etwa 180 000 Einwohnern, von Ende 1941 bis Oktober 1942 beleuchten. Die Außenstelle bestand aus Beamten der Gestapo mit einem angegliederten Kriminalkommissariat und unterstand dem Kommandeur der Sicherheitspolizei und des SD in Radom.

Die jüdische Gemeinde von Tschenstochau umfasste zu Beginn des Zweiten Weltkrieges 28 500 Personen. Am 7. April 1941 wurde durch Befehl des Stadthauptmannes ein »jüdischer Wohnbezirk« gebildet, das »Große Ghetto«, das weitere 20 000 Juden aus anderen Städten (Lodz, Plock, Krakau) aufnehmen musste, sodass in dem Ghetto schließlich über 48 000 Menschen lebten.[681]

Die ersten Mordfälle ereigneten sich in der Folge, wenn Juden unberechtigt das Ghetto verließen. Nach einer Anweisung des Generalgouverneurs Frank wurden sie – auch Frauen und Kinder – an Ort und Stelle erschossen.

Die Gräueltaten setzten sich am 28. April 1942 durch die »Kommunistenaktion« fort, eine Festnahmeaktion, gerichtet gegen politisch links eingestellte Juden, die anschließend in das Konzentrationslager Auschwitz eingeliefert und vermutlich alle getötet wurden. Die Zentrale Stelle ging davon aus, dass die Durchführung der Festnahmeaktion in den Händen von Eduard Michael lag.[682]

Die so genannte Endlösung der Judenfrage mit dem Ziel, die gesamte erreichbare jüdische Bevölkerung auszurotten, begann für das Gebiet des Generalgouvernements im Frühjahr 1942 und war Ende des Jahres im Wesentlichen abgeschlossen.

Der Massenmord wurde folgendermaßen durchgeführt: Das Ghetto wurde durch Angehörige der Schutzpolizei umstellt. Die Juden mussten ihre Häuser verlassen und sich zu bestimmten Sammelplätzen begeben. Kommandos der Sicherheitspolizei und der Schutzpolizei durchsuchten die Häuser nach zurückgebliebenen Personen. Diese wurden in der Regel an Ort und Stelle erschossen, es handelte sich dabei um Gehunfähige und Kranke sowie um Kleinstkinder, die von den Eltern in der Hoffnung zurückgelassen wurden, verschont zu bleiben, und um Personen, die sich versteckt hatten. Die auf den Straßen oder Plätzen Versammelten wurden dann einer Selektion unterzogen. Alle, die nicht als Arbeitskräfte benötigt wurden, trieb man zur Bahnstation, pferchte sie in Güterwagen – etwa 150 Personen und mehr pro Waggon – und transportierte sie, oft in tagelangen Fahrten ohne Verpflegung, zur Vergasung in eines der Vernichtungslager.[683]

Die Durchführung oblag der örtlich zuständigen Sicherheitspolizeidienststelle, die Vorbereitung der Gestapo. Abgesandte des Höheren SS- und Polizeiführers aus Radom (der »Aussiedlungsstab Feucht«) nahmen unterstützend an den Aktionen teil.

Die »Aussiedlungen« in Tschenstochau sind durch die Fahrplanordnung Nr. 594 der Direktion der Ostbahn in Krakau belegt. Danach verkehrte 1942 an den Tagen 22./23.9., 25./26.9., 28./29.9., 1./2.10., 4./5.10 und 7./8.10. je ein »Umsiedlersonderzug« zwischen Tschenstochau und dem Vernichtungslager Treblinka. Ein Zeuge, früher Angehöriger der Ordnungspolizei, schilderte in seiner Vernehmung, dass etwa 40 000 Menschen deportiert und anschließend in Treblinka ermordet wurden. Nach Beendigung der Aktion ging die Suche nach versteckten Juden weiter, die bei Auffinden ebenfalls erschossen wurden.

Die Aktion wurde durch mehrere Besprechungen vorbereitet. Eine solche Einsatzbesprechung in der Außenstelle der Sicherheitspolizei in Tschenstochau wurde durch den Höheren SS- und Polizeiführer Dr. Böttcher in Beisein des Dienststellenleiters Michael abgehalten, um den Ablauf und alle Einzelheiten der Liquidierung des »Großen Ghettos« festzulegen. Strittig ist, ob dabei das Ziel der Transporte offen oder versteckt bekannt gegeben wurde. Michael behauptet, er habe nur gehört, »die Juden würden nach Ostpolen kommen«.[684]

Michael wurde vorgeworfen, als Dienststellenleiter an den Deportationen mitgewirkt und außerdem den Befehl Böttchers an Beamte seiner Dienststelle zur Ausführung weitergegeben zu haben, gehunfähige Juden in ihren Wohnungen zu erschießen; dies wurde unabhängig voneinander durch drei Zeugen ausgesagt. Die Staatsanwaltschaft ging davon aus, dass Michael den Befehl nicht selbständig erteilte und deshalb als Gehilfe zu betrachten und nur strafbar sei, wenn er aus eigenen niedrigen Beweggründen handelte. Dies sei zu bejahen, wenn die Erschießung der alten oder kranken gehunfähigen

Juden als grausam anzusehen wäre. »Dafür spricht, dass die von ihren Familien verlassenen Opfer bewegungslos auf die herannahenden und durch fortlaufend fallende Schüsse angekündigten Durchsuchungstrupps warten mussten. In dieser Situation muss sich der Schmerz über die Trennung von der ausgesiedelten Familie und deren ungewissem Schicksal mit der Verzweiflung über die eigene Hilflosigkeit und der Erkenntnis von der unausweichlich bevorstehenden Erschießung zu übergroßer Qual verbunden haben. Dem Beschuldigten Michael war dies, ebenso wie den Angehörigen der Durchsuchungstrupps, zwangsläufig bewusst.«[685]

Eduard Michael machte über die Zeiten seiner Anwesenheit in Tschenstochau als Dienststellenleiter in verschiedenen Vernehmungen widersprüchliche Angaben.[686] Er gab zwar zu, in den ersten Tagen der Liquidierung des »Großen Ghettos« anwesend gewesen zu sein, habe aber die Dienstgeschäfte bereits an seinen Nachfolger, den Kriminalrat Reithmeier, übergeben. Dies wurde durch glaubhafte Aussagen Reithmeiers widerlegt. Schließlich behauptete Michael, die Außenstelle habe gar nichts mit der »Aussiedlung« des Ghettos zu tun gehabt, es seien Kräfte aus Radom eingesetzt worden.

Die Justiz in Wiesbaden stellte das Verfahren gegen Michael ein. Trotz teils übereinstimmender und zweifelsfreier Aussagen anderer Beschuldigter oder Zeugen, darunter Polizeiangehörige, wurde einzig den Schutzbehauptungen Michaels ein Wahrheitsgehalt zugebilligt, während goldene Brücken gebaut wurden, belastende Aussagen zu entkräften, als unglaubwürdig zu bezeichnen oder den Zeugen als »Aufschneider« hinzustellen. Eine solche Beweisführung erreichte den Grad der Hilflosigkeit, wenn man unbedingt die Entlastung erreichen wollte, aber keine Argumente besaß und beispielsweise formulierte: »Dieser Einlassung des Beschuldigten Michael stehen allein die belastenden Angaben der Zeugen Paul D. und Herbert S. entgegen. Sie vermögen indessen die Darstellung Michaels nicht zu entkräften.«[687] Die beiden Zeugen waren ein Hauptmann der Schutzpolizei und ein Kriminalsekretär.

Im Bundeskriminalamt hatte Eduard Michael die wichtige Position des Abteilungsleiters der Verwaltung in Personalunion mit der des Personalchefs inne. Wer so viele Erfahrungen in der NS-Zeit gesammelt hatte, war bestens qualifiziert, die Vorstellungen Dickopfs umzusetzen: die Kollegen so weit es geht zu schützen, möglichst zu verschleiern, keine eigenen Initiativen zu ergreifen, auf Anweisungen des BMI zu warten und Zeit zu gewinnen, bis Gras über die Vorwürfe gewachsen ist. Michael hatte ja ein ureigenes Interesse, dass jede Aufklärung verhindert wurde.

Im BKA war bekannt, dass Eduard Michael seinen ehemaligen Namen Michalski eindeutschen ließ. Er trug im BKA den Spitznamen »Pistolen-Ede«, denn er pflegte die Marotte, ständig mit zwei untergeschnallten Pistolen herumzulaufen, seiner Dienstwaffe und einer privaten Pistole. Er war ein starr korrekter Preußentyp, verschlossener noch als die meisten anderen. Kaum einmal hat man ihn lachen sehen. Im BKA hielt sich das Gerücht, er habe die Räumung des Ghettos in Tschenstochau aus einem Luftwaffenflugzeug »Fieseler Storch« heraus beobachtet. Michael wurde als Regierungskriminaloberrat regulär pensioniert.

Die Gleiwitzer

Die Zahl der Planstellen des Bundeskriminalamtes hatte sich bis Ende der fünfziger Jahre nahezu verdoppelt. Nach und nach wurde die Wiesbadener Behörde auch für ausländische Polizeibeamte interessant. So wurden bereits 1956 annähernd 250 ausländische Besucher registriert. Ein Jahr später nahmen fünf thailändische, vier türkische und vier holländische Polizeibeamte an Lehrgängen teil.[688] Im November 1958 machte Präsident Dullien einen Vorstoß, den höheren Dienst (ab Kriminalrat) auch für die Bundesländer im BKA auszubilden, und berief sich auf ein dubioses Gutachten, das der Bonner »Bundesbeauftragte für Wirtschaftlichkeit in der Verwaltung« anlässlich einer Organisationsprüfung des Amtes im Februar 1955 erstellte, mit erstaunlichen Feststellungen: »Das Reichskriminalpolizeiamt bearbeitete bis zum Jahre 1945 *unpolitische Delikte*. Die Bearbeitung der *politischen Strafsachen* oblag dem Amt IV des Reichssicherheitshauptamtes, dem Geheimen Staatspolizeiamt. Das dem BKA eingegliederte Kriminalistische Institut *führt die Tradition des ehemaligen selbständigen Polizeiinstituts in Berlin-Charlottenburg fort.* Als Aufgabe ist ihm die Forschung und Ausbildung auf kriminalistischem Gebiet übertragen (kursiv durch d. Verf.).«[689] Dulliens Vorschlag wurde vom Bundesinnenministerium nicht weiter verfolgt, sondern »mit Vertretern des BKA besprochen«; es blieb bei den Ratslehrgängen im Polizei-Institut Hiltrup (ab 1974 Polizeiführungsakademie).[690]

Im Jahre 1961 wechselte Gerhard Schröder das Ressort und wurde Bundesaußenminister. Sein Nachfolger als Innenminister war Hermann Höcherl. Das BKA wird Schröder nicht besonders am Herzen gelegen haben, denn er machte nicht einmal einen Abschiedsbesuch in Wiesbaden, sondern schrieb Dullien ein paar belanglose Zeilen.[691]

Neben den »Charlottenburgern« und den ehemaligen Angehörigen der Geheimen Feldpolizei bildete sich im Amt die Seilschaft der »Gleiwitzer« heraus, die wie Eduard Michael ihre Laufbahn bei der Kriminalpolizeistelle Gleiwitz begonnen hatten und wahrscheinlich in Michael alias Michalski ihren »Ziehvater« sahen. Zu diesen etwa zehn Beamten zählte der Regierungskriminaldirektor im BKA Hans Czech (Jahrgang 1909),[692] der zwischen 1941 und 1945 Dienst bei der KP-Leitstelle Kattowitz in der Stabsfunktion eines Direktionskommissars verrichtet hatte. Nach dem Krieg wurde er unter anderem zum fingierten Überfall auf den Sender Gleiwitz vernommen, der zum »Anlass« für den Einmarsch der Wehrmacht in Polen am 1. September 1939 genommen wurde. Czech gab an, dazu nichts sagen zu können, weil die örtliche Dienststelle mit der vom Reichssicherheitshauptamt gesteuerten Aktion nichts zu tun hatte.[693]

Am 15. Dezember 1959 ereignete sich der zweite spektakuläre Fall, dass ein BKA-Beamter festgenommen wurde. Es betraf den »Gleiwitzer« Heinrich Erlen (Jahrgang 1907),[694] der aufgrund eines Haftbefehls des Amtsgerichts Frankfurt a. M. von Staatsanwälten in Wiesbaden verhaftet und in Untersuchungshaft überführt wurde. Dickopfs Reaktion – Erlen war 1938/39 sein Lehrgangskollege in Charlottenburg – ist nicht überliefert.

Erlen, Jurist mit 1. Staatsexamen, trat 1937 in die NSDAP ein und wurde Angehöriger der Kriminalpolizei in Gleiwitz. Er gehörte als Kriminalkommissar und SS-Obersturmführer von Februar 1942 bis März 1944 der Außenstelle Wilna des Kommandeurs der Sicherheitspolizei und des SD an und leitete die Abteilung IV (Gestapo) – nach seinen eigenen Angaben die Abt. V (Kripo). Der Haftbefehl warf ihm vor, dreimal an einer Exekutionsstätte in Ponary die ihm unterstellten Angehörigen der Außenstelle befehligt zu haben, die als Absperr- und Sicherungsposten eingesetzt waren, als von einem litauischen Sonderkommando (Kollaborateure) jeweils 300 bis 400 Juden erschossen wurden. Erlen legte ein Geständnis ab, schränkte aber die Zahl der Opfer ein. Er habe zusammen mit dem Dienststellenleiter zunächst auf dem Bahnhofsgelände in Ponary die Entladung der Eisenbahnwagen überwacht. Nachdem die jüdischen Männer, Frauen und Kinder den Zug verlassen hätten, sei er eine Zeit lang, wie er eingestand, bei den Erschießungen zugegen gewesen.[695] Die Staatsanwaltschaft warf Erlen vor, dass »seine Anwesenheit als Vorgesetzter die Bereitschaft der Dienststellenangehörigen niederen Ranges förderte, die Erschießungen zu unterstützen«. Erlen erklärte, dass er auf Befehl an den Exekutionen teilnehmen musste, weil sein Vorgesetzter, SS-Standartenführer Jäger, verlangt hatte, dass alle Beamten der Dienststelle zu beteiligen seien, um alle mitschuldig werden zu lassen.

1945 geriet Heinrich Erlen in sowjetische Kriegsgefangenschaft, wurde nach Wilna gebracht und dort zu den Exekutionen vernommen, die er zugab. Daraufhin wurde er zu 25 Jahren Arbeitserziehungslager verurteilt, von denen er zehn Jahre in Lagern im Donezbecken, am Baikalsee, in Ostsibirien und im Ural verbüßte, bis er am 18. Oktober 1955 als so genannter Spätestheimkehrer nach Deutschland zurückkehrte.[696]

Nach dem Grundsatz »ne bis in idem« (keine Doppelbestrafung) stellte das Landgericht Wiesbaden durch Beschluss vom 22. August 1966 das Verfahren endgültig ein.[697]

Ist Kriminalhauptkommissar Erlen nach seiner Haftentlassung an seinen Arbeitsplatz im BKA zurückgekehrt und mit welchem Dienstgrad wurde er pensioniert? Aufgrund der Weigerung des Amtes, Akten einsehen zu lassen, können diese Fragen nicht beantwortet werden.

VII BEHINDERUNG DER ERMITTLUNGEN GEGEN NS-GEWALTVERBRECHER

Nachdem die Zentrale Stelle der Landesjustizverwaltungen zur Aufklärung Nationalsozialistischer Verbrechen (ZSt) in Ludwigsburg geschaffen worden war, hätte es der unterstützenden Mitarbeit von Staatsanwaltschaften und Kriminalpolizeibehörden bedurft, um das Konzept gelingen zu lassen. Der Erfolg aber trat nur partiell ein: Zwar konnte ein wichtiger Beitrag geleistet werden, die Verbrechen des Holocaust aufzuklären, die Täter blieben jedoch überwiegend unbehelligt. Die Zentrale Stelle leitete ab 1958 etwa 6000 Vorermittlungsverfahren ein, die in 13 000 staatsanwaltschaftlichen Ermittlungsverfahren einmündeten. Insgesamt wurde nach dem Überblick der ZSt von den Staatsanwaltschaften seit dem 8. Mai 1945 gegen 98 000 Personen ermittelt, von denen rund 6 500 rechtskräftig verurteilt worden sind (zwölf von ihnen zum Tode vor Inkrafttreten des Grundgesetzes, 162 zu lebenslanger Freiheitsstrafe, 6 197 zu befristeten Freiheitsstrafen, 114 zu Geldstrafen und ein Angeklagter zu einer Jugendverwarnung).[698] Nach einer anderen Statistik des Bundesjustizministeriums wurden zwischen 8. Mai 1945 und 31. Dezember 1977 gegen insgesamt 84 403 Personen Ermittlungsverfahren eingeleitet. Bei 74 263 Personen (88 Prozent) endeten die Verfahren nicht mit einer Verurteilung.[699] Konsequenter hatte die DDR nach eigenen statistischen Angaben, veröffentlicht 1965 im »Braunbuch«, mit der Nazitäterschaft abgerechnet: 16 572 Personen wurden angeklagt, 12 807 Personen verurteilt, 1 578 freigesprochen, 2 187 Verfahren wurden wegen Todes, Abwesenheit oder Amnestiebestimmungen eingestellt. Von den 12 807 Verurteilungen erfolgten 118 zum Tode, 231 zu lebenslanger Freiheitsstrafe und 5 088 zu Freiheitsstrafen von mehr als drei Jahren.[700]

Viele Ermittlungsverfahren, in denen die Zentrale Stelle fundierte Vorermittlungen geleistet hatte, wurden eingestellt oder endeten mit Freispruch, weil kleinere örtliche Staatsanwaltschaften mit einem NSG-Verfahren (gegen nationalsozialistische Gewaltverbrecher) von ungewöhnlicher Dauer mit notwendiger Ermittlungsstrategie, Prozessorganisation, juristischem Know-how und historischem Hintergrundwissen überfordert waren. Allerdings gab es auch

Schwerpunktstaatsanwaltschaften, die für Verfahren zentral zuständig waren, wie zum Beispiel in München, Stuttgart oder Hannover. Auf Länderebene wurden einzig in Nordrhein-Westfalen zwei »Zentralstellen für die Bearbeitung von NS-Verbrechen« bei den Staatsanwaltschaften in Dortmund und Köln geschaffen. Besonders die Dortmunder Zentralstelle geriet in Verruf, weil sie von 1961 bis 1972 fest in der Hand von ehemaligen NS-Juristen war. Wie 1995 eine Große Anfrage der Grünen im NRW-Landtag ergab, waren alle drei Leiter ehemalige NSDAP- und SA-Mitglieder, und acht Staatsanwälte hatten bereits im NS-Staat Karriere gemacht. Nur 4,24 Prozent ihrer Verfahren – gegen 158 von insgesamt 24 275 Beschuldigten – brachten die Dortmunder Juristen zu einer Anklage. Auch Theo Saevecke, der eine führende Rolle in der Sicherungsgruppe spielte (siehe Kapitel VIII, Die »Spiegel«-Affäre), profitierte trotz noch vorhandener Beweismöglichkeiten von der großzügigen Einstellungspraxis. Doch reichen die Vorwürfe bis in die heutigen Tage. Das Münchner Landgericht verurteilte den ehemaligen KZ-Aufseher in Theresienstadt, Anton Malloth, am 30. Mai 2001 zu lebenslanger Freiheitsstrafe. Der Münchner Staatsanwalt übte in seinem Plädoyer offen Kritik an seinen Dortmunder Kollegen, die das Verfahren gegen Malloth bereits dreimal in den Jahren 1979, 1990 und 1990 eingestellt hatten. Der Münchner Staatsanwalt rügte, dass sich in Dortmund jahrzehntelang niemand für noch lebende Zeugen interessiert habe. Auch hätte man Malloth längst dingfest machen können, denn er sei nicht »unbekannten Aufenthaltes« gewesen, sondern habe in Italien gelebt und seit 1968 regelmäßig seinen deutschen Pass verlängern lassen. Dass das Verfahren von Dortmund nach Bayern abgegeben wurde, bezeichnete der Münchner Strafverfolger als »ein unmissverständliches Eingeständnis des Desinteresses«.[701] – Die Gegenwart der Vergangenheit nimmt auch im neuen Jahrtausend kein Ende.

»Befehlsnotstand« – das war für viele Täter in ihrer Verteidigungsstrategie das Zauberwort: Eine Gefahr für Leib oder Leben hatte angeblich verhindert, sich einer mörderischen Anweisung zu widersetzen. Die ZSt untersuchte jeden Einzelfall und fand in keinem einzigen bestätigt, dass die Verweigerung eines Befehls bedrohliche Konsequenzen nach sich gezogen hätte.

Hingegen ist die Einstellung Himmlers und seiner SS-Generäle bekannt, dass die Teilnahme an befohlenen Tötungen als »seelische

Höchstanstrengung«, als besondere Bewährung, zu der nur die »Besten« fähig waren, verstanden wurde. Dementsprechend stellte ein »Versagen« keine »Disziplinlosigkeit«, keinen Verstoß gegen die »Manneszucht« dar, die hätte sanktioniert werden müssen, sondern eine verzeihliche menschliche Schwäche, der mit Nachsicht begegnet werden konnte.

Es liegt eine Fülle von Erkenntnissen darüber vor, dass NS-Verbrechen keineswegs nur widerstrebend begangen wurden, weil sie befohlen waren; weit mehr als vielfach angenommen haben Bereitschaft, eigene Initiative und »Jagdfieber« der Beteiligten dazu beigetragen. Die Lektüre ungezählter Vernehmungsniederschriften und anderer Materialien legt darüber hinaus die Annahme nahe, dass auch die Masse der nicht bereitwilligen bloßen Befehlstäter bestrebt war, sich umweltkonform zu verhalten, um so nicht aufzufallen und Unannehmlichkeiten zu vermeiden, ohne dass es drohender Gefahren für Leib oder Leben bedurft hätte. Die meisten wollten bei Kollegen und Vorgesetzten ganz einfach nicht als feige gelten oder befürchteten, ihrer Karriere zu schaden.[702]

Eine andere Methode, eine Strafverfolgung zu sabotieren, bestand in dem meist erfolgreichen Versuch der oft über 60 Jahre alten Beschuldigten, mit Hilfe fragwürdiger ärztlicher Gutachten Verhandlungsunfähigkeit aus Gesundheitsgründen zu dokumentieren. Solche Praktiken entsprachen den Intentionen bestimmter Kreise der Justiz, die ihrerseits in Erwartung eben dieser Verhandlungsunfähigkeit oder gar des Todes von Zeugen und Beschuldigten zu einem spätestmöglichen Zeitpunkt überhaupt Ermittlungen einleiteten. Man bezeichnete diese Vorgehensweise seinerzeit zynischerweise als »biologische Verjährung«. Mehr noch als Unfähigkeit oder Blockade auf Seiten der Staatsanwaltschaften verhinderten politische Einflüsse eine angemessene Strafverfolgung. Zum einen durch Amnestie und restriktive Verjährungsbestimmungen (siehe Kapitel X), zum anderen durch politisches Einwirken der Landesregierungen auf ihre Justiz. Staatsanwälte sind weisungsgebunden, und wenn von der Landesregierung eine intensive Aufarbeitung der NS-Vergangenheit nicht gewollt war, dann gab der Generalstaatsanwalt, der als politischer Beamter von seinem Justizminister abhängig ist, entsprechende formelle oder informelle Weisungen. Dass die Justiz zudem bis hin zum Bundesgerichtshof mit Berufskollegen der NS-Zeit durchsetzt war, haben wir schon angesprochen.

Es hätte eigentlich in der Logik der Organisation von Zentralstellen gelegen, nach Installation der Ludwigsburger Behörde das Bundeskriminalamt mit der Koordinierung der NS-Strafverfolgung auf Seiten der Polizei zu beauftragen. Hierzu hätte man das BKA-Gesetz ergänzen müssen, vielleicht sogar verbunden mit dem Auftrag einer originären Ermittlungszuständigkeit. Nach allem, was wir über die Sicherungsgruppe wissen, können wir dankbar sein, dass es dazu nicht gekommen ist, denn damit wäre eine weitere Aufklärungsbarriere geschaffen worden. Bezeichnend ist, dass sich das BKA, das ja ständig nach Kompetenzerweiterungen schielte, um eine solche Aufgabe nicht bemühte. Jedenfalls mussten die Bedenken, sich selbst einen Bärendienst zu erweisen, überwogen haben gegenüber dem »Vorteil«, die Strafverfolgung nach eigenen Intentionen zu steuern und zu sabotieren. Stattdessen wurden bei verschiedenen Landeskriminalämtern, zum Beispiel in Baden-Württemberg, Nordrhein-Westfalen oder Hessen, Sonderkommissionen gebildet. Auch stellten verschiedene Bundesländer Staatsanwälte und Kriminalbeamte zur Verstärkung nach Ludwigsburg ab; die ZSt musste jedoch Jahr für Jahr um ausreichendes Personal kämpfen und war eigentlich immer personell unterbesetzt. Auch darin muss man den Ausdruck eines politischen Willens sehen.

Ein Teil der Kriminalbeamten meldete sich freiwillig in die Sonderkommissionen oder zur Abordnung nach Ludwigsburg, weil sie ein Interesse an dieser Arbeit hatten. Bei den meisten Kripo-Dienststellen waren diese Beamten unbeliebt, denn sie ermittelten nicht selten gegen eigene Kollegen. Es diente also nicht unbedingt dem Image, der »SOKO NSG« anzugehören, und förderte auch nicht gerade die Arbeitsfreude, falls man dorthin abgeordnet wurde. Außerdem handelte es sich oft um junge Polizeihauptwachtmeister im Kriminaldienst oder Kriminalmeister, die am Anfang ihrer Laufbahn standen und noch über wenig oder gar keine Berufserfahrung verfügten. Dass polizeiliche Vernehmungen in diesem Bereich oberflächlich, lückenhaft und ohne kriminalistische Methodik geführt wurden, kann nicht zuletzt mit fachlichem Unvermögen zu tun haben.

Es konnte auch vorkommen, dass in einem Bundesland das Innenministerium eine andere Politik verfolgte als das Justizministerium – das war zum Beispiel in Hessen der Fall. Dies näher zu beleuchten ist deshalb von Interesse, weil das Hessische Landeskriminalamt (HLKA) in Wiesbaden für das Bundeskriminalamt örtlich und sachlich zuständig war, soweit Beamte des BKA im Verdacht standen. Darüber hinaus ermittelte die Sonderkommission auch gegen hessische Beamte.

Die Sonderkommission war Teil der Abt. V des Hessischen Landeskriminalamtes, der Staatsschutzabteilung. Der SOKO-Leiter zwischen 1962 und 1967, Kriminalhauptkommissar Rolf Walther, war damals um die 30 Jahre alt, engagiert und von seinem Auftrag überzeugt. Anerkennung fand er einzig bei der Zentralen Stelle, die ihn als Fachmann schätzte und zu Strategie-Besprechungen hinzuzog. Im eigenen Hause stieß Walther nur auf Schwierigkeiten, musste ständig um Personal und Ausrüstung kämpfen, galt als »Eiferer«, wenn er von den Zigtausenden von Morden sprach, die nicht ungesühnt bleiben dürften. Seine Vorgesetzten taten, was sie konnten, die Übernahme von Ermittlungsverfahren zu verhindern. Der Chef der Abteilung V, Kriminaloberrat August Vorbeck, leitete Ermittlungsersuchen, die Beamte des Bundeskriminalamtes betrafen, an Walther vorbei direkt an das BKA weiter. Dort ermittelte man »gegen sich selbst«, das Ergebnis war abzusehen. Im Einzelfall, das betraf den Kriminalrat Vogel, konnte man sogar den Eindruck gewinnen, dass der Verdächtige seine Vernehmung selbst geschrieben hatte, die dann der »vernehmende« Kollege der Sicherungsgruppe pro forma unterzeichnete.[703] Besonders wenn es sich um Beamte des höheren Dienstes handelte, schaltete sich automatisch Vorbeck, wie auch sein Vorgänger Werner Scharf, ein Major und ehemaliger Stabsoffizier der Wehrmacht, unmittelbar ein. So vernahm Scharf zum Beispiel Bernhard Niggemeyer persönlich, das Ergebnis war mangelhaft und dokumentiert die Zurückhaltung, die Kriminalrat Scharf dem BKA-Kriminaldirektor schuldig zu sein glaubte.[704] In die Vernehmung des BKA-Referatsleiters der Personenfahndung Hans-Heinrich Worthmann zum Beispiel, die Rolf Walther führte, mischte sich Vorbeck ein und übte Kontrolle aus.[705] Worthmann, der ehemals im Reichssicherheitshauptamt (Abt. I) tätig war, genoss auf diese Weise Protektion, denn es liegt auf der Hand, dass die Anwesenheit des Abteilungsleiters verhindern sollte, auch nur eine Frage über das hinaus zu stellen, was Gegenstand des Verfahrens war bzw. was der zu Vernehmende sagen wollte. Vorbeck schien es ausgesprochen unangenehm zu sein, wenn seine Sonderkommission gegen Beamte des Bundeskriminalamtes Ermittlungen zu führen hatte, denn in der »AG Kripo«, die alle zwei Monate tagte, saß er ja häufig mit den betroffenen BKA-Kollegen zusammen. Dass hier ein Konflikt entstand, war abzusehen, und in diesen Fällen hätten Staatsanwälte die Ermittlungen besser selbst geführt. Entsprechende Vorschläge machte Vorbeck aber nicht. Stattdessen versuchte er zu vermeiden, dass seine Leute überhaupt weiter gegen die Kollegen auf dem Galgenberg einschritten. Zu diesem Zweck schickte Vorbeck seinen Amtsleiter ins Rennen, den Chef des Hessischen LKA, Regierungsdirektor Ernst Erich Schneider. Im konkreten Fall wollten Vorbeck und Schneider unbedingt verhindern, dass Bernhard Niggemeyer im Verfahren der Staatsanwaltschaft beim Berliner Kammergericht gegen RSHA-Angehörige erneut vernommen wurde. Sie sandten Rolf Walther nach Berlin, der in einem Vermerk unter anderem festhielt: »Auf Weisung des Herrn Amtsleiters habe ich am 13.4.1965 mit Herrn Oberstaatsanwalt Severin, Generalstaatsanwaltschaft beim Kammergericht Berlin, Rücksprache genommen. Es wurde Folgendes vereinbart: Den leitenden Beamten des BKA können zu den Befragungen zum RSHA-Verfahren und Verfahren Stapo-Leitstelle Berlin Abschriften der Fragebogen zugesandt werden. (...) Es werden keine Vorermittlungen, insbesondere gegen Angehörige des BKA, mehr geführt. Notwendig werdende Vernehmungen erfolgen durch Beamte des PP (Polizeipräsidenten, Anm. d. Verf.) Berlin.«[706]

Wider seine eigene Überzeugung musste Walter gegen das kleine Einmaleins der Kriminalistik verstoßen: Mit einem Fragebogen, der gezielte Fragen enthält, setzt man den Verdächtigen voll ins Bild, was man weiß oder nicht weiß. In aller Ruhe kann der Betroffene seine Verteidigungslinie überlegen und mit anderen abstimmen, zum Beispiel entlastende Zeugenaussagen »besorgen«. Mit anderen Worten: So ein Fragebogen ist eine Aufforderung zu verdunkeln. Es ist auch absolut ungewöhnlich, so zu verfahren, denn Fragebögen sind eigentlich nur ein Hilfsmittel für Vernehmende. In Ausnahmefällen werden sie an Geschädigte übersandt, zum Beispiel in großen Betrugs-(Sammel-)Verfahren.

Ging es um die Strafverfolgung hessischer Beamter, blockierten Schneider und Vorbeck noch rigoroser, und zwar im Einvernehmen mit dem Hessischen Innenministerium. Der Leiter der Polizeiabteilung, Ministerialrat Keil, verlangte von Walther, mehr Zurückhaltung zu üben, denn bei der hessischen Polizei herrsche Personalmangel.

Die Beamten, gegen die Walther ermittele, würden für die Verbrechensbekämpfung dringend gebraucht.

Ende April 1965 wurde in Wiesbaden von der SOKO des HLKA der Leiter der Wiesbadener Schutzpolizei, Polizeioberrat Oskar Christ, festgenommen. Er stand im Verdacht, dass er als ehemaliger SS-Obersturmführer und Kompaniechef des Polizeibataillons 314 am 20. März 1942 in Charkow eine russische Tänzerin des Stadttheaters mit dem Vornamen Vera, die von ihm schwanger war, hat erschießen lassen, weil das Bekanntwerden der Liaison seiner Karriere geschadet hätte. Darüber hinaus sollte Christ bei Massenexekutionen von Juden in Djnepopetrowsk mit seiner Einheit Absperrmaßnahmen geleitet haben.[707] Als Walther in dieser Sache in Wien Vernehmungen von Angehörigen des Polizeibataillons durchführte, wurde er von Vorbeck unter Androhung von Disziplinarmaßnahmen zurückgepfiffen. Walther staunte nicht schlecht, welche politische Prominenz Christ in dessen Untersuchungshaft in Limburg besuchte, angeführt vom Wiesbadener Oberbürgermeister. (Christ wurde zwei Jahre später vom Schwurgericht Wiesbaden freigesprochen.)

Nun entsprach es keineswegs der politischen Linie der hessischen Landesregierung, Nazitäter zu schonen. Ministerpräsident Ernst August Zinn (1901-1976) war selbst ein Verfolgter des NS-Regimes und von den Nazis mehrfach inhaftiert worden. Und sein Generalstaatsanwalt Fritz Bauer (1903-1968), eine Lichtfigur dieser Berufssparte und Reformer des Strafrechts,[708] saß von 1933 bis 1936 in einem Konzentrationslager und konnte 1936 nach Dänemark und Schweden emigrieren; er kehrte 1949 nach Deutschland zurück. Fritz Bauer hatte unter anderem den Frankfurter Auschwitzprozess auf den Weg gebracht und spielte bei der Fahndung nach NS-Größen (zum Beispiel Eichmann) neben Simon Wiesenthal eine wichtige Rolle. Im Bundeskriminalamt sprach man über Bauer mit Verachtung, ja geradezu hasserfüllt.

Seinerzeit wurde im HLKA kolportiert, dass der hessische Justizminister Hemsath zu schwach sei, dem Innenministerium gegenüber auf strikte Verfolgungsmaßnahmen zu drängen. SOKO-Leiter Walther wurden weiter Fesseln angelegt. Er durfte keine selbständigen Besprechungen mit Generalstaatsanwalt Bauer führen, sondern wurde jeweils von Amtsleiter Schneider oder Abteilungsleiter Vorbeck als »Bremser« begleitet.

Widerstände erlebte Walther auch außerhalb Hessens. Als zwei seiner Beamten in Essen Vernehmungen von Kripo-Beamten durchführen wollten, wurden sie – man mag es kaum glauben – in einem Dienstzimmer eingesperrt. (Wir erinnern uns: Kripochef in Essen war der ehemalige SS-Sturmbannführer Dr. Eweler und sein Vertreter der ehemalige SS-Obersturmführer Dr. Keunecke, beide einst RSHA-Angehörige.) Da in dem Büroraum ein Telefon stand, konnten die beiden festgesetzten Ermittler in Wiesbaden Alarm schlagen und wurden auf Walthers Intervention hin freigelassen.

Es blieb nicht aus, dass Walther in seinen dienstlichen Beurteilungen abqualifiziert wurde. Schließlich warf er das Handtuch und ließ sich in einen anderen Aufgabenbereich versetzen.[709] Werner Scharf und August Vorbeck, die mit zudeckender Loyalität die Verfolgung von NS-Tätern behinderten, waren aus dem Holz geschnitzt, aus dem man LKA-Amtsleiter machte, sie traten später in Schneiders Fußtstapfen.

Man stelle sich die Situation vor: LKA-Chef Schneider spielt in einer Skatrunde regelmäßig Karten mit seinem Abteilungsleiter Waldemar Kolter und dem Abteilungsleiter der Hessischen Polizeischule, Karl Heller. Plötzlich treffen bei der Sonderkommission Akten der Zentralen Stelle ein, die Kolter und Heller mit NS-Verbrechen konkret in Verbindung bringen. Amtsleiter Schneider erklärt sich jetzt nicht etwa persönlich und das HLKA als Ermittlungsinstanz für befangen und gibt die Verfahren an ein anderes Landeskriminalamt ab, sondern tut das Gegenteil: Er lässt August Vorbeck an den Ermittlungshandlungen, wie Vernehmungen, persönlich teilnehmen.[710] Ein solches Verhalten wurde von den SOKO-Beamten als Kontrolle und Einflussnahme der Führung des Landeskriminalamtes empfunden.

Die Wiesbadener Justiz ging mit Kolter und Heller sehr großzügig »ins Gericht«. Waldemar Kolter (eingedeutscht für Kowalski, Jahrgang 1912) war ein Charlottenburger Lehrgangskollege von Paul Dickopf im 13. Kommissar-Anwärterlehrgang.[711] Als Kriminalkommissar und Leiter der Außenstelle Cherson/Ukraine des Kommandeurs der Sicherheitspolizei und des SD in Nikolajew ordnete Kolter im Herbst 1942 die Exekution eines jüdischen Bürgers auf einem öffentlichen Platz in Cherson an und leitete selbst die Exekution. Die Staatsanwaltschaft Wiesbaden erhob im Dezember 1973 Mord-

Anklage vor dem Schwurgericht. Das Gericht jedoch hatte Bedenken, ob Kolter aus rassistischen Gründen handelte, weil die jüdische Abstammung des Opfers nicht zweifelsfrei bewiesen war und der Mann angeblich Betrügereien begangen hatte. Das Landgericht beschloss, das Hauptverfahren nicht zu eröffnen; eine Beschwerde der Staatsanwaltschaft vom 9. Dezember 1975 wies das Oberlandesgericht Frankfurt a.M. am 9. Mai 1977 zurück.

Karl Heller war Anfang der sechziger Jahre an der Hessischen Polizeischule Abteilungsleiter der Sparte Kriminalpolizei. Manch junger Kriminalkommissar-Anwärter (auch der Autor dieses Buches) verehrte ihn als Lehrgangsleiter und Dozenten – dass er ein NS-Verbrecher war, erregt nachträglich Enttäuschung und Zorn. Karl Heller (Jahrgang 1908) war ein Mann der Gestapo und leitete im Reichssicherheitshauptamt das Referat IV E 5 (Abwehr Ost).[712] Diese Aufgabe führte ihn, nachdem er in Berlin fünf Polen als Angehörige eines Spionagerings festgenommen hatte, ab Mitte 1943 nach Warschau, wo er Chef des »Sonderkommandos V E« war und polnische Widerstandsgruppen bekämpfte. Das Sonderkommando unterstand dem RSHA und war vor Ort dem Kommandeur der Sicherheitspolizei in Warschau angegliedert, der »Amtshilfe« leistete. Im Laufe seiner Tätigkeit sorgte Heller für die Festnahme von insgesamt 140 bis 160 Polen, die er entweder einem Kriegsgericht in Berlin oder der Gestapo in Warschau überstellte. Nach unbestätigten Meldungen wurden sie alle erschossen.[713]

Die »Erfolge« Hellers blieben Heinrich Himmler nicht verborgen. 1944 stand im Befehlsblatt des Chefs der Sicherheitspolizei und des SD Nr. 34/1944, S. 189, eine persönliche Anerkennung Himmlers für »fachliche Leistungen und persönliche Einsatzbereitschaft« Karl Hellers zu lesen.[714]

Das RSHA (IV A 3 a) stellte Heller am 4. April 1944 folgendes »Dienstleistungszeugnis« aus:

»Der SS-Obersturmführer Krim.-Komm. Karl Heller, z. Zt. Führer des Sonderkommandos IV E des RSHA beim Kommandeur der Sicherheitspolizei und des SD in Warschau, besitzt eine gute Allgemeinbildung und ebenso gute fachliche Kenntnisse.

Das Sonderkommando hat er mit großer Umsicht und persönlicher Einsatzfreude geführt, sodass die diesem gestellte, z.T. mit Gefahren für Leib oder Leben verbundene, sehr kriegswichtige Aufgabe mit großem Erfolg gelöst werden konnte. Er hat sich hierbei als guter Kamerad und Führerpersönlichkeit erwiesen.

Heller ist ein offener, ehrlicher Charakter mit soldatischer Haltung. Nachteiliges ist über ihn weder dienstlich noch außerdienstlich bekannt geworden.«[715]

Es wundert nicht, dass Heller auch mit den Kriegsverdienstkreuzen I. und II. Klasse mit Schwertern dekoriert worden ist.[716]

Von Warschau führten die Spuren polnischer Widerstandskämpfer nach Frankreich. Heller verlegte seine Aktivitäten ab Ostern 1944 nach Lyon, wo seine Einheit als »Sonderkommando Jerzy« bezeichnet wurde. Sein Vertreter war zeitweise Klaus Barbie (Jahrgang 1913), bis er Gestapo-Chef in Lyon (Leiter der Abt. IV), genannt »Schlächter von Lyon« wurde.[717] Inzwischen zum SS-Hauptsturmführer befördert, soll Heller öfter mit Barbie und anderen Gestapo-Männern gefeiert haben.[718] Heller wurde von ehemaligen Kollegen schwer belastet, vier Angehörige seines Kommandos zur Exekution von zehn Polen auf dem Flugplatz Lyon abgestellt zu haben. Es handelte sich um Spione, die teilweise sein Kommando inhaftiert hatte. Ferner habe Heller bei Herannahen alliierter Truppen das Erschießen eines Gefangenen im Gestapo-Gefängnis befohlen.[719] Heller redete sich darauf hinaus, dass er seine Leute »zur Sicherung eines Transportes« abgestellt habe, ohne zu wissen, dass es sich um eine Exekution handelte. Den Befehl zum Erschießen des Gefangenen habe nicht er gegeben, sondern Dr. Werner Knab, Obersturmbannführer und Kommandeur der Sicherheitspolizei Lyon. Da es sich um Spione gehandelt habe, die dem Deutschen Reich großen Schaden zugefügt hätten, habe er die Exekutionen für hart, aber gerecht gehalten.[720] Karl Heller wurde durch Beschluss des Landgerichts Wiesbaden im Mai 1967 außer Verfolgung gesetzt.[721] Als 1981 erneut Ermittlungen gegen Heller wegen weiterer Erschießungen in Lyon geführt werden sollten, war er bereits verstorben.[722] Gleiches traf für den BKA-Oberkommissar Kurt Mannel (Jahrgang 1903)[723] zu, der als Gestapo-Kommissar in Rennes (KdS Abt. IV) mit hoher Wahrscheinlichkeit an Juden-Deportationen mitwirkte.[724]

Die Behinderung der Ermittlungen gegen NS-Täter in den eigenen Reihen und die Nichtverfolgung von Berufskollegen bei der hessischen Polizei war nicht etwa eine Ausnahme, so wurde in anderen Bundesländern ebenfalls verfahren. So wurden Kollegen gewarnt oder von Ermittlungen jahrelang verschont, wie im Falle des Kurt Zillmann in Schleswig-Holstein (siehe Prolog).

Für die Ermittlungen gegen Angehörige des Kölner Polizeibataillons 309 war die Sonderkommission des LKA Düsseldorf (Dezernat 15) zuständig. Die Personaldecke der Gruppe war so knapp gehalten, dass in diesem Verfahren mit ungefähr 100 Beschuldigten, die teils mehrfach vernommen werden mussten, nur ein Kriminalhauptmeister als Sachbearbeiter beauftragt wurde. Gegen ihn wurden im Kölner Polizeipräsidium gezielte Antipathien geschürt, versteckte Andeutungen gemacht und Personalunterlagen vorenthalten, die zur Identifizierung der Täter nötig waren. Im Dortmunder Polizeipräsidium wurden er und ein Staatsanwalt mit den Worten empfangen: »Da kommen die Christenverfolger!«[725]

Bundesweit machte 1968 eine »Kameradenhilfe« der ehemaligen Ordnungspolizei von sich reden, deren Drahtzieher der Ex-Polizeimajor Willy Papenkort aus Essen war, der beschuldigte Polizisten beriet und deren Aussagen koordinierte.[726]

VIII DIE »SPIEGEL«-AFFÄRE

Am 26. Oktober 1962 – in den Tagen der Kuba-Krise – besetzten Staatsanwälte und Beamte der BKA-Sicherungsgruppe unter Leitung des Ersten Staatsanwaltes Siegfried Buback die Büros des Nachrichtenmagazins »Spiegel« in Hamburg und Bonn. Der Anlass der Aktion war die »Spiegel«-Titelgeschichte »Bedingt abwehrbereit«, eine detaillierte und umfassende Kritik an der westdeutschen Verteidigungspolitik anhand einer Analyse des gerade beendeten NATO-Herbstmanövers »Fallex 62«. Gleichzeitig enthielt der Bericht ein vernichtendes Urteil über Verteidigungsminister Franz-Josef-Strauß (CSU). Die Bundesanwaltschaft sah in dem Artikel einen Verstoß gegen § 100 StGB (vorsätzlicher Landesverrat), sodass Durchsuchungsbeschlüsse und Haftbefehle gegen »Spiegel«-Herausgeber Rudolf Augstein, den stellvertretenden Chefredakteur und Wehrexperten Conrad Ahlers und mehrere Redakteure erlassen wurden. Zunächst konnten Augstein und Ahlers nicht angetroffen werden, was den wutschnaubenden Verteidigungsminister zu der Behauptung veranlasste, Augstein habe sich nach Kuba abgesetzt. Während sich Augstein am nächsten Tag freiwillig stellte, wurde alsbald klar, dass Ahlers mit seiner Frau in den Urlaub nach Spanien geflogen war und sich in einem Hotel in Torremolinos aufhielt.[727] Es ging nunmehr um die Frage, wie man auf schnellstem Wege Ahlers festnehmen und nach Deutschland ausliefern lassen konnte. Bei dieser illegalen Operation, die sich zum Skandal im Skandal entwickelte, spielte das Bundeskriminalamt eine wichtige Rolle.

Die Kräfte der Sicherungsgruppe standen am 26. Oktober 1962 (einem Freitag) unter der Leitung von Dr. Brückner, dem Chef der SG. Er empfahl in einer nächtlichen Besprechung drei Alternativen, Festnahme und Auslieferung durchzusetzen:

- auf der diplomatischen Schiene über das Auswärtige Amt,
- offiziell über das Justizministerium mit einem Auslieferungsersuchen oder
- auf dem »kleinen Dienstweg« über die Interpol-Zentrale des Bundeskriminalamtes in Wiesbaden.

Da Brückner am nächsten Tag Bundespräsident Lübke auf eine Reise in den Fernen Osten begleitete, übernahm der Leiter des SG-Ermittlungsreferats, Theo Saevecke, das Kommando über die Beamten der SG.[728]

Das weitere Geschehen wurde zwischen Franz-Josef Strauß, Paul Dickopf, Hermann Höcherl und Theo Saevecke so geregelt, wie es Männer tun, die unkontrolliert Macht ausüben. Als Belohnung winkte Dickopf später das Amt des BKA-Präsidenten, während die Lorbeeren für Saevecke, der wegen seiner Nazi-Vergangenheit in die Schusslinie von Politikern und Journalisten geriet, ausblieben – wie noch zu berichten sein wird. Jahre später, in einem Brief vom 7. März 1965 an Dickopf, beschwerte sich Saevecke über Brückner, der sich nach Saeveckes Meinung mit der Dienstreise mit dem Bundespräsidenten aus der Verantwortung gestohlen und durch seinen Wechsel zum Bundesamt für Verfassungsschutz Karriere gemacht hatte. Saevecke schrieb:

»Ich will hier nicht den Mann anklagen, der in den vielen Jahren mit meinem Schicksal, meinem Glück, meiner Zukunft und meinem Ansehen geschachert hat, um sich selbst einen hohen Olymp aufzubauen, um dann als reiner und unschuldiger Engel in noch höhere und materiell besser gestellte Regionen zu entschweben. Für dessen Verhalten bei der Einleitung der Spiegel-Sache ich wenigstens im Hinblick auf den Grund der Kampagne zwei Jahre büßen musste und der nicht den Mut fand zu sagen, ich bin der Leiter der Dienststelle, ich habe das Feuer mit geschürt, ich habe bis zur Nacht die entscheidenden Gespräche geführt und Saevecke war nicht einmal mein Stellvertreter. Mut kann man nicht erlernen, und die Schüsse gegen mich verdeckten gut die Spur. Und da kein Sterblicher in die Herzen hineinblicken kann, wird ein Urteil wohl nur nach dem Tode von einem höheren Lenker gefällt werden können.«[729]

Was war geschehen? Verteidigungsminister Strauß setzte in der Nacht vom 26. auf den 27. Oktober 1962 Dickopf telefonisch unter Druck, die Verhaftung Ahlers in Spanien zu veranlassen. Dickopf war als BKA-Abteilungsleiter »Ausland« Chef des deutschen Nationalen Zentralbüros der Interpol. Er wusste genau, dass nach den Statuten der Interpol die Organisation in politischen Angelegenheiten, zum Beispiel bei Landesverrat, nicht tätig werden darf. Trotzdem übermittelte Dickopf, der mit Saevecke im telefonischen Kontakt stand, auf dem Interpol-Weg den Haftbefehl gegen Ahlers per Funkspruch an Interpol Madrid und per Telex an die Deutsche Botschaft Madrid. Außerdem telefonierte er mit seinem spanischen Amtskollegen, dem Interpol-Chef Pozo Gonzáles, um die Weichen für eine Festnahme von Conrad Ahlers zu stellen. Gonzales war gleichzeitig von der deutschen Botschaft in Madrid unterrichtet worden, deren Militärattaché, Oberst Oster, ebenfalls von Strauß persönlich angerufen worden war. Der Verteidigungsminister informierte Oster, dass der Haftbefehl via Interpol bereits unterwegs sei.

Ein Fernschreiben des BKA (Nr. 11 677) ging am 27. Oktober, 10.45 Uhr, bei der deutschen Botschaft Madrid zu Händen von Oberst Oster ein und beinhaltete den deutschen Text des Haftbefehls gegen Ahlers. Das Fernschreiben enthielt nicht, wie von Dickopf später behauptet, den Zusatz, dass es sich im vorliegenden Fall nicht um eine Interpol-Sache handele. Eine zweite Mitteilung des BKA erging am selben Tag um 14.16 Uhr durch Polizeifunkspruch (Nr. 15 556) von »Interpol Wiesbaden« an »Interpol Madrid« und enthielt den Haftbefehl in spanischer Sprache mit dem Zusatz: »Das BKA schlägt vor, den Festgenommenen, Ahlers, zu befragen, ob er einem Transport mit einer Maschine der Deutschen Lufthansa zustimmt, die ohne Zwischenlandung von Madrid nach Frankfurt fliegt. Bitte umgehend antworten.«

Gonzales hatte wunschgemäß reagiert und die Verhaftung Ahlers in Torremolinos veranlasst, der am 28. Oktober 1962 (Sonntag) freiwillig mit einem LH-Flug nach Deutschland zurückkehrte und auf dem Flughafen Frankfurt a. M. festgenommen wurde.

Das Originalfernschreiben an die deutsche Botschaft war jahrelang verschwunden und wurde in Dickopfs persönlichen Akten erst nach dessen Tod (1973) entdeckt.[730]

Paul Dickopf unterrichtete den BKA-Chef Dullien erst am Montag (29. Oktober) über die Vorgänge vom Wochenende. Angeblich war auf Weisung des Innenministers Höcherl die Aktion so geheim, dass selbst der Präsident des BKA nicht vorher informiert werden durfte, obwohl eine Abteilung seines Amtes eingesetzt wurde – ein Misstrauensbeweis, der bereits die weitere Entwicklung anzeigte. Dickopf berichtete Dullien eingehend über den Druck, dem er seitens des Verteidigungsministers Strauß ausgesetzt worden war. Im Ermittlungsverfahren bestritten allerdings sowohl Dickopf als auch Strauß, miteinander telefoniert zu haben.[731] Die Verfahren gegen Dickopf und Strauß wurden daraufhin genauso eingestellt wie später Augstein und seine Mitarbeiter vom Bundesgerichtshof außer Verfolgung gesetzt wurden, nachdem Augstein drei Monate in Untersuchungshaft zugebracht hatte.[732] Dies, obwohl Bundeskanzler Adenauer im Bundestag von einem »Abgrund von Landesverrat«

gesprochen hatte. Als sich herausstellte, dass Strauß das Parlament belogen hatte, musste er als Minister zurücktreten.

Bundesinnenminister Hermann Höcherl (1912-1989)[733] zog die Fäden im Hintergrund. Er wurde für seinen Satz berühmt, dass er als Innenminister nicht ständig mit dem Grundgesetz unter dem Arm herumlaufen könne. Später räumte Höcherl gegenüber dem »Spiegel« ein, dass das Vorgehen gegen Ahlers »etwas außerhalb der Legalität lag«, aber moralische Vorwürfe würde er deshalb niemandem machen.[734]

Die »Spiegel«-Affäre löste eine innenpolitische Krise aus und hatte mehrere parlamentarische Nachspiele, in die auch Kriminalrat Theo Saevecke verwickelt war.[735] Aus der Fragestunde des Parlaments am 6. März 1963 soll im Folgenden auszugsweise zitiert werden:

Abgeordneter Sänger (SPD): »War der Bundesregierung bei der Einstellung des Regierungskriminalrates Theo Saevecke in das Bundeskriminalamt bekannt, dass Herr Saevecke nicht nur den Rang eines SS-Sturmführers, sondern vorher bereits den eines SA-Sturmführers z.b.V. bekleidet hat?«
Bundesinnenminister Höcherl: »Ich darf die Frage mit ja beantworten.«
Sänger: »Warum wurde diese Tatsache nicht gleich der Öffentlichkeit mitgeteilt und warum ausschließlich auf den Rangausgleich zum SS-Sturmführer Bezug genommen?«
Höcherl: »Saevecke ist als Schüler mit 17 Jahren 1928 in die SA und ein Jahr später in die NSDAP eingetreten. Der Spruchausschuss von Berlin kam am 13.11.1950 zu dem Ergebnis, dass die SS-Zugehörigkeit von Saevecke als unfreiwillige Dienstgradangleichung zu werten sei. Der Spruchausschuss von Berlin hat Saevecke rehabilitiert.«
Sänger: »Herr Minister, finden Sie nicht auch, dass der Aufstieg von Saevecke bis zum Leiter des Referats Hoch- und Landesverrat in der Sicherungsgruppe Bonn, also an exponierter Stelle, eine ungewöhnliche Laufbahn ist?«
Höcherl: »Ich glaube nicht, Herr Kollege, dass das eine ungewöhnliche Laufbahn ist. Saevecke ist mit der Primareife abgegangen und wollte Seeoffizier werden. Er musste aus Gesundheitsgründen nach dreijähriger Tätigkeit den Beruf als Seemann aufgeben und ist im Jahre 1934 als Kriminalkommissaranwärter eingetreten. Nach gut bestandener Prüfung wurde er im Jahre 1938 Kriminalkommissar. Bis zum Jahre 1945 wurde Saevecke nur ein einziges Mal, nämlich 1943, zum Kriminalrat befördert. Nach dem Krieg wurde Saevecke wegen guter Leistung im Jahre 1956

zum Regierungskriminalrat befördert. Diese Laufbahn ist für einen befähigten Beamten eher als bescheiden denn als ungewöhnlich zu bezeichnen.«
Dr. Kohut (FDP): »Herr Minister, sind Sie nicht auch der Meinung, dass hier seit Jahren unerhörte Versäumnisse der Bundesregierung vorliegen, wenn sich auf personellem Gebiet in allen Verwaltungsstellen Panne an Panne reiht und sich immer mehr Personen in hohen Stellungen als Kriegsverbrecher herausstellen?«
Höcherl: »Herr Kollege, Ihre sehr allgemein gehaltene Frage darf ich wie folgt beantworten: Herr Saevecke wurde im Jahre 1952 – darauf bezieht sich ja wohl die Frage – eingestellt. Die Bundesregierung hat im Jahre 1952 bei der Einstellung alle ihr zur Verfügung stehenden Unterlagen – Personalakten, Entnazifizierungsakten und die Akten aus dem Document Center herangezogen und genauestens geprüft. Ich kann deswegen Ihre sehr allgemeine Behauptung nicht bestätigen.
In den Jahren 1955 und 1956 wurden dann weitere Vorwürfe in der Öffentlichkeit erhoben, die dazu führten, dass die Bundesregierung an Ort und Stelle in Italien eingehende Ermittlungen anstellte.
In den letzten Wochen sind weitere Anschuldigungen erhoben worden. Wir haben über drei Auslandsvertretungen – in Wien, in Italien und in Tunis – eingehende Ermittlungen nach den Vorschriften der Disziplinarordnung angestellt.«
Dr. Kohut: »Herr Minister, ist schon einmal geprüft worden, ob nicht in unserer Verwaltung Personen sitzen, die aus eigener guter Kameradschaft – SA, SS und so etwas – die Leute nachziehen, die jetzt in unserer Verwaltung so unangenehm auffallen?«
(Beifall bei der SPD)
Höcherl: »Herr Kollege, eine solche Prüfung ist sehr schwer. Wir sind bereit, in dem Augenblick, in dem wir über die bisherigen Feststellungen hinaus – wobei wir heute die Zentralstelle in Ludwigsburg zusätzlich einsetzen können – etwas erfahren, jeder Anregung nachzugehen. Aber eine solche allgemeine Prüfung, wer wen nachzieht und wo das der Fall ist, halte ich für verwaltungsmäßig doch recht kompliziert. Eine solche Frage ist aus wenig Verwaltungserfahrung heraus gestellt.«
Dr. Kohut: »Herr Minister, sind Sie davon überzeugt, dass diese Antwort hundertprozentig zutrifft?«
(Lachen bei der SPD)
Höcherl: »Immer, Herr Kollege!«
Ertl (FDP): »Herr Minister, sind Sie auch der Auffassung, dass mit der Entnazifizierung Schluss sein sollte, soweit es sich nicht um kriminelle Delikte handelt?«
Höcherl: »Ich bin ganz Ihrer Meinung.«[736]

Nach dem Schlagabtausch im Bundestag wurde im Bundesinnenministerium aufgrund einer weiteren Anfrage der SPD die Frage geprüft, ob Beamte der Ministerialbürokratie, die Saevecke eingestellt hatten, zur Rechenschaft gezogen werden müssten. Schnell stellte sich heraus, dass Ende 1951/Anfang 1952 fast die gesamte BMI-Spitze in die Sache involviert war. Es handelte sich um Staatssekretär Ritter von Lex, Ministerialrat von Perbandt, Dr. Hagemann und Paul Dickopf. Sogar Innenminister Schröder gab sein Einverständnis, wie ein Vermerk von Ministerialdirigent Egidi aufzeigt.[737]

Offensichtlich war diese Personalsache damals so hoch angesiedelt, weil Saevecke nach dem Krieg für die CIA (nach anderen Quellen für das CIC) in Berlin tätig war und die Amerikaner auf Einstellung Saeveckes in das Bundeskriminalamt drängten. Die interessante Frage, ob Saevecke je aufhörte, für CIA oder CIC zu arbeiten, lässt sich trotz des Freedom of Information Act in den USA zur Zeit noch nicht beantworten (Gleiches gilt im Übrigen auch für Paul Dickopf).

Die Namen der beteiligten BMI-Beamten wurden schließlich der SPD-Fraktion nicht genannt mit der Begründung, dass die Vorwürfe gegen Saevecke in den Jahren 1955/56 in einem förmlichen Disziplinarverfahren mit negativem Ausgang überprüft worden waren.[738]

Der Berliner Senator Dr. Adolf Arndt empörte sich im »Vorwärts« (14. April 1963): »Es besteht weniger Grund, sich darüber zu wundern, dass jemand wie Saevecke sich wieder in den Öffentlichen Dienst drängte, als sich deshalb zu entrüsten, dass es in Deutschland verantwortliche Stellen gab, welche die Stirn hatten, einen Pg. von 1928 (!) und ehemaligen Funktionär des Reichssicherheitshauptamtes in den Höheren Dienst des Bundes zu berufen und mit verantwortungsvollen Aufgaben zu betrauen. Das Reichssicherheitshauptamt war ebenso wie der so genannte Volksgerichtshof eine Mörderzentrale.«[739] Und vier Wochen später richtete der Rechtsanwalt und Notar Dr. W. aus Bremen folgendes Schreiben an das Bundesinnenministerium:

»Als ehemaliger Staatsanwalt, viel beschäftigter Strafverteidiger und Oberbürgermeister der Stadt Chemnitz bewarb ich mich nach meiner Absetzung aus der Zone bei dem Herrn Dr. Jess, dem damaligen Leiter des Bundeskriminalamtes, im Jahre 1952 um Verwendung in seinem Ressort. Jess war damals auch Vorstandsmitglied des Königssteiner Kreises, dem ich ebenfalls angehörte. Der Angesprochene hatte aber für mich keine Unterbringungsmöglichkeit, obwohl sein Amt damals noch im Aufbau war. Jetzt hört man nun, dass der als PG schwerstbelastete Ober-Kriminalrat Sävecke zur Zeit meiner Bewerbung als Regierungskriminalrat im BKrA Wiesbaden eingestellt wurde. Dass ich als Antifaschist, Geschäftsführender Vorsitzender der Spruchkammern im Lande Bremen und Öffentlicher Kläger in Niedersachsen keine Einstellungschancen haben konnte gegenüber solchen bewährten alten Kämpfern, ist gewiss ein schönes Zeichen einer wohlgelungenen Renazifizierung!«[740]

Theo Saevecke (Jahrgang 1911)[741] begann seine NS-Karriere noch früher, als Innenminister Höcherl angegeben hatte, nämlich mit 16 Jahren als Führer einer Gruppe der rechtsextremen »Schilljugend« des »Freikorps Rossbach«.[742] Auch bezüglich der Entnazifizierung hielt sich Höcherl nicht ganz an die Realität, denn Saevecke wurde keineswegs »rehabilitiert«, sondern durch Spruchentscheid vom 24. Juli 1950 wurde »mit Rücksicht auf dreijährige Internierungshaft eine Sühnezeit von 18 Monaten verhängt«. Höcherl verschwieg, dass Saevecke laut Verhandlungsprotokoll des Spruchkammerausschusses die bronzene und silberne Dienstauszeichnung der Partei erhalten hatte und dass er Mitglied des NS-Reichsbundes der Deutschen Beamten war.[743]

Saeveckes Karrieredaten waren überhaupt sehr lückenhaft wiedergegeben worden. In einer Vernehmung hatte er behauptet, Ende 1939 von Berlin nach Posen abgeordnet worden zu sein, wo er das Referat für Kapitalverbrechen übernommen habe.[744] Nun ist hinlänglich bekannt, dass zu dieser Zeit Personaleinsätze anders organisiert waren, nämlich mit Kriegsbeginn in den Mördergruppen und -kommandos des Reichssicherheitshauptamtes (»Aktion Tannenberg«), die den Auftrag hatten, die polnische Intelligenz, »deutschfeindliche Elemente«, Geiseln und Juden zu liquidieren. In der Provinz Posen war nach der Besetzung durch die deutschen Truppen die Einsatzgruppe VI unter Leitung von SS-Oberführer Naumann stationiert, die am 9. September 1939 in das Wartheland einrückte. Sie bildete schon bald nach der Besetzung feste Stapo- und SD-Dienststellen.[745] Nachdem am 25. Oktober 1939 der Gau Posen (Warthegau) in das Deutsche Reich eingegliedert worden war, wurde durch Erlass des Reichsführers SS vom 7. November 1939 angeordnet, dass Staatspolizei-Leitstellen und Staatspolizeistellen zu errichten sind. Durch Erlass Himmlers vom 20. November 1939 wurden die Einsatzgruppen und -kommandos aufgelöst und die Angehörigen des EK 2/VI zur Stapo-Leitstelle Posen kommandiert.[746] Es lag nahe, dass Saevecke auf diesem Weg nach Posen gelangte. Eine Bestätigung hierfür findet sich in den Unterlagen der Hauptverwaltung A des DDR-Ministeriums für Staatssicherheitsdienst: »Seine Tätigkeit in Posen war Leiter des Mordkommissariats. Sein Einsatz erfolgte im Rahmen der Einsatzgruppe VI.«[747]

Am 25. März 1941 wurde Theo Saevecke zum RSHA – Amt V – versetzt und gehörte dem berüchtigten Referat V A 2 an – Vorbeugende Verbrechensbekämpfung.[748] Saevecke bestritt jedoch, dort tätig gewesen zu sein. Vielmehr sei er im RKPA Angehöriger einer Sonderdienststelle gewesen, die sich mit der kolonialen Planung der Polizei befasste.[749]

Im Frühjahr 1942 wurde er nach dem Absolvieren eines Lehrganges an der Kolonialschule der italienischen Polizei in Tivoli bei Rom zur italienischen Afrikapolizei nach Libyen abgeordnet und von November 1942 bis Mai 1943 nach Tunis verlegt. Dort stand er unter dem Kommando des SS-Obersturmbannführers Rauff (im RSHA verantwortlich für die Konstruktion der Gaswagen)[750] und hatte nach eigenem Eingeständnis den Auftrag, jüdische Arbeitskräfte für die Wehrmacht zu rekrutieren.[751] Nach anderen Quellen soll er nicht nur Juden zur Zwangsarbeit deportiert, sondern den jüdischen Gemeinden Devisen und Gold durch illegale Beschlagnahme geraubt haben.[752]

Am 1. Juli 1943 erfolgte Saeveckes Abordnung zum Befehlshaber der Sicherheitspolizei und des SD in Verona. Im September 1943 übernahm er das »Kommando der Sicherheitspolizei« in Mailand, das neben Genua und Turin zur »Gruppe Oberitalien West« gehörte, die von SS-Chef Rauff befehligt wurde. In dieser Funktion wurde Saevecke 1944 zum Eisernen Kreuz I. Klasse vorgeschlagen und mit dem Kriegsverdienstkreuz I. Klasse mit Schwertern ausgezeichnet.[753] In der Begründung vom 22. März 1944 heißt es:

»SS-Hauptsturmführer Saevecke ist seit dem 13.9.43 Führer des Außenkommandos der Sicherheitspolizei und des SD in Mailand und hat sich in jeder Form bewährt. Abgesehen von der Lösung der ihm gestellten sicherheitspolizeilichen und SD-mäßigen Aufgaben hat er sich besonders in der Bandenbekämpfung in der Lombardei hervorgetan und bei fast allen Einsätzen in vorderster Linie im Kampf gegen die Partisanen gelegen. Seiner Einsatzfreudigkeit und Entschlusskraft ist es zu danken, dass die Bandenlage in der Lombardei auf ein möglichstes Mindestmaß herabgedrückt worden ist. Besonders bei militärischen Einsätzen, an denen er teilgenommen hat, ist er seinen Männern ein vorbildlicher Führer gewesen. Seine Leistungen in der Bandenbekämpfung verdienen besondere Auszeichnung.

Saevecke war lange Zeit Verbindungsführer der Sicherheitspolizei und des SD zur italienischen Afrika-Polizei in Libyen und hat als solcher an den Einsätzen des deutschen Afrika-Korps teilgenommen. Von November 1942 an gehörte er dem EK der Sipo und des SD Afrika in Tunis an und hat mit großem Erfolg die Judenfrage im tunesischen Raum bearbeitet. Auch während dieses Einsatzes nahm er an den Kampfhandlungen der Heeresgruppe Generaloberst von Arnim teil und hat erst mit den letzten Deutschen den afrikanischen Boden am 9.5.43 verlassen. Der nächste Einsatz führte ihn nach Korsika, wo er selbständig staatspolizeiliche Aufgaben, insbesondere die Bekämpfung von Partisanengruppen, führte.

Saevecke ist im Besitz des KVK II. Kl. Mit Schwertern seit 31.1.43.

Der Höchste SS- und Polizeiführer in Italien, gez. Wolff, SS-Obergruppenführer, General der Waffen-SS«[754]

In einem Verfahren, das vor drei Jahren in Italien durchgeführt wurde, legte man Theo Saevecke, dem »Henker von Mailand«, zur Last, als Chef der Sicherheitspolizei in Mailand am 10. August 1944 das Erschießen von 15 Geiseln auf dem Mailänder Piazzale Loreto befohlen zu haben. Saevecke verteidigte sich mit der Behauptung, dass es sich um eine Vergeltungsaktion für zwei von Partisanen getötete deutsche Soldaten handelte, eine Maßnahme, die von der Wehrmacht angeordnet wurde. Diese »Handlung«, so seine Ausdrucksweise, hätte aber nur ein General befehlen dürfen. Vernehmungen von ehemaligen Mitarbeitern Saeveckes durch britische Offiziere im Jahre 1946 belasten den Sicherheitschef von Mailand: Es habe sich um eine von ihm als SS-Hauptsturmführer angeordnete Racheaktion für einen hochgebombten deutschen Lkw gehandelt, wodurch keine Deutschen, aber sechs italienische Passanten getötet worden waren. Da die Opfer keine Militärs waren, handelte es sich um Mord; das Kriegsrecht fand in diesem Fall keine Anwendung. 1998 wurde Saevecke in Abwesenheit durch ein Mailänder Militärgericht zum Tode verurteilt, aber als deutscher Staatsbürger nicht – denn das lässt das Grundgesetz nicht zu – an Italien ausgeliefert. Er verstarb im Jahre 2000.

Von April 1945 bis April 1948 war Saevecke in Dachau interniert gewesen,[755] dann wurde er nach Berlin entlassen und begann dort für den amerikanischen Geheimdienst zu arbeiten. Seine Einberufung in das Bundeskriminalamt erfolgte am 15. Dezember 1951 unter aktiver Mitwirkung von Paul Dickopf. Am 23. August 1952 wurde er zum Kriminalkommissar und 1956 zum Kriminalrat ernannt.[756] In den sechziger Jahren machte Theo Saevecke kein Hehl daraus, dass er bei

Vernehmungen keine Namen von »Kameraden« nennen werde, die er sonst in Gefahr bringe, weil die »Ludwigsburger« bei der polnischen Militärmission ein und aus gingen. Er berief sich auch darauf, dass er zu einer Aussage die Genehmigung seiner damaligen Behörde benötige. Da diese nicht mehr existiere, könne ihn niemand von seiner Schweigepflicht entbinden.[757] Saevecke hielt an seinem Treueschwur gegenüber den Nationalsozialisten fest. Strafverfahren gegen Saevecke in der Bundesrepublik wurden zweimal eingestellt, wie auch Innenminister Höcherl ein (zweites) disziplinarisches Untersuchungsverfahren wegen der Geiselerschießung und der Verschleppung von Juden in Mailand und in Tunesien »mangels Beweises« einstellte.[758] Saevecke ging 1971 mit guter Altersversorgung in den regulären Ruhestand. Ungezählte Opfer der Nazi-Verbrechen vegetierten, wenn sie überlebt hatten, am Rande des Existenzminimums dahin.

Die rheinischen Frohnaturen der Sicherungsgruppe, in der Saevecke wegen seiner jungenhaften Art beliebt war, machten sich wenig Gedanken über ihre Rolle in der »Spiegel«-Affäre und persiflierten die Geschehnisse noch in einem Rückblick anlässlich des 20-jährigen Bestehens der SG: »28.10.62, Schlagzeilen in der deutschen Presse: ›Spiegel‹-Redaktion überfallen – Nacht-und-Nebel-Aktion der SG – Ahlers aus Spanien entführt – Gestapo-Methoden in Hamburg – Sie hausen in ›Spiegel‹-Räumen wie die Vandalen – Tumult im Bundestag über ›Spiegel‹-Affäre«.[759]

Einer jedoch profitierte von den Ereignissen, denn er hatte sich gegenüber den CSU-Politikern Strauß und Höcherl bleibende Verdienste erworben: Paul Dickopf. Durch eine Rechtsverordnung[760] änderte Innenminister Höcherl die Laufbahnbestimmungen für das Bundeskriminalamt dahingehend, dass der Präsident des BKA Polizeivollzugsbeamter sein müsse, eine Bedingung, die der amtierende Präsident Reinhard Dullien nicht erfüllte. Mit dieser neuen Vorschrift lag die Altersgrenze der Pensionierung bei 60 und nicht mehr bei 65 Jahren. Der 62-jährige Dullien, der erst 1967 in den Ruhestand getreten wäre, konnte seine Zwangspensionierung nicht abwenden, erstritt aber nachträglich vor Gericht eine Abfindung. In den Medien wurde die Maßnahme Höcherls als durchsichtiges Manöver kritisiert, doch störte das den Bayern wenig, der Weg für Dickopf war frei.[761]

IX DICKOPF FOR PRESIDENT

Alte Kameraden

Paul Dickopf hatte nach mehr als 15 Jahren endlich das Ziel erreicht, das er schon vor Gründung des Bundeskriminalamtes anstrebte. Seine Amtseinführung am 19. Februar 1965 organisierte er höchstpersönlich, wie es seiner peniblen Art entsprach, und notierte die Gesamtkosten in Höhe von 1754,60 DM. Als leidenschaftlicher Sammler auch des Selbstverständlichen und des Nebensächlichen verfügte er seine handschriftliche Aufstellung über 100 Appetithäppchen à 0,75 DM zu seinen privaten Akten. Der »Wiesbadener Kurier« vom 19. Februar 1965 notierte: »Für den Außenstehenden ist Paul Dickopf ein Mann, ›mit dem man reden kann‹. Er hat Humor und liest gerne Kriminalromane. Wenn er Zeit hat, dann wandert er durch den Wald – am liebsten bei Regenwetter. Und außerdem erholt er sich gerne bei einem zünftigen Skat.«

In der Rede zur Amtseinführung sagte Innenminister Höcherl: »Wir glauben daher eine gute Wahl getroffen zu haben. Mich hat, wenn ich einmal einen etwas leichteren Ton anschlagen darf, sogar Ihr Name nicht gestört, Herr Dickopf, wenngleich dieses ›Omen‹ unter Berücksichtigung Ihrer urwüchsigen Westerwälder Heimat noch an Bedeutung gewinnt.«

Höcherl sagte auch: »Zu keiner Zeit haben Sie mit dem Nationalsozialismus paktiert.« Und dann erzählte der Minister die Mär von Dickopfs Flucht in die Schweiz.[762] Möglicherweise hat er – wie später auch Innenminister Genscher bei Dickopfs Verabschiedung – die Geschichte nicht angezweifelt, weil er daran glauben wollte. Aber so blauäugig konnten beide Minister eigentlich angesichts so vieler Indizien nicht gewesen sein, die sich nicht zuletzt aus Dickopfs Personalakte – den mehrfach korrigierten Lebensläufen – ergaben, aber auch aus seiner Personalpolitik, aus seinen Sachentscheidungen und aus den NS-Karrieren seiner vertrauten Umgebung. Bei dem Festakt waren dies die besonders hervorgehobenen Mitarbeiter: Rolf Holle, Bernhard Niggemeyer und Heinz Drescher.[763] Den Medien übergab man einen Lebenslauf des neuen BKA-Präsidenten, der gleichfalls die bekannte Legende Dickopfs verbreitete.[764]

In die Schar der Gratulanten reihte sich auch CIA-Mann Tom Polgar ein, Dickopfs Agentenführer, der zu dieser Zeit als 1. Sekretär der

US-Botschaft in Wien sein Geheimdienstgeschäft erledigte. Oder es meldete sich »in herzlicher alter Verbundenheit« Dickopfs Lehrgangskollege Waldemar Kolter, der darum bat, »den Ehemaligen des 13. Kommissarlehrganges im Hause viele Grüße zu übermitteln«. Andere ließen »die guten alten Zeiten in Frankfurt« aufleben oder grüßten »in Erinnerung an frühere gemeinsame Tage«.[765]

Der Kreis der »Alten Kameraden« im Bundeskriminalamt ging allerdings personell über den 13. KKA, über die »Charlottenburger«, die »Gleiwitzer«, die GFP-Seilschaft und auch über den Leitenden Dienst hinaus. Es handelte sich zu diesem Zeitpunkt um etwa 70 Beamte. Diese Zahl jedenfalls nannte ein Diskussionsteilnehmer auf einer denkwürdigen Dienstversammlung, die Dickopf etwa ein Vierteljahr nach seiner Amtseinführung einberief, welche die Bezeichnung »Dienstversammlung für ›alte‹ Vollzugsbeamte« trug. Offensichtlich war es dem neuen Präsidenten ein großes Bedürfnis, seine alten Freunde, die ihm dienstlich am nächsten standen und über die er als Stellvertreter aller bisherigen Präsidenten seine schützende Hand hielt, im intimen Kreis um sich zu scharen. Dass dies gegenüber den anderen Bediensteten des BKA betriebspsychologisch eine grobe Ungeschicklichkeit und Ausfluss eines autoritären Führungsstils war, sei nur am Rande vermerkt. Dickopf verfolgte offensichtlich das Ziel, den betroffenen Kollegen (offenkundig nur Männer) seine Zuneigung zu versichern, ihnen so weit wie möglich Sicherheit zu vermitteln und Gelegenheit zu geben, sich an seiner Brust auszuweinen. Den Schulterschluss bewirkte Dickopf mit den Worten: »Sie können versichert sein, ich komme selbst aus Ihrem Kreis und fühle mich diesem Kreis nicht nur verbunden, ich fühle mich weiter bis an das Ende meiner Tage mit speziell Ihrem Kreis verbunden, ich mache nicht nur das Mögliche, sondern auch das Unmögliche.«[766]

Und ganz pauschal machte sich Dickopf zum Fürsprecher einer Sündenbocktheorie: »Das Böse an der Sache ist, dass wir durch eine Verhängung in einer Geschichte, die sicher nicht die des Einzelnen war, heute noch in der ersten Feuerlinie stehen, und dass – ganz abgesehen von den Fällen, in denen jeder ja sagen muss zu einer, wenn auch sehr späten Verfolgung –, dass wir weiter in dieser Linie stehen bleiben werden, weil es natürlich auch recht angenehm ist, auf eine bestimmte Gruppe zu schießen und nicht auf die Gesamtheit einer Bürgerschaft.«

In der Diskussion der »alten Vollzugsbeamten« ging es dann vor allem um die Beförderungssperre, die verhängt wurde, wenn jemand als belastet galt. Dickopf ergriff Partei für seine Schützlinge: »Auf der anderen Seite bin ich mit Ihnen der Meinung, dass jemand, wenn er siebzehnmal als Zeuge gehört worden ist, für uns immer noch der Beamte Meier ist, in welchem Dienstgrad, in welcher Dienststellung er immer ist, bis zum Beweis des Gegenteils. Aber bis zum Beweis des Gegenteils oder zu dem nicht zu führenden Beweis, dass er doch wider aller bisherigen Auffassung ein anständiger Mensch gewesen ist, bis dahin ist die Geschichte hängig, ich kann sie einfach nicht antreiben, so gern ich möchte.« Er behauptete: »Wir leben im Zeitalter der Umkehr der Beweislast« und klagte: »Die ganze Misere konzentriert sich darauf, dass in immer größerem Umfang – und jeder neue Fall gibt Anlass zu immer weiterem Umsichgreifen bei dem Heranholen möglicher Auskünfte aus der Zeit zwischen 1933 und 1945 –, dass immer wieder erneut das und jenes von uns gefordert wird. Ich glaube, es ist kaum übertrieben, wenn ich sage, dass ich Tage gehabt habe, wo ich mich morgens in Präsenz von 40 Anfragen des Ministeriums, jede einzelne eine andere Person – meist Sie hier versammelt betreffend – gesehen habe. Ob nicht doch noch Akten der Kriminalpolizeistelle Gleiwitz, Kattowitz, Hamburg, Frankfurt, Stuttgart beizuziehen die Möglichkeit bestünde. Ob nicht doch noch dieses oder jenes nachgeholt werden könne. Ob die Auskunft, die von Ludwigsburg im Jahre 1959 gegeben worden sei, nicht doch durch weitere Erkenntnisse in Ludwigsburg ergänzt werden könne. Ob nicht doch die damals als Zeugen vernommenen Gustav Meier, Heinrich Schulze usw. in der Zwischenzeit der eine oder andere zum Beschuldigten avanciert sei.« Dann verkündete er, was er von der ganzen Sache hielt, nämlich: »Gegen solche Ansinnen kann sich der Präsident dieses Amtes nicht erwehren.« – Dickopf sah also nicht eine Verpflichtung zur Aufklärung, sondern musste sich lästiger »Ansinnen« erwehren. Denn: »Was soll dieser Präsident anderes tun, als erklären, dass er das alles für äußerst ungut hält, dass er das vom Einzelfall her gesehen auch für nicht gerechtfertigt hält.« Dickopfs Redebeitrag gipfelte in der verlogenen Feststellung: »Wir selbst waren ja die Initiatoren einer sehr viel eingehenderen Überprüfung in den Jahren 1950/51 und 1952 aus den verschiedensten, aber auch aus den hier angesprochenen Gründen.«

Einer der Wortführer aus den Reihen der betroffenen Beamten war Regierungskriminalrat Thomsen. Er beklagte, dass eine Reihe von Kollegen aus politischen und nicht aus fachlichen Gründen »aus dem Amt vertrieben und zu anderen Dienststellen geschickt« wurden, hier liege eine Verletzung der Fürsorgepflicht vor. Und er forderte eine alsbaldige Klärung der Situation, damit man wieder »frei und glücklich arbeiten könne und nicht ständig unter diesem seelischen Druck stehe«. Er ließ durchblicken, dass doch nur ein gewisser Prozentsatz der Belegschaft des BKA und der »Alten« von Fällen betroffen sei, »wo diese Scheußlichkeiten vorgekommen sind«, aber alle müssten darunter leiden, nur weil dem Ministerium der Mut fehle und der Minister ruhig schlafen wolle.

Der Jurist mit 1. Staatsprüfung Rudolf Thomsen (Jahrgang 1910) war »Charlottenburger« und Lehrgangskollege von Dickopf.[767] Er wurde im September 1943 zur Gestapo Krakau (Abt. IV) versetzt und dort als SS-Hauptsturmführer hervorragend beurteilt: »Er nimmt die Geschäfte des IC (Abwehr-Offizier) beim SS- und Polizeiführer im Distrikt Krakau sowie Sonderaufträge wahr und ist über dem Durchschnitt begabt. Thomsen ist weltanschaulich ausgerichtet und bietet die Gewähr, sich jederzeit für den nationalsozialistischen Staat rückhaltlos einzusetzen.«[768]

Thomsen erwies sich als dieser Beurteilung würdig, wie der Vorschlag zur Verleihung des Kriegsverdienstkreuzes II. Klasse mit Schwertern ausweist, formuliert vom Kommandeur der Sicherheitspolizei in Krakau, SS-Obersturmbannführer Batz: »Nachdem er hier kurze Zeit als leitender Beamter bei meiner Kriminalabteilung tätig war, ist er seit November 1943 als Verbindungsmann zum Führungsstab an der Bandenerkundung und -bekämpfung beteiligt. Sowohl hier als auch bei der Aktion ›Sturmwind‹, bei der Th. aktiv eingesetzt war, hat er hervorragend Anteil an der Zerschlagung und Vernichtung der Banden und damit an der Erfüllung kriegswichtiger Aufgaben. Th. hat sich jeder Situation gewachsen gezeigt. Er ist ständig einsatzbereit und ohne Tadel in der Haltung.« (9.8.1944)[769]

Was man unter »Bandenbekämpfung« verstehen musste, ist bekannt: Mordaktionen, die häufig nicht tatsächlichen polnischen Widerstandsgruppen galten, sondern gegen Menschen gerichtet waren, die denunziert wurden, als deutschfeindlich eingeschätzt wurden oder gegen die nur ein vager Verdacht bestand.[770] Gegen

Thomsen liefen staatsanwaltschaftliche Ermittlungen, auch taucht er in anderen Strafverfahren auf, ohne dass er konsequent überprüft worden wäre.[771] Seine Gestapo-Zugehörigkeit verschwieg er mit Erfolg in allen Vernehmungen. In Krakau und Umgebung kam es allein 1944 zu zahlreichen Morden; die Opferliste verzeichnet über 600 ermordete Polinnen und Polen, darunter auch Kinder und Säuglinge.[772] Die Morde wurden von der in Krakau stationierten Kripo, Gestapo und Gendarmerie begangen. Es ist schwer vorstellbar, dass der »ständig einsatzbereite« und »allen Situationen gewachsene« SS- und Gestapomann, der »Sonderaufträge« erfüllte, nicht involviert gewesen sein soll.

Rudolf Thomsen wurde von seinem Freund Dickopf in das Bundesinnenministerium geholt, wo er von 1953 bis 1955 als Hilfsreferent tätig war. Von 1955 bis 1970 gehörte Thomsen dem BKA an; er ging als Regierungskriminaloberrat in Pension.

Kehren wir zu der Dienstversammlung zurück, auf der sich auch Regierungskriminalrat Freitag (»Kommissar Bübchen«) zu Wort meldete, während die große Mehrheit es nicht ohne Grund vorzog zu schweigen, wie zum Beispiel Regierungskriminalrat und Ex-Gestapomann Günter Labitzke (Jahrgang 1912),[773] der im »Polenfeldzug« einem Einsatzkommando zur Vernichtung der polnischen Intelligenz angehörte,[774] dann in Prag und 1943 im Mordbrennpunkt Kiew eingesetzt war und dort unter anderem als Beisitzer in dem SS- und Polizeigericht XVIII fungierte.[775] Präsident Dickopf offenbarte seinen Zuhörern immer wieder eine gewisse Ohnmacht gegenüber Anordnungen des Bundesinnenministeriums (»Hin-und-Her-Krieg mit dem vorgesetzten Ministerium in Personalien«), sah sich aber auch gegenüber seinem Minister in der Pflicht und wies darauf hin, dass keine »zweite oder dritte De- oder Entnazifierung« betrieben werde. Er versuchte die Guten von den Bösen abzugrenzen, ohne zu merken, dass er auch von sich selbst sprach und von der Amtsleitung, zu der Niggemeyer zählte: »Wir wissen alle, welche abscheulichen Gräuel unter der Maske Deutschlands und zur Befriedigung niederer Gelüste geleistet worden sind. Wir wissen auch – und das wissen Sie so gut wie ich –, wie viele Leute sich hier in dieses Amt eingeschlichen haben, indem sie uns in der unverschämtesten Art und Weise belogen haben, sie seien früher Kriminalbeamte der Kriminalpolizei gewesen. In Wirklichkeit hatten sie keinen Tag eine wirkliche kriminalpolizeiliche Dienststelle gesehen. Sie kennen Sie alle. Das ist auch dem Ministerium nicht verborgen geblieben.« Man muss Dickopfs Verhalten schon als unverfroren bezeichnen, denn er war ja an erster Stelle ein solcher »Einschleichbetrüger«. Doch beabsichtigte der neue Präsident, der »gute Hirte«, auch für alle schwarzen Schafe zu sorgen: »Man kann also auch nicht mit dem sehr schwierig zu praktizierenden Argument argumentieren, Kriminalbeamte seien alle die besten und charaktervollsten Menschen. Das Gegenteil ist x-fach demonstriert. Herr Niggemeyer kennt die Fälle, glaube ich. Unglaubliche Geschichten, die zum Schluss immer auch der Amtsleitung ganz erheblich auf der Schulter lasten – das will die Amtsleitung und insbesondere die, die Sie hier vor sich sehen, gerne tragen; denn ich kann niemanden ins Herz sehen. Aber schlechte Beispiele verderben gute Sitten und gute Anläufe in diesem Fall. All das macht jeden, der letztlich zeichnen soll für das oder jenes, kopfscheu, auch den Bestwilligen. Ich will es Ihnen im Einzelnen ersparen, nochmal aufzuzählen, wer uns hier doch sehr in den Verriss gebracht hat.«

Mehrfach rief Dickopf ausgerechnet Bernhard Niggemeyer als Zeugen für seine Worte auf (»Hier drüben sitzt einer, der es ganz genau weiß«), was die Doppelbödigkeit aufzeigt, denn beide waren ja verfeindet, aber trotzdem in dieser verschworenen Gemeinschaft vereint. Weder Niggemeyer noch Rolf Holle, die mit Dickopf die Amtsleitung repräsentierten, ergriffen in der Versammlung das Wort.

Die Debatte hatte etwas Gespenstisches, denn hier äußerten sich mit Dickopf an der Spitze Menschen, die im Dritten Reich schuldig geworden waren und so taten, als seien sie selbst reingelegt worden. Der Wiesbadener Fall Oskar Christ und der Koblenzer Fall »Dr.« Heuser wurde dabei von Dickopf mehrfach direkt und indirekt zitiert: »Es ist doch effektiv so, wir haben leider Gottes bis zum Landeskriminalamtsleiter Figuren aufzuweisen, die die Stirn gehabt haben – ich habe es mehreren von euch gesagt –, sich wieder in die Kriminalpolizei hineinzudrängen, obwohl sie wissen mussten – die Ereignisse haben es uns gelehrt –, dass sie bei für sie ungünstigen Umständen eines Tages mit Höchststrafen belegt werden. Wenn mir der Fall Christ passierte, wäre mein Schreibtisch verschlossen, meine Herren.«

Die Verantwortung lag nach dieser Apologie nicht bei denjenigen, die ehemalige Angehörige der Sicherheitspolizei einstellten, sondern bei jenen, die sich »mit frechster Stirn wieder haben einstellen lassen«

(Dickopf). Niemand in diesem überschaubaren Kreis, dessen Karrieredaten zwischen 1933 und 1945 in einer jährlichen gern gelesenen Broschüre »Dienstaltersliste« publiziert wurden, konnte sich jedoch darauf herausreden, von den Leichen im Keller des anderen nichts gewusst zu haben, denn sie kannten sich untereinander, ihre Funktionen und Einsatzorte.

Bezeichnend ist die Sprache dieses vertrauten Kreises: der »Kamerad«, der »auf seinem Posten« ist, im »Sperrfeuer« liegt, »konzentriertes Feuer« über sich ergehen lässt, in »voller Deckung« sitzt – und die »Treue« der älteren Beamten. Vordergründig ging es um eine zweite Entnazifizierung und Beförderungssperre, eigentlich aber um die Furcht vor dem Bekanntwerden der eigenen Verbrechen.

In heuchlerischer Weise ruderte Dickopf vor und zurück, lenkte auf andere »schreckliche« Fälle ab, konnte nicht viel tun, aber versicherte dem Kreis der Getreuen seine Fürsorge und sein Mitgefühl. Letztlich ging es Dickopf und allen anderen um das Gebot: Selbst überleben! Nicht erwischt werden!

Etwa ein Jahr später erreichte Dickopf der Brief eines ehemaligen SS-Kollegen, der offensichtlich wegen seiner NS-Belastung vom Bundeskriminalamt zum Bundesbeschaffungsamt versetzt worden war, was aber nicht verhinderte, ihn bei der Versetzung in den Ruhestand mit dem Bundesverdienstkreuz auszuzeichnen:

»Sehr verehrter Herr Präsident!
Meine Feder sträubt sich, trotzdem habe ich das innere Bedürfnis einige Zeilen an Sie zu schreiben. Im Sommer dieses Jahres wurde ich 70 Jahre. Vom BKA gratulierte mir als Einziger der Verband der Deutschen Polizei sowie einige alte Kameraden der SS.

Sie, sehr verehrter Herr Präsident, werden sich meiner sicherlich noch erinnern. Ich denke gern an die Stunden zurück, die uns beim Aufbau der SS zusammenschmiedeten. (...)

Wie ist es nur möglich, verehrter Herr Präsident, dass die eigene Sparte alles vergisst, während man von einer fremden Sparte sich nicht abgeschrieben fühlt.

Vom PP Berlin und vom früheren Reichskriminalpolizeiamt wäre ich bestimmt nicht abgeschrieben worden. Ich wäre Ihnen, sehr verehrter Herr Präsident, zu großem Dank verbunden, wenn Sie die alten Pensionäre nicht aus Ihrem Gedächtnis streichen würden.«[776]

Führungsverhalten

Paul Dickopf wurde von seinem Vorgänger und seinem Nachfolger gleichermaßen negativ beurteilt. Reinhard Dullien kritisierte sein Ränkespiel, zumal er wohl zu Recht davon ausgehen konnte, dass Dickopf an seinem Stuhl sägte. Dullien beanstandete Dickopfs räsonierende, rein emotional argumentierende, aber nicht weiterführende Art des Vortrages. Er sprach ihm wesentliche Führungseigenschaften ab. »Verbunden mit seinem intriganten und cholerischen Wesen kam es zu laufenden Zusammenstößen selbst mit seinen fachlich engsten Mitarbeitern.« Für den Personalrat hätten sich keine Bewerber gefunden, mit der Begründung, sie hätten Frau und Kinder und müssten an ihr Fortkommen denken. Kurz nach dem Präsidentenwechsel habe eine Busbesatzung auf einem Betriebsausflug im Chor skandiert: »Wir wollen unseren alten Präsidenten wiederhaben!«[777]

Horst Herold stellte Dickopf das negative Zeugnis aus, in der zweiten Hälfte der sechziger Jahre den Nutzen der EDV für die Polizei nicht nur nicht begriffen, sondern als Bremsklotz großen Schaden für das Bundeskriminalamt und die Zusammenarbeit mit den Länderpolizeien angerichtet zu haben.[778]

Chefsekretärin Charlotte Jung hatte alle drei Präsidenten erlebt. Sie beschreibt Dullien und Herold als offene, großzügige Präsidenten, hingegen Dickopf als pedantisch, aufbrausend, engherzig und verschlossen, der selbst bei der Weihnachtsfeier auf Abstand bedacht war und Cliquenwirtschaft betrieb.[779]

Stellt man die Frage, wer im Kriminalistischen Institut forschen, in der »Schriftenreihe« schreiben, auf BKA-Tagungen reden und an den Sitzungen der »AG Kripo« teilnehmen durfte, dann wiederholt sich immer wieder ein Dutzend Namen – der engere Zirkel der »Charlottenburger«, bis auf Niggemeyer Dickopfs Lieblingsbeamte.[780] Als externe Referenten tauchen auf den Rednerlisten der BKA-Tagungen jahraus jahrein die uns bekannten »Alt-Kriminalisten« auf: Dr. Bernd Wehner, Dr. Walter Zirpins, Karl Kiehne, Georg Heuser (mit betrügerisch erschlichenem Doktortitel) und ewiggestrig – wie sie alle – Kurt Zillmann.

In einem Brief schrieb Dickopf: »Nachmittags musste ich einen alten Skatbruder in Hattert zu Grabe tragen helfen, der Samstagnacht auf der Kreuzung vor meinem Geburtshaus das Opfer eines dieser motorisierten Schweine in Menschengestalt geworden ist.«[781]

Es war allgemein bekannt, dass Dickopf Autos hasste. Er besaß weder ein Radio noch ein Fernsehgerät. Wann immer es ging, vermied er bei Dienstreisen das Flugzeug und fuhr mit der Bahn oder dem Schiff. Er schimpfte auf Coca-Cola und Großhandelsgeschäfte. Hinter seinem Schreibtisch hatte er einen Gartenzwerg mit Zipfelmütze in stattlicher Größe stehen. Von vielen seinen Kollegen wurden Dickopfs Eigenarten als abstrus empfunden.[782]

Präsident Dickopf hatte Veranlagungen, die ihn als Organisator und Verhandlungsleiter befähigten, nicht aber zum Führen von Menschen einer großen Behörde. Er pflegte einen autoritären Führungsstil, konnte nicht delegieren und bevorzugte seine Günstlinge. Wer bei ihm in einem schlechten Ruf stand, hatte für immer verspielt, denn der Präsident besaß ein Gedächtnis wie ein Elefant. Ein Besucher Dickopfs fand den Präsidenten hinter seinem Schreibtisch vor, wie er Zeitungsmeldungen ausschnippelte. Er kümmerte sich ums Detail und nicht um die große Linie.

1966 fand wieder einmal eine Dienstversammlung statt, die für Dickopf entlarvend verlief. Dieses Mal hatte er die gesamte Wiesbadener Belegschaft versammelt.[783] Nachdem sich der Präsident zur EDV geäußert hatte (»Datenverarbeitung lässt sich nicht einführen oder abschaffen wie Hula-Hopp-Reifen oder Krinolinen-Unterröcke«), sprach er über Arbeitsdisziplin, das Einhalten der Mittagspause und ritt eine Attacke gegen Gerüchtemacherei. Zu weiteren Themenbereichen, die er anschnitt, nachfolgend einige Zitate (in Auszügen):

»Nun kommt etwas, was schon sehr stark ins Kriminelle geht und was ich ganz besonders bedaure. Wir stellen unter anderem fest, dass die gerade erst neu mit neuen Batterien bestückte Handscheinwerferlampe des Kommissars vom Dienst zwei oder drei Tage später mit ausgebrannten, hier im Hause überhaupt nicht verwendeten Batterien besetzt ist. Ich habe alles Verständnis dafür, dass jemand, weil er ein Auto hat – aber ich bitte jetzt die Autofahrer nicht besonders böse zu sein –, die Stromrechnung nicht bezahlen kann und zu Hause kein Licht hat. Aber ich habe kein Verständnis dafür, wenn Selbiger, also finanziell in die Ecke Gekommener, nun hier dem Kommissar vom Dienst und seinen Helfern die notwendige Nachtleuchte dadurch entführt, dass er ausgebrannte Batterien an die Stelle von neuen setzt. Es ist, Sie können es nehmen wie Sie wollen, Diebstahl nach § 242 StGB.

Das Nächste hat dazu noch einen Geruch: Mitnahme von Toilettenpapier. Sie lächeln, Sie lachen. Das ist im Grunde doch zum Weinen.

Sie haben gestern gesehen, dass Herr E. sich ehrlich bemüht hat, die Lücke am Zaun zu schließen, die einige unserer Herren durch Überklettern und Durchklettern des Zaunes hervorgerufen haben. Machen Sie dem Herrn E. die Arbeit nicht noch ärgerlicher, indem Sie es wieder versuchen. Im Übrigen ist es verboten.

Nun kommt ein großer Punkt: Ordnung in der Dienststelle und im Gelände des BKA, Ausstattung der Räume. Ich bin im vorigen Jahr mehrfach in mehreren Räumen gewesen, die schon eher das Paradies verhießen, als ein Büro zu sein, obwohl ich für meine Person also dann auf die Ecke des Paradieses doch verzichte, in der sieben Sansiberien nebeneinander um ihr Leben kämpfen und davon nicht schöner werden.

Wir haben in diesem Jahr begonnen, wieder eigene Kalender zu drucken, schon um den ewigen Beschwerden des einen oder anderen gegen den anderen oder den einen wegen seiner dort betriebenen Reklame zu begegnen und weil wir auch glauben, dass es netter ist, wenn wir, unter einer Vielzahl von Kalendern ausgewählt, jedem einen völlig neutralen Weg- und Tagesweiser hinhängen können.

Private Aschenbecher: Sie erinnern sich alle, wir hatten sehr schöne Aschenbecher, grün mit BKA, die natürlich auch wie alle Dinge, die so abgestempelt und gut ausgeführt sind, zur Mitnahme geradezu anreizen. Ich zerbreche mir seit Jahren den Kopf, wie ich dieses private Aschenbecherwesen, so will ich's nennen, mit den wüstesten Reklamen und auch nicht immer den nettesten Formen, abstellen kann. Vielleicht finden wir einen gemeinsamen Weg doch nochmal, dann dieses Mal etwas unzerbrechlichere Aschenrückstandsaufbewahrer amtlich zu beschaffen.

Hier steht ein weiterer Punkt: Diebstahl von Obst auf dem Amtsgelände. Auch da, Sie lächeln, Sie lachen – ich habe auch gelächelt, ich habe auch gelacht – aber ich habe mir auch das Lachen abgewöhnt. Ich habe ein bestimmtes Ziel verfolgt, nämlich a), dass man damit einen Garten verschönt, wenn zu irgendwelchen Monaten Blütenflor sich entwickelt, und b), weil ich daran dachte, dass die Schlechtestbezahlten unter uns ja doch die Arbeiter sind und dass denen so eine kleine Beihilfe zum Familienhaushalt anfallen könnte. Sie sollten es ganz einfach deswegen, weil auch das mit § 242 StGB bedroht ist, nicht wiederholen. Und Sie sollten sogar den Mumm aufbringen, wenn Sie einen Dauerdieb erkennen, den namhaft zu machen. Es ist eine ungeheuerliche Schweinerei, wenn jemand bei oder außerhalb der Verrichtung seines Dienstes hier in dem Amtsgelände Obst sich aneignet. Voilà! Das musste einmal ganz deutlich gesagt werden!

Rauswerfen von Gegenständen aus dem Fenster: Papier, Heftklammern, Papiertaschentücher etc. Ja schön ist es nicht, es ist sogar zu Zeiten gefährlich, wenn Sie etwas nahe an der Hauswand, insbesondere des Hauptbaues, vorbeimarschieren. Hier fällt mir die Unsitte ein, die sich zeitweise stärker als heute ausgeprägt hatte, dass stützungsbedürftige Blumen draußen deponiert wurden oder dass Essensvorräte draußen deponiert wurden. Findet es irgendjemand von Ihnen schön? Ich weiß nicht, wenn man an so einer Hauswand hochsieht – wenn man dann weiß, wer hinter der Geschichte sitzt und wer der Besitzer dieser Sache ist – ich weiß nicht, das lässt doch irgendwie einen höchst negativen Schluss auf den zu, der sich das laufend erlaubt.«

Dickopf sollte noch viele Reden halten, wobei er vom kleinen Karo auch auf große Gesten umzuschalten wusste, doch im Grunde hatte er sich schon Jahre vor seiner Pensionierung überlebt.

X RENAZIFIZIERUNG DER POLIZEI

Wiederaufbau ohne Vergangenheitsbewältigung

Aus den bisherigen Untersuchungen ergibt sich, dass das Bundeskriminalamt von Nazi-Tätern aufgebaut wurde – eine Tatsache, die bis heute schwer zu begreifen ist. 1959 bestand der Leitende Dienst des BKA aus 47 Beamten – bis auf zwei hatten alle eine braune Weste. Für das rechtsstaatliche Selbstverständnis des BKA ist es rückblickend als moralische Katastrophe zu bewerten, dass fast die Hälfte der 47 BKA-Chefs als NS-Verbrecher im kriminologischen Sinne bezeichnet werden müssen.

Vier von ihnen waren Schreibtischtäter des RKPA,[784] die mitwirkten, unzählige Homosexuelle, »Zigeuner«, »Asoziale« und so genannte Berufs- und Gewohnheitsverbrecher im Rahmen des Programms der Vorbeugenden Verbrechensbekämpfung in ein Konzentrationslager einzuweisen und damit einem fast sicheren Tod auszuliefern. 15 BKA-Führer[785] waren Mitglieder der Einsatzgruppen in Polen und als Vorgesetzte in die Vernichtung der polnischen Intelligenz verstrickt. Oder sie beteiligten sich als Angehörige der SS-Einsatzkommandos oder der Polizeibataillone in der besetzten UdSSR am Völkermord. Sie befehligten die Geheime Feldpolizei in Weißrussland, die an der Ausrottung der jüdischen Bevölkerung beteiligt war und massenweise Menschen als Partisanen oder politische Kommissare tötete, wenn nur ein fragwürdiger Verdacht vorlag. Einige BKA-Vorgesetzte hatten bei Exekutionen selbst »Hand angelegt« oder waren Einsatzführer an der »Grube«, unter den erbarmungswürdigen Opfern waren auch Frauen und Kinder. Zwei BKA-Führer waren Angehörige von Standgerichten oder SS- und Polizeigerichten.[786] Annähernd jeder Dritte gehörte der Gestapo an,[787] womit die in der Fachliteratur überwiegend vertretene Meinung widerlegt ist, dass wenigstens den Angehörigen der Geheimen Staatspolizei – von Einzelfällen abgesehen – der Zugang in Führungspositionen der Nachkriegspolizei versperrt blieb.[788] So sah die »unpolitische Kriminalpolizei« aus, die im Dritten Reich vornehmlich Diebstahl und Betrug bearbeitete und (nicht amtlich befohlene) Tötungsdelikte. Zwei dieser späteren BKA-Führer wurden (im Ausland) verurteilt,[789] alle anderen blieben straflos, überstanden schadlos disziplinarische Überprüfungen und gingen als Räte oder Direktoren in allen Ehren in Pension. Sie haben sich nie distanziert oder Reue gezeigt, schon gar nicht Trauer.

Zieht man eine Bilanz, dann gelten die »alten Nazis« in der Polizei – bis heute – als rehabilitiert. Sie zeigten weder Mitleid noch schwörten sie ihrer Gesinnung ab, vielmehr schlüpften sie gleich zu Anfang durch die nicht ernsthaft betriebene »Entnazifizierung« und wurden als »entlastet« eingestuft (siehe Kapitel V, Die Entnazifizierung).

Das Straffreiheitsgesetz vom 31. Januar 1951 begünstigte 730 000 Personen. Die Regierung Adenauer und die Mehrheit des Deutschen Bundestages betrieben eine unermüdliche Politik, einen Schlussstrich unter die Vergangenheit zu ziehen. Es galt – auch in der öffentlichen und veröffentlichten Meinung – das Motto, dass die Zeit der Kollektivschuld endgültig vorbei sei. Adenauer erklärte 1951 im Bundestag: »Ich meine, wir sollten jetzt mit der Naziriecherei Schluss machen.«[790]

Am traditionellen Berufsbeamtentum wurde konsequent festgehalten, denn bereits die Väter des Grundgesetzes im Parlamentarischen Rat waren zu 60 Prozent Beamte.[791] Mit dem Gesetz nach Artikel 131 GG, auf dessen 50-jähriges Bestehen im Jahre 2001 zurückgeblickt wird, erfolgte endgültig die nahezu vollständige Wiedereingliederung des nationalsozialistischen Beamtenapparates in den Öffentlichen Dienst. Anstelle unproduktive Pensionen zu zahlen – so die offizielle Version – wollte man lieber die »Kenntnisse der Beamten für den Wiederaufbau des Rechtsstaates und für die Erfüllung schöpferischer Aufgaben« nutzen. Zum Standardrepertoire der für die »131er« kämpfenden Verbände gehörte außerdem die Warnung vor dem Unruheherd, den ein Heer unzufriedener ehemaliger Staatsdiener darstellen könnte. Niemand wollte sich die entlassenen Offiziere und Beamten zu Feinden machen.[792]

Im Bundesinnenministerium betrug 1952 der Anteil an »131ern« 35,3 Prozent, bei den dem BMI nachgeordneten Behörden 43,8 Prozent.[793] Die »131er« bildeten alsbald das Rückgrat einzelner Ministerien und besetzten die Schlüsselpositionen. Die für die Amtszeit von Bundesinnenminister Heinemann gültige Aufnahmesperre für NS-Parteigenossen wurde nach dessen Entlassung aufgehoben. Bei der Ministerialbürokratie kam das überholte Kasten-Denken wieder zum Vorschein – alte Korpsverbindungen aus Studienzeiten, berufliche Kontakte zwischen 1933 und 1945 und gemeinsame Internierung zahlten sich aus. Erreichte ein ehemaliger Beamter seine Wiedereinstellung, zog er einen anderen nach, wie ein Untersuchungsbericht des Bundestages feststellte. Schließlich hatten sich die »131er« etabliert und der Staat den Loyalitätsansprüchen seiner Diener Rechnung getragen.[794] Das galt – wie wir wissen – auch für das Bundeskriminalamt, denn nicht wenige, gegen die ab Ende der fünfziger Jahre als Massenmörder oder Mordgehilfen ermittelt wurde, bekleideten inzwischen führende Positionen.[795]

Zwar schloss das Gesetz Angehörige der Gestapo aus, schuf aber gleichzeitig eine Ausnahmeregelung, wenn jemand »von Amts wegen« zur Gestapo versetzt worden war. Dem betroffenen Personenkreis gelang es überwiegend, die »Ausnahme« für sich zu reklamieren, weil eine Versetzung »von Amts wegen« die Regel gewesen sei. Gelang der Beweis ausnahmsweise nicht, wurden ab 1953 die Dienstjahre bei der Gestapo auf Übergangsgeld und Ruhebezüge angerechnet.[796] Die »Fachvertretung der 131er Polizeiberufsbeamten« verlautbarte im März 1954: »Die Geheime Staatspolizei war eine Behörde des Reiches, der im Wesentlichen keine anderen Aufgaben oblagen, wie sie die politischen Polizeien in allen Kulturstaaten der Welt zu allen Zeiten durchgeführt haben.«[797]

Das Straffreiheitsgesetz von 1954 galt als »Bereinigung« der Rechtspflege. Es amnestierte Gewalt- und Tötungshandlungen im Dienste der NS-Diktatur zwischen dem 1. Oktober 1944 und dem 31. Juli 1945, die »in der Annahme einer Amts-, Dienst- oder Rechtspflicht« begangen worden sind. Voraussetzung war ferner, dass dem Täter keine Einsichtsfähigkeit zuzumuten war und dass eine Strafe nicht höher lag als drei Jahre. Bemerkenswert ist eine Entscheidung des OLG Hamm von 1955. Es ging um Gestapoangehörige unterer Ränge, die Gruppen von Kriegsgefangenen erschossen hatten. Die Täter wurden von einer Strafe freigestellt, weil sie nach Auffassung des OLG Hamm eine Einsichtsfähigkeit für ihr rechtswidriges Tun nicht besessen hätten.[798]

Danach folgende Verjährungsgesetze bildeten weitere Barrieren einer strafrechtlichen Verfolgung. 1960 verweigerte der Gesetzgeber eine Verlängerungsfrist der Verjährung für Totschlag, und 1969 trat durch eine Änderung des § 50 Abs. 2 StGB die Verjährung von Beihilfe zum Mord ein, sofern dem Täter nicht niedere Beweggründe oder grausame und heimtückische Tatausführung nachzuweisen war, wovon so gut wie alle Schreibtischtäter des RSHA profitierten.[799]

1958, 1963 und 1965 untersuchte das Allensbacher Meinungsforschungsinstitut die Haltung der Bundesbürger zu den NS-Verfahren. Bemerkenswert konstant hoch mit 52 bis 54 Prozent lag die Zustimmung zu einer Beendigung der NS-Prozesse.[800]

Vor allem die beiden großen Kirchen kümmerten sich nach 1945 intensiv um internierte und inhaftierte ehemalige Angehörige der Sicherheitspolizei und versuchten ihnen bei der beruflichen Reintegration zu helfen. Die Akten der Entnazifizierungsverfahren quellen geradezu über mit »Persilscheinen« evangelischer und katholischer Würdenträger. Das Gros der zunächst abgeurteilten und inhaftierten Mitglieder der politischen und funktionellen Eliten des Dritten Reiches war wenige Jahre nach dem Krieg wieder auf freiem Fuß und politisch weitgehend rehabilitiert.[801] Mitte der fünfziger Jahre hatte sich ein Bewusstsein durchgesetzt, das die Verantwortung für die Schandtaten des Dritten Reiches allein Hitler und einer kleinen Clique von Hauptkriegsverbrechern zuschrieb, während es den Deutschen in ihrer Gesamtheit den Status von »politisch Verführten« zubilligte, die der Krieg und seine Folgen schließlich sogar selber zu »Opfern« gemacht hatten.[802] In den sechziger Jahren scheiterte die strafrechtliche Aufarbeitung der NS-Vergangenheit insbesondere an dem Heer ehemaliger NS-Juristen, die wieder als Staatsanwälte und Richter in Amt und Würden waren. Dass im Bundeskriminalamt fast alle ehemaligen NS-Täter in den letzten Jahren vor ihrer Pensionierung noch einmal befördert wurden, unterstreicht die erfolgreich vollzogene Renazifizierung.

Mit der Rehabilitierung der Kriminalisten des NS-Staates wurde auch ein Ordnungsdenken übernommen, das die Ausgegrenzten der Gesellschaft zum Problem erhob, nicht aber deren Ausgrenzung problematisierte. Die mörderischen Folgen dieses Denkens im Nationalsozialismus wurden in der Polizei bis in die heutige Zeit nicht thematisiert.[803]

Das BKA als Zielscheibe des DDR-Staatssicherheitsdienstes

Bei dem Vorgehen des Ministeriums für Staatssicherheit der DDR (MfS) gegen das BKA müssen vier verschiedene Handlungsweisen unterschieden werden:

Der Staatssicherheitsdienst der DDR setzte in mindestens zwei Fällen, einmal auch »erfolgreich«, operativ Agenten gegen das Bundeskriminalamt ein, ferner sammelte er gezielt Material über BKA-Beamte, das heute – soweit es nicht vernichtet wurde oder auf einem grauen Markt der Nachrichtenhändler verschwunden ist – in der Behörde der Bundesbeauftragten für die Unterlagen des Staatssicherheitsdienstes der ehemaligen Deutschen Demokratischen Republik (BStU – Gauck-Behörde) erschlossen werden kann und auch eine Relevanz hinsichtlich der braunen Vergangenheit von BKA-Protagonisten besitzt. Darüber hinaus verbreitete die DDR zu Agitprop-Zwecken Publikationen (zum Beispiel das »Braunbuch«), die allerdings durchaus historischen Informationswert besitzen. Und schließlich versammelt das MfS-Archiv in Dahlwitz-Hoppegarten bei Berlin Material auch zu den Biografien von Angehörigen des BKA. Letztere Erkenntnisse flossen in die in diesem Buch abgehandelten Lebensbeschreibungen ein, decken sich aber auch teilweise – Karrieredaten betreffend – mit Archivalien westdeutscher Landes- und Bundesarchive.

Im Ergebnis kann man feststellen, dass sich – nach bisherigem Wissensstand – die über 4000 Bediensteten des Bundeskriminalamtes als resistent gegen den DDR-Staatsicherheitsdienst erwiesen haben. Die Experten um Markus Wolf in der »Hauptverwaltung Aufklärung« hatten kaum eine Chance, die staatstreuen Mitarbeiter der Wiesbadener Behörde zu infiltrieren, was nicht zuletzt in einer sicherheitsbewussten Personalauswahl seine Ursache hatte. Nach der Wende konnte nur eine Sekretärin als Agentin enttarnt werden, die seit 1978 unter dem Decknamen »Bussard« Material nach Ost-Berlin geliefert haben soll. Informelle Mitarbeiter (IM) wurden nach Auskunft der Gauck-Behörde nicht entdeckt.[804] Ein Geheimdienstangriff auf den BKA-Präsidenten Dr. Herold und seinen Fahrer Mitte der siebziger Jahre durch den MfS-Agenten Rolf Grunert, seinerzeit Vorsitzender des Bundes Deutscher Kriminalbeamten (BDK), wurde rechtzeitig erkannt und trug mit zur Verurteilung Grunerts zu einer Freiheitsstrafe von fünf Jahren bei.[805]

Definiert man das BKA als eine Behörde mit einer antikommunistischen Grundhaltung – wofür sehr viel spricht –, dann fehlte es einerseits an einem Nährboden, auf dem eine geheime Zusammenarbeit mit der DDR gedeihen konnte, und war andererseits eine gesteigerte Sensibilisierung und Wachsamkeit gegen nachrichtendienstliche Angriffe aus dem östlichen Lager vorhanden. Umgekehrt wird die CIA leichtes Spiel gehabt haben, an interne Informationen zu gelangen, was aber an anderer Stelle untersucht werden müsste.

In der Berliner Gauck-Behörde konnten zwar für 17 BKA-Beamte des ehemals Leitenden Dienstes Karteikarten bei der Hauptabteilung IX des MfS nachgewiesen werden, daraus erschlossen sich aber nur für fünf Personen noch vorhandene konkrete Vorgänge:[806]

Ein unbekannter Stasi-Agent versuchte im Jahre 1958 die BKA-Beamten Dr. Josef Ochs und Heinz Drescher auszuspähen, indem er die in der Nähe des Amtes in Wiesbaden gelegenen Wohnhäuser aufsuchte und sich unter einem Vorwand bei Hausbewohnern erkundigte. In beiden Fällen wurden die Vorgänge im März 1965 endgültig geschlossen, »da das Material für eine operative Bearbeitung keine Perspektive besitzt«.[807]

Aus nicht genannten Gründen interessierte sich im gleichen Jahr die Abt. VIII des MfS für Adalbert (richtig Adelbert) Buttler, der einem »Ermittlungsbericht« zufolge 1949 oder 1950 als »131er« wieder eingestellt wurde und als Kriminalkommissar im Polizeipräsidium Wiesbaden arbeiten sollte. Schriftverkehr mit dem SS-Personalhauptamt aus dem Jahre 1943 weist Buttler als ehemaligen Leutnant der Schutzpolizei aus, SS-Nr. 350 521. Dass er Angehöriger des BKA wurde, war dem MfS nicht bekannt, als der Vorgang 1965 mit der oben angeführten Formel der »Perspektivlosigkeit« zur Ablage in das Archiv der Abteilung XII verfügt wurde.[808]

Theo Saevecke wurde 1961 von der Hauptverwaltung A – Abteilung I – des MfS »bearbeitet«, indem man in Polen über seine Tätigkeit als Leiter der Mordkommission in Posen Feststellungen treffen ließ. Das Ergebnis war mager. Allerdings wird durch diese Akte belegt, dass Saevecke bei dem Überfall auf Polen Angehöriger der Mordkommandos der Einsatzgruppe VI gewesen ist.

1962 suchte man den Aufenthaltsort des ehemaligen deutschen Vermieters von Saevecke in Posen und bat um baldige Überprüfung, weil es sich um »eine wichtige Angelegenheit« handele. Es ist zu vermuten, dass der Staatssicherheitsdienst nach Wegen suchte, einen IM an Saevecke heranzuspielen, um die Sicherungsgruppe auszukundschaften. Der Vermieter war jedoch vor dem Einmarsch der sowjetischen Armee »in unbekannte Richtung geflüchtet«. Nach der Jahreszahl des Aktenzeichens zu urteilen, wurde der Vorgang erst 1976 geschlossen.[809]

Umfangreich sind die Stasi-Akten, die Dr. Hanns Jess betreffen. 1954 hatte sich der Leiter des Bundesamtes für Verfassungsschutz (BfV) in Köln, Otto John, in die DDR abgesetzt. Über die Presse wurde in der DDR bekannt, dass der BKA-Präsident, Hanns Jess, trotz Erreichens der Altersgrenze nicht pensioniert, sondern mit der Leitung des BfV beauftragt wurde. Dass dies nur kommissarisch für ein Jahr erfolgte, konnte man in Ost-Berlin zunächst nicht wissen. Dort schrillten alle Alarmglocken, weil Jess ein ehemaliger DDR-Bürger war, sodass man Ansatzpunkte suchte, ihn zu bespitzeln, um über ihn das BfV zu infiltrieren.[810]

Die Erforschung von Jess' Vergangenheit brachte keine belastenden Erkenntnisse im Sinne des Staatssicherheitsdienstes. Der Jurist war hiernach von 1919 bis 1923 Chef der Stadtpolizei Schwerin, danach zwischen 1923 und 1932 als Ministerialrat Leiter der Polizeiabteilung im mecklenburgischen Innenministerium. Dann wurde er Leiter des Landeskriminalamtes von Mecklenburg. Ab 1933 blieb er zwar Beamter, unterlag aber einer Beförderungssperre und anderen Einschränkungen, da seine Ehefrau als »Halbjüdin« galt.[811]

In den folgenden Monaten wurden zahlreiche Personen konspirativ kontaktiert, die beruflich oder privat mit Dr. Jess zu tun hatten, der von 1945 bis 1948 Präsident der Reichsbahndirektion Schwerin war, bis er sich nach Westdeutschland absetzte. Man plante auch solche Personen einzubeziehen, die als »Republikflüchtige« inzwischen in der BRD lebten. So auch den »Geheimen Informator« (GI) »Bernhard-Walter«, der sich nach der Anwerbung abgesetzt hatte. »Der GI soll aufgrund seiner Besitzverhältnisse (Haus) zur Mitarbeit gezwungen werden, da keinerlei andere Druckmittel vorhanden sind.« (19. Dezember 1954) Dann entdeckte man doch noch ein »Druckmittel«, nämlich eine Tochter des GI, die in der DDR in Haft einsaß. »Auch dieses kann ausgenützt werden, um den GI zu einer Rückkehr zu zwingen. Schlagen alle Möglichkeiten fehl, so ist der GI so zu kompromittieren, um ihn an seinem jetzigen Aufenthaltsort unmöglich zu machen.« (4. Januar 1955) Mit Jess'

Versetzung in den Ruhestand im August 1955 verlor das MfS sein Interesse.

Eine andere Form des Klassenkampfes der DDR gegen die BRD wurde durch Publikationen geführt. Im Jahre 1965 veröffentlichte der Staatsverlag der DDR ein »Braunbuch« mit dem Untertitel »Kriegs- und Naziverbrecher in der Bundesrepublik in Staat, Wirtschaft, Armee, Verwaltung, Justiz und Wissenschaft«. Als Herausgeber zeichnete der »Nationalrat der Nationalen Front des demokratischen Deutschlands – Dokumentationszentrum der staatlichen Archivverwaltung der DDR«.

Das »Braunbuch« ist ein Werk der Propaganda gegen die BRD, was seinen Inhalt aber nur bedingt schmälert, vor allem wenn man redundante ideologische Begriffe einfach überliest und sich an die Fakten hält, die durch Quellen der DDR-Archive abgesichert sind.[812] Im Vorwort heißt es: »Es nützt nichts, sich über die Tatsache, dass die Nazi-Mörder von gestern im Bonner Staat wieder Macht ausüben, damit hinwegzutrösten, dass es sich nur um einige tausend Leute handele und dass sie sowieso eines Tages aussterben. Erstens beherrschen diese paar tausend Leute 50 Millionen und die stärkste Armee in Westeuropa. Zweitens haben sie längst Zehntausende Nachfolger als Führungselite ihres militärischen Staates im gleichen Ungeist erzogen, der sie selber zu Verbrechern werden ließ.«[813]

Das »Braunbuch« enthält Informationen über 21 Minister und Staatssekretäre der Bundesrepublik, 100 Generäle und Admirale der Bundeswehr, 828 hohe Justizbeamte, Staatsanwälte und Richter, 245 leitende Beamte des Auswärtigen Amtes, der Botschaften und Konsulate und über 297 hohe Beamte der Polizei und des Verfassungsschutzes.

Heute wissen wir, dass das »Braunbuch« nicht annähernd alle einschlägigen Namen aufführt, was sich unter anderem dadurch erklärt, dass den DDR-Historikern die Benutzung des Berlin Document Centers nicht gestattet war. Aus dem BKA sind zum Beispiel nur drei Namen enthalten.[814] Trotzdem war die Publikation Mitte der sechziger Jahre Aufsehen erregend, denn wer hatte bis dato davon gehört, dass die Chefs der Kriminalpolizeidienststellen von Krefeld, Dortmund, Essen, Köln, Duisburg, Opladen, Leverkusen und Düsseldorf, der Präsident der Bayrischen Bereitschaftspolizei oder drei Leiter von Landespolizeischulen ehemals hochrangige SS-Schergen mit einschlägigen Karrieren waren.[815]

Eine andere Frage ist, wie man mit der Publikation politisch umging. Da die DDR vom westlichen Nachbarn zum Non-Staat erklärt worden war, fiel es relativ leicht, auch das »Braunbuch« zum Non-Paper zu stempeln, nämlich als ein unglaubwürdiges Machwerk der Propaganda abzutun. Bei der Zentralen Stelle wurden die drei Auflagen der »Braunbücher« zwar ausgewertet, führten aber in der Beweisführung ohne detailliertes Material aus den DDR-Archiven nicht weiter.[816] Hierzu hätte man über den eigenen Schatten springen und das »Braunbuch« als Materialquelle offiziell anerkennen müssen. In einem zweiten Schritt hätte man an die DDR Rechtshilfeersuchen richten müssen, die der Staat zur Unterstreichung seiner Souveränität in solchen Fällen forderte und welche die BRD aus politischen Gründen verweigerte. Das deutsch-deutsche Dilemma war ein Verfolgungshindernis und ist es auch bis zur Wende geblieben.

Auf der anderen Seite bot das »Braunbuch« deutliche Hinweise auf Personen, deren Vorleben man sehr wohl in den Archiven unter Ausklammern der DDR hätte überprüfen können und müssen. So wäre man zum Beispiel auf Dr. Oskar Wenzky gestoßen,[817] eine »Leitfigur« in der kriminalistischen Fachliteratur der fünfziger und sechziger Jahre,[818] gern gesehener Gast im Bundeskriminalamt als Redner bei Tagungen. Wenzky (Jahrgang 1911) war nach 1945 Leiter der Kripo Köln, Dozent am Polizei-Institut Hiltrup, Leiter des LKA Düsseldorf, Referent im Innenministerium des Landes NRW (bis 1971) und Lehrbeauftragter für Kriminalistik an der Universität Köln.[819] Zwar galt er als arrogant und war deshalb mehr oder weniger unbeliebt, doch hätte seine Meinungsführerschaft in kriminalpolizeilichen Fachfragen in einem anderen Licht gestanden, wäre seine NS-Vergangenheit erforscht worden, von strafrechtlichen und disziplinarischen Konsequenzen ganz zu schweigen. Wenzky war nämlich ab 1941 bis zum Einmarsch der Alliierten als Kriminalkommissar und SS-Hauptsturmführer beim Befehlshaber der Sicherheitspolizei und des SD in Den Haag tätig, ab Dezember 1942 als Leiter des Amtes V (Verbrechensbekämpfung).[820]

Die Vernetzung der Kripo mit Gestapo und SD in den besetzten Gebieten, gemeinsame Einsätze und menschenrechtswidrige Razzien der Kripo sind bereits in mehreren Fällen dokumentiert worden. Wenzky hatte unter dem Reichskommissar Seyß-Inquart, dem Höheren SS- und Polizeiführer Rauter und dem Befehlshaber der Sicherheitspolizei (Harster/Naumann/Schöngarth) die Gesamtverantwortung für den kriminalpolizeilichen Einsatz in den Niederlanden. Dazu gehörten Razzien nach versteckten jüdischen Familien genauso wie die Bekämpfung von Widerstandsgruppen und die Unterstützung der Deportatiosmaschinerie. In dem unmenschlichen Räderwerk hatte Oskar Wenzky eine wichtige Position und war damit mitverantwortlich, dass aus den Niederlanden 105 000 Juden – zumeist über das Lager Westerbork – in die Vernichtungslager deportiert wurden, überwiegend nach Auschwitz (60 000) und Sobibor (34 300). Die meisten überlebten die Todeslager nicht.[821]

Eine etwas andere Bedeutung hatte das Buch »Nicht länger geheim«, das 1969 im Militärverlag der DDR erschien.[822] In bisher nicht bekannter Weise wurden Organisation, Arbeitsweise und personelle Besetzung von Bundesnachrichtendienst, Verfassungsschutz und Militärischem Abschirmdienst (MAD) offen gelegt, ein »Meisterwerk« der Stasi, deren Mittel und Methoden, solche intimen Einblicke beim Klassenfeind zu gewinnen, inzwischen weitgehend bekannt sind.

Im historischen Rückblick erläutern die Autoren Albrecht Charisius und Julius Mader die Tätigkeit der Geheimdienste des NS-Regimes und ausführlich die Organisation des Amtes Ausland/Abwehr im Oberkommando der Wehrmacht, in dessen Verzweigungen sich auch Paul Dickopf tummelte, ohne dass er von den Verfassern namentlich genannt würde, dazu war seine Bedeutung zu gering. Als BKA- und Interpol-Präsident ist er allerdings unter den »ausgewählten Kurzbiografien« zu finden, wie zahlreiche Beamte und Agenten von BND, BfV und MAD, die hier erstmals zum Teil mit ihren Decknamen »geoutet« wurden, aber auch Politiker, die in Bundes- und Landesministerien für BND, BfV und MAD verantwortlich zeichneten oder im Vertrauensmänner-Gremium für Geheimdienste des Bundestags saßen. Als Beamte des Bundeskriminalamtes wurden ferner Dr. Horst Herold als BKA-Präsident und Karl Schütz als Leiter der BKA-Abteilung Staatsschutz (seit 1974) sowie von der Sicherungsgruppe Dr. Ernst Brückner erwähnt, der von 1964 bis 1967 Vizepräsident des BfV in Köln war.

Natürlich interessierte die DDR-Autoren die Schnittstelle zwischen Verfassungsschutz und Bundeskriminalamt (Sicherungsgruppe) sowie Landeskriminalämtern (Staatsschutz-Abteilungen). Die Zusammenarbeit, die vor allem im informellen Bereich seit eh und je undurchschaubar ist, wird richtig beschrieben als eine Form gegenseitiger Verpflichtung zur Information und zur Amtshilfe. Zusammenfassend schreiben die Autoren: »So ist der gesamte Apparat für Öffentliche Sicherheit und Ordnung der BRD, der immerhin über 250 000 Beamte und Angestellte umfasst, eindeutig verpflichtet, den LfV und dem BfV zuzuarbeiten.« Ob das bis zur letzten Funkstreifenbesatzung geschah, mag man in Frage stellen. Auch die Schlussfolgerung »Gegenüber der Polizei nimmt der Verfassungsschutz-Apparat im Kampf gegen die demokratischen Kräfte eine dominierende Stellung ein«[823] ist nur schwer zu überprüfen. Hand in Hand haben allerdings verantwortliche Vertreter des Verfassungsschutzes und der Polizei den Bereich des Rechtsextremismus sträflich vernachlässigt – um nicht zu sagen, mit ihm geliebäugelt – wie sich auch die »Entwicklungshilfe« für Folterregime seitens BKA und BND ergänzte.

Will man den DDR-Erkenntnissen glauben, hatte der Architekt des BND, Reinhard Gehlen, im Jahre 1954 etwa 4000 ehemalige SS-Offiziere und SD-Agenten unter Vertrag.[824] Nicht viel anders waren die Verhältnisse beim Verfassungsschutz zu beurteilen, wenn man die ungebrochene Kontinuität vor Augen hat: »Ein beachtlicher Teil des Führungspersonals im BfV und in den LfV wurde aus dem Personalbestand des RSHA (Sicherheitspolizei und SD) übernommen. Es ist mehrfach nachgewiesen worden, dass viele Leitungsfunktionen im Verfassungsschutz-Apparat mit Angehörigen der in Nürnberg als verbrecherisch verurteilten Organisationen der SS und des SD besetzt worden sind und dass diesen Personen teilweise durch jahrelange Amtshilfe Schutz vor Verfolgung und Aburteilung durch die Alliierten geboten wurde. Es wurden sogar mehrere SS-Sturmbannführer festgestellt.«[825]

Das Buch listet 16 »Fach-Nazis in Leitungsfunktionen« der Gestapo und des SD namentlich auf, die die Arbeit des BfV wesentlich bestimmten.

Der DDR-Historiker Klaus Gessner schließlich hat die »Geheime Feldpolizei« durchleuchtet und den Nachweis geführt, dass sie als »Gestapo der Wehrmacht« auf unvorstellbare Weise am Völkermord in der UdSSR beteiligt war. Das 1986 erschienene Buch[826] ermöglichte die bessere Einordnung des ehemaligen Leitenden Feldpolizeidirektors im Heeresabschnitt Mitte, Bernhard Niggemeyer, dritter

Mann an der Spitze des BKA, sowie des Feldpolizeidirektors Kaintzig und einiger GFP-Gruppen-Chefs, die im BKA als Kriminalräte tätig waren.[827]

Geschichtsklitterung

In der Publikationsreihe »Ämter und Organisationen der Bundesrepublik Deutschland« legten Paul Dickopf und Rolf Holle 1971 den Band »Das Bundeskriminalamt« vor, der mit seinem knappen Stil in erster Linie die Handschrift Holles trägt. Wie von diesen beiden Autoren nicht anders zu erwarten, geben sie zwar einen geschichtlichen Überblick der Verbrechensbekämpfung in Deutschland, klammern aber die Verbrechen des Nationalsozialismus völlig aus. Dafür finden sie die Errichtung der Reichskriminalpolizei im Jahre 1937 besonders erwähnenswert, durch deren effiziente Zentralisierung mit dem Reichskriminalpolizeiamt an der Spitze die »Schlagkraft« erhöht wurde gemäß den »Richtlinien der Chefs der Sicherheitspolizei«. Angesichts des Holocausts lassen solche Begriffe schaudern, während Dickopf und Holle nachgerade wehmütig auflisten, was das RKPA alles durfte und konnte und was dem BKA versagt blieb. Da werden zum Beispiel die 13 Reichszentralen sowie das Kriminaltechnische Institut erwähnt und die Befugnisse des RKPA aufgezählt: das Recht auf Einsichtnahme in die Geschäftstätigkeit der staatlichen und kommunalen Kriminalpolizei, die reichsweite Kontrolle des Ausbildungs- und Ausrüstungsstandes, die Ermächtigung, im gesamten Reichsgebiet Amtshandlungen vorzunehmen und Ermittlungen zu führen.

»Die auf der alten preußischen landeskriminalpolizeilichen Organisation aufbauende Reichskriminalpolizei muss in ihrer ursprünglichen Form als bedeutender Fortschritt in der Bekämpfung besonders des reisenden Verbrechertums angesehen werden. Einheitliche Ausbildung der Kriminalbeamten, allgemein verbindliche Arbeitsrichtlinien, ein straffer kriminalpolizeilicher Meldedienst, ein ausgedehntes Funk-, Fernsprech- und Fernschreibnetz, die Einrichtung Kriminaltechnischer Untersuchungsstellen, gemeinsame Fahndungshilfsmittel, dazu ein einheitlich organisiertes Einwohnermeldewesen mit gut funktionierendem Rückmeldesystem und ein heute noch in den meisten Ländern der Erde praktiziertes Hotelfremdenmeldewesen haben ebenso wie einheitliche Besoldung und Dienstbezeichnungen der Kriminalbeamten, gleiche Dienstausweise und Dienstmarken, übersichtliche und gleiche Firmierung der Kriminalpolizeidienststellen gleicher Ebenen u. v. a. m. die Kriminalpolizei zu einer äußerst wirksamen Waffe im Kampf gegen das gewerbs- und gewohnheitsmäßige Verbrechertum gemacht.«[828]

Mit solchen Sätzen verklärten die Autoren die Reichskriminalpolizei und hätten eigentlich hinzufügen müssen, dass sie zu einer Kriminellen Vereinigung geworden war.

Der Band fügt sich nahtlos ein in eine Reihe ähnlicher Werke, deren Verfasser zumeist dem Berufsstand angehören, über den sie historische Leitfäden verfassten. Im Jahre 1955 veröffentlichte Walter Zirpins eine Broschüre über »Die Entwicklung der polizeilichen Verbrechensbekämpfung in Deutschland«.[829] Formulierungen wie »Verbrecherbekämpfung durch totales Erkennen und Erfassen des Gegners in seiner Gesamtheit und durch seine Unschädlichmachung« entstammen dem Vokabular des SS-Staates. Zirpins plädiert für eine richterlich angeordnete polizeiliche Vorbeugungshaft, »die nicht mit der politischen Schutzhaft verwechselt werden« dürfe, und attestiert der Reichskriminalpolizei, dass sie ihre »Aufgaben glänzend bestanden« habe. Die Verbrechen wie selbstverständlich ignorierend, beruft sich Zirpins auf das hohe Berufsethos der Reichskriminalpolizei, die im Dritten Reich »fünftes Rad am Wagen« gewesen sei, eine oft gebrauchte apologetische Formulierung. Als »Grundsatzfrage« greift er unter anderem das Problem der »Zigeuner« auf und stellt fest: »Die Landfahrer stellen schon seit Jahrhunderten in Europa eine besonders im Gefolge von Kriegen auftretende Gefahr für die öffentliche Sicherheit und Ordnung dar.«[830] Leute wie Zirpins muss man als schamlos bezeichnen, hätte er doch als ein Mann der Gestapo, als Leiter des Kripo-Einsatzes im Ghetto von Lodz (»Litzmannstadt«) und als Angehöriger des RKPA, als Ausbilder an der SS-Führerschule sowie als Verfasser von NS-Fachschrifttum allen Grund gehabt, sich nicht mehr öffentlich zu äußern.[831] Ungeteilten Beifall erhielt er von Paul Dickopf, der ihm am 2. April 1955 schrieb:

»Sie wissen, dass wir uns alle freuen, wenn einer von den ›Alten‹ etwas Sachdienliches veröffentlicht. (...) Was Ihre Schrift betrifft, waren wir uns einig, dass diese Dinge so und nicht anders dargestellt werden müssen – auch wenn die Lektüre manchem Uneinsichtigen nicht gefallen sollte. Ich habe mir erlaubt, für Schulungszwecke 150 Exemplare beim Verlag bestellen zu lassen; Sie mögen daraus ersehen, dass wir aus unserem Urteil die Konsequenzen ziehen und für die Verbreitung Ihrer Gedanken sorgen.«[832]

Im »kameradschaftlichen« Schriftwechsel stand Dickopf auch mit dem Kriminalbeamten Herbert Kosyra, einem »Vielschreiber« in der polizeilichen Fachliteratur, der sich unter anderem auch unverblümt für die Todesstrafe einsetzte.[833] Er war einst in Kattowitz tätig und hat seine Erfahrungen in dem 1958 erschienenen Buch »Mörder, Räuber und Banditen – Das polnisch-oberschlesische Bandenwesen während des Zweiten Weltkriegs 1939-1945« verarbeitet.[834] Leider verwechselt er Täter und Opfer und stempelt polnische Widerstandsgruppen zu Kriminellen, die sich in Wahrheit in Notwehr gegen den barbarischen Unterdrückungsapparat der Nationalsozialisten auflehnten – zu dem der Autor Kosyra zählte. Die Gründe sucht er nicht etwa in den politischen und sozialen Unterdrückungsverhältnissen, sondern in der angeblich besonders brutalen »Psyche des polnischen Verbrechers«. Willy Gay, langjähriger Schriftleiter der »Kriminalistik«, spricht im Vorwort zu Kosyras Buch noch im Jahre 1958 vom »Kampf der Ordnungselemente« gegen ein »entfesseltes Untermenschentum«.[835] Das NS-Gedankengut Gays[836] verwundert nicht, wenn man weiß, dass er von 1934 bis Januar 1945 als Stellvertretender Leiter der Kripo Köln für die Inspektion »Vorbeugende Verbrechensbekämpfung« zuständig war. Er erließ in dieser Funktion gegen unzählige so definierte »Untermenschen«, wie Homosexuelle, Sinti und Roma oder Menschen sozialschwacher Randgruppen, Vorbeugungshaftbefehle, die dann im RKPA von Leuten wie Dr. Ochs bestätigt wurden und sodann die Einlieferung in ein KZ zur Folge hatten. Gay zählt zu den Kriminalisten, die in der Weimarer Republik das planten, was die Nationalsozialisten schließlich durchsetzten; in der Nachkriegszeit versuchte er (als ranghöchster Kriminalbeamter im Innenministerium NRW von 1948 bis 1952), an seine Ideen wieder anzuknüpfen. Es versteht sich, dass er BKA-Männern wie Holle, Niggemeyer oder Eschenbach in der »Kriminalistik« immer wieder eine Plattform für ihre Leitartikel bot.[837]

Die »Kleine Polizei-Geschichte« von Paul Riege, 1954 erschienen, ist aus der Sicht der uniformierten Polizei geschrieben. Der Verfasser war Generalleutnant der Ordnungspolizei und beklagt, dass die eingesetzten Höheren SS- und Polizeiführer den »hohen Generalsrang« bedauerlicherweise entwertet hätten, der sonst nur »in einer sehr langen und tadelsfreien Laufbahn von Rang zu Rang erdient werden konnte«.[838] Riege übt Kritik an der NS-Führung und meint, dass die Polizei die Abhängigkeit von einer Parteigliederung »scharf ablehnte«. Zwar sprach er sich gegen die Parole »Recht ist, was dem Volke nützt« aus, denn: »Wenn Recht gleich Zweckmäßigkeit gesetzt wurde, dann entstand daraus Willkür und damit Unrecht.« Allerdings – »die Beamten der Ordnungspolizei taten auch unter den veränderten Verhältnissen ihren Dienst zuverlässig und treu, wie sie es gelernt hatten«. Deswegen habe es Himmler nicht vermocht, die deutsche Ordnungspolizei zu einem willfährigen Instrument seiner Machtbestrebungen zu machen. Riege lobt, dass »zahlreiche Polizeibataillone, Regimenter und sogar eine eigene Polizeidivision im Rahmen der Wehrmacht auf vielen Kriegsschauplätzen in der vordersten Front mit Erfolg gekämpft« hätten. – Dass sie zwar »ganz normale Männer« waren, aber in Massenmorde tief verstrickt wurden (Christopher Browning), verschweigt der ehemalige Polizeigeneral. Paul Dickopf wollte glauben machen, dass die Kriminalpolizei »sauber« blieb; Paul Riege will dasselbe Bild von der Schutzpolizei zeichnen, denn die Verbrechen hatten jeweils die anderen begangen. Das waren für Riege Hitler, Himmler, Heydrich »unter anderem«, selbst die Gestapo nahm er in Schutz: »Es ist sehr bedauerlich, dass die Beamten, die seinerzeit bei der Geheimen Staatspolizei Dienst getan haben, in ihrer Gesamtheit für Dinge verantwortlich gemacht werden, mit denen sie – von Ausnahmen abgesehen – nichts zu tun hatten.«[839]

Besser geschwiegen hätte auch die Regierungs- und Kriminalrätin »i. R« Friedrike Wieking. Sie schrieb 1958 »Die Entwicklung der weiblichen Kriminalpolizei in Deutschland – von den Anfängen bis zur Gegenwart«. Wieking war die oberste Kriminalbeamtin der Reichskripo und stand im RKPA dem Referat A 3 Weibliche Kriminalpolizei (WKP) vor. Nach dem Geschäftsverteilungsplan oblagen ihr Dienst- und Fachaufsicht über die WKP einerseits (Sachgebiet A 3 a) und die Reichszentrale zur Bekämpfung der Jugendkriminalität (Sachgebiet A 3 b) andererseits. Die Reichszentrale war zuständig für Vorbeugungshaft und planmäßige Überwachung Jugendlicher, für die Errichtung von polizeilichen Jugendschutzlagern und für die Einweisung in solche Lager.[840]

Die Schreibtischtäterin Wieking (Jahrgang 1891) beschreibt die Geschichte der WKP als eine Erfolgsstory ohne jede Distanz zu sich selbst und ihrer Tätigkeit. Sie hatte nämlich einst eine Flut von Erlassen produziert,[841] die polizeiliche Erziehungsmaßnahmen regelten. Solche reichten vom gewaltsamen Haarescheren über Jugendarrest (Wochenendkarzer), Arbeitsauflagen für die Freizeit, Einweisung in Wehrertüchtigungs- und Jugenderziehungslager bis zur verfrühten Einberufung in die Wehrmacht oder Einweisung in Jugendschutzhaft. Die Maßnahmen waren gerichtet gegen Gruppen mit »kriminell-asozialer Einstellung« (wozu schon »Unfug« oder »Raufhändel« ausreichten), gegen Gruppen mit »politisch-oppositionellem Verhalten« und gegen solche mit »liberalistisch-individualistischer Grundhaltung«.[842] Der Umfang an Zwangsmitteln, auf welche die Polizei gegenüber Jugendlichen zurückgreifen konnte, erreichte unter dem Einfluss dieser Frau ein bis dahin nicht gekanntes Niveau.[843]

Jugendschutzlager wurden in den Jahren 1940 und 1942 errichtet. Als wolle sie den Teufel mit dem Beelzebub austreiben, schreibt Wieking in ihrer Broschüre: »Man mag zu dieser Einrichtung stehen wie man will, eines verdient nachdrücklich festgehalten zu werden: Wäre sie nicht entstanden, so wären diese schwer gefährdeten Minderjährigen, die immer wieder mit dem Strafrecht, und somit auch der Polizei, in Konflikt gerieten, unweigerlich – und zwar ohne Anhörung der Jugendbehörden – in die Konzentrationslager zu den erwachsenen Asozialen und Gewohnheitsverbrechern gekommen. Außerdem ist hier noch zu bemerken: Dem Rufe der Jugendschutzlager haben die Geschehnisse in den Konzentrationslagern, denen man sie – unberechtigterweise – nach 1945 zuordnen wollte, sehr zum Schaden gereicht. Die Jugendschutzlager waren selbständige Einrichtungen des Reichskriminalpolizeiamtes mit einem eigenen Etat und fachlich dem Referat WKP unterstellt.«[844]

Das erste Jugendschutzlager wurde 1940 in Moringen bei Göttingen errichtet. Die Haftdauer war unbefristet. Die Gefangenen unterlagen einer »kriminalbiologischen Begutachtung« durch den Rassehygieniker Robert Ritter. Nur eine Minderheit der Kinder und Jugendlichen wurden in die Freiheit entlassen, zumal man sie bei Erreichen der Volljährigkeit in ein gewöhnliches KL überführte. Bis Kriegsende wurden etwa 1400 männliche Jugendliche nach Moringen eingewiesen, von denen mindestens 89 umkamen. Für Mädchen wurde 1942 in unmittelbarer Nähe des KZ Ravensbrück das Jugendschutzlager Uckermark mit etwa 600 Haftplätzen errichtet. Für polnische Kinder und Jugendliche bestand ab 1942 in Lodz das Polen-Jugendverwahrlager Litzmannstadt. Dort kamen vermutlich 500 Kinder und Jugendliche ums Leben.[845] Zu Recht verdienten die Jugendschutzlager die Bezeichnung »KZ für Kinder und Jugendliche«.

Bernd Wehner bezeichnet Wieking in seinem Buch »Dem Täter auf der Spur« als eine Frau, »die, aus der christlichen Sozialarbeit kommend, ihre Polizeiaufgabe immer als Hilfeleistung für die Schwachen verstanden hätte«. Wehner meint, dass die WKP mit ihrem Hauptaufgabengebiet, »dem zuvörderst Erziehungs- und Fürsorgegedanken innewohnten, das ›mütterliche Element‹ in die (männliche) Kriminalpolizei eingebracht« habe. »So widersprach eben auch die WKP nur auf den ersten Blick dem Zeitgeist und dem NS-Frauenbild und war bald der Fürsprache der ›Reichsfrauenführerin‹ sicher, die sich, von der Notwendigkeit einer Weiblichen Kriminalpolizei überzeugt, bereit erklärte, sich für die Beamtinnen und ihre Sache im Hauptamt Sicherheitspolizei einzusetzen.«[846]

In seinem »Spiegel«-Artikel vom 14. März 1951 erinnerte Wehner daran, dass die »Organisatorin und Chefin der weiblichen Kriminalpolizei nach fünfjähriger russischer Internierung erwerbslos sei und auf eine Wiedereinstellung warte«. Max Hagemann wurde als Referent im Bundesinnenministerium zur Stellungnahme aufgefordert und schrieb: »Frau Wieking interessiert nicht, da eine Bearbeiterin für weibliche Kriminalpolizei im Bundeskriminalamt nicht vorgesehen ist.«[847] Als sich daraufhin eine Regierungsdirektorin Dr. Karsten einschaltete und einen Verstoß gegen die Gleichberechtigung beanstandete, erklärte Hagemann: »Bei welchem Aufgabengebiet im BKA eine weibliche Kraft anstatt eines von den vielen Tausenden von tüchtigen ehemaligen Kriminalpolizeibeamten, die noch nicht wieder eingestellt werden konnten, mit besonderem Erfolg tätig werden könnte, ist schlechthin unerfindlich.«[848]

Bei dieser grundsätzlichen Haltung der Männergesellschaft im BKA, hinter der die Überzeugungen von Dickopf, Holle und Niggemeyer standen, ist es in den fünfziger und sechziger Jahren geblieben. Nach ihrer Ansicht waren Männer von Haus aus tüchtig, während Frauen besondere Erfolge aufweisen mussten. 1967 schrieb Niggemeyer in dem von ihm herausgegebenen Band der Schriftenreihe »Kriminologie – Leitfaden für Polizeibeamte«: »Die Verstandessphäre, also die Rationalschicht der Persönlichkeitsstruktur, ist bei der Frau nicht so stark ausgeprägt wie beim Mann. Die Neigung der Frau zur Lüge und Unaufrichtigkeit erinnert uns an das volkstümliche Sprichwort ›Die Zunge ist das Schwert der Frau‹.«[849]

Der Erforschung der Geschichte der Polizei im Nationalsozialismus und der Entwicklung der Nachkriegspolizei führte über Jahrzehnte ein Schattendasein, denn es erschienen fast nur exkulpierende Werke,[850] überwiegend verfasst von Insidern ohne kritische Distanz.[851] Zwar widmete sich die wissenschaftliche Forschung den Sparten SS, SD und Gestapo, aber nicht der uniformierten Polizei und der Kriminalpolizei. Ein wesentlicher Grund hierfür besteht in der bis heute anhaltenden Abschottung der Polizei, die sich »nicht in die Karten schauen lässt«. Vertreter des Bundesarchivs Koblenz bemängeln, dass das Bundeskriminalamt entgegen den Bestimmungen der §§ 2 ff. des Archivgesetzes so gut wie kein Archivgut abgibt. Der Bestand B 131 (Bundeskriminalamt) führt ein kümmerliches Dasein und beinhaltet einige wenige Akten über die Rote Armee Fraktion (RAF) und die Fahndung nach dem Nazi-Täter Mengele (siehe Vorbemerkungen zu diesem Buch).

Trotzdem hat sich seit etwa Mitte der neunziger Jahre ein Paradigmenwechsel insoweit vollzogen, als die Polizei vermehrt im Fokus kritischer wissenschaftlicher Geschichtsbetrachtungen erscheint, sodass der »weiße Fleck« langsam zu verschwinden beginnt.[852] Vereinzelt gilt das auch für polizeiinterne Publikationen.[853] Als vorbildlich sind hervorzuheben die Wanderausstellung des Polizeipräsidenten Köln »Wessen Freund und wessen Helfer?«[854] und die Freistellung eines Polizeibeamten durch den Polizeipräsidenten Düsseldorf, der den Auftrag hat, anhand alter Polizeiakten der Behörde die Zeit des Nationalsozialismus zu dokumentieren.

XI DAS ENDE DER ARCHITEKTEN DES BKA

Nach Hermann Höcherl wechselten die Bundesinnenminister in rascher Folge: Nach Paul Lücke (1968-1969) kam Ernst Benda (1969), und von 1969 bis 1974 war Hans-Dietrich Genscher im Amt, ein »Macher«, der die unübersehbaren Schwächen des Bundeskriminalamtes alsbald erkannte. Er initiierte die »Reformkommission«, ein Fachgremium, bestehend aus Kriminalisten des Bundes und der Länder, welches das Bundeskriminalamt auf den Prüfstand hob. Gleichzeitig verlängerte Genscher die Amtszeit von Paul Dickopf, der eigentlich 1970 pensioniert worden wäre, um ein Jahr, da er in Ruhe den geeigneten Nachfolger suchen wollte.

Für Dickopf und Holle muss die Reformkommission eine Tortur bedeutet haben, wurden doch ihre Fehler und Unterlassungen von einem Fachgremium verhandelt und das BKA als antiquierte Behörde vorgeführt. Spätestens als 1966 die Bonner US-Botschaft Dickopf einen Bericht über »Datenverarbeitung im Dienst der Verbrechensbekämpfung« zur Verfügung stellte, hätte er die Zeichen der Zeit erkennen können und müssen.[855] Stattdessen äußerte er im gleichen Jahr, er werde sich sogar mit des Teufels Großmutter verheiraten, wenn er für diesen Preis einen Computer bekäme, der sich wirklich für den Einsatz bei der Kriminalpolizei eigne.[856] Auf irreparable Weise blamierte sich Dickopf bei einem öffentlichen Hearing des Bundestags-Innenausschusses im Oktober 1968, als ihm der Hamburger Innensenator Ruhnau seine Inkompetenz vorwarf und Dickopf nichts zu erwidern wusste.[857] Die Versäumnisse betrafen aber neben der EDV auch das Setzen von Schwerpunkten in der Verbrechensbekämpfung, das rationelle Organisieren von Arbeitsabläufen, die Förderung der effizienten Zusammenarbeit mit den Landeskriminalämtern und eine zeitgemäße Öffentlichkeitsarbeit. Im April 1969 titelte UPI: »Das Bundeskriminalamt ist nicht mehr funktionsfähig.«[858] In einem Vortrag im April 1970 vor dem »Rhein-Ruhr-Klub e.V.« in Düsseldorf sagte Dickopf: »Im letzten Jahr rankten sich – wohlgemerkt ohne Verkehrsstraftaten – 410 000 Delikte rund ums Auto. Wer will unter diesen Umständen ernsthaft bestreiten, dass wir es hier mit dem Kriminalitätserzeuger par excellence zu tun haben, der alles Bisherige weit in den Schatten stellt, ganz abgesehen davon, dass nun endlich – am Ende des 20. Jahrhunderts – die einmalige Symbiose zwischen Mordwaffe, Suchtmittel und beweglichem Freudenhaus gelungen ist? Wie klein muten daneben die Zahlen der Rauschgiftkriminalität an.«[859]

Viele erlebten diesen Präsidenten nur noch als peinlich, und so fand Dickopfs BKA-Laufbahn für ihn selbst ein deprimierendes Ende – umso mehr, als sein designierter Nachfolger Horst Herold überragende Fähigkeiten besaß.

Für Rolf Holle war die Entwicklung nicht minder unerfreulich, zumal eine hauptamtliche Planstelle als Vize-Präsident geschaffen und ihm Werner Heinl als externe Besetzung vorgezogen wurde. Inwieweit eine schwere Krankheit auf psychosomatische Zusammenhänge schließen lässt, sei dahingestellt, jedenfalls ließ sich Holle 1972 mit 58 Jahren frühzeitig pensionieren. Bernd Niggemeyer hatte bereits 1968 den Ruhestand erreicht und ging voller Frust, denn Dickopf hatte ihm, als er Präsident wurde, die Vertreterstelle versprochen, und dann Rolf Holle vorgezogen.

Paul Dickopf ließ sich zur Zeit seines Ausscheidens aus dem Amt gerne als »Kriminalist alter Schule« bezeichnen und verband damit den Ruf des in die Jahre gekommenen Fachmannes, der noch an alten bewährten Prinzipien hängt, aber jetzt bereitwillig Platz für den Nachwuchs schafft. Privat wolle er sich in den Westerwald zurückziehen, wo er keine andere Bedürfnisse mehr hätte, »als Obstbäume zu pflanzen und einer schwangeren Kuh über den Arsch zu streichen«.[860] In Wahrheit ging er verbittert und beleidigt, er war wie viele dieser Generation unfähig, die eigene Biografie zu hinterfragen und sich damit selbstkritisch auseinanderzusetzen.

Mit der ihm eigenen Larmoyanz sagte Dickopf in der Rede bei seiner Verabschiedung am 29. Juni 1970: »Ich gehöre zu der Generation, die die Kehrseite der deutschen Geschichte voll erlebt hat: zwei Weltkriege, zwei Besatzungszeiten, zwei Inflationen, den Nazismus und die Massenarbeitslosigkeit. Ich gehöre als heute 61-Jähriger zu denen, die zwar nicht für alles verantwortlich sind, aber doch für alles verantwortlich gemacht werden und die mehr oder weniger alles falsch gemacht haben – sonst hätte es ja nicht so kommen können.«[861]

Hans Dietrich Genscher bezeichnete Dickopf in seiner Rede als »Vorbild für die gesamte deutsche Polizei«. Dies war eine der größten Fehleinschätzungen Genschers in seiner Amtszeit als Bundesinnenminister.

Mit dem Akt der Ruhestandsversetzung war Dickopf aber noch immer nicht endgültig aus dem aktiven Dienst ausgeschieden, denn die Interpol-Organisation, der zu diesem Zeitpunkt 103 Staaten angehörten, hatte ihn bis 1972 zu ihrem Präsidenten gewählt. Großzügig stellte ihm Herold für diese Zeit im Wiesbadener Amt nicht nur ein Büro, sondern auch eine Sekretärin zur Verfügung.

Die Bundesrepublik war 1950 in die Internationale Kriminalpolizeiliche Organisation (IKPO – Interpol) aufgenommen worden; im neu geschaffenen BKA machte sich Dickopf zum Leiter der »Abteilung Ausland«, womit ihm das deutsche Nationale Zentralbüro (NZB) der Interpol unterstand. Automatisch zählte er damit zur jährlichen Delegation, die zur Interpol-Generalversammlung reiste, dem höchsten Beschlussgremium der Organisation, das in den Jahren 1952 bis 1956 Dickopf zu einem der »Berichterstatter« wählte.[862] Zwischen 1955 und 1961 berichtete Dickopf fast jährlich in der »Kriminalistik« über die jeweilige Generalversammlung,[863] danach verstummte er fast gänzlich als Autor von Fachartikeln – im Gegensatz zu Rolf Holle und Bernhard Niggemeyer.

Von 1959 bis 1966 war Paul Dickopf Angehöriger des Exekutivkomitees der Interpol, eine recht einflussreiche Position. Das Gremium setzt sich nach den Artikeln 15 bis 24 der Interpol-Statuten[864] aus dem Präsidenten, bis zu drei Vizepräsidenten und bis zu neun Delegierten zusammen, wird von der Generalversammlung gewählt, überwacht die Durchführung der Beschlüsse und beaufsichtigt die Geschäftsführung des Generalsekretärs.

Praktisch sah das so aus, dass der BKA-Vertreter zum Beispiel in den Jahren 1960 und 1961 mit den Delegierten der Länder Libyen, Brasilien, Liberia, Tunesien, Pakistan, Chile im Exekutivkomitee regelmäßig an einem Tisch saß, um die Interpol-Interessen gemeinsam zu vertreten.[865] Das waren Länder, die im Bereich der Inneren Sicherheit meilenweit von der Beachtung der Menschenrechte entfernt waren. Oder anders ausgedrückt: Es handelte sich um Folterregime. Berührungsängste kannte Dickopf mit solchen »Kollegen« offensichtlich nicht. Was ja auch für die gesamte Interpol-Organisation galt, die überwiegend das westliche Lager einte, denn der Ostblock mit seinen Satellitenstaaten mit Ausnahme von »Intercrim Belgrad« war unerwünscht.

Auf der 37. Generalversammlung in Teheran im Jahre 1968 stellte sich Paul Dickopf zur Wahl als Präsident der IKPO. Nach den Statuten wird er für vier Jahre bestimmt, hält enge Verbindung zum Generalsekretär und stellt sicher, dass die Organisation nach den Beschlüssen der Generalversammlung und des Exekutivkomitees arbeitet – also eine Art Aufsichtsratsvorsitzender.[866] Weitere Kandidaten stammten aus England, Pakistan und dem Libanon. Da im ersten Wahlgang keine eindeutige Mehrheit zustande kam, war ein zweiter Wahlgang erforderlich. Durch ein nicht veröffentlichtes »Spiegel«-Dossier ist überliefert, dass sich in dieser Phase François Genoud einschaltete. Er verfügte über beste Beziehungen zum arabischen Lager (das sich im Antisemitismus oft genug mit den Deutschen verbunden fühlte) und mobilisierte dies, für Dickopf zu stimmen. Der Brite, Mr. Brodie, zog seine Kandidatur zurück, der Libanese, Mr. Abi Chacra, erhielt 17 Stimmen, der Vertreter Pakistans, Mr. Awan, sieben Stimmen und Dickopf 50 Stimmen.[867] Dickopf soll überschwänglich an Genoud geschrieben haben, dass er seine Wahl zum Präsidenten »ihm und seinen Beziehungen« zu verdanken habe.[868]

Dickopfs letzte Amtshandlung war die Leitung der Generalversammlung im Herbst des Jahres 1972 in Frankfurt a. M. im Hotel Intercontinental. Einer seiner Nachfolger als Präsident stammte – zur Zeit des Marcos-Regimes – von den Philippinen,[869] eine Personalentscheidung, die eigentlich alles über den Geist der Interpol sagt.[870]

Vergleicht man Fotos der letzten vier Jahre, war der Westerwälder sichtbar gealtert. Da er keine Kinder hatte und auch nach dem Tod seiner Ehefrau so gut wie kein Privatleben pflegte, verlor er mit dem Ende seiner dienstlichen Laufbahn wohl auch Lebensinhalt und Daseinssinn. Er verstarb ein Jahr später an Magenkrebs. Die Gemeinde Meckenheim bei Bonn nannte die Straße, an der der Neubau der BKA-Hauptabteilung gelegen ist, Paul-Dickopf-Straße.[871]

EPILOG

Die Folgen

Im Jahre 1976 holte die Vergangenheit Paul Dickopf posthum nochmals ein. Aufgrund »neuerlicher Vorwürfe« wertete Oberamtsrat Killmann, der dem Fachaufsichtsreferat des BMI angehörte, die BDC-Unterlagen aus und teilte dem Verwaltungschef des BKA, Dr. Mertz, beruhigend mit, dass Dickopf nicht der NSDAP angehört habe. Die »Rechercheure« hätten wohl die NSDAP mit dem NSDStB verwechselt, zumal Dickopf seinen Lebenslauf in »Sütterlin« verfasste. Der SS-Rang sei ohne Befragen der Anwärter befehlsmäßig und automatisch angeglichen worden, behauptete Killmann. Dass Dickopf Fragebogen ausgefüllt habe und verschiedentlich als SS-Bewerber bezeichnet wurde, daraus lasse sich nicht schlüssig folgern, er habe sich um die Rangangleichung beworben. Außerdem sei er in der Beurteilung als ein durchaus geeigneter SS-Führer bezeichnet worden (Unterstreichung durch Killmann). »Der Gebrauch des Wortes ›durchaus‹ lässt für Kenner der damaligen Verhältnisse den zutreffenden Schluss zu, dass dies nur als Einschränkung der weltanschaulichen Eignung verstanden werden kann«, verharmloste Killmann. Ferner belege das Tragen einer SS-ähnlichen Uniform nicht die Mitgliedschaft in der SS.[872]

Mit dieser Stellungnahme der obersten Dienstbehörde schien die Welt im BKA wieder in Ordnung zu sein. Aber sie ist es bis heute nicht. Verweilen wir einen Moment bei den internationalen polizeilichen Beziehungen: Dass sich am Problem mangelnder Distanz des BKA zu Unrechtsstaaten etwas geändert hätte, lässt sich nicht behaupten – höchstens dass die Zusammenarbeit mit diktatorischen Regimen noch enger wurde. Man kann sogar sagen, dass das Bundeskriminalamt bis heute ganz in der von Dickopf als BKA- und Interpol-Präsident geschaffenen Tradition jegliche Form von Menschenrechtsverletzungen ignoriert. Denn – so kann man die im Amt vorherrschende Geisteshaltung zusammenfassen: »Die weltweite polizeiliche Zusammenarbeit muss klappen« und: »Wir haben Menschenrechtsverletzungen in anderen Staaten weder zu verantworten, noch können wir sie ändern.«

Beides sind Trugschlüsse. Wenn die Zusammenarbeit um den Preis geschieht, dass Ermittlungsergebnisse durch Folter, Drohung,

Erpressung, Bestechung – ja sogar durch Mord erzielt werden, muss man darauf verzichten und solche Staaten aus der Interpol-Gemeinschaft ausschließen, bis sie diese Zustände in ihrem Land ändern. Und damit könnte man sehr wohl etwas bewegen. Bestimmte Staaten würden den internationalen Ansehensverlust auf Dauer nicht ertragen wollen und sähen sich zu Reformen gezwungen. Dem Bundeskriminalamt, das weltweit Reputation genießt, hätte es gerade auf dem Hintergrund der deutschen Geschichte gut zu Gesicht gestanden, in diesem Sinn eine Schrittmacherfunktion zu übernehmen. Wenn der Beitritt zur Europäischen Union von einem Mindeststandard der Beachtung von Menschenrechten abhängig gemacht wird (Beispiel Türkei), dann wäre die Zeit endlich reif, Ähnliches auf der Ebene von Interpol durchzusetzen und dieser Organisation gleichzeitig einen Völkerrechtsstatus zu verleihen. Doch dazu bedürfte es politischer Entscheidungen der Bundesregierung. Ob allerdings das Amt dem Dienstherrn gegenüber Gehorsam übt, ist nicht gesichert.

In engem Zusammenhang mit solchen Fragen steht die von Deutschland (und anderen demokratischen Staaten) geleistete Polizeientwicklungshilfe. Seit den sechziger Jahren werden in völliger Distanzlosigkeit Folterregimes unterstützt. Daran wird sich auch nichts ändern, solange das Wort Folter auf keiner Interpol-Konferenz fällt bzw. im polizeilichen Schriftverkehr tabuisiert ist. Das liegt an der Auslegung der Interpol-Statuten, die sich zwar im Artikel 2 auf den »Geist der Menschenrechte« berufen, aber in Artikel 3 jede Betätigung in politischen, militärischen, religiösen oder rassischen Angelegenheiten »strengstens« untersagen.[873] Daraus leiten auch die deutschen Polizeijuristen auf verantwortungslose Weise ab, dass Folter eine »politische Angelegenheit« eines Staates sei wie Landesverrat oder Hochverrat, womit solchen Terror-Regimes ein unbegreiflicher Freiraum eröffnet wird. Dass es sich bei Folter um Nötigung, Erpressung, Vergewaltigung, schwere Körperverletzung, um Mordversuch oder im Todesfall um vollendeten Mord aus niederen Beweggründen handelt, beweisen unzählige von amnesty international überprüfte Fälle.[874] Paul Dickopf hatte 1969 in einem Interview gesagt:

»Wir beraten und helfen bei der Ausbildung der Polizei in vielen Ländern der Welt. Wir haben ständig Gäste und ›Schüler‹ aus dem Ausland hier, und häufig sind Beamte meines Amtes in weit entfernten Ländern mit

Ausbildung und Ausrüstung befasst. Erst kürzlich waren zwei meiner Mitarbeiter in Äthiopien, um polizeitechnische Hilfsprogramme zu verwirklichen. Ähnliches könnte ich Ihnen von vielen anderen Ländern Afrikas und Asiens berichten und ebenso, dass sich oft Besucher aus allen Erdteilen im Bundeskriminalamt die Hand geben. Seit 16 Jahren leisten wir Hilfe verschiedenster Art mit guten Ergebnissen. Wir gehen bei unseren Vorhaben davon aus, dass die Zusammenarbeit bei der Verbrechensbekämpfung im Rahmen der Interpol so erfolgreich ist, wie Ausbildungsstand und technische Einrichtungen der jeweiligen Polizei es zulassen.«[875]

Hintergrund dieses regen Austauschs waren die Bestrebungen des westlichen Bündnisses, in der Zeit des Kalten Kriegs Einfluss in den Ländern der Dritten Welt zu erlangen – und sei es, um entsprechenden Bemühungen des konkurrierenden Ostblocks zu begegnen. Dass Ausbildungs- und Ausrüstungshilfe in vielen Fällen die verbrecherische Polizei des Empfängerstaates in die Lage versetzt, ihr menschenrechtswidriges Handwerk umso effizienter zu betreiben, hat der Autor während seiner Auslandstätigkeit für das BKA vielfach feststellen können.[876]

1988 zum Beispiel wurden 130 Besucher aus Folterstaaten und 18 aus solchen mit Todesschwadronen in allen Ehren im BKA empfangen, teilweise in Wiesbadener Nobel-Restaurants oder im Rheingau zum Essen ausgeführt. Im Gegenzug suchten 143 BKA-Beamte Polizeibehörden von Folterregimes auf und elf Beamte Staaten mit Todesschwadronen. Kein Wunder also, dass BKA-Vize Boeden den Autor – damals noch in BKA-Diensten – schriftlich anwies, amnesty international in seinen amtlichen Berichten nicht mehr zu zitieren. In diesen Fällen war (und ist) das BKA nicht nur auf dem rechten, sondern auf beiden Augen blind. Seit 1987 werden Technik und Knowhow in dem einheitlichen Begriff »Ausstattungshilfe« (AH) zusammengefasst. Für die Jahre 1999, 2000 und 2001 wurden vom deutschen Staat jeweils 40 Millionen DM veranschlagt. Die Federführung liegt zwar beim Auswärtigen Amt, durchgeführt wird die Hilfe jedoch vom Bundesinnenministerium (in einem anderen Etat auch vom Bundesverteidigungsministerium). Das BMI bedient sich des Bundeskriminalamtes, welches die Konzepte nach den politischen Vorgaben des Ministeriums initiiert, Planungen durchführt und auch als Clearing-Stelle fungiert. Es wird heutzutage offen ausgesprochen, dass es sich bei der Ausstattungshilfe um ein »Instrument deutscher Außenpolitik« handelt und dass sie der »Sicherung und Stärkung deutscher Wirtschaftsinteressen« dient. Das war zwar schon immer so, lief aber bis Mitte der neunziger Jahre als Verschlusssache (VS – Nur für den Dienstgebrauch). Geht man solchen Geschäftsbeziehungen auf den Grund, dienen sie nicht selten dazu, kapitalkritische Gewerkschaften und Umweltschützer aus dem Weg zu räumen.

Die Ausstattungshilfe für die Polizei unterteilt sich in Polizeihilfe einschließlich Mitteln für Rauschgiftbekämpfung einerseits und in »Sonderfonds« andererseits. Die Begründung »Drogenbekämpfung« verschleiert, dass Staaten unterstützt werden, die Menschenrechte mit den Füßen treten. Im AH-Programm 1995-1998 sind von Albanien bis Weißrussland 27 Länder aufgeführt, von denen 23 im ai-Jahresbericht genannt werden, 15 von ihnen als Folterregimes teils schlimmster Natur. Während sich die genannten »Sonderfonds« jeglicher Überwachung entziehen, ist es auch um die Kontrolle der anderen Mittel, zu der eigentlich der Haushaltsausschuss und der Auswärtige Ausschuss des Deutschen Bundestages aufgerufen wären, schlecht bestellt. Die Ausstattungshilfe des BND schließlich bleibt gänzlich in einer Grauzone verborgen.

Die internationalen Beziehungen waren jedoch nicht der einzige Bereich, in dem der Geist Dickopfs und seiner Mitstreiter weiterlebte. Für die undurchsichtige Zusammenarbeit mit Verfassungsschutz und Bundesnachrichtendienst hatten »Alt-Kriminalisten« die Weichen gestellt. Nach Dickopfs Berufserfahrung vermischten Kriminalpolizei, Gestapo und SD ihre Kompetenzen ohne jegliche Transparenz, rechtsstaatliche Abgrenzung und Kontrolle. Selbstredend war die erste Beamtengeneration in der Sicherungsgruppe von dieser Arbeitsweise geprägt. So schlich sich eine informelle Kooperation mit Geheimdiensten ein, die über die offiziellen Richtlinien der Zusammenarbeit hinausreichte. Auch die CIA-Agenten gingen bei der Sicherungsgruppe ein und aus, zumeist mit einer diskret verpackten Flasche Whisky unter dem Arm. Besonders der Verfassungsschutz suchte seinen Einfluss auf das BKA immer weiter auszudehnen. Das ging schließlich so weit, dass das BfV einen direkten Online-Zugriff auf wichtige Teile des polizeilichen EDV-Systems INPOL hatte. Im Bereich PIOS-Terrorismus, einem Recherchiersystem zum Erstellen von Übersichten, Analysen und Querschnittsauswertungen, standen dem Verfassungsschutz viele Informationen offen. Das BKA hingegen konnte das NADIS-System des Verfassungsschutzes nur begrenzt nutzen und abfragen, das heißt lediglich erfahren, wo sich über eine Person Fundstellen befinden, nicht aber, was diese beinhalten. Horst Herold sprach sich 1979 im Bundestags-Innenausschuss gegen diese Daten-Kooperation aus, sodass Bundesinnenminister Baum die Online-Verbindungen zwischen BfV und BKA kappte.[877]

Es kann nicht überraschen, dass sich im Bundeskriminalamt, das über zwei Jahrzehnte von gewendeten Nationalsozialisten aufgebaut und zwangsläufig auch geformt wurde, Gesinnung tradierte. Das hatte katastrophale Auswirkungen im Führungsbereich und zugleich Einfluss auf Strategien und Konzepte. Grundüberzeugungen und Einstellungen erfuhren – abgesehen von einer gewissen Anpassung an neuere Entwicklungen – keine wirkliche Veränderung und vererbten sich von einer Führungsgeneration auf die nächste.

Die »Charlottenburger«, Gesinnungsvettern einer BKA-Seilschaft, behielten Herrschaftswissen für sich, behandelten ihre Untergebenen arrogant, schoben sich gegenseitig die Posten zu und schirmten sich nach außen ab. Der autoritäre Führungsstil dieser Kaste vererbte sich auf fatale Weise. Zum Beispiel wurde dem Autor während seiner BKA-Zeit (in den achtziger Jahren) regelmäßig bekannt gegeben, über welche Tagesordnungspunkte die wöchentliche Abteilungsleiterkonferenz verhandelte. Als er darum bat, das Ergebnis im Protokoll nachzulesen, verweigerte dies sein Vorgesetzter mit den Worten: »Nur wenn ein Punkt Ihre Arbeit unmittelbar betrifft.« Das bedeutete: Der Chef nimmt dem Mitarbeiter das Denken ab und entscheidet, wann dessen Denkprozess einsetzen darf. Gegen eine solche Geisteshaltung, welche vom Untergebenen kurzerhand Unterwerfung fordert, konnte der BKA-Beamte nur auf eigenes Risiko aufbegehren – oder er musste resignativ kuschen.

Was sich in den ersten Jahrzehnten die an einen gewissen Untertanengeist gewöhnten Bediensteten noch widerspruchslos gefallen ließen, hatte in den achtziger und neunziger Jahren verheerende Auswirkungen auf das nachhaltig gestörte Betriebsklima. Dies demonstriert eine anonyme Mitarbeiterbefragung im Jahre 1989, an der sich 63,7 Prozent der BKA-Mitarbeiterinnen und -Mitarbeiter beteiligten.[878]

Zusammenfassend kann man feststellen, dass etwa ein Fünftel des BKA-Personals mit ihrer Behörde innerlich gebrochen hatte, soweit das die objektiven Zahlen ausweisen. Vermutlich ist der Anteil höher, weil sich über 35 Prozent der Mitarbeiter gar nicht an der Umfrage beteiligten, was zumindest teilweise ebenso in Frust und Desinteresse eine Ursache haben kann.

Die gesunkene Arbeitsmoral sorgte in den neunziger Jahren für eine Reihe peinlicher Skandale (Bad Kleinen, Verrat von Dienstgeheimnissen an die Medien). Es stellt sich in diesem Zusammenhang die Frage, inwieweit 4700 Bedienstete überhaupt führbar sind und ob die Mammutbehörde nicht ohne Qualitätseinbuße um ein Viertel abgespeckt werden könnte. Zumindest müsste man Personal umschichten und die Arbeitsschwerpunkte anders setzen, zum Beispiel mehr Personal in die Bekämpfung des Rechtsradikalismus investieren. Oder in die Wirtschaftskriminalität (WiKri), zu der als Untergruppen die völlig vernachlässigten Bereiche Umweltkriminalität, Waffenhandel und Menschenhandel gehören. Dass Wirtschaftskriminalität, die Delinquenz der seriösen Wirtschaft, zu einem Komplementärsystem der Organisierten Kriminalität (OK) herangereift ist, hat man im BKA (und nicht nur dort) entweder nicht begriffen, oder aber – was wahrscheinlicher ist – politische Einflüsse verhindern, dass Wirtschaftskriminalität mit ausreichender Personalstärke bekämpft wird.[879]

Dass sich das Bundeskriminalamt »nicht in die Karten schauen lässt«, ist ebenfalls ein aus unseliger Vergangenheit übernommener Grundsatz. Bei mehr innerer Demokratie würde sich größere Transparenz automatisch einstellen, und Journalisten brauchten nicht weiter an einer unsinnigen Geheimniskrämerei zu verzweifeln, die das Amt dem Verdacht aussetzt, es hätte etwas zu verbergen. Wahrscheinlich ist dem BKA gar nicht bewusst, welchen Ruf seine Pressestelle bei Medienvertretern genießt. Anstatt die eigenen Möglichkeiten attraktiv zu vermarkten, werden Fernsehjournalisten mit langweiligen Bildern in öden BKA-Fluren abgespeist. Die Generation der »Charlottenburger« hatte ihre kriminelle Vergangenheit zu verbergen und zog sich auf dem Wiesbadener Galgenberg in eine Wagenburg zurück. Die Folgegenerationen verhielten sich – vermutlich unbewusst – genauso. Denn das vordergründige Argument, die Verbrecherwelt könnte polizeiliche Arbeitsmethoden ausforschen, überschätzt Aufmerksamkeit und Fähigkeit des »polizeilichen Gegenübers« maßlos. Abgesehen davon müssen Mittel und Methoden, die zu einem Beweis geführt haben, spätestens in einer öffentlichen Gerichtsverhandlung auf den Tisch gelegt werden. Einen gänzlich überalterten Glaubenssatz stellt in einer offenen Gesellschaft die Absicht dar, sich interessant machen zu können, indem man sich ein »Mäntelchen des Geheimnisses« umhängt. Das führt unweigerlich zu den bekannten Spottbezeichnungen: »Kriminalweltmeister« des BKA, »Schlapphüte« des BfV, »Dunkelmänner« des BND. Diese Erscheinungen könnten überwunden werden, wenn die Ausbildungsinzucht der Polizei durch ein normales universitäres Studium der Polizeiwissenschaften abgelöst würde. Dieser Schritt böte die Chance, den unheilvollen Geist der Altvorderen endgültig auf den Müllhaufen der Polizeigeschichte zu werfen. Denn ein freies Universitätsstudium könnte eine neue Generation des Führungsnachwuchses hervorbringen, die unabhängig ist vom Geflecht gegenseitiger Abhängigkeit und einseitigen Wohlverhaltens um einer guten Beurteilung willen.

Auch die »Alt-Kriminalisten« im BKA waren keine offen erklärten Nazis mehr, sie fügten sich – nolens volens – den demokratischen Spielregeln des neuen Staates. Aber in ihrem Herzen bewegten sie weiter die alten Zeiten, wie Briefe an »den lieben Kameraden Dickopf« belegen. Dickopf verschlüsselte das einmal in dem Satz: »Die sicherste Methode, die Demokratie zu zerstören, besteht darin, sie zu übertreiben.«

Es ist nach Herkunft und beruflicher Sozialisation der Meinungsträger im BKA folgerichtig gewesen, dass die Bekämpfung des Rechtsextremismus im BKA nie eine Rolle gespielt hat. Über Jahrzehnte stand einem dafür zuständigen Referat von 30 Bediensteten eine Abteilung von 300 Sachbearbeiterinnen und Sachbearbeitern zur Bekämpfung des linken Terrorismus gegenüber. Die Folge war, dass die Ermittlungen bei Linksterrorismus wesentlich intensiver geführt wurden; es handelte sich um eine vollkommen unterschiedliche Dimension der Strafverfolgung. Im Jahre 1980 überstiegen die Morde durch Rechtsterrorismus sogar die Gewaltverbrechen der RAF, das BKA jedoch überließ die Bekämpfung den Landeskriminalämtern.[880] In der Festschrift für Herold (anlässlich seines 75. Geburtstages 1998), die auf über 600 Seiten einen Querschnitt wichtiger Bereiche und Programme des Amtes repräsentiert, sind gerade mal zwei Seiten dem Rechtsradikalismus gewidmet.[881]

Dass das BKA das Lagebild über rechtsextreme Gewalt falsch darstellte und seinen Minister blamierte, spricht für Desinteresse des BKA an dieser Delinquenz. Falsch informiert, hatte der Bundesinnenminister die wahren Dimensionen rechter Gewalt verharmlost und wurde durch eine Dokumentation der »Frankfurter Rundschau« und des Berliner »Tagesspiegel« (September 2000)[882] eines Besseren belehrt. Hinter diesen Erscheinungen stecken Überzeugungen, die gewachsen sind und weitergetragen wurden. Wenn seit Ende der neunziger Jahre 60 Beamtinnen und Beamte des BKA gegen Rechtsradikalismus eingesetzt werden, dann ist das zu begrüßen, aber noch lange keine ausreichende Personalausstattung.

Jahrelang hat man rechtsextreme Gewalt verharmlost und die Opferzahlen klein geredet. Der Druck der öffentlichen Meinung, rassistische Überfälle und Morde nicht länger hinzunehmen, hat inzwischen auch das BKA zum Handeln gezwungen. Die Kehrseite der Medaille: Erhebliche Einschränkungen von Bürgerrechten durch Razzien, Videoüberwachung oder Reduzierung der Versammlungsfreiheit werden mit Maßnahmen gegen den Rechtsextremismus begründet.[883]

Ohne Einschränkung positiv zu bewerten ist, dass das BKA seit 1992 der »Informationsgruppe zur Beobachtung und Bekämpfung rechtsextremistischer/terroristischer, insbesondere fremdenfeindlicher Gewaltakte« (IGR) angehört. Wenn also in diesem Gremium zwischen BMI, BfV und BKA seit neun Jahren intensiv beraten wird, erhebt sich aber die Frage, wieso trotzdem nach dem Eingeständnis von BKA-Vizepräsident Falk die Meldedisziplin dieser Delikte defizitär ist und das Lagebild dadurch verzerrt sein kann.[884] Unbedingt lobenswert ist auch, dass täglich 20 Beamtinnen und Beamte des BKA im Internet surfen, um rechtsextreme Netzwerke aufzuspüren. Aber wie ist zu erklären, dass das BKA erst zum 23. Januar 2001 eine Datei »Gewalttäter rechts« eingerichtet hat,[885] die doch eigentlich seit Jahren eine nützliche und notwendige Arbeitsgrundlage hätte sein müssen. Trotz aller Maßnahmenkataloge bleibt der Eindruck der Halbherzigkeit, der ganz und gar nicht zu beobachten war, als das Feindbild im linken politischen Spektrum lag.

Die »Meckenheimer Erklärung« des Bundeskriminalamtes vom 18. Oktober 2000 zur Offensive gegen Rechtsextremismus, die das BKA in das Internet gestellt hat,[886] lässt sich politisch gut verkaufen und soll jeden Verdacht zerstreuen, das Problem nicht ernst zu nehmen und gar eine »falsche« Gesinnung zu zeigen. Trotzdem stellt sich die Frage, wieso man erst zehn Jahre nach Hoyerswerda (14. September 1991) sich endlich auf eine Situation einstellt, die schon lange virulent ist. Zum primitivsten Wissen polizeilichen Handelns, das bereits jeder Polizeischüler in der Grundausbildung lernt, gehört die Beurteilung der allgemeinen und besonderen Lage als Basis von Entscheidungen. Das BKA muss heute, nachdem das Problem viele Jahre lang in bedeutungsvollen Gremien behandelt wurde, zugeben, dass es weder die notwendigen Daten erhoben noch wichtige Arbeitsgrundlagen geschaffen hat. Das war vor 50 Jahren nicht viel anders. Dabei wären die rechten Kriminellen für klassische Rasterfahndungsprogramme besonders geeignet gewesen, da ihre Strukturen leichter erhellt werden können als die des intelligenter und konspirativer arbeitenden Linksterrorismus. 1980 wurden 19 800 Mitglieder rechtsextremistischer und rechtsterroristischer Organisationen gezählt, sie hätten schon damals eine größere Aufmerksamkeit durch das BKA verdient. Womöglich hätten eine annähernde Verdoppelung der Zahlen bis zur »Wende« und der rapide Anstieg danach verhindert werden können (1993: 64 500 Mitglieder rechtsextremistischer Organisationen). Möglich auch, dass die Wahlerfolge der »Republikaner« in den achtziger Jahren ausgeblieben wären und militante Skinhead-Gruppen sich weniger freizügig hätten entwickeln können. Nach dem Verfassungsschutzbericht für das Jahr 2000 beläuft sich die Gesamtzahl der organisierten und nichtorganisierten Rechtsextremisten auf 50 900, eine Zahl, die gegenüber 1999 (51 400) leicht rückläufig ist, was auf Mitgliederverluste der »Republikaner« zurückzuführen sei. Die Anzahl gewaltbereiter Rechtsextremisten ist von 9 000 (1999) auf 9 400 (2000) gestiegen, mehr als die Hälfte davon lebt laut BfV in Ostdeutschland.[887]

Das Bundeskriminalamt registrierte im Jahr 2000 ein Ansteigen von Straftaten mit einem rechtsextremen Hintergrund um 58,92 Prozent auf 15 951 Delikte, davon 998 Gewalttaten, in der Regel gegen Angehörige ohnedies schon diskriminierter Minderheiten der Gesellschaft gerichtet.

Vom 21. bis 23. November 2000 hielt das BKA eine Tagung »Rechtsextremismus, Antisemitismus und Fremdenfeindlichkeit – Bestandsaufnahme, Perspektiven, Problemlösungen« ab – ein begrüßenswertes Unterfangen. Auf der Tagung wurden Konzepte und Maßnahmenkataloge diskutiert, und in einem Streitgespräch kamen

Wolfgang Gast von der »taz«, Cem Özdemir als Mitglied des Bundestages (Bündnis 90/Grüne) und Memet Kilic vom Bundesausländerrat zu Wort. Dies ist der richtige Ansatz, wie man sich schon immer ein selbstkritisches BKA gewünscht hätte, das damit gleichzeitig Selbstbewusstsein zeigt.

Obwohl mittlerweile in den Medien dokumentiert wurde, dass in der Zeit zwischen 1990 und 2000 93 Ausländer und Deutsche von rechten Gewalttätern getötet worden sind, verkündeten auf der Tagung Innenminister Schily und BKA-Vize Falk, es handele sich um 36 Fälle.[888] Diese Bagatellisierung rechter Gewalt entspricht einem jahrzehntelangen Muster politisch gewollter Verharmlosung.

In konstanter Regelmäßigkeit zwingt die Bundestagsabgeordnete Ulla Jelpke (PDS) die Bundesregierung mit Kleinen Anfragen zum Rechtsextremismus, öffentlich Rechenschaft abzulegen.[889] Dabei legt die Abgeordnete den Finger auf die Wunde, wenn sie wissen will, warum die Bundesregierung bis September 1999 sogar von nur 24 Todesopfern rechter Gewalt (seit 1990) ausgegangen sei.[890] Denn in dieser Frage schwingt überdeutlich mit, dass BKA, BfV, Landeskriminalämter und Landesämter für Verfassungsschutz allesamt nur das wissen (wollen), was sie interessiert – und das ist eben nicht vordringlich das rechtsextreme Spektrum. Und selbst wenn die Information über einzelne Ereignisse unzweideutig ist, spielt man die Nichterfassung mit Hinweis auf die Schwächen der Statistik herunter und kündigt an, die Erfassungsdefizite alsbald zu beseitigen.[891] Dass annähernd 100 Menschen aus rassistischen Gründen ermordet wurden, erregte weltweit Aufsehen, weckte Erinnerungen an die Nazi-Zeit und brachte der Bundesrepublik einen großen Ansehensverlust ein. Allerdings wurden bei zwei Dritteln dieser Kapitalverbrechen die politischen Motive der Tat wegdefiniert. Hierin nicht ein Erbe Dickopfs und seiner Tatgenossen zu sehen ist gänzlich unmöglich.

Den einführenden Vortrag zu der BKA-Tagung vom November 2000 hielt Michel Friedman, dessen Vorwort dieses Buch einleitet und mit dessen Worten das Buch enden soll:[892]

»Ich habe keine wirkliche Angst vor Skinheads. Ich habe keine wirkliche Angst vor ein paar Neonazis in Springerstiefeln. Ich gehe davon aus, dass Sie – das BKA, die Polizei – früher oder später Ihre Arbeit machen und die Polizei das regeln kann. Und sie kann das regeln. Ich habe Angst vor den Sympathisanten, die mit lackierten Fingernägeln, Anzügen und Abendgarderobe ideologisch gar nicht mehr so entfernt sind von Abgrenzung, von neuem Nationalismus. Ich habe Angst vor falsch verstandenem Stolz, Deutscher zu sein, vor der Unwilligkeit, sich auseinander zu setzen mit anderen Lebensformen, vor der Blasiertheit zu glauben, man sei erfolgreich und andere weniger. Ich habe Angst vor all denjenigen, die in einer Nostalgie glauben, das Gestern zurückholen zu können, weil sie nicht mehr genug Kraft haben, das Morgen als eine Herausforderung, Sehnsucht und Chance zu begreifen.«

Friedman fährt dann, sich auf die Maßnahmenkataloge zur Bekämpfung des Rechtsradikalismus beziehend, fort: »Ich nehme also alle diese wunderbaren Programme an. Ich sage: Sie kommen spät! Sie kommen sehr spät! Und darüber wird man eines Tages nachdenken müssen, warum das so ist. Warum es diese Verharmlosung so über Jahre gab. Warum es diese Lustlosigkeit gab, sich mit diesem ernsten Problem zu beschäftigen. Warum es diese Welle gab, 1992, 1993, als auch schon Häuser brannten, auch schon Menschen angegriffen wurden, auch schon eine Synagoge in Lübeck angezündet wurde, auch schon Friedhöfe geschändet wurden. Wir werden darüber nachdenken müssen. Aber jetzt ist die Zeit des Handelns gekommen. Sehr spät! (...) Ich bin überrascht, wie viele überrascht in diesem Jahr getan haben. In zehn Jahren soll bitte keiner überrascht tun.«

ANMERKUNGEN

Abkürzungen

AGK	Archiwum Glownej Komisji (Archiv der Hauptkommission Warschau)
AFF	Archiv Forschungsinstitut für Friedenspolitik Weilheim (Erich Schmidt-Eenboom)
BAA	Bundesarchiv – Zentralnachweisstelle Aachen
BAB	Bundesarchiv Berlin
BAL	Bundesarchiv – Außenstelle Ludwigsburg (ehem. Zentrale Stelle)
BAK	Bundesarchiv Koblenz
BA-Zw	Bundesarchiv Berlin – Zwischenarchiv Dahlwitz-Hoppegarten (MfS-Archiv)
BDC	ehem. Berlin Document Center im Bundesarchiv Berlin
BStU	Bundesbeauftragte für die Unterlagen des Staatssicherheitsdienstes der DDR
LA	Landesarchiv
SBA	Schweizerisches Bundesarchiv Bern
WASt	Archiv Deutsche Dienststelle für die Benachrichtigung der nächsten Angehörigen von Gefallenen der ehemaligen deutschen Wehrmacht

Soweit vom Bundeskriminalamt herausgegebene Fachliteratur in diesen Anmerkungen als »eingeschränkt veröffentlicht« bezeichnet wird, bedeutet dies, dass sie entweder »Nur für den Dienstgebrauch« polizeiintern verbreitet wurde oder außerhalb der Polizei einem ausgewählten Empfängerkreis (Juristen, Kriminologen, ausländischen Polizeibehörden) zugänglich gemacht wurde.

PROLOG

1 Almanach-Verlag Aschaffenburg, »Exekutiv Report«, der einzelne Episoden Zillmanns publizierte

2 AFF: Zirpins, Dr. Walter, laut Geschäftsverteilungsplan des RSHA vom 1. 3. 1941 als SS-Sturmbannführer und Kriminaldirektor stellvertretender Leiter des Referats I B 3, im Mai 1942 beim RSHA Berlin als Kriminaldirektor bei I B 3 Schloßstr. 1, im Juni 1943 dito, laut Geschäftsverteilungsplan des RSHA vom 1. 10. 1943 als SS-Sturmbannführer, Regierungs- und Kriminaldirektor Leiter des Referats I B 3, 1941/42 Publikation von Aufsätzen in der Zeitschrift »Kriminalpolizei« unter dem Titel »Die Juden im Getto – kriminalpolizeilich gesehen«, als SS-Obersturmbannführer in Warschau und Lodz an Judenverfolgungen beteiligt, 1946 auf der Kriegsverbrecherliste Polens, 1960 Oberregierungsrat und Leiter der Landeskriminalpolizei Niedersachsen [Ausschuss für Deutsche

Einheit (Hg.), Gestapo- und SS-Führer kommandieren die westdeutsche Polizei, Berlin (Ost) 1961; Telefonverzeichnis RSHA]

3 Dr. Fritz Bartmann, vor 1945 SS-Hauptsturmführer (Nr. 308192), Gestapo-Einsätze in Wien und Frankfurt a. M.; nach 1945 Leiter der Kriminalpolizei in Krefeld (Braunbuch, Kriegs- u. Nazi-Verbrecher in der Bundesrepublik, Berlin (Ost) 1965)

4 AFF: Kiehne, Karl, Mitglied der NSDAP und ab 1932 in der nationalsozialistischen Arbeitsgemeinschaft von Polizeibeamten in Dortmund aktiv, SS-Nr. 375136, ab 1940 Angehöriger der Einsatzgruppe des Amtes V im RSHA, im Mai 1942 beim RSHA Berlin als Kriminalrat bei V B 2 d Werderscher Markt 5-6, im Juni 1943 dito, 1944 zum SS-Sturmbannführer befördert, 1960 laut AfDE Kriminalrat und Leiter der Kriminalpolizei in Köln [Ausschuss für Deutsche Einheit (Hg.), Gestapo- und SS-Führer kommandieren die westdeutsche Polizei, Berlin (Ost) 1961]

5 SS-Brigadeführer und Kommandeur Otto Hellwig

6 Vorwort Zillmanns zu einem Buchmanuskript (unveröffentlicht)

7 BAL 110 AR 387/66, S. 144

8 Benz/Graml/Weiß (Hg.): Enzyklopädie des Nationalsozialismus, S. 576

9 Raul Hilberg: Die Vernichtung der Europäischen Juden, Bd. 2, S. 629-631; nach der Enzyklopädie des Holocaust, Hg. Jäckel/Longerich/Schoeps, Bd. II, S. 912, wurden zwischen Oktober 1941 u. September 1943 674 Personen in acht Transporten deportiert, von denen nur 36 Juden überlebten

10 Benz/Graml/Weiß (Hg.): Enzyklopädie des Nationalsozialismus, S. 576

11 Helmut Krausnik: Der 30. Juni 1934. In: Das Parlament v. 30.6.1954, Beilage B XXV/1954

12 BAL 205 AR-Z 302/67, Bd. 2, Bl. 345-347

13 BAL 206 AR-Z 304/77 – K –, Bd. 1, Bl. 13-16

14 Helmut Krausnik: Hitlers Einsatzgruppen, S. 41-45

15 Vorwort Zillmanns zu einem Buchmanuskript (unveröffentlicht)

16 BAL 20 AR 291/65

17 BAB BDC-Masterfile Eduard Nehm; BAB – Zw.A Sign. ZAV 49, Bl. 133-147 (Dr. Nehm), ZA 5/33, Bl. 364-365 (Dr. Nehm), ZA 5/49, Bl. 143-145 (Dr. Nehm); LA Schleswig, Sign. Abt. 786 Nr. 914-915 (Personalakte Eduard Nehm); siehe auch Dieter Schenk: Die Post von Danzig, S. 240 ff., 281 (zur Nachkriegsjustiz in Schleswig-Holstein); ferner Klaus Dieter Godau-Schüttke: »Ich habe nur dem Recht gedient. Die ›Renazifizierung‹ der Schleswig-Holsteinischen Justiz nach 1945; Baden-Baden 1993. U. a. ließ Nehm belastendes Material über einen Oberlandesgerichtsrat in einem Sonderumschlag, der nur mit seiner Genehmigung geöffnet werden durfte, zu den Personalakten nehmen. Vgl. auch Landeszentrale für politische Bildung, Kiel (Hg.): Rechtsextremismus in Schleswig-Holstein 1945-1990, Kiel 1990

18 BAL 206 AR-Z 304/77 – K –, Bd. 1, Bl. 8

19 BAL 206 AR-Z 304/77 – K –, Bd. 1, Bl. 3-6

20 BAL 206 AR-Z 304/77 – K –, Bd. 1, Bl. 7-9

21 Sie sind immer dabei: Die Massenmedien, v. Kurt Zillmann (unveröffentlicht)

22 Alexander und Margarete Mitscherlich: Die Unfähigkeit zu trauern

23 Ebd., S. 30, 31
24 Ebd., S. 37

I

25 BAK B 106/15643; vgl. BAK NL 1147/17 Nachlass Ritter von Lex, Genehmigungsschreiben der Militärgouverneure zum Grundgesetz v. 12.5.1949 u. Rat der Alliierten Hohen Kommission für Deutschland, Briefliche Anweisungen an die Landeskommissare über Organisation, Kontrolle und Verwaltung der Polizei innerhalb der Länder v. 12.9.1949
26 Horst Herold: Innere Sicherheit: Organe, Zuständigkeiten, Aufbau. In: Deutschland, Portrait einer Nation, München 1985, S. 301
27 Ebd.
28 BAK B 106/15643; BAK N 1265/36 Aktennotiz Dickopf v. 26.1., 27.1., 25.4.50; Geheimdienstbericht Dickopf 9610-II/50 v. 31.1.1950
29 BAK N 1265/36 Aktennotiz Dickopf v. 14.2.1950
30 BAK N 1265/36
31 Ebd.
32 »Der Spiegel« Nr. 14 v. 6.4.1950
33 BAK B 106/15643, S. 23
34 BAK B 106/15645, Bd. I
35 Ebd.
36 Ebd.
37 BAK B 106/15645, Bd. II, Schreiben Dr. Böhme v. 1.7.1950
38 Ebd., Schreiben Rolf Holle auf Kopfbogen KPABrZ v. 28.8.1950
39 BAK 106/15645, Bd. II, Tätigkeitsbericht BMI Ref. IC1 v. 17.8.1950, unterzeichnet von Dickopf
40 Protokoll BT 83. Sitzung am 12.9.1950; vgl. Th. Mommsen: Die Tagung der Polizeichefs in Hiltrup. Das Werden des deutschen Bundeskriminalamtes, in: Kriminalistik Heft 11/12 v. Juni 1950; ders.: Das neue Bundeskriminalamt, in: Kriminalistik Heft 1/2 v. Januar 1951; ders.: Das Gesetz über das Bundeskriminalamt, in: Kriminalistik Heft 13/14 v. Juli 1951
41 BGBl. I Jahrgang 1951, S. 165 f.; vgl. Horst Herold: Innere Sicherheit: Organe, Zuständigkeiten, Aufbau, S. 310; Horst Albrecht: Im Dienst der Inneren Sicherheit, (eingeschränkt veröffentlicht), S. 32-60
42 BAK N 1265/69, Prante-Bericht, S. 209
43 BAK N 6172 (Nachlass Lehr): Lehr, Robert, 1883-1956, 1924-1933 ObÜ von Düsseldorf (DNVP), Absetzung durch NSDAP 1933-1936, nach 1945 Vorsitzender d. Zonenbeirats f. d. brit. Zone, 1950-1953 Bundesminister des Innern, MdL NRW, Mitglied des Parlamentarischen Rates, MdB (CDU); keine relevanten Archivalien, die Themen dieses Buches berühren
44 BAK N 1265/27
45 BAK B 106/15645, Bd. II
46 »Der Spiegel« v. 14.3.1937, S. 5-7
47 »Der Fortschritt« Nr. 22 v. 1.6.1951

48 BAK N 1265/27 Bd. I, Memorandum Dr. Harry Södermann an den Minister v. 30.3.1951
49 BAK B 106/15687
50 BAK B 106/15645, Bd. II
51 BAK N 1265/36 Organisationsvorschlag für das Bundesamt für Verfassungsschutz (Stand Februar 1950); N 1264/23 Stellungnahme Hagemann v. 5.2.1952; vgl. Hans Detlev Becker: Verfassungsschutz u. Spionageabwehr, Köln 1966
52 AFF: John, Dr. jur. Otto, geb. 1909, ab 1936 Syndikus der Lufthansa, im Juli 1944 Teilnehmer am Putsch gegen Hitler, 1946 bis 1950 Rechtsanwalt in London, 23.11.1951 bis 20.7.1954 Präsident des BfV, Übertritt in die DDR am 20.7.1954, am 11.12.1955 von dänischem Journalisten in die Bundesrepublik zurückbegleitet, am 22.12.1956 zu vier Jahren Haft vom BGH wegen Landesverrats verurteilt, alle Rehabilitierungsverfahren – zuletzt Berliner Kammergericht 1995 – gescheitert, gestorben im März 1997 in Igls/Tirol, [Otto John: Zweimal kam ich heim, Düsseldorf 1969; Christopher Andrew und Wassili Mitrochin: Das Schwarzbuch des KGB, Berlin 1999, S. 539 f.; Albrecht Charisius und Julius Mader: Nicht länger geheim, Berlin 1969, Ausgewählte Kurzbiographien; Frank P. Heigl und Jürgen Saupe: Operation EVA. Die Affaire Langemann, Hamburg 1982, S. 80]
53 BAK B 106/15687
54 BAK B 106/15654
55 BAK B 106/17364
56 BAK N 1265/36, Aktennotiz Dickopf v. 3.3.1950
57 BAK B 106/15635
58 BAK B 106/15665; B 106/17281; BGBl. I, Jahrgang 1951, S. 888
59 BAK N 1265/37, Schreiben Obü. Dr. Kolb v. 12.6.1950
60 Horst Albrecht: Im Dienste der Inneren Sicherheit, S. 89
61 AFF: Jess, Dr. jur. Hanns, geb. 1887, 1931 Leiter des Landeskriminalamtes in Mecklenburg, 1945 Vertrauter Konrad Adenauers, 1945 bis 1948 Direktor der Reichsbahndirektion Schwerin und V-Mann der Organisation Gehlen, 1949 verließ er die DDR, 1950 bis 1953 Polizeipräsident von Frankfurt a. M., 1954 bis 1955 Präsident des BfV in Köln, 1955 Berater des BfV und der Sicherungsgruppe des Bundeskriminalamtes in Bonn-Bad Godesberg, [Albrecht Charisius und Julius Mader: Nicht länger geheim, Berlin 1969, Ausgewählte Kurzbiographien]
62 Horst Albrecht: Im Dienste der Inneren Sicherheit, S. 218; BAK B 106/21192
63 Horst Albrecht: Im Dienste der Inneren Sicherheit, S. 71
64 BAK B 106/15645, Bd. II
65 BAK B 106/11868
66 AFF: Werner, Paul, laut Geschäftsverteilungsplan des RSHA vom 1.2.1940 als SS-Sturmbannführer, Oberregierungs- und -kriminalrat Leiter der Gruppe V A (Aufbau, Aufgaben und Rechtsfragen der Kriminalpolizei), laut Geschäftsverteilungsplan des RSHA vom 1.3.1941 als SS-Sturmbannführer, Oberregierungs- und -kriminalrat Leiter der Gruppe V A, im Mai 1942 beim RSHA Berlin als Ministerialrat bei V A Werderscher Markt 5-6, im Juni 1943 dito, laut Geschäftsverteilungsplan des RSHA vom 1.10.1943 als SS-Standartenführer

und Oberst der Polizei Leiter der Gruppe V A, [Telefonverzeichnis RSHA]; BAB O. 457 RSHA; LA Berlin, Kartei zum RSHA-Verfahren
67 BAK R 58/1085, BAB O. 457 RSHA
68 Patrick Wagner, Volksgemeinschaft ohne Verbrecher, S. 404
69 Ebd., S. 300, 376 ff., 386
70 BAK B 106/17281; identisch in LA Berlin, B Rep. 057-01 Nr. 59, Schreiben Werner an BMI v. 4.10.1949
71 BAK B 106/17281
72 Ernst Klee: Was sie taten – Was sie wurden, S. 60 f.
73 BAK B 106/21192, Schreiben Innenminister BW Ullrich an BMI Bonn v. 13. 1. 1955
74 Ebd., Schreiben Dr. Hagemann v. 24.1.1955
75 »Der Spiegel« (1949) Nr. 40 bis (1950) Nr. 4
76 BAK B 106/15645, Bd. II
77 AFF: Schraepel, Georg, laut Geschäftsverteilungsplan des RSHA vom 1.3.1941 als SS-Sturmbannführer, Regierungs- und Kriminalrat Leiter des Referats I A 3, im Mai 1942 beim RSHA Berlin als Oberregierungs- und Kriminalrat bei I A 3 Wilhelmstr. 20, im Juni 1943 SS-Obersturmbannführer, laut Geschäftsverteilungsplan des RSHA vom 1.10.1943 als SS-Obersturmbannführer, Regierungs- und Kriminaldirektor Leiter des Referats I A 3, [Telefonverzeichnis RSHA]
78 BAK B 106/15645, Bd. II
79 Norbert Frei: Vergangenheitspolitik, S. 84
80 Ebd., S. 86
81 BAK N 1265/37, Schreiben Hagemann an Personalchef v. Perbandt v. 17.7.1950
82 BAK B 106/15661, Schreiben BMI – Pers. Ref. – v. 26.1.1951
83 Ebd., Stellungnahme Hagemann v. 5.2.1951
84 BAK B 106/15645, Bd. II
85 BAK B 106/15661, Schreiben BMI –I C 1 – v. 5.2.1951
86 BAK N 1265/11, Schreiben Dr. Jess an Dickopf v. 29.4.1952
87 BAK B 106/11395
88 BAK B 106/15661
89 AFF: Felfe, Heinz, geb. 1918 in Dresden, 1931 zur HJ, Feinmechaniker, nach Kurzausbildung bei der SS-Verfügungstruppe 1939/40 Wehrmachtseinsatz in Polen, Nachholen des Abiturs im »Langemarck-Studium«, Geschäftsstellenleiter der sächsischen Gauleitung, ab 1939 im RSHA zuständig für Personenschutz von NS-Größen, April 1941 Ausleseprüfung für den leitenden Dienst des SD, 1942 nach drei Semestern Abbruch des Jurastudiums, Kriminalkommissarkurs,1943 bei der Kripostelle Gleiwitz, ab August 1943 Leiter des Schweizreferats des RSHA VI B 3, März 1945 Flucht aus Berlin ins Rheinland, britische Kriegsgefangeschaft Mai 1945 bis 1946, dann Arbeit für britischen Intelligence Service in Münster, im Frühjahr 1950 von Clemens für KGB geworben, 15.11.1951 Eintritt in die Organisation Gehlen, DN Friesen, 1953 in Pullacher Zentrale, Hilfsreferent im Sowjetreferat der Gegenspionage, 1958 Referatsleiter dort, im BND-Verbindungsstab zum BfV als Regierungsrat und zuletzt Leiter des Referats IIIf (Gegenspionage Sowjetunion), am 6.11.1961 als KGB-Spion (DN KURT) verhaftet und 1963 zu 14 Jahren Haft verurteilt, am

14.2.1969 nach Ost-Berlin ausgetauscht, [Hermann Zolling und Heinz Höhne: Pullach intern, Hamburg 1971, S. 8, 168, 284-292, 298, 315-320; Heinz Felfe: Im Dienst des Gegners. Autobiographie, Berlin 1988; BND: Moskau ruft Heinz Felfe, unveröffentlichtes Buchmanuskript, Pullach o. J.; Christopher Andrew und Wassili Mitrochin: Das Schwarzbuch des KGB, Berlin 1999, S. 537 f., 494; Jens Banach: Heydrichs Elite, S. 305 f. ; Erich Schmidt-Eenboom: Schnüffler ohne Nase, S. 34 f., 118 ff., 122; Frank P. Heigl und Jürgen Saupe: Operation EVA. Die Affaire Langemann, Hamburg 1982, S. 80, 94; Frank P. Heigl und Jürgen Saupe: Operation EVA, S. 105 ff.]; vgl. Patrick Wagner: Die Affäre um das Bundesamt für Verfassungsschutz, Ziff. III. Saevecke, Felfe, Wenger – Demokratieschützer vom Typ Eichmann? In: Gerhard Fürmetz et al. (Hg.): Nachkriegspolizei, S. 179

90 BAK N 1265/21, 22, 23, 24

91 BAK N 1265/23

92 BAK N 1265/6

93 BAB BDC-Masterfile, NSDAP Nr. 4424695; BDC-RS 6015009411, SS-Nr. 337262; BDC-SSO 6400013359, 30.1.1944 SS-Hauptsturmführer; LA Berlin, Pg. 89; WASt – V-21-677/300

94 LA Berlin, Pg. 89, S. 14, 41; BAB BDC O. 811 Chefd. d. Pol. u. d. SD Nr. 13/1944 S. 41

95 BAL 7 AR-Z 7/59; 1 AR 1016/61

96 Eberhard Jäckel et al. (Hg.): Enzyklopädie des Holocaust, Bd. II, S. 869 ff., Bd. IV, S.1739

97 WASt – V-21-677/300

II

98 BAB BDC-RS 6005014565

99 BAB BDC-RS 6005014565, Lebenslauf v. 15.1.1939 (für die SS-Dienstgradangleichung)
BAK N 1265/9, »Lebensschilderung« v. 15.2.1945 (für den US-Geheimdienst OSS)
BAK N 1265/9, Fragebogen u. Lebenslauf v. 14.5.1945 (für den US-Geheimdienst OSS)
BAK N 1265/8, Lebenslauf v. 22.12.1945 (für die geplante Einstellung in die Kriminalpolizei Groß-Hessens)
BAK N 1265/11, Lebenslauf v. 23.11.1949 1. Fassung (für die Einstellung in das BMI)
BAK N 1265/11, Lebenslauf v. 23.11.1949 2. Fassung rückdatiert (für die Einstellung in das BMI)

100 Schreiben der Wilhem-Heinrich-von-Riehl-Schule Wiesbaden v. 21.9.2000 u. Hess. Hauptstaatsarchiv, Mitteilung zu Az. IIImP/De v. 28.9.2000

101 BAB BDC-RS 6005014565, Lebenslauf v. 15.1.1939

102 Ebd.

103 BAK N 1265/9, »Lebensschilderung« v. 15.2.1945

104 Ebd.
105 BAB BDC-Masterfile
106 BAB BDC-SSO – 6400007208 Personalbogen
107 BAK N 1265/8, Lebenslauf v. 22.12.1945
108 BAB BDC-RS 6005014565, Lebenslauf v. 15.1.1939
109 BAK N 1265/8, Lebenslauf v. 22.12.1945
110 Ebd.
111 BAK N 1265/11, Lebensläufe v. 23.11.1949 1. Fassung u. 2. Fassung (rückdatiert)
112 BAK N 1265/8, Lebenslauf v. 22.12.1945
113 Jens Banach: Heydrichs Elite. Das Führerkorps der Sicherheitspolizei und des SD 1936-1945. Paderborn 1998, S. 106 ff.
114 Bernd Wehner: Dem Täter auf der Spur, S. 204; AFF: Wehner, Dr. Bernhard, im Mai 1942 beim RSHA Berlin als Kriminalkommissar bei V B 1 a Werderscher Markt 5-6, im Juni 1943 dito, nach 1945 Leiter der Kriminalpolizei in Düsseldorf, [Telefonverzeichnis RSHA]
115 RGBl. I 1936, S. 487
116 Friedrich Wilhelm: Die Polizei im NS-Staat, S. 74 ff.
117 RdErl. RFSS v. 6.4.1937
118 Jens Banach: Heydrichs Elite, S. 108 f.
119 BAK N 1265/6, Liste der Lehrgangsteilnehmer
120 Dieter Schenk: Himmlers Mann in Danzig, S. 232; vgl. Ulrich Herbert: Best, Bonn 1996; Gerhard Paul: Ganz normale Akademiker. In: Gerhard Paul/ Michael Mallmann (Hg.): Die Gestapo – Mythos und Realität. Darmstadt 1995
121 Dr. Ernst Brückner, Eberhard Eschenbach, Alexander Falke, Georg Franz Fischer, Alfred Kaden, Günter Labitzke, Kurt Lach, Rolf Leichtweiß, Dr. Bernhard Niggemeyer, Dr. Josef Ochs, Ewald Peters, Dr. Wilhelm Rohrmann, Theo Saevecke, Martin Vogel, Werner Vieth, Paul Wissmann, Hans-Heinrich Worthmann, Heinz-Günter Zimmermann
122 BAK N 1265/6
123 Marlis Dürkop: Zur Funktion der Kriminologie im Nationalsozialismus. In: Udo Reifner, Bernd-Rüdeger Sonnen (Hg.): Strafjustiz und Polizei im Dritten Reich, S. 97-120
124 BAK N 1265/9, »Lebensschilderung« v. 15.2.1945
125 Ebd.
126 BAK N 1265/6
127 BAK N 1265/6
128 BAK N 1265/9, Fragebogen u. Lebenslauf v. 14.5.1945
129 BAK N 1265/9, »Lebensschilderung« v. 15.2.1945 u. BAK N 1265/11, Lebensläufe v. 23.11.1949 1. Fassung u. 2. Fassung (rückdatiert)
130 BAK N 1265/8, undatierte Notiz
131 BAK N 1265/9, »Lebensschilderung« v. 15.2.1945
132 BAK N 1265/11, Lebensläufe v. 23.11.1949 1. Fassung u. 2. Fassung (rückdatiert)
133 BAK N 1265/9, »Lebensschilderung« v. 15.2.1945
134 BAB-BDC/PH/9325/MU/jg, mit Runderl. D. RFSS veröffentlichtes Merk-

blatt über die Laufbahn des leitenden Dienstes in der Sicherheitspolizei und im Sicherheitsdienst des RFSS

135 BAB-BDC-RS 6005014565

136 BAK N 1265/11, SS-Verordnungsblatt Nr. 3 v. 15.8.1939, S. 9, in dem neben Dickopf auch Erlen, Freitag, Griese, Gunia, Holle und Thomsen aufgeführt sind

137 BAK N 1265/7
Zur Dienstgradangleichung vgl. Jens Banach: Heydrichs Elite, S. 121-127; Hans Buchheim: SS und Polizei. Duisdorf 1964, S. 108-114; Friedrich Wilhelm: Die Polizei im SS-Staat. Paderborn 1957, S. 93-95; Stephan Linck: Der Ordnung verpflichtet: Deutsche Polizei 1933-1949, Paderborn 2000, S. 28-30, 34 f.

138 BAK N 1265/9, »Lebensschilderung« v. 15.2.1945

139 BAK N 1265/11, Lebensläufe v. 23.11.1949 1. Fassung u. 2. Fassung (rückdatiert)

140 BAK N 1265/6

141 Ebd.

142 Ebd.

143 BAL 207 AR-Z 7/1959, Bd. 62, S. 9952-9960

144 Walther Hubatsch (Hg.): Hitlers Weisungen für die Kriegsführung. Frankfurt a. M. 1962, S. 17-19

145 BAL, Zentrale Stelle (Hg.): Einsatzgruppen in Polen, Heft 2, S. 18

146 Friedrich Wilhelm: Die Polizei im NS-Staat, S. 134

147 BAL StA beim Kammergericht Berlin, 1 Js 12/65 (RSHA), Anklageschrift gegen Dr. Werner Best v. 10.02.1972, S. 378, 393 ff.

148 Ulrich Herbert: Best, S. 239 f.

149 Jäckel/Longerich/Schoeps (Hg.): Enzyklopädie des Holocaust, S. 395

150 Dieter Schenk: Hitlers Mann in Danzig, S. 145 ff.

151 BAL-BDC – RS 6010013911, SS-Mitgliedsnummer 337662

152 BAL-BDC Masterfile, NSDAP-Mitgliedsnummer 5540710

153 BAL 207 AR-Z 7/1959 Bd. 62, S. 9995

154 Einzelheiten zum Disziplinarverfahren sind nicht bekannt, da das BAK trotz Genehmigung durch das BMI eine Einsicht in Personalakten generell verweigerte

155 BAL 207 AR-Z 7/59, Bd. 23, S. 3578

156 Adalbert Rückerl: Die Strafverfolgung von NS-Verbrechen 1945-1978, S. 19

157 Helmut Krausnik: Hitlers Einsatzgruppen, S. 124

158 BAL – 2 AR-Z 21/1958, 7 AR-Z 7/1959, 207 AR-Z 163/71, 503 AR-Z 115/77, 1 AR 1016/61

159 Helmut Krausnik: Hitlers Einsatzgruppen, S. 125

160 AGK – ATW P.d. 21-23, S. 168-174

161 Helmut Krausnik: Hitlers Einsatzgruppen, S. 129 f.

162 Jäckel/Longerich/Schoeps (Hg.): Enzyklopädie des Holocaust, S. 398
Zu Einsatzgruppen vgl. Helmut Krausnik: Hitlers Einsatzgruppen; Raul Hilberg: Die Vernichtung der europäischen Juden, Bd. 2, S. 287-386; Hans Buchheim: SS und Polizei im NS-Staat, S. 70 f.; Friedrich Wilhelm: Die Polizei im

NS-Staat, S. 133-136; Jäckel/Longerich/Schoeps (Hg.): Enzyklopädie des Holocaust, S.393-400, 1716-1718; Hans-Heinrich Wilhelm: Die Einsatzgruppe A der Sicherheitspolizei und des SD 1941/42; Ralf Ogorreck: Die Einsatzgruppen und die »Genesis der Endlösung«
163 BAL 207 AR-Z 163/71, Bd. 2, S. 312 f.
164 BAL 207 AR-Z 7/59, Bd. 23, S. 3578
165 BAL 207 AR-Z 7/1959, Bd. 62, S. 9994
166 Jäckel/Longerich/Schoeps (Hg.): Enzyklopädie des Holocaust, S. 398
167 BAL 207 AR-Z 163/71 , Bd. 2, S. 312, 314, 317
168 Wolfgang Scheffler: Die Einsatzgruppen A 1941/42. In: Peter Klein (Hg.): Die Einsatzgruppen in der besetzten Sowjetunion 1941/42, S. 39
169 BAL 207 AR-Z 163/71, Bd. 2, S. 8-12
170 BAL 207 AR-Z 7/59, Bd. 23, S. 3578 f.
171 BAL 207 AR-Z 7/59, Bd. 16, S. 3341
172 Helmut Krausnik: Hitlers Einsatzgruppen, S. 178
173 BAL 207 AR-Z 7/1959, Bd. 62, S. 9994
174 BAK N 1265/9, »Lebensschilderung« v. 15.2.1945
175 Ebd.
176 BAK N 1265/11, Lebenslauf v. 23.11.1949 1. und 2. Fassung (rückdatiert)
177 BAK N 1265/9, »Lebensschilderung« v. 15.2.1945
178 Zeitzeugengespräch am 9.5.1996 des Autors mit Staatssekretär a. D. Siegfried Fröhlich
179 Benz/Graml/Weiß: Enzyklopädie des Nationalsozialismus, S. 346 f.; vgl. Heinz Höhne: Canaris
180 BAK N 1265/9, »Lebensschilderung« v. 15.2.1945
181 Ebd.
182 Ebd., nicht im Widerspruch zu Lebensläufen v. 14.5.45, 22.12.45, 23.11.49
183 BAK N 1265/69, Helmut Prante: Paul Dickopf oder die Gründungsgeschichte des BAK (unveröffentlicht), Wiesbaden 1976/79, S. 48 (künftig zitiert als Prante-Bericht)
184 BAK N 1265/9, »Lebensschilderung« v. 15.2.1945 u. Lebenslauf v. 22.12.45
185 BAK N 1265/10
186 BAB-BDC Masterfile
187 BAK N 1265/9, »Lebensschilderung« v. 15.2.1945 u. Lebenslauf v. 22.12.45
188 BAK N 1265/26, Schreiben eines ehemaligen Kollegen v. 22.4.1969 an Dickopf, das sich auf die gemeinsame Zeit 1940/41 in der Abwehrnebenstelle Straßburg – IIIf. – bezieht. »Ich denke oft an die Zeit im Elsass, an die schönen Abende im ›Schnookeloch‹.«

III

189 BAK N 1265/9
190 BAK N 1265/9, »Lebensschilderung« v. 15.2.1945
191 BAK N 1265/69, Prante-Bericht, S. 74
192 BAB-BDC Masterfile

193 BAB-BDC-SSO 6400007208
194 BAK N 1265/9, »Lebensschilderung« v. 15.2.1945
195 Ebd.
196 Ebd.
197 BAK N 1265/44
198 BAK N 1265/9, »Lebensschilderung« v. 15.2.1945
199 SBA Sign. 4264 1985/196, Bd. 1068, Schweizer Flüchtlingsakte Dickopf
200 SBA Sign. 5330 1982/1, Bd. 170, Dossier Schweizer Militärgericht – geheim –
201 Ebd.
202 Karl Laske: Ein Leben zwischen Hitler und Carlos: François Genoud, Zürich 1996
203 BAK N 1265/69, Prante-Bericht, S. 67-73: vgl. auch Dieter Schenk: Der Chef, S. 65, 66, 71; unveröffentlichtes Spiegel-Dossier über Genoud (Privatarchiv Dr. Horst Herold) sowie »Der Spiegel« über Genoud: »Spiegel« 1952, Heft 28, S. 21, u. Heft 49, S. 32 f.; 1962, Heft 3, S. 28; 1970, Heft 44, S. 150; 1973, Heft 41, S. 202, u. Heft 44, S. 16; 1982, Heft 17, S. 147; 1983, Heft 45, S. 116; 1987, Heft 36, S. 3 u. S. 152; 1992, Heft 29, S. 104
204 BAK N 1265/13
205 BAK N 1265/23
206 Ebd.
207 Rudolf Walther, Rezension der Genoud-Biographie von Karl Laske, Frankfurter Rundschau v. 8.3.1997
208 SBA Sign. 27/10755, Lebenslauf v. 10.8.1944 für den Schweizer Militärischen Nachrichtendienst
209 BAK N 1265/9, »Lebensschilderung« v. 15.2.1945
210 Hansjakob Stehle: Martin Bormann im west-östlichen Zwielicht, »Die Zeit« Nr. 24 v. 6.6.1997
211 Schreiben Dr. Hansjakob Stehle v. 17.6.1997 an den Autor
212 BAK N 1265/9, »Lebensschilderung« v. 15.2.1945
213 SBA Sign. 27/10755, Dossier Schweizer Militärgericht – geheim –
214 Ebd.
215 Ebd.
216 SBA Sign. 5330 1982/1, Bd. 170, Dossier Schweizer Militärgericht – geheim –
217 Peter-Ferdinand Koch: Die Tagebücher des Doktor Joseph Goebbels
218 SBA Sign. 5330 1982/1, Bd. 170, Dossier Schweizer Militärgericht – geheim –
219 SBA Sign. 27/10755, Dossier Schweizer Militärgericht – geheim –
220 BAK N 1265/9, »Lebensschilderung« v. 15.2.1945
221 SBA Sign. 27/10755, Dossier Schweizer Militärgericht – geheim –
222 BAK N 1265//9, Fragebogen und Lebenslauf v. 14.5.1945, Anlage zur Frage 15
223 BAK N 1265/10, Bericht »Einkommen und Vermögen« v. 24.8.1948
224 BAK N 1265/10
225 BAK N 1265/12
226 BAK N 1265/10, Bericht »Einkommen und Vermögen« v. 24.8.1948
227 BAK N 1265/10
228 BAK N 1265/8, Lebenslauf v. 22.12.1945
229 BAK N 1265/11

230 SBA Sign. 4264 1985/196, Bd. 1068, Schweizer Flüchtlingsakte Dickopf
231 Ebd.
232 Ebd.
233 Günter Lachmann: Der Nationalsozialismus in der Schweiz 1931-1945, S. 84
234 SBA Sign. 4264 1985/196, Bd. 1068, Schweizer Flüchtlingsakte Dickopf
235 BAK N 1265/9
236 BAK N 1265/69, Prante-Bericht, S. 51
237 AFF: Gisevius, Dr. Hans Bernd, geb. 14. Juli 1904, Jurastudium, als deutschnationaler Jugendführer bei NS-Machtübernahme in die NSDAP übergewechselt, August 1933 Eintritt in den preußischen Verwaltungsdienst, Versetzung zur politischen Abteilung des Polizeipräsidiums Berlin, Aufbau der Gestapo an zentraler Stelle miterlebt, als Gestapo-Beamter (1933 Assessor) Mitwirkung am Sturz des ersten Gestapo-Chefs Rudolf Diels, anschließend Versetzung ins Reichsinnenministerium, kurze Zeit im Reichskriminalpolizeiamt, schließlich in die Privatwirtschaft abgewandert, im Widerstand gegen Hitler, während des Krieges Sonderführer im OKW-Amt Ausland/Abwehr, im Rahmen der Gegenspionage in der Tarnung eines Vizekonsuls im deutschen Generalkonsulat in Zürich, häufige Besuche bei Allen Dulles (Leiter des OSS in Bern), Überbringung von Botschaften von General Beck sowie von Goerdeler, hielt Dulles über die Aktivitäten des deutschen Widerstandes auf dem Laufenden, nach dem missglückten Attentat auf Hitler v. 20. Juli 1944 Flucht in die Schweiz, 1945 Rückkehr nach Deutschland als Zeuge der Anklage bei den Nürnberger Prozessen, Aussage gegen Göring aber zugunsten von Schacht und Frick, 1946 Publikation seines Buchs »Bis zum bitteren Ende«, nach dem Krieg einige Jahre in den USA und Westberlin, anschließend Niederlassung in der Schweiz, gestorben 23. Februar 1974 in Müllheim/Baden (nach anderen Quellen in St. Légier) [Wistrich, Robert: Wer war wer im Dritten Reich, 1983, S. 85/86]
238 Ebd., S. 65
239 AFF; vgl. Erich Schmidt-Eenboom: Schnüffler ohne Nase, S. 375
240 BAK N 1265/9, Notiz Dickopf v. 15.2.1945
241 BAK N 1265/9, Schreiben Dickopf an Dr. Balsinger, Schweizer Bundespolizei, v. 12.3.1945
242 BAK N 1265/9, Prante-Bericht, S. 85 ff.
243 BAK N 1265/69, Prante-Bericht, S. 92
244 Allen Dulles/Gero v. S. Gaevernitz: Unternehmen »Sunrise«, Düsseldorf/Wien 1967, S. 22, 302. Dickopf wird in dem Buch nicht erwähnt
245 BAK N 1265/8, Lebenslauf v. 22.12.1945
246 Günter Lachmann: Der Nationalsozialismus in der Schweiz 1931-1945, S. 85
247 BAK N 1265/11, Lebenslauf v. 23.11.1949
248 Ebd.
249 BAK N 1265/8, Lebenslauf v. 22.12.1945
250 BAK N 1265/22-24
251 Allen Dulles/Gero v. S. Gaevernitz: Unternehmen »Sunrise«, S. 110
252 Christopher Simpson: Der amerikanische Bumerang, S. 60
253 Rena u. Thomas Giefer: Die Rattenlinie, S. 31 f.

254 Dieter Schenk, Hitlers Mann in Danzig, S. 256

255 Gerhard Paul, Zwischen Selbstmord, Illegalität und neuer Karriere. In: Gerhard Paul/Michael Mallmann (Hg.): Die Gestapo, S. 534

256 Stephan Linck: Der Ordnung verpflichtet: Deutsche Polizei 1933-1945. Der Fall Flensburg, S. 14, 127, 133; vgl. Gerhard Paul: Flensburger Kameraden, in: Die Zeit Nr. 6 v. 1.2.2001

257 AFF: Himmler, Heinrich, geb. 7. Oktober 1900, Gymnasium in Landshut, 1918 Einberufung als Offiziersanwärter zum 11. bayerischen Infanterieregiment, 1918 bis 1922 Technische Hochschule München, Diplom als Landwirt, Verkäufer einer Düngemittelfirma, Anschluss an eine bündische Organisation (»Artamanen«), 1923 Teilnahme als Fahnenträger an der Seite Ernst Röhms am Hitler-Putsch in München, Sekretär Gregor Straßers und stellvertretender Gauleiter in Niederbayern, 1926-1930 stellvertretender Propagandaleiter der NSDAP. 1930 Wahl zum NS-Abgeordneten für den Bereich Weser-Ems in den Reichstag, zusammen mit Reinhard Heydrich Gründung des Sicherheitsdienstes (SD), März 1933 Polizeipräsident von München, kurz darauf Kommandeur der politischen Polizei in Bayern, bis Januar 1934 Befehligung der gesamten politischen Polizei außerhalb Preußens, April 1934 als Inspekteur Chef der preußischen Gestapo, ab 17. Juni 1936 Kontrolle über die politische und Kriminalpolizei im gesamten Reichsgebiet, Chef der Deutschen Polizei und gleichzeitig Reichsführer der SS, Oktober 1939 Ernennung durch Hitler zum Reichskommissar für die Festigung des deutschen Volkstums, August 1943 Ernennung zum Reichsinnenminister, Unterstellung von Verwaltung und öffentlichem Dienst. Festigung seiner Position nach dem Attentat vom 20. Juli 1944, Oberbefehlshaber des Ersatzheeres und Chef der Heeresrüstung, 1945 Unterstellung der Heeresgruppe »Weichsel«, im Mai 1945 sprach er von einer NS-Regierung in Schleswig-Holstein als gleichberechtigten Partner der Alliierten, Hitler stieß ihn aus der Partei aus, 28. April 1945 Enthebung von sämtlichen Ämtern, Admiral Dönitz lehnte die Zusammenarbeit mit Himmler ab, nach der Kapitulation beim Versuch unterzutauchen in britische Gefangenschaft, Verbringung nach Lüneburg, 23. Mai 1945 Selbstmord. [Robert Wistrich: Wer war wer im Dritten Reich, S. 125-129; Bresler, Fenton: INTERPOL. Der Kampf gegen das internationale Verbrechen von den Anfängen bis heute, München 1993, S. 65, 73, 77, 93; Albrecht Charisius und Julius Mader: Nicht länger geheim]

258 Ebd., S. 139, 141, 150-156, 159

259 Ebd., S. 174 f.

260 Gerhard Paul: Zwischen Selbstmord, Illegalität und neuer Karriere. In: Gerhard Paul/Michael Mallmann (Hg.): Die Gestapo, S. 537 f.

261 Ebd., S. 537; vgl. Ernst Klee: Persilscheine und falsche Pässe; ders.: Was sie taten – Was sie wurden, S. 229 ff.

IV

262 Fragebogen u. Lebenslauf v. 14.5.1945
263 BAK N 1265/69, Prante-Bericht, S. 65
264 BAK N 1265/8
265 Ebd.
266 BAK N 1265/69, Prante-Bericht, S. 65 f.
267 Ebd., S. 93
268 BAK N 1265/8
269 Ebd.
270 BAK N 1265/69, Prante-Bericht, S. 92
271 Ebd., S. 96a
272 BAK N 1265/8
273 Ebd.
274 Ebd.
275 Ebd.
276 Ebd.
277 Ebd.
278 BAK N 1265/44, Bericht I/1946 v. 1.9.1946
279 Christopher Simpson: Der amerikanische Bumerang, S. 62
280 BAK N 1265/44, Bericht I/1946 v. 1.9.1946
281 Ebd.
282 BAK N 1265/44, Bericht II/1946 v. 30.9.1946
283 Ebd.
284 BAK N 1265/69, Prante-Bericht, S. 104
285 Christopher Simpson: Der amerikanische Bumerang, S. 62
286 Reinhard Gehlen, S. 149 f.
287 Vgl. Erich Schmidt-Eenboom: Schnüffler ohne Nase; ders.: Der Schattenkrieger; Albrecht Charisius/Julius Mader: Nicht länger geheim
288 SBA Sign. 4320 1973/17, Bd. 53, Schreiben Dickopf an Dr. Balsinger, Chef der Bundespolizei Bern, v. 22.6.1946
289 BAK N 1265/69, Prante-Bericht, S. 112
290 Ebd., S. 113a

V

291 SBA, Sign. 4320 1973/17, Bd. 53
292 Ebd.
293 BAK N 1265/69, Prante-Bericht, S. 113 f.
294 BAK N 1265/10
295 Ebd.
296 BAK N 1265/21
297 BAK N 1265/69, Prante-Bericht, S. 115
298 Klaus Eichner, Andreas Dobbert: Headquarters Germany, S. 19

299 BAK N 1265/9
300 Ebd.
301 BAK N 1265/69, Prante-Bericht, S. 115 f.
302 BAK N 1265/13
303 Horst Albrecht: Im Dienst der Inneren Sicherheit (eingeschränkt veröffentlicht), S. 214
304 BAK N 1265/69, Prante-Bericht, S. 116
305 Albrecht Charisius/Julius Mader: Nicht länger geheim, S. 145 f.; Heye war CDU-MdB 1953 (AFF)
306 BAK N 1265/68, Prante-Bericht, S. 2
307 Klaus Eichner/Andreas Dobbert: Headquarters Germany, S. 89, 309, 324
308 LA Wiesbaden, Sign. Abt. 520 W Nr. 7817, Spruchkammerakte Paul Dickopf, 1910-1973
309 BAK B 106/15661
310 Zitiert nach Karl Dietrich Erdmann: Das Ende des Reiches und die Entstehung der Republik Österreich, der Bundesrepublik Deutschland und der Deutschen Demokratischen Republik, München 1999, S. 113 f.
311 Ebd., S. 115 f.
312 Wolfgang Benz: Nachkriegsgesellschaft und Nationalsozialismus. In: Dachauer Hefte 6/1990, S. 12-24
313 Ebd., S. 24; vgl. Justus Fürstenau: Entnazifizierung; Clemens Vollnhals (Hg.): Entnazifizierung
314 Norbert Frei: Vergangenheitspolitik, S. 56
315 Clemens Vollnhals (Hg.): Entnazifizierung, S. 166 ff.
316 BAK Sign. Z/42
317 BAK Sign. Z/42 IV/3868
318 BAB-BDC Masterfile, geb. 18.3.1913, Eintritt NSDAP 30.9.1941 (Nr. 8995683); Sign. BDC-RS 6010007016, SD Dienststelle KPL Berlin, SD Außenstelle Charlottenburg, Eintritt SS 18.10.1937 (SS-Nr. 367159); Sign. BDC-SSO 6400009435, Julleuchter, SS-Hauptsturmführer 30.1.1945
319 BAB-BDC Ordner 808 Befehlsbl. ChdDPoluSD Nr. 4/1940, S. 41
320 Dieter Schenk, Hitlers Mann in Danzig, S. 174 ff.
321 BAK Sign. Z/42 IV/3868
322 Ebd.
323 Stephan Linck: Der Ordnung verpflichtet: Deutsche Polizei 1933-1949, S. 323
324 Eberhard Eschenbach: Die Täterpersönlichkeit des Diebes (Einbrechers) und seine Opfer. In: BAK (Hg.): Diebstahl, Einbruch, Raub (Tagungsbericht), Wiesbaden 1958 (eingeschränkt veröffentlicht), S. 72
325 siehe Nachruf auf Eschenbach in Kriminalistik 5/1964, S. 219 (Eschenbach kam 1964 bei einem Verkehrsunfall ums Leben)
326 BA-Zw – ZR 604 Akte 5, Lebenslauf v. 29.7.1940
327 BAK N 1265/6, »Persilschein« Dickopfs für Holle v. 4.6.1948
328 BA-Zw – ZR 604 Akte 5, Lebenslauf v. 29.7.1940
329 BAB-BDC Masterfile Holle: Parteieintritt 1.5.1937, Mitgl.Nr. 5977213; Sign. BDC-RS 6020014869: SA 8.7.1933-21.3.1935, 1.7.1939 SS-Untersturmführer KP-Stelle Erfurt; BDC-SSO 6400018092 HJ November 1930-Oktober 1932,

Julleuchter erhalten. Mit Wirkung v. 20.4.1943 Beförderung zum SS-Hauptsturmführer im RSHA; SS-Nr. 327259 SD-Hauptamt

330 LA Schleswig, Entnazifizierungsakte Rolf Holle, Sign. LAS Abt. 460.19 ung. Geschäftszeichen K 12.094

331 WASt – V-21-677/300

332 Vgl. Ralph Giordano: Wenn Hitler den Krieg gewonnen hätte. Die Pläne der Nazis nach dem Endsieg, Hamburg 1989

333 BA-Zw – ZR 604 Akte 5

334 LA Schleswig, Entnazifizierungsakte Rolf Holle, Sign. LAS Abt. 460.19 ung. Geschäftszeichen K 12.094

335 Keine Erkenntnisse über Holle BAL (ZSt) mit Ausnahme einer Anfrage des BAK aus dem Jahre 1968 (110 AR 43/1968)

336 LA Schleswig, Entnazifizierungsakte Rolf Holle, Sign. LAS Abt. 460.19 ung. Geschäftszeichen K 12.094

337 BAK N 1265/6

338 Rolf Holle: Sprüche und Widersprüche. In: Kriminalistik 1/1960, S. 2

339 Ebd.

340 Fachliche Anweisung Nr. 2 v. 12.2.1946 der brit. Militärregierung, Public Safety Branch in Bünde durch den brit. Oberst J. Timmerman; BAK N 1265/31, Aktennotiz Amtsleiter KPABrZ Ernst Voß v. 19.1.1948

341 BAK N 1265/31, Schreiben Voß an Senat Hansestadt Hamburg v. 4.3.1950

342 Lothar Kettenacker: Krieg zur Friedenssicherung, S. 357; vgl. Claus Scharf/Hans-Jürgen Schröder (Hg.): Die Deutschlandpolitik Großbritanniens und die Britische Zone 1945-1949, S. 31 f.

343 Stephan Linck: Der Ordnung verpflichtet, S. 186 ff.; vgl. Stephan Linck: »To exploit this product of German genius ... is surely good business, S. 105 ff.

344 Ebd.

345 BAK B 106/15661, Personalbogen u. Lebenslauf Voß v. 12.10.1949

346 BAK N 1265/31

347 Ebd.

348 Ebd.

349 BAK B 106/15661

350 BAK N 1265/31

351 BAK B 106/15661

352 Zum KPABrZ vgl. Dickopf/Holle: Das Bundeskriminalamt, S. 35 f; Richard Steinke: Anfänge und Entwicklung internationaler Verbrechensbekämpfung. In: Festschrift 25 Jahre BAK/25 Jahre GdP im Bundeskriminalamt, Hilden 1976, S. 27 ff.; Walter Vogel: Westdeutschland 1945-1950, Teil III, S. 629 ff.

353 Josef Foschepoth/Rolf Steininger (Hg.): Die britische Deutschland- und Besatzungspolitik 1945-1949, S. 72 ff., 92 ff.; dtv-Atlas zur Weltgeschichte Bd. 2, München 1966, S. 218 f., 227, 237

354 BAK N 1265/32, Bericht 9610-I/48 v. 5.5.1948 u. BAK N 1265/32, Bericht 9610-(S)I/48; in seinem ergänzenden Bericht »Die Polizei (Kriminalpolizei) in der sowjetischen Besatzungszone Deutschland« (18.6.1948) vertieft er seine Angaben über die ostzonale Polizei. Dickopf berief sich auf Quellen »ehemaliger Polizei- und Kriminalbeamte, die in der Ostzone ansässig sind«. Er schreibt –

ohne dies zu kritisieren, was man von ihm eigentlich hätte erwarten müssen –, dass es in der Ostzone »Beamte im alten Sinne nicht mehr gibt«

355 BAK N 1265/32, Bericht undatiert
356 BAK N 1265/32, Bericht 9610-I/48 v. 5.5.1948
357 BAK N 1265/32, Bericht 9610-II/48 v. 30.12.1948
358 Ebd.
359 Ebd.
360 Ebd.
361 Ebd.
362 Ebd.
363 BAK N 1265/45, Bericht 9610-VI/49 v. 20.8.1949
364 »Die Welt« v. 30.4.1949: »Vorerst keine Bundespolizei«; »Frankfurter Rundschau« v. 4.5.1949: »Bundespolizei soll errichtet werden«
365 BAK N 1265/32, Bericht über die Tagung der Länder der Bundesrepublik Deutschland in München v. 21.-23.9.1949 über Fragen der Kriminalpolizei; Th. Mommsen: Die Tagung der Polizeichefs in Hiltrup. Das Werden des deutschen Bundeskriminalamtes. In: Kriminalistik Heft 11/12 1950, S. 121-123
366 BAK N 1265/32, Bericht 9610-I/49 v. 1.4.1949
367 Ebd.
368 BAK N 1265/33, Brief Dickopf an Holle v. 18.5.1949
369 Ebd.
370 Ebd.
371 Ebd.
372 Ebd.
373 BAK N 1265/33, Aktennotiz Dickopf/Holle, undatiert
374 BAK N 1265/33, Brief Dickopf an Holle v. 18.5.1949
375 BAK N 1265/32, Bericht 9610-II/49 v. 30.6.1949
376 BAK N 1265/32, Bericht 9610-III/49 v. 6.7.1949
377 BAK N 1265/33, Aktennotiz Dickopf Besprechung mit Innenminister Dr. Menzel am 1.7.1949
BAK N 1265/32, Bericht 9610-III/49 v. 6.7.1949
BAK N 1265/32, Bericht 9610-IV/49 v. 20.7.1949
BAK N 1265/32, Bericht 9610-V/49 v. 28.7.1949
BAK N 1265/32, Bericht 9610-VI/49 v. 20.8.1949
BAK N 1265/32, Bericht 9610-VII/49 v. 28.8.1949
BAK N 1265/32, Bericht 9610-VIII/49 v. 7.9.1948
BAK N 1265/32, Bericht 9619-IX/49 v. 8.9.1949
BAK N 1265/32, Bericht 9610-X/49 v. 2.10.1949
BAK N 1265/32, Bericht XI/49 v. 13.10.1949
BAK N 1265/32, Bericht XII/49 v. 3.11.1949
BAK N 1265/34, Aktennotiz Dickopf v. 8.11.1949
BAK N 1265/34, Aktennotiz Dickopf v. 18.11.1949
378 BAK N 1265/32, Bericht 9610-IV/49 v. 20.7.1949
379 BAK N 1265/32, Brief Dickopf an Holle v. 22.9.1949
380 Ebd.
381 BAK N 5561 (Nachlass Gustav Heinemann), 1899-1976, 1928 Justitiar u. später

Prokurist der Rheinischen Stahlwerke Essen, während des Dritten Reichs führendes Mitglied der Bekennenden Kirche, nach 1945 im Rat der Ev. Kirche Deutschlands, 1946 OBü. von Essen, 1947/48 Justizminister NRW, 1949 Bundesinnenminister (CDU), 1952-57 Begründer u. Präsidialmitglied der GVP (Gesamtdeutsche Volkspartei), ab 1957 MdB (SPD), 1966 Bundesjustizminister, 1969-1974 Bundespräsident; vgl. auch Archiv der sozialen Demokratie der Friedrich-Ebert-Stiftung Bonn

382 BAK N 6206/1147 (Nachlass Hans Ritter von Lex), 1893-1970; bis 1933 bayr. Erziehungsminister, 1933-1945 im Reichsinnenministerium, 1932/33 Mitglied des Reichstags (Bayrische Volkspartei), 1947-49 bayr. Innenminister, 1949-1960 Staatssekretär im BMI, 1961-1967 Präsident des Deutschen Roten Kreuzes

383 BAK N 1265/23, keine Erkenntnisse BAB-BDC RKK 2702 0004 File 61

384 BAK N 1265/34, Aktennotiz Dickopf v. 18.11.1949

385 »Die Polizei« Nr. 22 v. 20.11.1949

386 BAK N 1265/34, Aktennotiz Dickopf v. 21.11.1949

387 BAK N 1265/32, Bericht 9610-XIV/49 v. 9.12.1949
BAK N 1265/32, Bericht 9610-XV/49 v. 22.12.1949
BAK N 1265/35, Bericht 9610-I/50 v. 26.1.1950
BAK N 1265/36, Bericht 9610-II/50 v. 31.1.1950
BAK N 1265/36, Bericht 9610-III/50 v. 9.2.1950
BAK N 1265/36, Bericht ohne Nr. v. 7.3.1950
BAK N 1265/36, Bericht 9610-IV/50 v. 8.3.1950

388 BAK N 1265/32, Bewerbung Dickopf v. 24.11.1949

389 BAK N 1265/32, Bericht 9610-XIII/49 v. 25.11.1949
BAK N 1265/35, Aktennotiz Dickopf v. 26.11.1949
BAK N 1265/35, Aktennotiz Dickopf v. 29.11.1949
BAK B 106/17281, Bericht, Dr. Hagemann v. 30.11.1949
BAK N 1265/35, Brief, Dickopf an Holle v. 1.12.1949

390 BAK N 1265/35, Aktennotiz Dickopf v. 29.11.1949

391 BAK N 1265/35, Brief Hagemann an Dickopf v. 23.12.1949

392 BAK N 1265/36, rückdatiertes Bewerbungsschreiben und rückdatierter Lebenslauf Dickopfs
BAK N 1265/36, Aktennotiz Dickopf v. 15.2.1959, Abgabe endgültige Fassung seiner Bewerbung am 15.2.1950

393 BAK N 1265/11, »Persilschein« US-Hochkommissar v. 8.2.1950

394 BAK N 1265/35, Aktennotiz Dickopf v. 23.12.1949 u. Briefe Dickopf v. 30.12.1949

395 BAK N 1265/32, Bericht Dickopf v. 30.12.1949 an US-Geheimdienst (an Jack Whitten)

396 AFF: Zeitz, 1942 als Oberst Leiter der Ast Stuttgart des OKW-Amtes Ausland/Abwehr [Hans Rudolf Fuhrer: Spionage gegen die Schweiz. Die geheimen deutschen Nachrichtendienste gegen die Schweiz im Zweiten Weltkrieg 1939-1945, Sonderheft der ASMZ, Frauenfeld 1982, S. 19]

397 BAK N 1265/36, Bericht Dickopf v. 27.1.1950 an US-Geheimdienst (an Jack Whitten)

398 BAK N 1265/36, Aktennotiz Dickopf v. 16.3.1950
399 BAK NL 5272, Nachlass Globke (1898-1973), 1949-1963 Ministerialdirektor und Staatssekretär im Bundeskanzleramt
400 »Limburger Neue Presse« v. 31.3.1950
401 BAK N 1265/36, Aktennotiz Dickopf v. 4.4.1950
402 BAK N 1265/32, Bericht Dickopf v. 30.12.1949 (an Jack Whitten)
403 AFF: Lobbes, Hans, laut Geschäftsverteilungsplan des RSHA vom 1.2.1940 als Kriminaldirektor und Leiter des Referats C 1 (Reichszentrale zur Bekämpfung von Kapitalverbrechen, für Vermisste und unbekannte Tote, zur Bekämpfung reisender und gewerbsmäßiger Einbrecher und zur Bekämpfung internationaler und interlokaler Taschendiebe), laut Geschäftsverteilungsplan des RSHA vom 1.3.1941 als Regierungs- und Kriminalrat Stellvertreter des Leiters der Gruppe V B und Leiter des Referats V B 1, im Mai 1942 beim RSHA Berlin als Regierungs- und Kriminalrat bei V B 1 Werderscher Markt 5-6, im Juni 1943 dito, laut Geschäftsverteilungsplan des RSHA vom 1.10.1943 als SS-Sturmbannführer, Oberregierungs- und -kriminalrat Leiter der Gruppe V B, [Telefonverzeichnis RSHA]
404 BAK N 1265/32, Bericht 9610-XIII/49 v. 25.11.1949
405 BAK N 1265/35, Aktennotiz v. 22.12.1949
406 BAK N 1265/35, Aktennotiz v. 17.1.1950
407 BAK N 1265/36, Aktennotiz Dickopf v. 16.2.1950
408 BAK N 1265/36, Aktennotiz v. 25.4.1950
409 BAK N 1265/35, Aktennotiz Dickopf v. 8.12.1949; »DDR-Braunbuch« S. 88
410 BAK N 1265/36, Aktennotiz Dickopf v. 17.2.1950
411 Ebd.
412 BAK N 1265/36, Aktennotiz Dickopf v. 25.4.1950
413 BAK N 1265/35, Aktennotiz Dickopf v. 9.12.1949
414 BAK N 1265/35, Aktennotiz Dickopf v. 10.12.1949
415 BAK N 1265/36, Aktennotiz Dickopf v. 22.4.1950
416 BAK N 1265/35, Aktennotiz Dickopf v. 13.12.1949
417 BAK N 1265/35, Brief Dickopf an Holle v. 15.12.1949
418 BAK N 1265/36, Aktennotiz Dickopf v. 21.3.1950
419 BAK N 1265/36, Brief Dickopf an Holle v.23.3.1950
420 BAK N 1265/36, Aktennotiz Dickopf v. 25.4.1950
421 Wolfgang Benz et. al. (Hg.): Enzyklopädie des Nationalsozialismus, S. 694
422 AFF: Nebe, Arthur, geb. 13. November 1894 in Berlin, als Kriegsfreiwilliger im Ersten Weltkrieg, 1920 als Oberleutnant verabschiedet, im gleichen Jahr Beitritt zur Kriminalpolizei in Berlin, 1924 Kriminalkommissar, 1931 Eintritt in die NSDAP und später in die SA, April 1933 als Kriminalrat Leiter der Exekutivabteilung (Abt. III) des preußischen Geheimen Staatspolizeiamtes, 1935 Leiter des preußischen Landeskriminalpolizeiamtes, 1936 Leiter der Abteilung Kriminalpolizei beim Chef der Sicherheitspolizei und des SD Heydrich, 16. Juli 1937 Ausbau der Abteilung zum Reichskriminalpolizeiamt, September 1939 Einbau des Amtes als Amt V in das Reichssicherheitshauptamt (RSHA), laut Geschäftsverteilungsplan des RSHA vom 1.2.1940 als SS-Oberführer und Reichskriminaldirektor Leiter des Amtes V (Verbrechensbekämpfung),

laut Geschäftsverteilungsplan des RSHA vom 1.3.1941 als SS-Brigadeführer Leiter des Amtes V, im Mai 1942 beim RSHA Berlin als SS-Gruppenführer und Generalleutnant der Polizei, IKPK Kleiner Wannsee 16, als SS-Gruppenführer von Juni bis November 1941 Kommando der Einsatzgruppe B (Todeskommando in Minsk und Moskau), Zusammenarbeit mit dem von Oberst Oster geführten Widerstandskreis, Verwicklung in das Attentat vom 20. Juli 1944 auf Hitler, nach Attentat auf Hitler geflüchtet, jedoch von seinem Nachfolger Panzinger gefasst, 16. Januar 1945 Verhaftung bei Zossen, 2.3.1945 vom Volksgerichtshof zum Tode verurteilt, 21. März 1945 Hinrichtung in Plötzensee. [Telefonverzeichnis RSHA – Wistrich, Robert: Wer war wer im Dritten Reich, München 1983, S. 195; Fenton Bresler: INTERPOL. Der Kampf gegen das internationale Verbrechen von den Anfängen bis heute, München 1993, S. 63, 66, 69, 73 f., 77, 91, 95, 111]

423 Christoph Graf: Politische Polizei zwischen Demokratie und Diktatur, Berlin 1983, S. 369 f.; vgl. Patrick Wagner: Volksgemeinschaft ohne Verbrecher, S. 180-187

424 Eberhard Jäckel et al. (Hg.): Enzyklopädie des Holocaust, Bd. II, S. 995

425 Ebd., S. 994 f.; vgl. Helmut Krausnick: Hitlers Einsatzgruppen, S. 156 ff.

426 AFF: Widmann, Dr.-Ing. Albert, geb. 1912, Chemiker an der Technischen Hochschule in Stuttgart, laut Geschäftsverteilungsplan des RSHA vom 1.2.1940 Leiter des Referats V E 1 (Kriminaltechnische Untersuchungen), laut Geschäftsverteilungsplan des RSHA vom 1.3.1941 als SS-Untersturmführer Leiter des Referats V D 2, 1941 Reise nach Minsk zur Einsatzgruppe B zu Tötungsexperimenten mit Sprengstoff und Gas, im Mai 1942 beim RSHA Berlin als wissenschaftlicher Mitarbeiter bei V D 2 c Werderscher Markt 5-6, im Juni 1943 dito, laut Geschäftsverteilungsplan des RSHA vom 1.10.1943 als SS-Hauptsturmführer Leiter des Referats V D 2, 1943 Beförderung zum SS-Sturmbannführer und Regierungsrat, [Banach, Jens: Heydrichs Elite. Das Führerkorps der Sicherheitspolizei und des SD 1936-1945, Paderborn 1998, S. 286; Telefonverzeichnis RSHA]

427 Ralf Ogorreck: Die Einsatzgruppen und die »Genesis der Endlösung«, S. 211 f.

428 Herbert Schäfer (Hg.): Mehr als sieben Stunden, S. 217 f.

429 AFF: Gisevius, Dr. Hans Bernd, geb. 14. Juli 1904, siehe Anm. 237

430 Eberhard Jäckel et al. (Hg.): Enzyklopädie des Holocaust, Bd. II, S. 995; vgl. Hans Bernd Gisevius: Wo ist Nebe?; P. Hoffmann: Widerstand, Staatsstreich, Attentat; Helmut Krausnick/Hans-Heinrich Wilhelm: Die Truppe des Weltanschauungskrieges, Stuttgart 1981

431 LA Berlin B Rep. 057-01 Nr. 87

432 BAK R 58/1085

433 Dieter Schenk: Der Chef, S. 108 f., 277

434 AFF: Herold, Dr. jur. Horst, geb. 21.10.1923 in Sonneberg, 1.10.1941 zur Wehrmacht in die Panzer-Ersatzabteilung 33 nach St. Pölten eingezogen, Einsatz an der Ostfront, 1945 Leutnant der Panzertruppe, 1950 Studium in der Schweiz, 1948 Referendar beim Oberlandesgericht Nürnberg, 1952 Staatsanwalt, Strafrichter in Nürnberg, Mitglied der SPD, 1964 Kriminaldirektor und

Vertreter des Polizeipräsidenten in Nürnberg, 1967 Polizeipräsident von Nürnberg, 1971 bis 1981 Präsident des Bundeskriminalamtes in Wiesbaden, [Albrecht Charisius und Julius Mader: Nicht länger geheim, Berlin 1969, Ausgewählte Kurzbiographien], Schenk, Dieter: Der Chef. Horst Herold und das BAK; Erich Schmidt-Eenboom: Der Schattenkrieger, S. 246; Erich Schmidt-Eenboom: Schnüffler ohne Nase, S. 213, 215, 341]

435 Dieter Schenk: Der Chef, S. 74 ff.

436 BAB-BDC O. 809 Befehlsblatt Ch.d.Sich.Pol.u.d.SD Nr. 38/1942, S. 254

437 BAB-BDC Personalakte RS 6025007917; O. 461-RKPA 11/40 S. 184; Sammelliste 47, S. 219, 237; O. 839, S. 28, 92; O. 362, S. 394, 400

438 Ebd., S. 518 f.

439 Burkhard Jellonek: Homosexuelle unter dem Hakenkreuz, S. 126

440 Ebd., S. 131 ff., 328; Wolfgang Benz et. al. (Hg.): Enzyklopädie des Nationalsozialismus, S. 518 f.

441 BAK N 1265/23, Schreiben Kaintzig an Dickopf v. 22.10.1953. Dickopf empfing Kaintzig zu einem Gespräch und empfahl seine Einstellung; P. Köhler (Hg.): Polizei der BRD, S. 231

442 BAL 110 II AR 382/85, Schreiben ZSt an Burkhard Jellonek v. 13.12.1985; vgl. Richard Plant: Rosa Winkel; Claudia Schoppmann: Nationalsozialistische Sexualpolitik und weibliche Homosexualität; Eberhard Jäckel et al. (Hg.): Enzyklopädie des Holocaust, Bd. II, S. 622 f.; vgl. Patrick Wagner: Volksgemeinschaft ohne Verbrecher, S. 248 ff.

443 BAK R 58/1085; es wird insgesamt 68-mal auf Doppelzuständigkeiten bzw. Verpflichtung zur Zusammenarbeit oder Information zwischen dem Amt V und anderen Sachgebieten aller anderen Ämter verwiesen

444 AFF: Heydrich, Reinhard, geb. 7. März 1904 in Halle, 1919 als Schüler beim Deutsch-völkischen Schutz- und Trutzbund, 30. März 1922 in Kiel zur Reichsmarine, diente unter Wilhelm Canaris, 1931 aufgrund der Entscheidung eines Ehrenrats wegen »ehrwidrigen Verhaltens« Ausschluss aus der Marine, Juli 1931 Eintritt in die NSDAP und die SS, 25. Dezember 1931 SS-Obersturmbannführer, im Juli 1931 SS-Standartenführer und Chef des Sicherheitsdienstes (SD) der NSDAP, 21. März 1933 Leiter der Politischen Abteilung der Polizeidirektion München, avancierte zum SS-Oberführer, am 1. April 1933 unter dem Politischen Polizeikommandeur Himmler Ernennung zum Leiter der bayerischen Polizei, zur Belohnung für seinen Anteil an der Ausschaltung der SA-Führung beim sog. Röhm-Putsch am 1. Juli 1934 Beförderung zum SS-Gruppenführer, 1936 Chef der Sicherheitspolizei und des SD im gesamten Reich, 1939 Übernahme der Leitung des neuen Reichssicherheitshauptamtes (RSHA) als SS-Obergruppenführer und General der Polizei, IPKW Kleiner Wannsee 16/Wilhelmstr. 102, nach der Eroberung Polens befahl H. die Konzentration polnischer Juden in Ghettos, am 31. Juli 1941 – nach dem Überfall auf die Sowjetunion – Auftrag von Göring, alle erforderlichen Vorbereitungen für eine Gesamtlösung der Judenfrage im deutschen Einflussgebiet in Europa zu treffen, 27. September 1941 Stellvertretender Reichsprotektor von Böhmen und Mähren in Prag, am 27. Mai 1942 von exiltschechischen Agenten schwer verletzt, am 4. Juni 1942 verstorben. [Robert Wistricht: Wer war wer

im Dritten Reich, S. 123-125; Fenton Bresler: INTERPOL. Der Kampf gegen das internationale Verbrechen von den Anfängen bis heute, München 1993, S. 66 f., 73 ff., 78, 80 ff., 92 ff., 109; Charisius, Albrecht und Julius Mader: Nicht länger geheim; Günther Deschner: Reinhard Heydrich. Statthalter der totalen Macht, Esslingen 1977]

445 AFF: Kaltenbrunner, Dr. Ernst, geb. 1903, seit 1937 bekleidete er zunächst in Österreich illegal und dann in Deutschland hohe SS-Führerstellen, 1938 Staatssekretär, Mitglied des Reichstags, 1943/45 SS-Obergruppenführer und General der Polizei, Chef des RSHA, im Juni 1943 beim RSHA Berlin als SS-Gruppenführer und Generalleutnant der Polizei Chef der Sicherheitspolizei und des SD, 1946 wurde er von dem Internationalen Militärtribunal in Nürnberg als Hauptkriegsverbrecher zum Tode verurteilt und hingerichtet, [Albrecht Charisius und Julius Mader: Nicht länger geheim; Peter Black: Ernst Kaltenbrunner. Vasall Himmlers. Eine SS-Karriere, Paderborn 1991]

446 Johannes Tuchel: Gestapo und Reichssicherheitshauptamt. In: Gerhard Paul/Klaus-Michael Mallmann (Hg.) Die Gestapo, S. 97 ff.; Friedrich Wilhelm: Die Polizei im NS-Staat, S. 118 ff.; Hans Buchheim: SS und Polizei im NS-Staat, S. 65 ff.

447 Michael Wildt: Das Reichssicherheitshauptamt. In: »Mittelweg« 36, 1/1998, S. 33-40

448 Az.1 Js 10/65 (RSHA)

449 LA Berlin B Rep. 057-01

450 AGK KdS Radom, Nr. 173, Schreiben d. Chefs der Sicherheitspolizei u. d. SD über den Aufbau u. die Aufgaben des Unternehmens »Zeppelin« v. 10.3.1942

451 BAL 302 AR-Z 23/62, Bd. I, S. 314-318

452 AFF: Rohrmann, Dr. W., im Juni 1943 beim RSHA Berlin als SS-Hauptsturmführer bei VI C/Z Berkaerstr., [Telefonverzeichnis RSHA]

453 LA Berlin Pr 110, Personalakte Dr. Rohrmann; BAL 3 AR-Z 69/59; 2 AR-Z 23/62; 10 AR 833/63; 302 AR 213/67; 117 AR-Z 37/83

454 AGK: PMW-BZW, Sign. 167, S. 3

455 Ebd., S. 4

456 BAL 303 AR-Z 23/62, Bd. II, S. 478-490

457 BA-Zw. – ZR 920 Akte 50

458 Ebd., S. 479; BAL VI 302 AR 213/67, S. 199

459 BAK B 106/15661

460 Fachzeitschrift »Kriminalistik« September/Oktober 1941

461 Siehe Anm. 2; Christoph Graf: Politische Polizei zwischen Demokratie und Diktatur, S. 391 f.; Stephan Linck: Der Ordnung verpflichtet, S. 17, 341; DDR-Braunbuch, S. 104

462 LA Berlin BRep. 057-01, Nr. 84, Bd. IX; AFF: Wehner, Dr. Bernhard, im Mai 1942 beim RSHA Berlin als Kriminalkommissar bei V B 1 a Werderscher Markt 5-6, im Juni 1943 dito, nach 1945 Leiter der Kriminalpolizei in Düsseldorf, [Telefonverzeichnis RSHA]; DDR-Braunbuch, S. 103

463 Dieter Schenk: Hitlers Mann in Danzig, S. 153, 200

464 Bernd Wehner: Dem Täter auf der Spur, S. 245 ff.

465 Ebd., S. 251

466 Ebd., S. 206-209
467 Herbert Schäfer (Hg.): Mehr als sieben Stunden, S. 217
468 AFF: Schulz, Karl, im Mai 1942 beim RSHA Berlin als Kriminalrat bei V B 2 a Werderscher Markt 5-6, im Juni 1943 dito, laut Geschäftsverteilungsplan des RSHA v. 1.10.1943 als SS-Hauptsturmführer und Kriminalrat Leiter des Referats V B 2, [Telefonverzeichnis RSHA]
469 BAL 415 AR-Z 220/59, Bd. I, S. 114-116
470 Stephan Linck: Der Ordnung verpflichtet, S. 285, 340
471 Paul Kohl: Der Krieg der deutschen Wehrmacht und der Polizei 1941-1944, S. 254 f.
472 Reinhard Rürup (Hg.): Topographie des Terrors. Gestapo, SS und Reichssicherheitshauptamt auf dem »Prinz-Albrecht-Gelände, Berlin 1987, S. 141 f.

VI

473 BAK N 1265/28, Schreiben v. 18.8.1955
474 BAB BDC-Masterfile, NSDAP Nr. 4068363 v. 1.5.1937, Befehlsbl. Chef d. Sich. Pol. u. d. SD Nr. 9 v. 28.2.1942, Nr. 22 v. 8.5.1943, Nr. 35 v. 24.7.1943; O. 461, Mitteilungsbl. RKPA Nr. 9 Sept. 1949 S. 488
475 LA Berlin, B Rep. 05701 Pn 56
476 BAL ZSt 213 AR-Z 146/67, Bd. I, S. 154
477 Ebd., S. 156; WASt – V/21-677/300
478 BAL – ZSt 202 AR 625/67, S. 24-34
479 Ebd., S. 26
480 BAL Zst. 202 AR-Z 9/64, Bd. I, S. 59
481 Ebd., Bd. II, S. 658-666
482 BA-Zw – Film 1084, Nr. 01
483 AGK: Film Nr. 619/12; vgl. Klaus Gessner: Geheime Feldpolizei, S. 9, 129
484 AFF: Krichbaum, Wilhelm, ab 1922 Mitglied der NSDAP, laut Geschäftsverteilungsplan des RSHA v. 1.3.1941 als SS-Standartenführer Vertreter des Amtschefs IV in dessen Funktion als Generalgrenzinspekteur, Heydrichfreund, ab 1.5.1940 bis 1945 Feldpolizeichef der Wehrmacht, ab 1945 wichtigster Anwerber des RSHA-Personals für die Organisation Gehlen, 1946 Personalchef der Organisation Gehlen, 1951 Leiter der Bezirksvertretung Bad Reichenhall der OG, 1960 Selbstmord als BND-Beamter [Hermann Zolling und Heinz Höhne: Pullach intern, Hamburg 1971, S. 217, 286]
485 »Der Spiegel«, 20/2001, S. 20
486 Klaus Gessner: Geheime Feldpolizei, S. 34, 38, 75, 76, 79 ff., 108 ff.
487 Ebd., S. 127. Gessner, der den Einsatz der GFP grundlegend untersuchte, lässt keinen Zweifel daran und belegt mit Quellen, dass die Leitenden Feldpolizeidirektoren den Einsatz der GFP-Gruppen in ihrem Bereich leiteten (S. 36). Die Leitenden Feldpolizeidirektoren unterstanden dem Ic-Offizier der jeweiligen Heeresgruppe und waren ihrerseits Dienstvorgesetzte aller in ihrem Bereich tätigen Feldpolizeidirektoren und GFP-Gruppen (S. 73)
488 BAL ZSt 202 AR 625/67, Bd. I, S. 24-27, Vernehmung v. 26.2.1960; Bd. II,

S. 28-34, Vernehmung v. 28.2.1965; 213 AR-Z 146/67, Bd. I, S. 154-159, Dienstliche Erklärung Niggemeyer v. 7.5.1969

489 Zitiert nach Christian Gerlach: Kalkulierte Morde. Die deutsche Wirtschafts- und Vernichtungspolitik in Weißrussland 1941 bis 1944, Hamburg 1999, S. 772, Fußnote 1482

490 BAL ZSt 508 AR 2414/67, S. 178, vgl. 202 AR-Z 5/1960 gegen Wilhelm Hellmann; 202 AR-Z 96/60 StA Essen, Schreiben v. 12.1.1965, Bd. 14; 910 AR 856/68, Anfrage BAK v. 7.6.1968

491 BA-Zw – ZM 868 Akte 1 u. Film 1080, Bild Nr. 01-23

492 Ebd.

493 Ebd., Film 1081, Bild Nr. 03-06

494 Ebd., Bild Nr. 03-06, 09-19

495 BAL ZSt II 202 AR 809/63 S. 3813

496 BAL ZSt 202 AR 809/63 u. 2 AR-Z 5/60, S. 10 f., 14 f., 16-25

497 BA-Zw – ZD 7941 Akte 6

498 BAL ZSt 2 AR-Z 81/59; 2 AR-Z 5/60; 2 AR-Z 94/60; 2 AR 809/63; 10 AR 837/63; 110 AR 495/66; 202 AR-Z 156/67

499 BAL ZSt 2 AR-Z 5/60, S. 17; 213 AR-Z 146/67, Verfahren StA Braunschweig gegen Stephainski, Einstellungs-Vfg. v. 8.5.1970, Bd. I, S. 246 ff.

500 BAL ZSt 2 AR-Z 81/59; 202 AR 809/63; 213 AR-Z 90/72

501 BAK B 106/21190, Schreiben BMI – Z 2 – v. 10.1.1964

502 Bundeskriminalamt (Hg.): Schriftenreihe, Bd. 1/1963, Autoren: Dr. Niggemeyer, Eschenbach, Lach, Fischer, Leichtweiß, Dr. Schäfer (Dr. Herbert Schäfer, Jahrgang 1926, zählte nicht zu den »Alt-Kriminalisten«)

503 WASt – V-21-677/300

504 BAL 110 II AR 382/85

505 Wolfgang Benz et al. (Hg.): Enzyklopädie des Nationalsozialismus, S. 571

506 BAL-ZSt 213 AR-Z 146/67, Bd. I, S. 156

507 WASt-V-21-677/300

508 Robert Heindl: Der Berufsverbrecher. Ein Beitrag zur Strafrechtsreform, Berlin 1926

509 Erlass v. 13.11.1933

510 Kurt Daluege: Nationalsozialistischer Kampf gegen das Verbrechen. S. 25, 77

511 Patrick Wagner: Volksgemeinschaft ohne Verbrecher, S. 250

512 Ebd., S. 251; Reichskriminalpolizeiamt (Hg.): Schriftenreihe Nr. 15, Vorbeugende Verbrechensbekämpfung. Erlasssammlung, Berlin 1943 (künftig zitiert als RKPA-Erlasssammlung), Erl. RKPA »Schutzhaft gegen Arbeitsscheue« v. 24.2.1938

513 Patrick Wagner: Volksgemeinschaft ohne Verbrecher, S. 253

514 RKPA-Erlasssammlung, Erlass RMI v. 14.12.1937

515 RKPA-Erlasssammlung, Richtlinien RKPA v. 4.4.1938

516 »Jugendliche«: RKPA-Erlasssammlung, Erlasse/Richtlinien v. 24.5., 1. 12. 1939; 1.4., 26.6., 16.8., 8.11.1940; 3.10., 12.11.1941, 30.3., 28.11., 3.12.1942; 5.1., 26.1.1943
»Asoziale/Gemeingefährliche«: RKPA-Erlasssammlung, Richtlinien v. 4.4. 1938

»Bettler«: RKPA-Erlasssammlung, Richtlinien v. 4.4.1938
»Landstreicher«: RKPA-Erlasssammlung, Richtlinien v. 4.4.1938
»Zigeuner«: RKPA-Erlasssammlung, Erlasse/Richtlinien v. 4.4., 13.5., 8.12. 1938; 1.3., 5.6., 17.10., 10.11., 20.11.1939; 27.4., 31.10.1940; 23.4., 20.6., 22.7., 1.8., 7.8., 20.9., 3.10., 21.11., 18.12.1941; 28.3., 1.4., 8.6., 1.7., 13.7., 28.8., 25.9., 13.10., 28.12.1942; 11.1., 29.1., 30.1.1943
»Böswillige Unterhaltspflichtverweigerer«: RKPA-Erlasssammlung, Erlass v. 12.11.1938
»Unverbesserliche Trinker«: RKPA-Erlasssammlung, Erlass v. 21.11..1938
»Wehrunwürdige«: RKPA-Erlasssammlung, Erlasse v. 7.7.1939, 21.7.1942
»Arbeitsscheue«: RKPA-Erlasssammlung, Richtlinien v. 4.4.1938
»Arbeitsverweigerer«: RKPA-Erlasssammlung, Richtlinien v. 4.4.1938
»Im Konkubinat Lebende«: RKPA-Erlasssammlung, Erlasse v. 25.10.1941, 29. 5.1942
»Sittlichkeitsverbrecher«: RKPA-Erlasssammlung, Richtlinien v. 4.4.1938
»Zuhälter/Prostituierte«: RKPA-Erlasssammlung, Erlasse v. 9.9.1939, 21.9. 1939, 16.3.1943
»Homosexuelle«: RKPA-Erlasssammlung, Erlasse v. 12.7.1940, 23.9.1940
»Abtreiber«: RKPA-Erlasssammlung, Richtlinien v. 4.4.1938
»Geschlechtskranke«: RKPA-Erlasssammlung, Richtlinien v. 4.4.1938
»Rassenschänder«: RKPA-Erlasssammlung, Erlasse v. 12.6.1937, 20.8.1941

517 RKPA-Erlasssammlung, Erlass v. 1.6.1938

518 RKPA-Erlasssammlung, Erlass v. 20.5.1939

519 RKPA-Erlasssammlung, Erlasse v. 8.1. u. 31.1.1941

520 Herbert Reinke/Robert Seidel: Die Entnazifizierung und die »Säuberung« der Polizei, S. 53-69

521 Zitiert nach Patrick Wagner: Volksgemeinschaft ohne Verbrecher, S. 263

522 AFF: Richrath, Eduard, im Mai 1942 beim RSHA Berlin als Kriminalrat bei V A 2 Werderscher Markt 5-6, im Juni 1943 dito, [Telefonverzeichnis RSHA]

523 Stephan Linck: Der Ordnung verpflichtet, S. 285, 340

524 Bundeskriminalamt (Hg.): Tagungsprotokoll »Das kriminalpolizeiliche Ermittlungsverfahren«, eingeschränkt veröffentlicht, Wiesbaden 1957, S. 34

525 Herbert Reinke/Robert Seidel: Die Entnazifizierung und die »Säuberung« der Polizei, S. 64 f.

526 Bundeskriminalamt (Hg.): Tagungsprotokoll »Das kriminalpolizeiliche Ermittlungsverfahren«, eingeschränkt veröffentlicht, Wiesbaden 1957, S. 31 f.

527 Bundeskriminalamt (Hg.): Probleme der Polizeiaufsicht (Sicherungsaufsicht), Schriftenreihe des Bundeskriminalamtes Wiesbaden, Jahrgang 1955/56, Bd. 3 (eingeschränkt veröffentlicht), S. 35-80

528 BAB BDC – SSO Nr. 6400026012 Personalakte: Masterfile SS-Nr. 116187, NSDAP Nr. 5117871; RS 6030016938 Sippenakte; O. 461 II RKPA 10/1938, S. 77, 7/1940, S. 140; O. 808 Befehlsbl. ChdSPol.u.SD Nr.1/1940, S. 5

529 Bundeskriminalamt (Hg.): Probleme der Polizeiaufsicht (Sicherungsaufsicht), Schriftenreihe des Bundeskriminalamtes Wiesbaden, Jahrgang 1955/56, Bd. 3 (eingeschränkt veröffentlicht), S. 39 f.

530 Siehe Anm. Nr. 4

531 Bundeskriminalamt (Hg.): Tagungsprotokoll »Kriminalpolitische Gegenwartsfragen« (eingeschränkt veröffentlicht), S. 184
532 Bundeskriminalamt (Hg.): Schriftenreihe des Bundeskriminalamtes Wiesbaden, Jahrgang 1955/56, Bd. 3 (eingeschränkt veröffentlicht), S. 81
533 Ebd.
534 Rolf Holle: Kriminaldienstkunde. In: »Polizeifachliche Schriftenreihe«, sechste Folge, Hannover o. D. (zwischen 1948 und 1950)
535 Bundeskriminalamt (Hg.): »Schriftenreihe«, Bd. 2/1956, Bd. 3/1956, Bd. 3/1957 (alle eingeschränkt veröffentlicht)
536 Bundeskriminalamt (Hg.): Berufs- und Gewohnheitsverbrecher, v. Regierungskriminalrat Willy Goedecke, Schriftenreihe des Bundeskriminalamtes, Bd. 1/1962 (eingeschränkt veröffentlicht)
537 Bundeskriminalamt (Hg.): Zur Untersuchung der Verbrecherperseveranz, v. Dr. Oskar Wenzky, Dir.d.LKA NRW, Schriftenreihe des Bundeskriminalamtes, Bd. 2/1959 (eingeschränkt veröffentlicht)
538 Bundeskriminalamt (Hg.): Modus-operandi-System und Modus-operandi-Technik, v. Regierungskriminaldirektor Dr. Niggemeyer, Oberregierungskriminalrat Eschenbach, Kriminalhauptkommissare Lach, Fischer, Leichtweiß u. Regierungskriminalrat Dr. Schäfer, Schriftenreihe des Bundeskriminalamtes, Bd. 1/1963 (eingeschränkt veröffentlicht)
539 Bundeskriminalamt (Hg.): Die Latenz der Straftaten, v. Kriminalrat Dr. Bernd Wehner, Schriftenreihe des Bundeskriminalamtes, Bd. 1/1957 (eingeschränkt veröffentlicht)
540 Reichskriminalpolizeiamt (Hg.): Organisation und Meldedienst der Reichskriminalpolizei. Schriftenreihe des Reichskriminalpolizeiamtes Nr. 1, Berlin 1943, S. 66 ff.
541 Ebd., S. 5-277; vgl. BAK R 58/840 u. R 58/1085, Geschäftsverteilungspläne RKPA
542 BAB BDC O. 808, Befehlsbl. Ch.d.Sich.Pol.u.d.SD Nr. 19/1941. Mit Wirkung v. 15.2.1941 in Prag zum KK ernannt
543 BAL 110 AR 845/63; 505 AR 217/73
544 BAL 105 AR 13878/87
545 Eberhard Jäckel et al. (Hg.): Enzyklopädie des Holocaust, S. 864 ff.
546 Bundeskriminalamt (Hg.): Modus-operandi-System und Modus-operandi-Technik, S. 9, 13, 172
547 Herbert Schäfer (Hg.): Mehr als sieben Stunden, S. 152
548 Siehe Fußnote 454
549 Vgl. Michael Zimmermann: Ausgrenzung, Ermordung, Ausgrenzung. Normalität und Exzess in der polizeilichen Zigeunerverfolgung in Deutschland (1870-1980); Michael Zimmermann: Rassenutopie und Genozid; Reinhard Rürup (Hg.): Topographie des Terrors, S. 122 ff.; Andreas u. Günter Freudenberg/Herbert Heuß: Verdrängte Erinnerung, S. 52 ff.
550 AFF: Ritter, Dr. Robert, 1937 Leiter der »Rassehygienischen und Kriminalbiologischen Forschungsstelle« im Reichsgesundheitsamt, 1941 Leiter des neuen Kriminalbiologischen Instituts des SD, laut Geschäftsverteilungsplan des RSHA v. 1.10.1943 als Chefarzt Direktor des Kriminalbiolo-

gischen Instituts der Sicherheitspolizei, [Jens Banach: Heydrichs Elite, S. 287]

551 Patrick Wagner: Volksgemeinschaft ohne Verbrecher, S. 379

552 Benno Müller-Hill: Tödliche Wissenschaft, S. 22

553 BGH – IV ZR 211/55 v. 7.1.1956, abgedruckt in: Tilman Zülch: In Auschwitz vergast, bis heute verfolgt. Zur Situation der Roma (Zigeuner) in Deutschland und Europa, Reinbek 1979, S. 168 ff.

554 BAB BDC-RS 6040010679, SA seit 10.5.1933, Gerichtsreferendar und promoviert seit 1933, Eintritt Kripo Frankfurt 1.10.1936, dann Kripo Düsseldorf, KK-Lehrgang 1938/39, danach Kripo Frankfurt a. M., ab August 1938 KP-Leitstelle Düsseldorf, ab Dezember 1939 RKPA; BDC-SSO 6400032059, Eintritt SS Februar 1938, Nr. 290982; Eintritt NSDAP 10.7.1937, Inhaber Julleuchter, Beförderung nur bis SS-Obersturmführer, da nicht bereit, aus der katholischen Kirche auszutreten; BA-Zw – ZR 663 Akte 5, Ochs bestand KK-Lehrgang 1938 mit »gut«

555 AFF: Riese, Dr. Friedrich, laut Geschäftsverteilungsplan des RSHA vom 1.2.1940 als SS-Sturmbannführer und Kriminaldirektor Leiter der Gruppe V B (Vorbeugung), laut Geschäftsverteilungsplan des RSHA vom 1.3.1941 als SS-Sturmbannführer und Regierungsrat Leiter des Referats V A 2, im Mai 1942 beim RSHA Berlin als Regierungs- und Kriminalrat bei V A 2 Werderscher Markt 5-6, [Telefonverzeichnis RSHA]

556 BA-Zw – ZR 663 Akte 5

557 LA Berlin B Rep. 057-01 Nr. Po 26

558 BAK Z 42/III-803

559 BAL-ZSt (Hg.): Einsatzgruppen in Polen, Heft 1, Ludwigsburg 1962, Heft 2, Ludwigsburg 1963 (unveröffentlicht); ZSt (Hg.): Nationalsozialistische Gewaltverbrechen im Reichsgau Danzig-Westpreußen 1939-1945, v. StA Dr. Kay Matthiessen, Ludwigsburg 1978 (unveröffentlicht)

560 LA Berlin B Rep. 057-01 Nr. Po 26

561 WASt – V-21-677/300, hiernach abweichende Daten über Internierung: 25.4.1945-24.10.1946

562 BAK Z 42/III-803

563 BAL ZSt 10 AR 1307/63; 110 AR 855/68; 439 AR 1097/68

564 Hessisches Landeskriminalamt (Hg.) [s. S. 208 u.] Kriminalpolizeiliche Vorschriftensammlung für die Hessische Polizei, Abschnitt VI Vorbeugende Verbrechensbekämpfung, Ziff. VI/3 Merkblatt für die Bekämpfung der kriminellen Landfahrer im Lande Hessen, o. D. (etwa 1966)

565 Wolfgang Benz et al. (Hg.): Enzyklopädie des Nationalsozialismus, S. 536

566 BAK B 106/15661, Verzeichnis der für eine Verwendung im BAK vorgesehenen Bewerber

567 BAK N 1265/37

568 Vgl. Hartmuth Jaufmann/Wolfgang Ulrich: Die Sicherungsgruppe – »Schutzpolizei des BAK«. In: Bundeskriminalamt (Hg.): Festschrift für Horst Herold, S. 555-569 (eingeschränkt veröffentlicht)

569 BAK N 1147/17 (Nachlass Ritter von Lex)

570 BAK N 1265/37, Erl. BMI v. 30.8.1951

571 In allen einschlägigen Archiven keine Erkenntnisse über Eugen Hebeler
572 BAK B 106/15688, 15645, Bd. II
573 BAK B 106/15661
574 BAK N 1265/11, Vfg. BAK-Präs. Jess v. 28.4.1952
575 BAK N 1265/37, Schreiben Dickopf an KD Hebeler und KR Ochs v. 1.10.1952
576 BAB BDC Masterfile: SS Nr. 335635 o.D., NSDAP Nr. 1.5.1937, Nr. 4577264, Mitglied SA seit 1933, Kriegsverdienstkreuz II. Kl. ohne Schwerter 1943; BDC-RS 6015012650 Sippenakte; O. 810 Eintritt SS 22.10.1938; O. 461 II KK-Anwärter KP-Leitstelle Königsberg 1938, zum KK 1940 in Bremen (Bremerhaven) ernannt, 8/1940 nach Posen versetzt; O. 429 Beförderung 20.4.1943 zum SS-Hauptsturmführer
577 BAL 203 AR-Z 310/67
578 BAK N 12/65, Aktennotiz Leiter SG, Entwicklung und Aufgaben der SG v. 4.10.1954
579 BAK N 1265/11, Vfg. Präs. BKA Dr. Jess v. 28.4.1952
580 BAK N 1265/37, 20 Jahre Sicherungsgruppe! Chronik eines Kriminaloberkommissars
581 Alexander u. Margarete Mischerlich: Die Unfähigkeit zu trauern, S. 42
582 Rainer Engberding/Günther Knopp: Spionage – die neuen Köpfe der Hydra. In: Bundeskriminalamt (Hg.): Festschrift für Horst Herold, Wiesbaden 1998, S. 533-554 (eingeschränkt veröffentlicht)
583 BAK N 1265/37
584 AFF Brückner, Dr. rer. pol., Ernst, geb. 1909, 1933 SA-Nachrichtensturm 212 in Itzehoe, 1937 Mitglied der NSDAP und des NS-Rechtswahrerbundes, 1939 Staatsanwalt in Itzehoe, 1962/64 Leiter der Sicherungsgruppe des Bundeskriminalamtes in Bad Godesberg, 1964 bis 1967 Vizepräsident des BfV in Köln, [Charisius, Albrecht und Julius Mader: Nicht länger geheim, Berlin 1969, Ausgewählte Kurzbiographien]
585 LA Schleswig LAS Abt. 460 ung. Geschäftszeichen 312/G/60236, Entnazifizierungsakte Dr. Ernst Brückner
586 BA-Zw – ZJ 85 Akte 8, Personalakte Brückner des RJM
587 Ebd.
588 Ebd.
589 LA Schleswig LAS Abt. 460 ung. Geschäftszeichen 312/G/60236, Entnazifizierungsakte Dr. Ernst Brückner
590 BAK N 1265/25
591 BAK N 1265/23
592 BAL 204 AR-Z 6/64, Bd. I, S. 1 f.
593 BAL 4 AR-Z 269/60; 1 AR 1016/61; 4 AR 300/64; 2b AR 84/64
594 AGK OkBZN w Gdansku, Sign. 31, S. 80; PMW-BZW Sign. 554, S. 137
595 Eberhard Jäckel et al. (Hg.): Enzyklopädie des Holocaust, Bd. I, S. 397
596 Ebd., Bd. III, S. 1457
597 Helmut Krausnik: Hitlers Einsatzgruppen, S. 167
598 Raul Hilberg: Die Vernichtung der europäischen Juden, Bd. 3, S. 1294 f.
599 BAL 204 AR-Z 6/64, Bd. I
600 Siehe Anm. 52

601 Albrecht Charisius/Julius Mader: Nicht länger geheim, S. 371
602 BAK B 106/11397
603 BAK B 106/11398
604 Dieter Schenk: Der Chef, S. 123
605 BA-Zw ZR 565 Akte 10 (Mody begann seine Kripo-Laufbahn am 1.4.1936 in Kiel und wurde am 1.2.1939 zur Kripo Rostock versetzt)
606 BAL ZSt 10 AR 521/63; 449 AR 51/68; 213 AR 156/71; LA Berlin B Rep. 057-01, Personenkartei
607 BAL ZSt 110 AR 1016/61
608 BAL ZSt, Einsatzgruppen in Polen, Heft 2, S. 12
609 BA-Zw ZR 543 Akte 1
610 Ebd.; BAL ZSt 1 AR 1016/61, S. 73-75, Erklärung Vogel im Schreiben BKA v. 16.9.1964
611 BAL ZSt 1 AR 1016/61, S. 91 f.; 6 AR-Z 15/65; 206 AR-Z 15/65, Bd. 36, S. 8768-8778
612 Eberhard Jäckel et al. (Hg.): Enzyklopädie des Holocaust, Bd. III, S. 1179 ff.
613 BAL ZSt 206 AR-Z 15/65, Bd. 36, S. 8773, 8776
614 BAL ZSt 111 AR 11193/88; 111 AR 11197/88
615 Zeitzeugengespräch des Verfassers mit Günther Scheicher am 12.9.1996 für das Buch »Der Chef. Horst Herold und das BKA«
616 Alexander u. Margarete Mitscherlich: Die Unfähigkeit zu trauern, S. 34
617 LA Berlin, RSHA-Verfahren, Personalakte Pm 131, SA 1.12.1930-17.6.1931; NSDAP ab 1.1.1931, Nr. 410152; SS ab 17.6.1931, Nr. 14315
618 BAL 110 AR 1074/72
619 Ebd.
620 BAL 415 AR 1310/63 (RSHA)
621 BAL 406 AR-Z 189/59, Bd. III, S. 475-477, Vernehmung v. 25.5.1959; 415 AR 1310/63 (RSHA), Vernehmung v. 12.1.1965
622 BAL-ZSt 406 AR-Z 189/59; 415 AR-Z 220/59; 9 AR-Z 18a/60; 415 AR 1310/63-P; 9 AR 701/63; 110 AR 954/68; 110 AR 1074/72
623 Patrick Wagner: Volksgemeinschaft ohne Verbrecher, S. 252
624 BAK B 106/21190
625 LA Berlin BRep. 057-01 Nr. 87, StA beim Kammergericht Berlin, 1 Js 10/65 (RSHA) gegen Dr. Richard Schulz unter anderem wegen Beihilfe zum Mord, Bd. XII, Bericht über das Ergebnis der bisherigen Ermittlungen (undatiert)
626 LA Berlin, BRep. 05701 Personenakte Pa 14; BAB-BDC Masterfile, Gruppenleiter V C, Referatsleiter VD2, VC1, SS-Nr. 290176, NSDAP Nr. 3672449; BDC-SSO Nr. 6400000527; O. 863, S. 12; O. 858, Tel.Buch RSHA, S. 1; O. 810 Bef.Bl. 19/43; O. 811 Bef.Bl. 23/44; O. 457, S. 13; O. 429I, S. 189; O. 839, Dienstaltersliste, S. 16, 94; SL 47, S. 261; O. 461I, Film 15, Bild 59, 61, 65, 67; BAL 439 AR-Z 18a/60
627 Patrick Wagner: Volksgemeinschaft ohne Verbrecher, S. 314
628 BAL-ZSt 15 AR 1310/63
629 LA Berlin BRep. 057-01 Nr. 76, Bd. I; BAL-ZSt 415 AR 1310/63; 302 AR 2884/67
630 Ebd., Nr. 89, Bd. XIV, S. 142-156

631 Ebd., S. 74
632 Ebd., S. 220-223
633 Ebd., Nr. 90, Bd. XV, S. 1 ff., 15, 63
634 BAK B 106/15661, Personalbogen des KPABrZ mit dienstlicher Beurteilung u. Lebenslauf. Rudolf Mally (Jahrgang 1905), von der Kripo Bukarest 1941 zum Reichskriminalpolizeiamt versetzt, heiratete eine Fotografin der RKPA und war dort als Kriminaldirektor Leiter der Urkunden-Abteilung und stellvertretender Leiter des Kriminaltechnischen Instituts des RKPA. In der BKA-Abteilung Kriminaltechnik wurde Mally als Regierungskriminaloberrat Leiter des Referates Urkundenprüfung und schrieb die beiden Bände der »Schriftenreihe« 1958/1 u.2 »Kriminalistische Spurenkunde«
635 BAK B 106/15661, Personalbogen u. Lebenslauf v. 12.10.1949; LA Berlin RSHA-Verfahren, Personalakte Pb 267, Vernehmung v. 26.5.1959: Becker unterstand die Kriminaltechnische Untersuchungsstelle im RKPA. »Keine belastenden Erkenntnisse«
636 LA Berlin, RSHA-Verfahren, Personalakte Pd 39; BAB-BDC Masterfile u. SSO-6400007975, SS 30.9.1937, Nr. 290306; NSDAP 1.5.1937, Nr. 4825779, SA 1.1.1933-30.9.1937; AFF: Drescher, Heinz, NSDAP, im Mai 1942 beim RSHA Berlin als Kriminalkommissar bei V C 1 b Werderscher Markt 5-6, im Juni 1943 dito, laut Geschäftsverteilungsplan des RSHA vom 1.10.1943 als SS-Hauptsturmführer und Kriminalrat Leiter des Referats V C 1 b, 1960 laut AfDE Kriminalrat im Bundeskriminalamt (Sicherungsgruppe Bonn) [Ausschuss für Deutsche Einheit (Hg.): Gestapo- und SS-Führer kommandieren die westdeutsche Polizei, Berlin (Ost) 1961; [Telefonverzeichnis RSHA]
637 BA-Zw – ZR 337
638 BAL IV 402 AR-Z 37/58 (Auschwitz-Verfahren), Sonderband 86, S. 16270-76, Vernehmung v. 9.8.1963; 415 AR 1310/63 (RSHA)
639 Ebd.
640 AGK ATW Sign. P.d. 21-23, S. 39-44, Vernehmung Gerhard Wiebeck v. 28.2.1947
641 BAL 415 AR 1310/63 (RSHA), Vfg. v. 27.11.1964
642 BAK B 106/11358
643 dtv-Atlas zur Weltgeschichte, Bd. 2, S. 251; Werner Stein: Kulturfahrplan, Berlin 1959, S. 1234 ff.
644 Horst Albrecht: Im Dienst der Inneren Sicherheit, S. 120-124; vgl. Anm. 61
645 Hanns Jess: Die Not der Kriminalpolizei. »Kriminalistik« 5/1956, S. 149-153
646 BAK N 13742 (Nachlass Schröder): Schröder, Gerhard, 1910-1989, Rechtsanwalt, Bundesminister, Dr.; nach 1945 ORR bei Landesregierung NRW, Mitbegründer der CDU, 1947-1953 Anwalt in Düsseldorf, 1949-1980 Mitglied BT, 1953-1961 Bundesminister des Inneren, 1955-1978 Bundesvorsitzender des Evang. Arbeitskreises der CDU, 1961-1966 Bundesaußenminister, 1966-1969 Bundesminister der Verteidigung, 1967-1973 stv. Bundesvorsitzender der CDU, 1954-1978 Präsident der Deutschen Gesellschaft für Photographie; keine relevanten Akten aus der Zeit als Innenminister, die Themen dieses Buches berühren
647 Vgl. Horst Albrecht: Im Dienst der Inneren Sicherheit, S. 177 ff.

648 BAK N 1265/37
649 Hanns Jess: Die Not der Kriminalpolizei. »Kriminalistik« 5/1956, S. 153
650 BAK N 1265/25, Schreiben Dickopf an Kriminaloberrat Viktor Korda, LKA Kiel, v. 4.12.1956
651 BAK N 1511, Nachlass Reinhard Dullien, Bd. II, S. 89-91
652 Ebd., S. 90 f.
653 Ebd., S. 89 f., 93 f.
654 Horst Albrecht: Im Dienst der Inneren Sicherheit, S. 177 f.
655 Staatsverlag der DDR (Hg.): Braunbuch, S. 89
656 Wolfgang Benz et al. (Hg.): Enzyklopädie des Nationalsozialismus: Koch, Erich, 19.6.1896, 1933 Oberpräsident Ostpreußen, 1942 Reichskommissar für die Ukraine, Errichtung einer Schreckensherrschaft. 1943 zurück nach Königsberg. 1950 Auslieferung an Polen und wegen Mordes an 400 000 Polen zum Tode verurteilt. Wegen Unzurechnungsfähigkeit nicht hingerichtet
657 BAK B 106/15631, Niederschrift des Presse- u. Informationsamtes der BReg. v. 12.1.1965
658 Hamburg, 1999
659 Horst Albrecht veröffentlichte das Buch 1988. Er war zu diesem Zeitpunkt Fachlehrer für Staats- und Verfassungsrecht im BKA und bildete Beamte des gehobenen Dienstes aus. Akten über Paul Dickopf wurden selbst ihm nur auszugsweise zur Verfügung gestellt. Im Übrigen stellt das Werk die Entwicklung des BKA in Grundzügen zuverlässig dar, soweit es sich um Daten und Fakten handelt. Es fällt jedoch die Distanzlosigkeit des Verfassers zu seinem Arbeitgeber auf, was an nur seltenen Bewertungen und noch sparsamerer Kritik erkennbar ist
660 BAK B 106/11398
661 Ebd.
662 Ebd.
663 LA Berlin, BRep. 05701, Personenakte Pw 147, Vfg. StA »keine belastenden Erkenntnisse« (27.11.1964); BAL 208 AR-Z 277/60, 415 AR 1310/63 – P –, 208 AR-Z 3008/66, 107 AR 1359/68
664 BAL 415 AR 1310/63 (RSHA), Vernehmung v. 13.10.1964
665 BAB-BDC-SSO Nr. 6400005989, Masterfile, SS Nr. 350521 o. D., NSDAP-Mitgliedskarte, Abitur, 1942 SS-Obersturmführer, EK II o. D., EK I 1943; RS Nr. 6005009971 Sippenakte, R.u.S.-Fragebogen 1939; O.818, Schnellbrief 18.12.41, S. 2, 6; O. 834/837 O.RRL ORPO Oblt. SOCT 104; BAL 1 AR 1016/61; BAK B 106/15661, Personalbogen des KPABrZ u. Lebenslauf v. 12.10.1949. Im KPABrZ war Buttler seit 9.3.1948 Leiter der Personenfeststellungszentrale
666 BAL II 204 AR-Z 110/72, Bd. I, S. 11-14 (übersetzter Bericht v. 13.3.1972)
667 BAL II 204 AR-Z 282/60, Bd. I, S. 10
668 WASt – V/22-677/300 II
669 Willi Dressen: Die Zentrale Stelle der Landesjustizverwaltungen zur Aufklärung von NS-Verbrechen. In: »Dachauer Hefte« 6/1990, S. 85-93; Adalbert Rückerl (Hg.): NS-Prozesse, Karlsruhe 1971, S. 19 ff. Die Zahl von 50-60 000 Deutschen, die von Gerichten der Siegermächte verurteilt wurden, ist statistisch nicht belegt. Sie steht im Widerspruch zur Statistik des BMJ, siehe Fußnote 637

670 Ebd., S. 20 f.
671 Adalbert Rückerl: Die Strafverfolgung von NS-Verbrechen 1945-1978, Heidelberg/Karlsruhe 1979, S. 52 f.
672 Zeitzeugen-Interview des Verfassers mit dem Leiter der ZSt, Oberstaatsanwalt Wilhelm Dressen, im September 1994
673 München, 1987
674 Vgl. Dieter Schenk: Hitlers Mann in Danzig, S. 159 f.
675 BAK B 106/21190
676 BAL – ZSt1 AR 1016/61
677 LA Berlin, BRep. 05701, Personenakte Po 26 Dr. Josef Ochs, S. 22
678 BA-Zw ZR 814 Akte 5, Personalbogen: SA 6.6.1933; NSDAP Nr. 4727901 1.5.1937; 22.8.-14.11.1939 EK 5/II; 15.11.1939-31.3.1942 KdS Radom; 1.4.1942 von Radom nach Krakau versetzt
679 BAL – ZSt 406 AR-Z 189/59; 6 AR-Z 224/59; 8 AR-Z 268/59; 6 AR-Z 363/59; 6 AR-Z 283/60; 206 AR-Z 28/60; 6 AR-Z 46/61; 6 AR-Z 15/65; 206 AR-Z 11/67; 206 AR 641/70; 206 AR 1171/71; 214 AR 789/72; 206 AR-Z 54/78; 206 AR-Z 45/80; 206 AR-Z 72/80; 505 AR-Z 14/82; 106 AR 8875/88; 106 AR 3874/88
680 AGK Sign. WO II/1, S. 9; BA-Zw – ZR 814 Akte 5, Einsatzkommando 5/II 22.8.1939-14.11.1939
681 Eberhard Jäckel et al. (Hg.): Enzyklopädie des Holocaust, Bd. II, S. 1133, Bd. III, S. 1433 f.
682 BAL – ZSt 206 AR-Z 11/67, Bd. IV, S. 917 ff.
683 BAL – ZSt 206 AR-Z 28/60, Bd. I, S. 226 ff.
684 BAL – Zst 206 AR-Z 11/67, Bd. IV, S. 917 ff.
685 Ebd.
686 BAL – ZSt 406 AR-Z 189/59, Vernehmung v. 25.5.1959; 206 AR-Z 11/67, Vern. v. 15.3.1961; 207 AR-Z 7/59, Vern. v. 25.9.2962; 206 AR 1171/71, Vern. v. 18.7.1974; 206 AR-Z 54/78, Vern. v. 14.10.1985
687 BAL – Zst 206 AR-Z 11/67, Bd. V, S. 1228 ff.
688 BAK B 106/11397, 11398
689 BAK B 106/12432
690 B 106/15687
691 Horst Albrecht: Im Dienst der Inneren Sicherheit, S. 180 f.
692 BAB – BDC O. 461, RKPA 8/1938, S. 64, 10/1938, S. 77 – 1938 ernannt zum KK a.Pr.; BAL 205 AR-Z 78/60; 205 AR 1302/63; 5 AR 1334/64; 205 AR 2354/66
693 BAL V 205 AR 1302/63, Bd. V, S. 411
694 BAL – ZSt 1 AR 1016/61, SS-Hauptsturmführer 1943, Leiter Abt. IV KdS Kowno
695 Vgl. Eberhard Jäckel et al. (Hg.): Enzyklopädie des Holocaust, S. 1155 f. Ponary war eine Massenexekutionsstätte in der Nähe von Wilna. Die Anzahl der dort ermordeten Opfer wird auf 70 000 bis 100 000 Menschen geschätzt
696 BAL – ZSt 207 AR-Z 14/58, Bd. 12, S. 5173 ff.; WASt – V/22-677/300 II – Antrag auf Kriegsgefangenenentschädigung v. 24.10.1955
697 BAL – ZSt 207 AR-Z 14/58, Bd. 28, S. 8294 ff.

698 Aussage Oberstaatsanwalt Wilhelm Dressen, Leiter der ZSt, am 30.8.2000 im Deutschlandfunk; vgl. Wilhelm Dressen: Die Zentrale Stelle der Landesjustizverwaltungen zur Aufklärung von NS-Verbrechen in Ludwigsburg, S. 90

699 Vgl. Adalbert Rückerl: Die Strafverfolgung von NS-Verbrechen 1945-1978, S. 120 f.; Ernst Klee: Was sie taten – Was sie wurden

700 »Braunbuch«, S. 7 f.

701 Prozessbericht der »taz« v. 29.5.2001

702 Kurt Hinrichsen: »Befehlsnotstand«, in: Adalbert Rückert (Hg.): NS-Prozesse, S. 131-161; Adalbert Rückerl: Die Strafverfolgung von NS-Verbrechen 1945-1978, S. 81-84; vgl. Christopher Browning: Ganz normale Männer; Dieter Schenk: Hitlers Mann in Danzig, S. 170 ff.

703 BAL – ZSt 1 AR 1016/61, S. 91 f, Vernehmung v. 26.1.1966

704 BAL – ZSt 202 AR 625/67, Bd. I, S. 24 ff., Vernehmung v. 26.2.1960

705 BAL – ZSt 415 AR 1310/63 (RSHA), Vernehmung v. 13.10.1964

706 LA Berlin, B Rep. 05701, Pn 56, Personenakte Niggemeyer, Vermerk v. 15.4.1965

707 StA Wiesbaden 2 Js 163/65

708 Edmund Jacoby (Hg.): Lexikon linker Leitfiguren, Frankfurt a. M./Wien 1989, S. 33-35; vgl. Fritz Bauer: Die »Ungesühnte Nazijustiz«. In: »Die Neue Gesellschaft« Nr. 7/1960, S. 179-191; ders.: Justiz als Symptom. In: Richter (Hg.): Bestandsaufnahme, S. 221-232; ders.: Im Namen des Volkes. Die strafrechtliche Bewältigung der Vergangenheit. In: Helmut Hammerschmidt (Hg.): Zwanzig Jahre danach. München/Wien/Basel 1965, S. 301-314

709 Vgl. Ernst Klee: Was sie taten – Was sie wurden, S. 191, NS-Karriere u. strafrechtl. Verfolgung von Angehörigen des HLKA, die SS-Hauptsturmführer Hoffmann, Schubert, Heß betreffend; siehe Vernehmung des Georg Lothar Hoffmann v. 20.1.1960 in BAL 208 AR-Z 268/59, Bd. II, S. 232-247

710 BAL – ZSt 114 AR-Z 1084/63, Bd. I, S. 99 ff.

711 BAB – BDC O. 461 Nr. 5/1940, S. 118, 1940 KK Kripo Breslau (Gleiwitz); O. 429 I, S. 17, 1944 Hauptsturmführer, SS-Nr. 337260; O. 811 Befehlsbl. SD Nr. 21/1944, S. 102; O. 971 1942 Kripo Gleiwitz, 1944 BdS Schwarzes Meer; LA Berlin Personalakte – BDC-Erkenntnisse SSSO Nr. 64000023082, Masterfile, HJ 1.1.1934-1.12.1938, NSDAP 1.5.1937 Nr. 5557681; BDC-RS Nr. 6030003691 Sippenakte; BAL 11 AR-Z 369/59; 4 AR-Z 269/60; 10 AR 1310/63; 205 AR 1302/63; 4 AR 1181/64; 213 AR 2596/65; 502 AR 3818/65; 213 AR-Z 65/67; 213 AR-Z 66/67;

712 BAB – BDC SSO Nr. 6400016228, Personalakte; NSDAP 1.5.1938, Nr. 6966598; SS 1940, Nr. 383971; 17.12.1940 Ernennung KK u. Beamter auf Lebenszeit; RS Nr. 6020005957 Sippenakte; O. 808 Nr. 12/29.3.41; O. 811, Nr. 34/26.8.44, Nr. 41/7.10.44; LA Berlin, BRep. 057-01, Nr. Ph 79, Personalakte, Heller benutzte nach dem Krieg den Falschnamen Kurt Hanz. Er wurde am 1.11.1952 in die Kripo Fulda eingestellt, zum Kriminalrat befördert u. Lehrer an der Hessischen Polizeischule; BAL – ZSt 11 AR-Z 373/59; 104 AR-Z 1670/61, 7 AR 1256/61; 114 AR-Z 1554/62; 11 AR 287/63; 4 AR 1084/63; 114 AR 3616/

65; 104 AR-Z 40/67; 114 AR 121/81; 114 AR 283/84; 102 AR 12407/87; 106 AR-Z 38/89

713 BAL – ZSt 114 AR-Z 1084, Bd. V, S. 1109, 1154

714 BAB – BDC O. 808 Befehlsbl. Ch.d.Sicherheitspol.u.d.SD, Nr. 34/1944, S. 189

715 BAB – BDC SSO Nr. 6400016228, Personalakte Heller

716 Ebd.

717 BAL – ZSt 104 AR-Z 1670/61

718 BAL – ZSt 114 AR-Z 1084/1963, Bd. V, S. 1166

719 Ebd., Bd. I, S. 1 ff.; Bd. III, S. 678 ff.

720 LA Berlin, BRep. 057-01, Personalakte Heller Nr. Ph79, S. 17-23, Vernehmung v. 11.11.1963; BAL – ZSt 114 AR-Z 1084/1963, Bd. VI, S. 1473 ff., Vern. v. 28.2.1966

721 Ebd., Bd. VI, S. 1352-1354

722 BAL – ZSt 104 AR-Z 40/67, Sonderband VII, Einstellungs-Vfg. v. 17.12.198

723 BAL – ZSt 104 AR-Z 40/67, Bd. VII, S. 1886; 114 AR 121/81; 114 AR 482/84; 106 AR 17665/87; 106 AR-Z 124/89, Bd. III, S. 534

724 BAL – ZSt 114 AR 482/84

725 Alfons Kenkmann/Christoph Spieker (Hg.): Im Auftrag: Polizei, Verwaltung und Verantwortung. Begleitband zur gleichnamigen Dauerausstellung in Münster/Westf., Essen 2001, S. 309 ff.

726 Ebd., S. 312

VIII

727 David Schoenbaum: Ein Abgrund von Landesverrat. Die Affäre um den »Spiegel«, Wien/München/Zürich 1968, S. 13 ff.

728 Ebd., S. 88

729 BAK N 1265/26

730 BAK N 1265/69, Prante-Bericht, S. 238 f.

731 BAK N 1511, Nachlass Reinhard Dullien (»Farbige Blätter«)

732 »Die Zeit« v. 21.5.1965, Sang- und klanglos. Ende der »Spiegel«-Affäre – Kein Prozess gegen Augstein

733 BAK N 13321, Nachlass Hermann Höcherl: 1945 Eintritt in die CSU, Mitglied des Parteivorstandes, 1953-1976 MdB (CSU), 1961-1965 Bundesminister des Innern, 1965-1969 Bundesminister für Ernährung, Landwirtschaft und Forsten

734 BAK N 1265/69, Prante-Bericht, S. 238

735 Vgl. Patrick Wagner: Die Affäre um das Bundesamt für Verfassungsschutz, Ziff. III. Saevecke, Felfe, Wenger – Demokratieschützer vom Typ Eichmann? In: Gerhard Fürmetz et al. (Hg.): Nachkriegspolizei, S. 178 ff.

736 BAK B 141/17083, Drucksache Deutscher Bundestag, Protokoll 62. Sitzung v. 6.3.1963

737 BAK B 106/21192

738 Ebd.

739 BAK B 141/17083
740 Ebd., Schreiben v. 7.5.1963
741 AFF: Saevecke, Theo, im Mai 1942 beim RSHA Berlin als Kriminalkommissar bei V A 2 Werderscher Markt 5-6, zuletzt SS-Hauptsturmführer, Strafverfahren wegen Kriegsverbrechen in Italien – Freispruch, nach 1945 im BKA Sicherungsgruppe Bonn als Kriminalrat [Telefonverzeichnis RSHA; Heigl, Frank P. und Jürgen Saupe: Operation EVA. Die Affaire Langemann, Hamburg 1982, S. 93, 97]; BAB-BDC SSO Nr. 6400037940 Personalakte, Masterfile, NSDAP 1.2.1929, Nr. 112407; SS ohne Datum, Nr. 396 401; SS-Z.A. Winkelträger; SA seit 15.12.1928 –?; Julleuchter; Handelsmarine 1930-1934: England, Frankreich, Chile, Australien, Spanien, Irland, Russland, Dänemark, Afrika, Belgien, Holland; KVK II. u. I. Kl. M. Schwertern; BDC-RS 6050003335 Sippenakte, Lebenslauf 1938; O. 451 II RKPA Nr. 4/38, S. 41; 9/38, S. 70, 71; 1938 KK a.Pr. Kripo Hamburg (Lübeck); O. 810 Bef.Bl. SD 5/43, 31/43, 35/43; O. 811 Bef.Bl. SD 35/44 (Kriegsauszeichnung); O. 858, Tel.Buch RSHA 1942, S. 25; O. 429 I, S. 176; O. 461 I – RKPA 9/43 (Berlin); LA Berlin Kartei RSHA-Verfahren V A 2 (1942) u. Ostl.; LA Berlin B Rep. 057-01, Personalakte Ps 7 (RSHA-Verfahren), Vermerk GStA 9.2.1967: Verfahren eingestellt, da nicht widerlegt werden kann, dass S. dem Ref. V A 2 nicht angehörte
742 BAB – BDC RS Nr. 6050003335, Sippenakte, Lebenslauf Saevecke (1938)
743 LA Berlin, B Rep. 05701, Ps 7, Personalakte Theo Saevecke
744 BAL – ZSt 518 AR-Z 16/59, Bd. XV, S. 3056 ff., richterl. Vernehmung v. 6.10.1965
745 BAL- ZSt (Hg.): Einsatzgruppen in Polen, Heft 1, S. 68 f., 110; Heft 2, S. 16
746 Ebd., Heft 2, S. 34
747 BStU – MfS Allg. P. 10686/76
748 LA Berlin, B Rep. 05701, Ps 7, Personalakte Theo Saevecke; Geschäftsverteilungsplan Geheimes Staatspolizeiamt Ref. V A 2 Vorbeugung: Saevecke, Theo
749 Ebd., Vernehmung v. 13.12.1966
750 AFF: Rauff, Walter, April 1939 Eintritt in die SS, SS-Hauptsturmführer im SD-Amt, laut Geschäftsverteilungsplan des RSHA vom 1.2.1940 als SS-Sturmbannführer Leiter der Gruppe I G, laut Geschäftsverteilungsplan des RSHA vom 1.3.1941 als SS-Obersturmbannführer Leiter der Gruppe VI F, im Einsatzgruppenstab in Oslo, ab Sommer 1941 Leiter der Gruppe II D (Technische Angelegenheiten) des RSHA, im Mai 1942 beim RSHA Berlin als SS-Obersturmbannführer Leiter II D Prinz-Albrecht-Str. 8 und VI F Delbrückstr. 6a, bis Dezember 1948 Kriegsgefangener in Rimini, mit vatikanischer Hilfe Flucht 1948 nach Syrien, dann nach Südamerika, in Argentinien Verbindungsmann der Organisation Gehlen und des BND, 1962 vom BND abgeschaltet wegen in Hannover angelaufener Ermittlungen, [Jens Banach: Heydrichs Elite, S. 258]
751 BAL – ZSt 8 AR-Z 16/59, Bd. XV, S. 3057, richterl. Vernehmung Saevecke v. 6.10.1965
752 Privatarchiv Eggert Blum
753 BAL – ZSt 8 AR-Z 16/59; 8 AR-Z 4/63

754 WASt – V-21-677/300
755 Ebd.
756 BAK B 106/21192
757 BAK B 141/17083, Vermerk SOKO BW v. 30.8.1960
758 BAK B 141/17083 (Bestand BMJ); BAL 415 AR 1310/63
759 BAK N 1265/37
760 Verordnung v. 25.8.1964, BGBl. I, S. 705
761 Horst Albrecht: Im Dienst der Inneren Sicherheit, S. 181-185; BAK N 1511, Nachlass Reinhard Dullien (»Farbige Blätter«), S. 99 ff., Anlagen 28, 29, 31, 42; BAK N 1265/39

IX

762 BAK N 1265/39
763 Ebd.
764 Ebd.
765 BAK N 1265/40
766 BAK N 1265/48, dieses und weitere direkte und indirekte Zitate entstammen dem Wortprotokoll »Dienstversammlung für ›alte‹ Vollzugsbeamte« am 3.5.1965, 15.00-17.00 Uhr
767 BAB – BDC SSO 6400045896, Masterfile, NSDAP 28.5.1937, Nr. 3937843; SS Nr. 327258, SA 1.7.1933-1.10.1935, NSKK seit 1.10.1935; 1941 SD Kripo Kiel, 1942 Kripo Metz, 1943 SD Kripo Krakau; BDC O. 808 Bef.Bl. SD Nr. 19/24.5.1941 LA Berlin, B Rep. 05701, Pt 75, Personalakte Thomsen; BAK N 1265/21, Brief Thomsen an Dickopf v. 20.9.1948
768 BAB – BDC SSO 6400045896
769 AGK Sign. WO VI/2, S. 124, 124 R.
770 vgl. Wolfgang Kahl: Vom Mythos der »Bandenbekämpfung«: Polizeiverbände im Zweiten Weltkrieg. In: »Die Polizei« Nr. 89/1998, S. 47-55
771 BAL – ZSt 6 AR 1159/60; 206 AR-Z 283/60; 6 AR-Z 46/61; 206 AR 1160/64; 206 AR-Z 110/67; 206 AR 1171/71; 206 AR-Z 106/73 K; 206 AR-Z 40/85 K
772 BAL – ZSt 206 AR-Z 40/58, Bd. VII, S. 1049 ff., Schlussvermerk ZSt. v. 9.9.1991
773 BAB – BDC SSO 6400025117, SS 2.7.1938, Nr. 307409; NSDAP Nr. 7965916; SS-Hauptsturmführer Prag 1943; KVK II. Kl. M. Schwertern 3.3.1943; BDC – DO 518, 6030013035 Inhaber Julleuchter; BAL – ZSt 1 AR 1016/61; 505 AR-Z 24/61; 6 AR-Z 31/60 gegen Labitzke, 10 AR 902/63, Juli 1941 von Budweis nach Prag, Sept. 1943 BdS Kiew versetzt, Juni 1944 Leiter Außenstelle der Sicherheitspolizei Provinz Triest; BAK B 106/21190 durch BMI Beförderung zum Kriminalrat zurückgestellt (3.12.1963)
774 AGK Sign.WO II/1., S. 15 f.
775 BAL – ZSt 110 AR 114/66
776 BAK – N 1265/26, Brief v. 5.9.1966. Name nicht zitiert, da nicht zum Leitenden Dienst zählend und keine Person der Zeitgeschichte
777 BAK N 1511 Nachlass Reinhard Dullien (»Farbige Blätter«), S. 97, 102

778 Dieter Schenk: Der Chef, S. 54, 60 f.
779 Ebd., S. 69 f.
780 Rolf Holle, Dr. Niggemeyer, Kurt Griese, Kurt Amend, Heinz Drescher, Rudolf Thomsen, Theo Saevecke, Dr. Ernst Brückner, Eberhard Eschenbach, Rudolf Mally, Dr. Josef Ochs, Eugen Hebeler
781 BAK N 1265/26
782 Dieter Schenk: Der Chef, S. 70
783 BAK N 1265/48, Wortprotokoll Ansprache Dickopf auf der Dienstversammlung am 2.2.1966

X

784 Kurt Amend, Joachim Kaintzig, Dr. Otto Martin, Dr. Josef Ochs; vermutlich auch Theo Saevecke
785 Martin Biehle, Adelbert Buttler, Heinrich Erlen, Alexander Falke, Georg Franz Fischer, Gerhard Freitag, Kurt Griese, Günter Labitzke, Kurt Mannel, Eduard Michael, Bernhard Niggemeyer, Dr. Wilhelm Rohrmann, Theo Saevecke, Rudolf Thomsen, Martin Vogel
786 Günter Labitzke, Kurt Lach
787 Martin Biehle, Heinrich Erlen, Alexander Falke, Georg Franz Fischer, Gerhard Freitag, Joachim Kaintzig, Günter Labitzke, Kurt Mannel, Eduard Michael, Georg Mody, Bernhard Niggemeyer, Dr. Wilhelm Rohrmann, Theo Saevecke, Rudolf Thomsen
788 Zum Beispiel Gerhard Paul: Zwischen Selbstmord, Illegalität und neuer Karriere. In: Gerhard Paul/Michael Mallmann (Hg.): Die Gestapo – Mythos und Realität, S. 544
789 Heinrich Erlen; Theo Saevecke
790 Norbert Frei: Vergangenheitspolitik, S. 86
791 Wolfgang Langhorst: Berufsbeamtentum und Art. 131 GG. Die Rückkehr der NS-Beamtenschaft in die obersten Bundesbehörden. In: »Vorgänge«, Heft 3/1989, S. 60-67
792 Ebd., S. 69 ff.
793 Ebd., S. 65 ff.
794 Ebd., S. 66
795 Ebd., S. 81
796 Herbert Reinke/Robert Seidel: Die Entnazifizierung und die »Säuberung« der Polizei, S. 61
797 BAK B 106/32217, S. 86
798 Joachim Perels: Amnestien für NS-Täter in der Bundesrepublik. In: »Kritische Justiz«, Nr. 28/1995, S. 384 f.
799 Vgl. Norbert Frei: Vergangenheitspolitik, S. 13, 18, 20, 50 f., 100-102; Adalbert Rückerl: Die Strafverfolgung von NS-Verbrechen 1945-1978, S. 53 ff.
800 Ulrich Brochhagen: Vergangene Vergangenheitsbewältigung. In: »Mittelweg 36«, Heft 5/1992, S. 153
801 Gerhard Paul: Zwischen Selbstmord, Illegalität u. neuer Karriere, S. 539, 542

802 Norbert Frei: Vergangenheitspolitik, S. 405
803 Stephan Linck: Zur Personalpolitik der britischen Besatzungsmacht gegenüber der deutschen Kriminalpolizei nach 1945. In: Gerhard Fürmetz et al. (Hg.): Nachkriegspolizei, S. 127
804 Die Bundesbeauftragte für die Unterlagen des Staatssicherheitsdienstes der ehemaligen Deutschen Demokratischen Republik, Az. AU II.8-030297/00 Z
805 Dieter Schenk: Der Chef, S. 192-194
806 BStU AU II.8 030297/00Z
807 BA-Zw – ZR 337 (Drescher) u. ZR 663 Akte 5 (Ochs)
808 BStU MfS Zentralarchiv, Allg. P, Bd. 4482/65
809 BStU MfS Allg. P. 10686/76
810 BstU MfS Dienststelle Schwerin, Abt. I, Einzelvorgang Nr. 8/54, Bd. 1 u. 2, Archiv Nr. 41/56
811 BstU MfS – HA II, Nr. 19123
812 Hiervon konnte sich der Verfasser vielfach überzeugen, insbesondere im ehemaligen MfS-Archiv in Berlin (Dahlwitz-Hoppegarten), heute Zwischenarchiv des BA Berlin. Aus dem »Braunbuch« wird in der wissenschaftlichen historischen Literatur häufig zitiert; vgl. außerdem P. Köhler: Polizei der BRD
813 »Braunbuch«, S. 5
814 Heinz Drescher, Reinhard Dullien, Dr. Josef Ochs
815 »Braunbuch«, S. 86-104
816 Zeitzeugengespräch des Verfassers mit Staatsanwalt Willy Dressen, damals stellvertr. Leiter der ZSt, im September 1994
817 »Braunbuch«, S. 103
818 Zahlreiche Veröffentlichungen insbesondere in der »Kriminalistik«
819 Wanderausstellung PP Köln »Wessen Freund und wessen Helfer?«
820 Thomas Roth: Die Kölner Kriminalpolizei: Organisation, Personal und »Verbrechensbekämpfung« eines lokalen Kripo-Apparates 1933-1945. In: Harald Buhlan/Werner Jung (Hg.): Wessen Freund und wessen Helfer?, S. 299-369
821 Benz, Wolfgang et al. (Hg.): Enzyklopädie des Nationalsozialismus, S. 613 f.; Raul Hilberg: Die Vernichtung der europäischen Juden, S. 598-629; Jäckel, Eberhard et al. (Hg.): Enzyklopädie des Holocaust, S. 999-1010
822 Albrecht Charisius/Julius Mader: Nicht länger geheim, 4. Auflage 1980
823 Ebd., S. 365
824 Ebd., S. 144
825 Ebd., S. 372
826 Klaus Gessner: Geheime Feldpolizei
827 Alexander Falke, Georg Franz Fischer, Georg Mody
828 Paul Dickopf/Rolf Holle: Das Bundeskriminalamt, Wiesbaden 1971, S. 30
829 Vgl. Taschenbuch für Kriminalisten, S. 250-312
830 Ebd., S. 282 f., 286, 311
831 Vgl. Frank Liebert: Die Dinge müssen zur Ruhe kommen . . ., Ziff. VIII: Das Gesetz zum Artikel 131 GG – der Fall Zirpins. In: Fürmetz/Reinke/Weinhauer (Hg.): Nachkriegspolizei in Deutschland, S. 96-100
832 BAK N 1265/24

833 Herbert Kosyra: Das aktuelle Problem – die Todesstrafe, »Kriminalistik« 3/1959, S. 124-128
834 Hamburg, 1958
835 Vgl. Patrick Wagner, Volksgemeinschaft ohne Verbrecher, S. 306 f.
836 PP Köln, Wanderausstellung »Wessen Freund und wessen Helfer?«: Informationen zu Willi Gay: Jahrgang 1890, Kriminalkommissar 1919, Kriminalrat 1932; 1925 von Kripo Erfurt zum Landeskriminalamt im PP Berlin; ab 1927 Polizeiabteilung im Preußischen Innenministerium; 1928-1933 Herausgabe der »Kriminalistischen Monatshefte«; Eintritt NSDAP 1933; 1933 Versetzung LKA Magdeburg u. 1934 zur KP-Leitstelle Kön. Dort bis Jan. 1945 Stellvertreter des Kripo-Chefs u. zuständig für Vorbeugende Verbrechensbekämpfung. Unterbrechung sieben Monate Militärdienstzeit 1940/41
837 Ebd.
838 Lübeck, 1954
839 Ebd., S. 45-47, 109 f.
840 BAK R 58/1085
841 RKPA-Erlasssammlung, Erlasse v. 24.5.1939, 1.12.1939, 1.4.1940, 26.6.1940, 16.8.1940, 5.11.1940, 3.10.1941, 12.11.1941, 30.3.1942, 28.11.1942, 3.12.1942, 5.1.1943, 26.1.1943
842 Wolfgang Benz et al. (Hg.): Enzyklopädie des Nationalsozialismus, S. 215
843 Tobias Mulot: Erzieher in Uniform. In: Gerhard Fürmetz et al. (Hg.): Nachkriegspolizei, S. 262
844 Friedrike Wieking: Die Entwicklung der weiblichen Kriminalpolizei in Deutschland, S. 70 f.
845 Wolfgang Benz et al. (Hg.): Enzyklopädie des Nationalsozialismus, S. 536
846 Bernd Wehner: Dem Täter auf der Spur, S. 153, 165 f.
847 BAK B 106/15687
848 Ebd.
849 Bundeskriminalamt (Hg.): Kriminologie – Leitfaden für Kriminalbeamte –, von Ltd. Regierungskriminaldirektor Dr. B. Niggemeyer, Regierungskriminalrat H. Gallus, Regierungskriminalrat H.-J. Hoeveler, Bd. 1967/1-3; vgl. zur WKP die Akten des BMI in BAK B 106/36824
850 Vgl. auch Robert Harnischmacher/Arved Semerak: Deutsche Polizeigeschichte, Stuttgart 1986
851 Vgl. halbherzige Ansätze: Manfred Teufel: Vom Werden der deutschen Kriminalpolizei. In: Siegfried Zaika: Polizeiliche Einsatzlehre
852 Vgl. unter anderem Rafael Behr: Cup Culture; Christopher Browning: Ganz normale Männer; Gerhard Fürmetz et al. (Hg.): Nachkriegspolizei; Stephan Linck: Der Ordnung verpflichtet; Bogdan Musial: Deutsche Zivilverwaltung und Judenverfolgung im Generalgouvernement; Michael Wildt: umfassende Forschung über das Reichssicherheitshauptamt (in Vorbereitung); Peter Nitschke: Polizei im NS-System. In: Staat, Demokratie und Innere Sicherheit; Patrick Wagner, Volksgemeinschaft ohne Verbrecher; Friedrich Wilhem: Die Polizei im NS-Staat

Siehe besonders auch die Dauerausstellung in der Villa ten Hompel in Münster/Westf. und das gleichnamige Begleitbuch von Alfons Kenkmann/

Christoph Spieker (Hg.): Im Auftrag: Polizei, Verwaltung und Verantwortung

853 Herbert Schäfer: Cliquengeist und Kameraderie. In: »Kriminalistik«, 1955, S. 205 ff.; ders., Identifikation mit dem gesetzlichen Auftrag und auftragswidrige Kameraderie. In: »der kriminalist«, 1996, S. 158 ff.; Wolfgang Kahl: Vom Mythos der »Bandenbekämpfung«: Polizeiverbände im Zweiten Weltkrieg. In: »Die Polizei«, Nr. 89/1998, S. 47-55; Anonymus: Unter der Decke, hinter den Mauern. In: »Magazin für die Polizei«, 1999/Nr. 278, 279; Buhlan, Harald/Jung, Werner (Hg.): Wessen Freund und wessen Helfer? Die Kölner Polizei im Nationalsozialismus, Köln 2000

854 Brings, Andreas/Buhlan, Harald: Kölner Polizei im Nationalsozialismus. Der Beitrag einer Polizeibehörde zur Geschichtsaufarbeitung. In: Archiv für Polizeigeschichte 10 (1999), S. 90-94

XI

855 BAK N 1265/30

856 BAK N 1511, Nachlass Dullien, Anl. 43

857 Protokoll Nr. 110, Deutscher Bundestag, Innenausschuss, 24.10.1968

858 BAK N 1265/37

859 BAK N 1265/46

860 BAK N 1265/42

861 Ebd.

862 BAK N 1265/38

863 »Kriminalistik« Nr. 10/1955; 7/1956; 11/1958; 1/1960; 1/1961; 2/1961

864 Statuten der Internationalen Kriminalpolizeilichen Organisation (Interpol) i.d.F. v. 11.6.1956

865 »Kriminalistik« 1/1960, S. 8; Nr. 1/1961, S. 5

866 Statuten der IKPO-Interpol, Art. 18

867 BAK N 1265/38

868 Dieter Schenk: Der Chef, S. 71

869 Dieter Schenk: BKA – Die Reise nach Beirut, S. 328

870 Vgl. Laurent Greilsamer: Interpol

871 Dieter Schenk: Der Chef, S. 71

EPILOG

872 BAK N 1265/7

873 Statuten der IKPO-Interpol, Art. 2 u. 3

874 Dieter Schenk: Der Chef, S. 214
Vgl. die jährlich im Fischer-Taschenbuchverlag erscheinenden Jahresberichte von ai

875 BAK N 1265/49, undatiert, evtl. für »Profile einer Stadt« v. 26.3.1969

876 Dieter Schenk: Über den Export von deutscher Sicherheit und Ordnung
877 Dieter Schenk: Der Chef, S. 214
878 BKA – PRIOR-Projektgruppe Mitarbeiterbefragung, Ergebnismitteilung v. 19.8.1989 (unveröffentlicht). Ausgewertet wurden 2187 Fragebögen
879 Vgl. die vierteljährlich erscheinende Zeitschrift »Business Crime« des Vereins Business Crime Control; siehe auch www.wirtschaftsverbrechen.de
880 Dieter Schenk: Der Chef, S. 429 f.
881 BKA (Hg.): Festschrift für Horst Herold zum 75. Geburtstag. Das Bundeskriminalamt am Ausgang des 20. Jahrhunderts. Wiesbaden 1998, S. 80-82
882 FR Sonderdruck September 2000, im Internet: www.fr-aktuell.de/fr/spezial/rechts
883 Bürgerrechte und Polizei/CILIP 68 (1/2001), S. 4 f.
884 BKA – Tagung Rechtsextremismus, Antisemitismus u. Fremdenfeindlichkeit – Bestandsaufnahme, Perspektiven, Problemlösungen – 21.-23.11.2000 in Wiesbaden
885 Bürgerrechte und Polizei/CILIP 68 (1/2001), S. 45 f.
886 http://www.bka.de/aktuell/erkl.html
887 Bundesamt für Verfassungsschutz (Hg.): Verfassungsschutzbericht 2000, www.bmi.bund.de/dokumente/Pressemitteilung/ix–34994.htm
888 »Frankfurter Rundschau« u. »Tagesspiegel« (Berlin) v. 14.9.2000, »Frankfurter Rundschau« u. »Süddeutsche Zeitung« v. 23.11.2000, »Junge Welt« v. 27.11.2000
889 BT-Drucksachen 14/3754 v. 4.7.2000; 14/3979 v. 10.8.2000; 14/4307 v. 12.10.2000; 14/4352 v. 18.10.2000; 14/5032 v. 27.12.2000; 14/5773 v. 4.3.2001; 14/5533 v. 9.3.2001; 14/5732 v. 30.3.2001; 14/5740 v. 30.3.2001
890 BT-Drucksache 14/5032 v. 27.12.2000
891 Ebd., Antwort der Bundesregierung
892 Redeprotokoll Michel Friedman (Auszüge)

LITERATURVERZEICHNIS

Albrecht, Horst: Im Dienst der Inneren Sicherheit. Die Geschichte des Bundeskriminalamtes. Hg. Bundeskriminalamt, Wiesbaden 1988 (eingeschränkt veröffentlicht)

amnesty international: Jahresberichte, Frankfurt a. M., 1990-2000

Anonymus: Unter der Decke, hinter den Mauern. In: »Magazin für die Polizei«, 1999/Nr. 278, 279

Banach, Jens: Heydrichs Elite. Das Führerkorps der Sicherheitspolizei und des SD 1936-1945, Paderborn 1998

Bauer, Fritz: Das Verbrechen und die Gesellschaft. In: BKA-Tagungsprotokoll Kriminalpolitische Gegenwartsfragen, Wiesbaden 1959 (eingeschränkt veröffentlicht)

Bauer, Fritz: Die »Ungesühnte Nazijustiz«. In: »Die Neue Gesellschaft« Nr. 7/1960, S. 179-191;

Bauer, Fritz: Im Namen des Volkes. Die strafrechtliche Bewältigung der Vergangenheit. In: Helmut Hammerschmidt (Hg.): Zwanzig Jahre danach. München/Wien/Basel 1965

Becker, Hans Detlev: Verfassungsschutz u. Spionageabwehr, Köln 1966

Behr, Rafael: Cop Culture. Der Alltag des Gewaltmonopols, Opladen 2000

Benz, Wolfgang/Graml, Hermann/Weiß, Hermann (Hg.): Enzyklopädie des Nationalsozialismus, München 1997

Benz, Wolfgang: Nachkriegsgesellschaft und Nationalsozialismus. Erinnerung, Amnesie, Abwehr. In: »Dachauer Hefte« 6/1990

Best, Werner: Die Deutsche Polizei, Darmstadt 1941

Boldt, Hans: Geschichte der Polizei in Deutschland. In: Liseken, Hans/Denninger, Erhard: Handbuch des Polizeirechts, München 1996

Bresler, Fenton: Interpol. Der Kampf gegen das internationale Verbrechen von den Anfängen bis heute, München 1993

Brings, Andreas/Buhlan, Harald: Kölner Polizei im Nationalsozialismus. Der Beitrag einer Polizeibehörde zur Geschichtsaufarbeitung. In: Archiv für Polizeigeschichte 10 (1999), S. 90-94

Brochhagen, Ulrich: Vergangene Vergangenheitsbewältigung. Zum Umgang mit der NS-Vergangenheit in den fünfziger und sechziger Jahren. In: »Mittelweg 36«, Heft 5/1992

Browning, Christopher: Ganz normale Männer, Reinbek 1993

Brückner, Ernst: Strafprozessordnung und Polizeihoheit. In: BKA-Tagungsprotokoll Kriminalpolitische Gegenwartsfragen, Wiesbaden 1959 (eingeschränkt veröffentlicht)

Buchheim, Hans: SS und Polizei, Duisdorf 1964

Buhlan, Harald/Jung, Werner (Hg.): Wessen Freund und wessen Helfer? Die Kölner Polizei im Nationalsozialismus, Köln 2000

Bundesamt für Verfassungsschutz (Hg.): Verfassungsschutzberichte 1990-2000

Bundesinnenministerium (Hg.): betrifft: Bundeskriminalamt, Bonn 1973

BUNDESKRIMINALAMT (Hg.):
Horst Albrecht: Im Dienst der Inneren Sicherheit. Die Geschichte des Bundeskriminalamtes, Wiesbaden 1988 (eingeschränkt veröffentlicht)
Das Bundeskriminalamt. Seine Aufgaben und Funktionen im föderalistischen Sicherheitssystem der BRD/Das BKA in Zahlen, Wiesbaden 1984/95
Festschrift für Horst Herold zum 75. Geburtstag. Das Bundeskriminalamt am Ausgang des 20. Jahrhunderts, Wiesbaden 1998 (eingeschränkt veröffentlicht)
Protokolle Arbeitstagungen – Auswahl – (eingeschränkt veröffentlicht)
Bekämpfung der Jugendkriminalität, Wiesbaden 1955
Bekämpfung von Glücks- und Falschspiel, Wiesbaden 1955
Das kriminalpolizeiliche Ermittlungsverfahren, Wiesbaden 1957
Bekämpfung der Wirtschaftsdelikte, Wiesbaden 1957
Bekämpfung von Diebstahl, Einbruch und Raub, Wiesbaden 1958
Kriminalpolitische Gegenwartsfragen, Wiesbaden 1959
Bekämpfung der Sittlichkeitsdelikte, Wiesbaden 1959
Internationale Verbrechensbekämpfung, Wiesbaden 1960
Schriftenreihe – Auswahl – (eingeschränkt veröffentlicht)
Band 1955/3 Probleme der Polizeiaufsicht (Sicherungsaufsicht) v. Bernhard Niggemeyer, Eberhard Eschenbach, Rudolf Leichtweiß
Band 1956/2 Kriminaldienstkunde I v. Rolf Holle
Band 1956/3 Kriminaldienstkunde II v. Rolf Holle
Band 1957/1 Die Latenz der Straftaten v. Dr. Bernd Wehner
Band 1957/3 Kriminaldienstkunde III v. Rolf Holle
Band 1958/1 Kriminalistische Spurenkunde I v. Rudolf Mally
Band 1958/2 Kriminalistische Spurenkunde II v. Rudolf Mally
Band 1959/1 Von Schwindelfirmen und anderen unlauteren (kriminellen) Unternehmen des Wirtschaftslebens v. Walter Zirpins
Band 1959/2 Zur Untersuchung der Verbrechensperseveranz v. Oskar Wenzky
Band 1961/2 Personenbeschreibung v. Heinz Drescher
Band 1963/1 Modus-operandi-System und Modus-operandi-Technik v. Bernhard Niggemeyer, Eberhard Eschenbach, Kurt Lach, Georg Franz Fischer, Rudolf Leichtweiß
Band 1964/3 Die Sittlichkeitsdelikte im Spiegel der Polizeilichen Kriminalstatistik 1953-1962 v. Rolf Holle
Band 1967/1-3 Kriminologie – Leitfaden für Kriminalbeamte v. Bernhard Niggemeyer et al.
Band 1968/2 Die Kriminalität in der Bundesrepublik im Vergleich zu anderen europ. Staaten v. Rolf Holle

Busch, H./Funk, A./Kauß, U./Narr, W.-D./Werkentin, F.: Die Polizei in der Bundesrepublik, Frankfurt a. M./New York 1985
Charisius, Albrecht/Mader, Julius: Nicht länger geheim, Berlin 1969
CILIP (Hg.): Rechtsextremismus, Rassismus und polizeiliche Reaktionen. Bürgerrechte und Polizei/CILIP 44 (1/1993)
CILIP (Hg.): Staatsgewalt gegen rechts? Bürgerrechte und Polizei/CILIP 68 (1/2001)

Daluege, Kurt: Nationalsozialistischer Kampf gegen das Verbrechen, München 1936
Dietl, Wilhelm: Die BKA-Story, München 2000
Dickopf, Paul: Istanbul 1955. Die 24. Generalversammlung der IKPO. In: »Kriminalistik«, Heft 10, Oktober 1955
Dickopf, Paul: Neue alte Interpol. Die IKPO. 25. Generalversammlung Wien 1956. In: »Kriminalistik«, Heft 7, Juli 1957
Dickopf, Paul: Interpol bei Scotland Yard. 27. Generalversammlung der IKPO in London. »Kriminalistik«, Heft 11, November 1958
Dickopf, Paul: Die Stellung des Bundeskriminalamtes im Rahmen der internationalen Verbrechensbekämpfung. In: BKA-Tagungsprotokoll Internationale Verbrechensbekämpfung, Wiesbaden 1960 (eingeschränkt veröffentlicht)
Dickopf, Paul: Paris statt Lahore. 28. Generalversammlung der IKPO, Paris 1959. In: »Kriminalistik«, Heft 1, Januar 1960
Dickopf, Paul/Holle, Rolf: Das Bundeskriminalamt, Bonn 1971
Dressen, Willi: Die Zentrale Stelle der Landesjustizverwaltungen zur Aufklärung von NS-Verbrechen. In: »Dachauer Hefte« 6/1990
Dulles, Allen/Gaevernitz, Gero v. S.: Unternehmen »Sunrise«, Düsseldorf/Wien 1967
Dürkop, Marlis: Zur Funktion der Kriminologie im Nationalsozialismus. In: Udo Reifner/Bernd-Rüdiger Sonnen (Hg.): Strafjustiz und Polizei im Dritten Reich. Frankfurt a. M./New York 1984
Eichner, Klaus/Andreas Dobbert: Headquarters Germany. Die USA-Geheimdienste in Deutschland, Berlin (Ost) 1997
Engberding, Rainer/Knopp, Günther: Spionage – die neuen Köpfe der Hydra. In: Bundeskriminalamt (Hg.): Festschrift für Horst Herold, Wiesbaden 1998 (eingeschränkt veröffentlicht)
Eschenbach, Eberhard: Vernehmung von Kindern, Jugendlichen und Heranwachsenden als Beschuldigte und Zeugen. In: BKA-Tagungsprotokoll Bekämpfung der Jugendkriminalität, Wiesbaden 1955 (eingeschränkt veröffentlicht)
Eschenbach, Eberhard: Die Verbrecherperseveranz und ihre Bedeutung für den kriminalpolizeilichen Meldedienst. In: »Kriminalistik«, Heft 4 u. 5, April/Mai 1955
Eschenbach, Eberhard: Der Betrüger und seine Opfer. In: Taschenbuch für Kriminalisten, Jahrgang 1957
Eschenbach, Eberhard: Die Täterpersönlichkeit des Diebes (Einbrechers) und seine Opfer. In: BKA-Tagungsprotokoll Diebstahl, Einbruch, Raub, Wiesbaden 1958 (eingeschränkt veröffentlicht)
Exner, Franz: Kriminologie, Berlin/Göttingen/Heidelberg 1949
Foschepoth, Joseph/Rolf Steininger (Hg.): Die britische Deutschland- und Besatzungspolitik 1945-1949, Paderborn 1985
Frei, Norbert: Vergangenheitspolitik. Die Anfänge der Bundesrepublik und die NS-Vergangenheit, München 1999
Freudenberg, Andreas u. Günter/Heuß, Herbert: Verdrängte Erinnerung – der Völkermord an Sinti und Roma. In: Hanno Loewy (Hg.): Holocaust: Die Grenzen des Verstehens. Eine Debatte über die Besetzung der Geschichte, Reinbek 1992

Fürmetz, Gerhard/Reinke, Herbert/Weinhauser, Klaus: Nachkriegspolizei in Deutschland. Doppelte Polizeigeschichte 1945-1969, Hamburg 2001
Fürstenau, Justus: Entnazifizierung. Ein Kapitel deutscher Nachkriegspolitik, Neuwied/Berlin 1969
Gay, Willi: Die Stellung der Kriminalpolizei im Strafprozess. In: »Kriminalistik«, Heft 5, Mai 1957
Gehlen, Reinhard: Der Dienst. Erinnerungen 1942-1971, Mainz/Wiesbaden 1971
Gerlach, Christian: Kalkulierte Morde. Die deutsche Wirtschafts- und Vernichtungspolitik in Weißrussland 1941 bis 1944, Hamburg 1999
Gessner, Klaus: Geheime Feldpolizei. Zur Funktion und Organisation des geheimpolizeilichen Exekutivorgans der faschistischen Wehrmacht, Militärverlag der Deutschen Demokratischen Republik, Ost-Berlin 1986. Militärhistorische Studie 24 der Nationalen Volksarmee, Militärgeschichtliches Institut der DDR
Gewerkschaft der Polizei (Hg.): 25 Jahre Bundeskriminalamt 1951-1976, Wiesbaden 1976
Giefer, Rena u. Thomas: Die Rattenlinie. Fluchtwege der Nazis, Frankfurt a. M. 1991
Giordano, Ralph: Wenn Hitler den Krieg gewonnen hätte. Die Pläne der Nazis nach dem Endsieg, Hamburg 1989
Giordano, Ralph: Die Zweite Schuld. Oder von der Last, ein Deutscher zu sein, Köln 2000
Giordano, Ralph: Die Traditionslüge. Vom Kriegerkult in der Bundeswehr, Köln 2000
Gisevius, Hans Bernd: Wo ist Nebe? Erinnerungen an Hitlers Reichskriminaldirektor, Zürich 1966
Godau-Schüttke, Klaus Dieter: Ich habe nur dem Recht gedient. Die »Renazifizierung« der Schleswig-Holsteinischen Justiz nach 1945, Baden-Baden 1993
Graf, Christoph: Politische Polizei zwischen Demokratie und Diktatur, Berlin 1983
Greilsamer, Laurent: Interpol. Policiers sans frontières, Paris 1997
Harnischmacher, Robert/Semerak, Arved: Deutsche Polizeigeschichte, Stuttgart 1986
Heideking, Jürgen/Mauch, Christof (Hg.): Geheimdienstkrieg gegen Deutschland, Göttingen 1993
Heimannsberg, Barbara/Schmidt, Christoph J. (Hg.): Das kollektive Schweigen. Nazivergangenheit und gebrochene Identität in der Psychiatrie, Heidelberg 1988
Heindl, Robert: Der Berufsverbrecher. Ein Beitrag zur Strafrechtsreform, Berlin 1926
Herbert, Ulrich: Best. Biographische Studien über Radikalismus, Weltanschauung und Vernunft 1903-1989, Bonn 1996
Herbst, Andreas/Ranke, Winfried/Winkler, Jürgen: So funktionierte die DDR, Band 1-3, Reinbek 1994
Herold, Horst: Innere Sicherheit: Organe, Zuständigkeiten, Aufbau. In: Deutschland, Portrait einer Nation, München 1985
Hessel, Hans-Jürgen: Gesetz über die Einrichtung eines Bundeskriminalamtes (BKA-Gesetz). Kommentar, Wiesbaden 1979

Hessisches Landeskriminalamt (Hg.): Merkblatt für die Bekämpfung der kriminellen Landfahrer im Lande Hessen, ohne Datum (etwa 1966)
Hessisches Landeskriminalamt (Hg.): Kriminalpolizeiliche Vorschriftensammlung für die Hessische Polizei (Loseblattsammlung)
Hilberg, Raul: Die Vernichtung der Europäischen Juden, Band 1-3, Frankfurt a. M. 1967
Hinrichsen, Kurt: »Befehlsnotstand«. In: Adalbert Rückert (Hg.): NS-Prozesse, Karlsruhe 1971
Hoffmann, P.: Widerstand, Staatsstreich, Attentat. Der Kampf der Opposition gegen Hitler, München 1979
Höhne, Heinz: Canaris. Patriot im Zwielicht, München 1976
Holle, Rolf: Kriminaldienstkunde. In: Polizeifachliche Schriftenreihe, sechste Folge, Hannover o. D. (zwischen 1948 und 1950)
Holle, Rolf: Kriminaldienstkunde I-III, BKA-Schriftenreihe Band 1956/2, 1956/3, 1957/3 (eingeschränkt veröffentlicht)
Holle, Rolf: Kinder, Jugendliche und Heranwachsende in der polizeilichen Kriminalstatistik. In: Tagungsprotokoll Bekämpfung der Jugendkriminalität, Wiesbaden 1955 (unveröffentlicht)
Holle, Rolf: Das Bundeskriminalamt. Gesetzliche Grundlage, Aufgabe und Organisation – Stellung des BKA innerhalb der kriminalpolizeilichen Verbrechensbekämpfung. In: »Kriminalistik«, Heft 9-12, Sept.-Dez. 1956
Holle, Rolf: Kriminalpolizei und Presse. In: Tagungsprotokoll Das kriminalpolizeiliche Ermittlungsverfahren, Wiesbaden 1957 (eingeschränkt veröffentlicht)
Holle, Rolf: Diebstahl, Einbruch und Raub in der Polizeilichen Kriminalstatistik. In: BKA-Tagungsprotokoll Bekämpfung von Diebstahl, Einbruch und Raub, Wiesbaden 1958 (eingeschränkt veröffentlicht)
Holle, Rolf: Sprüche und Widersprüche. In: »Kriminalistik«, Heft 1, Januar 1960
Holle, Rolf: Die Sittlichkeitsdelikte im Spiegel der Polizeilichen Kriminalstatistik 1953-1962, BKA-Schriftenreihe Band 1964/3 (eingeschränkt veröffentlicht)
Holle, Rolf: Die Kriminalität in der Bundesrepublik im Vergleich zu anderen europ. Staaten. BKA-Schriftenreihe Band 1968/2 (eingeschränkt veröffentlicht)
Hubatsch, Walther (Hg.): Hitlers Weisungen für die Kriegsführung. Frankfurt a. M. 1962
Jäckel, Eberhard/Longerich, Peter/ Schoeps, Julius H. (Hg.): Enzyklopädie des Holocaust, Band 1-4, München/Zürich 1989
Jaufmann, Hartmuth/Ulrich, Wolfgang: Die Sicherungsgruppe – »Schutzpolizei des BKA«. In: Bundeskriminalamt (Hg.): Festschrift für Horst Herold, Wiesbaden 1998 (eingeschränkt veröffentlicht)
Jellonek, Burkhard: Homosexuelle unter dem Hakenkreuz. Die Verfolgung von Homosexuellen im Dritten Reich, Paderborn 1990
Jess, Hanns: Die Not der Kriminalpolizei. »Kriminalistik« 5/1956
Jugendführer des Deutschen Reiches (Hg.): Kriminalität und Gefährdung der Jugend, Berlin 1941
Kahl, Wolfgang: Vom Mythos der »Bandenbekämpfung«: Polizeiverbände im Zweiten Weltkrieg. In: »Die Polizei« Nr. 89/1998

Kasten, Bernd: Pensionen für NS-Verbrecher in der Bundesrepublik. In: »Historische Mitteilungen«, Heft 2/1994
Kenkmann, Alfons/Spieker, Christof (Hg.): Im Auftrag: Polizei, Verwaltung und Verantwortung. Begleitband zur gleichnamigen Dauerausstellung in Münster/Westf., Essen 2001
Kettenacker, Lothar: Krieg zur Friedenssicherung. Die Deutschlandplanung der britischen Regierung während des Zweiten Weltkrieges, Göttingen/Zürich 1989
Kiehne, Karl: Polizeiaufsicht (Sicherungsaufsicht) in kriminalpolizeilicher Betrachtung. In: BKA-Tagungsprotokoll Kriminalpolitische Gegenwartsfragen, Wiesbaden 1959 (eingeschränkt veröffentlicht)
Klee, Ernst: Persilscheine und falsche Pässe. Wie die Kirchen den Nazis halfen, Frankfurt a. M. 1991
Klee, Ernst: Was sie taten – Was sie wurden. Ärzte, Juristen und andere Beteiligte am Kranken- oder Judenmord, Frankfurt a. M. 1986
Klein, Peter (Hg.): Die Einsatzgruppen in der besetzten Sowjetunion 1941/42. Die Tätigkeits- und Lageberichte des Chefs der Sicherheitspolizei und des SD, Berlin 1997
Koch, Peter-Ferdinand: Die Geldgeschäfte der SS. Wie deutsche Banken den schwarzen Terror finanzierten, Hamburg 2000
Koch, Peter-Ferdinand: Die Tagebücher des Doktor Joseph Goebbels. Geschichte & Vermarktung, Hamburg/München 1988
Kohl, Paul: Der Krieg der deutschen Wehrmacht und der Polizei 1941-1944, Frankfurt a. M. 1995
Köhler, P. (Hg.): Polizei der BRD. Polizei der Monopole, Ost-Berlin 1972
Korell, Jürgen/Liebel, Urban: Polizeiskandal – Skandalpolizei. Demokratiemangel bei der Polizei?, Münster 2000
Kosyra, Herbert: Mörder, Räuber und Banditen – Das polnisch-oberschlesische Bandenwesen während des Zweiten Weltkriegs 1939-1945, Hamburg 1958
Kosyra, Herbert: Das aktuelle Problem – die Todesstrafe, »Kriminalistik« 3/1959
Krausnik, Helmut: Der 30. Juni 1934. In: »Das Parlament« v. 30.6.1954, Beilage B XXV/1954
Krausnik, Helmut: Hitlers Einsatzgruppen. Die Truppen des Weltanschauungskrieges 1938-1942, Frankfurt a. M. 1985
Kurz, Hans Rudolf: Nachrichtenzentrum Schweiz, Frauenfeld/Stuttgart 1972
Lachmann, Günter: Der Nationalsozialismus in der Schweiz 1931-1945. Ein Beitrag zur Geschichte der Auslandsorganisation der NSDAP, Berlin 1962
Landeszentrale für politische Bildung Kiel (Hg.): Rechtsextremismus in Schleswig-Holstein 1945-1990, Kiel 1990
Langhorst, Wolfgang: Berufsbeamtentum und Art. 131 GG. Die Rückkehr der NS-Beamtenschaft in die obersten Bundesbehörden. In: »Vorgänge«, Heft 3/1989
Laske, Karl: Ein Leben zwischen Hitler und Carlos: François Genoud, Zürich 1996
Liebert, Frank: Die Dinge müssen zur Ruhe kommen ... In: Fürmetz et al. (Hg.): Nachkriegspolizei in Deutschland
Linck, Stephan: »To exploit this product of German genius ... is surely good business.« Zur Personalpolitik der britschen Besatzungsmacht gegenüber der deutschen Kriminalpolizei nach 1945. In: Fürmetz et al. (Hg.): Nachkriegspolizei

Linck, Stephan: Der Ordnung verpflichtet: Deutsche Polizei 1933-1949, Paderborn 2000
Linck, Stephan: Zur Personalpolitik der britischen Besatzungsmacht gegenüber der deutschen Kriminalpolizei nach 1945. In: Fürmetz et al. (Hg.): Nachkriegspolizei
Mally, Rudolf: Kriminalistische Spurenkunde I u. II, BKA-Schriftenreihe Band 1958/1 u. 2 (eingeschränkt veröffentlicht)
Mergen, Armand: Die BKA-Story, München/Berlin 1987
Mezger, Edmund: Kriminologie, München/Berlin 1951
Mitscherlich, Alexander und Margarete: Die Unfähigkeit zu trauern. Grundlagen kollektiven Verhaltens, München 1967
Mommsen, Theodor: Die Tagung der Polizeichefs in Hiltrup. Das Werden des Deutschen Bundeskriminalamtes. In: »Kriminalistik«, Heft 11/12, Juni 1950
Mommsen, Theodor: Das neue Bundeskriminalamt. In: »Kriminalistik«, Heft 1/2, Januar 1951
Mommsen, Theodor: Das Gesetz über das Bundeskriminalamt. In: »Kriminalistik«, Heft 13/14, Juli 1951
Müller, Ingo: Furchtbare Juristen. Die unbewältigte Vergangenheit unserer Justiz, München 1987
Müller-Hill, Benno: Tödliche Wissenschaft. Die Aussonderung von Juden, Zigeunern und Geisteskranken 1933-1945, Reinbek 1985
Müller-Hohagen, Jürgen: Verleugnet, verdrängt, verschwiegen. Die seelischen Auswirkungen der Nazizeit, München 1988
Mulot, Tobias: Erzieher in Uniform. Polizisten und Polizistinnen und ihr Umgang mit Jugendlichen im Zweiten Weltkrieg und in der Nachkriegszeit 1939-1952. In: Fürmetz et al. (Hg.): Nachkriegspolizei
Musial, Bogdan: Deutsche Zivilverwaltung und Judenverfolgung im Generalgouvernement, Wiesbaden 1999
Nitschke, Peter (Hg.): Die deutsche Polizei und ihre Geschichte. Beiträge zu einem distanzierten Verhältnis, Hilden 1966
Niggemeyer, Bernhard: Die Bedeutung der Tatortuntersuchung für das Strafverfahren (Die Prävalenz der materiellen Spur). In: BKA-Tagungsprotokoll Das kriminalpolizeiliche Ermittlungsverfahren, Wiesbaden 1957 (eingeschränkt veröffentlicht)
Niggemeyer, Bernhard: Überblick über die gegenwärtige Situation der Diebstahls-, Einbruchs- und Raubkriminalität. In: BKA-Tagungsprotokoll Bekämpfung von Diebstahl, Einbruch und Raub, Wiesbaden 1958 (eingeschränkt veröffentlicht)
Niggemeyer, Bernhard: Gedanken und Wünsche zur Strafrechtsreform. In: BKA-Tagungsprotokoll Kriminalpolitische Gegenwartsfragen, Wiesbaden 1959 (eingeschränkt veröffentlicht)
Niggemeyer, Bernhard: Grundfragen des Sittlichkeitsstrafrechts. In: BKA-Tagungsprotokoll Bekämpfung der Sittlichkeitsdelikte, Wiesbaden 1959 (eingeschränkt veröffentlicht)
Niggemeyer, Bernhard: Wesen und Bedeutung der internationalen Verbrechensbekämpfung. In: BKA-Tagungsprotokoll Internationale Verbrechensbekämpfung, Wiesbaden 1960 (eingeschränkt veröffentlicht)

Niggemeyer, Bernhard et al.: Modus-operandi-System und Modus-operandi-Technik. BKA-Schriftenreihe Band 1963/1 (eingeschränkt veröffentlicht)
Niggemeyer, Bernhard et al.: Kriminologie – Leitfaden für Kriminalbeamte. BKA-Schriftenreihe Band 1967/1-3 (eingeschränkt veröffentlicht)
Nitschke, Peter: Polizei und Gestapo. In: Paul, Gerhard/Mallmann, Michael (Hg.): Die Gestapo – Mythos und Realität
Nitschke, Peter: Polizei im NS-System. In: Staat, Demokratie und Innere Sicherheit
Ochs, Josef: Der kriminalpolizeiliche Meldedienst (Zusammenarbeit zwischen örtlicher Kriminalpolizei – Landeskriminalamt – Bundeskriminalamt. In: BKA-Tagungsprotokoll Bekämpfung von Glücks- und Falschspiel, Wiesbaden 1955 (eingeschränkt veröffentlicht)
Ogorreck, Ralf: Die Einsatzgruppen und die »Genesis der Endlösung«, Berlin 1996
Paul, Gerhard/Mallmann, Michael (Hg.): Die Gestapo – Mythos und Realität. Darmstadt 1995
Paul, Gerhard: Ganz normale Akademiker. In: Paul, Gerhard/Mallmann, Michael (Hg.): Die Gestapo – Mythos und Realität
Paul, Gerhard: Flensburger Kameraden, in: »Die Zeit«, Nr. 6 v. 1.2.2001
Paul, Gerhard: Zwischen Selbstmord, Illegalität und neuer Karriere. In: Gerhard Paul/Michael Mallmann (Hg.): Die Gestapo – Mythos und Realität
Perels, Joachim: Das juristische Erbe des Dritten Reiches, Frankfurt a. M. 1999
Perels, Joachim: Amnestien für NS-Täter in der Bundesrepublik. In: »Kritische Justiz«, Nr. 28/1995
Plant, Richard: Rosa Winkel. Der Krieg der Nazis gegen die Homosexuellen, Frankfurt a. M./New York 1991
Prante, Helmut: Paul Dickopf oder die Gründungsgeschichte des BKA (unveröffentlicht), Wiesbaden 1976/79
Reichskriminalpolizeiamt (Hg.): Schriftenreihe Nr. 1, Organisation und Meldedienst der Reichskriminalpolizei (unveröffentlicht)
Reichskriminalpolizeiamt (Hg.): Schriftenreihe Nr. 15, Vorbeugende Verbrechensbekämpfung. Erlasssammlung, Berlin 1943 (unveröffentlicht)
Reifner, Udo/Sonnen, Bernd-Rüdiger (Hg.): Strafjustiz und Polizei im Dritten Reich, Frankfurt a. M./New York 1984
Reinke, Herbert (Hg.): … nur für die Sicherheit da? Zur Geschichte der Polizei im 19. und 20. Jahrhundert, Frankfurt a. M./New York 1993
Reinke, Herbert: Polizeigeschichte in Deutschland. Ein Überblick. In: Deutsche Polizei und ihre Geschichte, 1996, S. 13-26
Reinke, Herbert/Seidel, Robert: Die Entnazifizierung und die »Säuberung« der Polizei in West- und Ostdeutschland nach 1945. In: »Schriftenreihe der Polizeiführungsakademie«, Nr. 1/1998
Reuter, Fritz/Waetzold: Aufartung durch Ausmerzung, Berlin 1936
Riege, Paul: Kleine Polizeigeschichte, Lübeck 1954
Roth, Thomas: Die Kölner Kriminalpolizei: Organisation, Personal und »Verbrechensbekämpfung« eines lokalen Kripo-Apparates 1933-1945. In: Buhlan, Harald/Jung, Werner (Hg.): Wessen Freund und wessen Helfer?, Köln 2000

Rückerl, Adalbert: Die Strafverfolgung von NS-Verbrechen 1945-1978, Heidelberg/Karslruhe 1979
Rückerl, Adalbert (Hg.): NS-Prozesse. Nach 25 Jahren Strafverfolgung: Möglichkeiten – Grenzen – Ergebnisse, Karlsruhe 1971
Rürup, Reinhard (Hg.): Topographie des Terrors. Gestapo, SS und Reichssicherheitshauptamt auf dem Prinz-Albrecht-Gelände, Berlin 1987
Rusinek, Bernd-A.: Unsicherheit durch die Organe der Sicherheit. Gestapo, Kriminalpolizei u. Hilfspolizei im »Dritten Reich«. In: Reinke, Herbert (Hg.): ... nur für die Sicherheit da? Zur Geschichte der Polizei im 19. und 20. Jahrhundert
Sauer, W.: Kriminologie als reine und angewandte Wissenschaft, Berlin 1950
Schäfer, Herbert (Hg.): Mehr als sieben Stunden. Ein Beitrag zur Geschichte der Kriminalpolizei in Bremen. Kriminalistische Studien, Sonderband 3, Bremen 1989
Schäfer, Herbert: Cliquengeist und Kameraderie. In: »Kriminalistik«, 1955
Schäfer, Herbert: Identifikation mit dem gesetzlichen Auftrag und auftragswidrige Kameraderie. In: »der kriminalist«, 1996
Schäfer, Herbert: Verfassungsrechtliche Grenzen polizeilicher Gefahrenabwehr. In: Taschenbuch für Kriminalisten, Bd. 43, Hilden 1993
Scharf, Claus/Schröder, Hans-Jürgen (Hg.): Die Deutschlandpolitik Großbritanniens und die Britische Zone 1945-1949, Wiesbaden 1949
Scheffler, Wolfgang: Die Einsatzgruppen A 1941/42. In: Peter Klein (Hg.): Die Einsatzgruppen in der besetzten Sowjetunion 1941/42. Die Tätigkeits- und Lageberichte des Chefs der Sicherheitspolizei und des SD, Berlin 1997
Schenk, Dieter: Über den Export von deutscher Sicherheit und Ordnung. In: See, Hans/Schenk, Dieter (Hg.): Wirtschaftsverbrechen. Der innere Feind der freien Marktwirtschaft, Köln 1992
Schenk, Dieter: Die Post von Danzig – Geschichte eines deutschen Justizmordes, Reinbek 1995
Schenk, Dieter: Der Chef. Horst Herold und das BKA, Hamburg 1998
Schenk, Dieter: Hitlers Mann in Danzig. Gauleiter Forster und die NS-Verbrechen in Danzig-Westpreußen, Bonn 2000
Schmidt-Eenboom, Erich: Der Schattenkrieger. Klaus Kinkel und der BND, Düsseldorf 1995
Schmidt-Eenboom, Erich: Schnüffler ohne Nase – Der BND, die unheimliche Macht im Staat, Düsseldorf 1993
Schoenbaum, David: Ein Abgrund von Landesverrat. Die Affäre um den »Spiegel«, Wien/München/Zürich 1968
Schoppmann, Claudia: Nationalsozialistische Sexualpolitik und weibliche Homosexualität, Pfaffenweiler 1991
See, Hans: Kapitalverbrechen, Frankfurt a. M. 2000
See, Hans/Spoo, Eckart (Hg.): Wirtschaftskriminalität – Kriminelle Wirtschaft, Heilbronn 1997
See, Hans/Schenk, Dieter (Hg.): Wirtschaftsverbrechen. Der innere Feind der freien Marktwirtschaft, Köln 1992
Simpson, Christopher: Der amerikanische Bumerang. NS-Kriegsverbrecher im Sold der USA, New York/Wien 1988
Staatsverlag der DDR (Hg.): Braunbuch, Berlin (Ost) 1965

Stehle, Hansjakob: Martin Bormann im west-östlichen Zwielicht. »Die Zeit« Nr. 24 v. 6.6.1997
Steinke, Richard: Anfänge und Entwicklung internationaler Verbrechensbekämpfung. In: Festschrift 25 Jahre BKA/25 Jahre GdP im Bundeskriminalamt, Hilden 1976
Teufel, Manfred: Vom Werden der deutschen Kriminalpolizei. In: Siegfried Zaika: Polizeiliche Einsatzlehre von der Jahrhundertwende bis zum Dritten Reich. In: Die Deutsche Polizei und ihre Geschichte, Hilden 1996
Thomsen, Rudolf: Die Bekämpfung der Rauschgiftkriminalität. In: Taschenbuch für Kriminalisten, Band VIII, Hamburg 1958
Thomsen, Rudolf: Bekämpfung der Schund- und Schmutzliteratur in der Bundesrepublik. In: BKA-Tagungsprotokoll Bekämpfung der Sittlichkeitsdelikte, Wiesbaden 1959 (eingeschränkt veröffentlicht)
Tuchel, Johannes: Gestapo und Reichssicherheitshauptamt. In: Gerhard Paul/ Mallmann, Klaus-Michael (Hg.): Die Gestapo – Mythos und Realität
Vogel, Walter: Westdeutschland 1945-1950, Teil III, Boppard 1983
Vollnhals, Clemens (Hg.): Entnazifizierung. Politische Säuberung und Rehabilitierung in den vier Besatzungszonen 1945-1949. München 1991
Wagner, Patrick: Die Affäre um das Bundesamt für Verfassungsschutz. In: Gerhard Fürmetz et al. (Hg.): Nachkriegspolizei
Wagner, Patrick: Volksgemeinschaft ohne Verbrecher. Konzeption und Praxis der Kriminalpolizei in der Zeit der Weimarer Republik und des Nationalsozialismus, Hamburg 1996
Walther, Rudolf: Rezension der Genoud-Biographie von Karl Laske, »Frankfurter Rundschau« v. 8.3.1997
Wehner, Bernd: Die Notwendigkeit einer zentralen Verbrechensbekämpfung. In: »Kriminalistik«, Nr. 5, Mai 1957
Wehner, Bernd: Die Latenz der Straftaten. BKA-Schriftenreihe Band 1957/1 (eingeschränkt veröffentlicht)
Wehner, Bernd: Fahndung in der Praxis. In: Taschenbuch für Kriminalisten, Band IX, Hamburg 1959
Wehner, Bernd: Die Stadtstreicherei und ihre Bekämpfung. In: »Kriminalistik«, Heft 4, April 1960
Wehner, Bernd: Dem Täter auf der Spur. Die Geschichte der deutschen Kriminalpolizei, Bergisch Gladbach 1983
Wenzky, Oskar: Zur Untersuchung der Verbrechensperseveranz, BKA-Schriftenreihe Band 1959/2 (eingeschränkt veröffentlicht)
Wenzky, Oskar: Verteidiger und Kriminalpolizei in der Reform des Strafprozesses. In: »Kriminalistik«, Heft 3, März 1960
Wieking, Friedrike: Die Entwicklung der weiblichen Kriminalpolizei in Deutschland, Lübeck 1958
Wildt, Michael: Das Reichssicherheitshauptamt. Radikalisierung u. Selbstradikalisierung einer Institution. In: »Mittelweg 36«, 1/1998
Wilhelm, Friedrich: Die Polizei im NS-Staat. Die Geschichte ihrer Organisation im Überblick, Paderborn 1997
Wilhelm, Hans-Heinrich: Die Einsatzgruppe A der Sicherheitspolizei und des SD 1941/42, Frankfurt a. M. 1996

Wistrich, Robert: Wer war wer im Dritten Reich, München 1983
Zentrale Stelle (Hg.): Einsatzgruppen in Polen, Band 1 (Ludwigsburg 1962), Band II, (1963) – unveröffentlicht
Zentrale Stelle (Hg.): Nationalsozialistische Gewaltverbrechen im Reichsgau Danzig-Westpreußen 1939-1945, Ludwigsburg 1978 (unveröffentlicht)
Zaika, Siegfried: Polizeiliche Einsatzlehre von der Jahrhundertwende bis zum Dritten Reich. In: Nitschke, Peter (Hg.): Die deutsche Polizei und ihre Geschichte. Beiträge zu einem distanzierten Verhältnis, Hilden 1966
Zimmermann, Michael: Ausgrenzung, Ermordung, Ausgrenzung. Normalität und Exzess in der polizeilichen Zigeunerverfolgung in Deutschland (1870-1980). In: Lüdke, Alf (Hg.): »Sicherheit« und »Wohlfahrt«. Polizei, Gesellschaft und Herrschaft im 19. u. 20. Jahrhundert, Frankfurt a. M. 1992
Zimmermann, Michael: Rassenutopie und Genozid. Die nationalsozialistische »Lösung der Zigeunerfrage«, Hamburg 1996
Zirpins, Walter: Das Ghetto in Litzmannstadt – kriminalpolizeilich gesehen, »Kriminalistik«, September/Oktober 1941
Zirpins, Walter: Die Entwicklung der polizeilichen Verbrechensbekämpfung in Deutschland, Taschenbuch für Kriminalisten, Hamburg 1955
Zirpins, Walter: Die Entwicklung der polizeilichen Verbrechensbekämpfung in Deutschland. In: BKA-Tagungsprotokoll Das kriminalpolizeiliche Ermittlungsverfahren, Wiesbaden 1959 (eingeschränkt veröffentlicht)
Zirpins, Walter: Der Sachverständige in Wirtschaftsstrafsachen. In: BKA-Tagungsprotokoll Bekämpfung der Wirtschaftsdelikte, Wiesbaden, 1957 (eingeschränkt veröffentlicht)
Zirpins, Walter: Von Schwindelfirmen und anderen unlauteren (kriminellen) Unternehmen des Wirtschaftslebens, BKA-Schriftenreihe Band 1959/1 (eingeschränkt veröffentlicht)
Zirpins, Walter: Schwindelfirmen. In: Taschenbuch für Kriminalisten, Band XVIII, Hilden 1968
Zülch, Tilman: In Auschwitz vergast, bis heute verfolgt. Zur Situation der Roma (Zigeuner) in Deutschland und Europa, Reinbek 1979

ABKÜRZUNGSVERZEICHNIS

AAA	Amt Ausland/Abwehr
AG Kripo	Arbeitsgemeinschaft der Leiter der Landeskriminalämter mit dem BKA
AK II	Arbeitskreis der Polizei-Abteilungsleiter der Innenministerien der Länder und des Bundes
AOK	Armeeoberkommando
BDC	Berlin Document Center
BdS	Befehlshaber der Sicherheitspolizei
BfV	Bundesamt für Verfassungsschutz
BMI	Bundesinnenministerium
BMJ	Bundesjustizministerium
BND	Bundesnachrichtendienst
BT	Bundestag
BVSA	Bundesverfassungsschutzamt (gebräuchl. Abk. in der DDR)
CIA	Counter Intelligence Agency
CIC	Counter Intelligence Corps
CILIP	Institut für Bürgerrechte & öffentliche Sicherheit/Verlag CILIP
EK	Einsatzkommando
FHO	Fremde Heere Ost
Gestapo	Geheime Staatspolizei
GFP	Geheime Feldpolizei
GG	Grundgesetz
GI	Geheimer Informator (1950 vom MfS eingeführt, Vorläufer des IM)
HJ	Hitlerjugend
HLKA	Hessisches Landeskriminalamt
Ic/IcAO	Abwehroffizier im Stab eines Kommandeurs
IKPK	Internationale Kriminalpolizeiliche Kommission
IKPO	Internationale Kriminalpolizeiliche Organisation
IM	Informeller Mitarbeiter (des Stasi der DDR)
KdS	Kommandeur der Sicherheitspolizei
KGB	Komitet Gossudarstwennoj Besopasnosti (Komitee für Staatssicherheit; UdSSR)
KI	Kriminaltechnisches Institut
KK	Kriminalkommissar
KKA	Kriminalkommissar-Anwärter
KL, KZ	Konzentrationslager
KO	Kriegsorganisation
KP	Kriminalpolizei
KPABrZ	Kriminalpolizeiamt der Britischen Zone
KPD	Kommunistische Partei Deutschlands
KPOI	Kriminalpolizeioberinspektor
KT	Kriminaltechnik

KTI	Kriminaltechnisches Institut
LfV	Landesamt für Verfassungsschutz
MAD	Militärischer Abschirmdienst
MdB	Mitglied des Bundestages
MfS	Ministerium für Staatssicherheitsdienst (DDR)
ND	Nachrichtendienst
NRW	Nordrhein-Westfalen
NS	Nationaler Sicherheitsdienst (Schweiz)
	Nationalsozialismus
NSDAP	Nationalsozialistische Deutsche Arbeiterpartei
NSDStB	Nationalsozialistischer Deutscher Studentenbund
NSFK	Nationalsozialistisches Fliegerkorps
NSG	Nationalsozialistische Gewaltverbrechen
NSKK	Nationalsozialistisches Kraftfahr-Korps
NSRB	Nationalsozialistischer Rechtswahrerbund
NSV	Nationalsozialistische Volkswohlfahrt
OKH	Oberkommando des Heeres
OKW	Oberkommando der Wehrmacht
ORR	Oberregierungsrat
OSS	Office of Strategic Services
Pg	Parteigenosse
PIOS	Datei Personen, Institutionen, Objekte, Sachen
PP	Polizeipräsident/Polizeipräsidium
RFSS	Reichsführer SS
RKPA	Reichskriminalpolizeiamt
RSD	Reichssicherheitsdienst
RSHA	Reichssicherheitshauptamt
SA	Sturmabteilung der NSDAP
SBZ	Sowjetisch besetzte Zone
SD	Sicherheitsdienst (des Reichsführers SS)
SG	Sicherungsgruppe
Sipo	Sicherheitspolizei (Gestapo, Kripo, SD)
SK	Sonderkommando
SOKO	Sonderkommission
SS	Schutzstaffel
StA	Staatsanwaltschaft
Stasi	Staatssicherheitsdienst (DDR)
StGB	Strafgesetzbuch
uk-Stellung	»unabkömmlich«; Freistellung vom Militärdienst
VS	Verfassungsschutz
	Verschluss-Sache
WE-Meldung	Meldung eines wichtigen Ereignisses
WKP	Weibliche Kriminalpolizei
z.b.V.	zur besonderen Verwendung
ZSt	Zentrale Stelle der Landesjustizverwaltungen zur Aufklärung Nationalsozialistischer Verbrechen, Ludwigsburg

REGISTER